伦敦六百年

〔英〕马修·格林 著 李耘 陈冰 译

A Travel Guide
Through Time

南海出版公司

新经典文化股份有限公司
www.readinglife.com
出　品

目　录

致　谢

塞缪尔·约翰逊[①]曾说："伦敦拥有生活所能赋予的一切。"要用比约翰逊博士编纂《词典》更快的速度完成伦敦的时间旅行指南，是一项艰巨的任务。因此，我要感谢所有令这次创作趣味盎然又使我获益匪浅的朋友们。

首先，我要感谢我的责任编辑费内拉·贝茨。她在立项初期就提出了富有创意的想法，并且从始至终都以自己的热情、见地和理解丰富着写作和编辑的过程。我还要感谢我的经纪人兼偶尔的酒友克里斯·韦尔比洛夫。一直以来，他不仅是一位优秀的顾问，而且是我创作灵感的源泉。感谢了不起的爱丽丝·史密斯。她欣然回应着我们一次次紧急甚至有些古怪的图片要求，用她那风趣而精彩的插画和地图为本书增辉。

我要感谢海伦·科伊尔的指导，它们极大地提升了文本质量；感谢文字编辑特雷弗·霍伍德简化了文本，止住了我的若干过度发挥；感谢费·克罗斯比的快速录排。

---

①塞缪尔·约翰逊（1709—1784），英国文学史上重要的诗人、散文家、传记作家和健谈家。在他被牛津大学授予荣誉博士学位后，人们便称他为"约翰逊博士"。他历时9年编纂的《词典》对英语发展做出了重大贡献。

感谢我的朋友们，一如既往地鼓励、支持着我，并为我出谋划策。他们是黛西·利奇、凯兰·戈达德、大卫·希尔斯、埃德·福涅莱斯、杰西·胡思、威尔·哈蒙德、爱德华·肖克罗斯和邓肯·布朗，爱德华和邓肯更非常好心地对一些章节的前期草稿给出了建议。感谢伊恩·斯帕尔，帮助我核实了维多利亚章节的相关资料，并耐心校对了大部分手稿。感谢大英图书馆和伦敦图书馆的工作人员。还要感谢蒂娜·巴克斯特，引领我回顾、了解了中世纪的伦敦。

如果没有牛津大学的导师们，我不可能完成这本书。在这所神圣学府里的诸位学者当中，我要特别感谢我的本科导师——法拉梅兹·达伯霍瓦拉博士，以及我的博士生导师——睿智而慷慨的佩里·戈西博士。他们自始至终指导着我，更启发着我。我衷心感谢戈西博士审读了关于 18 世纪的章节（当然，书中出现的任何错误都是我的责任）。

接下来，我将带你踏上一程程穿越时空的旅行。在我与邓肯·布朗和爱德华·肖克罗斯在 2012 年共同创办的虚拟城市频道（Unreal City Audit）中，我曾亲自领队，通过线上数字节目与线下实地体验相结合的方式，设计了“认识历史上的伦敦”的旅行线路，而这本书所呈现的一场场沉浸式历史之旅正是由此演变而来，或者从某种程度上说，它是该频道节目的缩影。我要感谢历次旅行中的每一个人（以及愿意忍受口感像沙砾一般的 17 世纪风格咖啡的所有人）。我们为拥有众多忠实而热情的追随者而倍感荣幸。如果没有那些为节目不知疲倦付出辛劳的演员和音乐家，尤其是乔纳森·汉斯勒先生，这一切便都无从谈起。

最后，我想把我最深的谢意献给我的父母亲。在过去 20 年里，他们坚定地、无条件地支持着我，是我追梦路上的持久助力。感谢我的兄弟姐妹们。感谢我的未婚妻玛丽安，是她与我携手共赴一场场时间旅行，时常提出精彩建议，善良宽容地回应我没完没了的夜宵需求。谨以此书献给她。

前　言

置身伦敦，我们每个人都会不知不觉地成为时间旅行者。在这里，古老建筑与现代楼宇毗邻而立，褪色过往与新奇格调相映成趣，整座城市充满了活力。有时只需走过一个街角，或探访一处陌生之地，就宛如踏入另一座城。你会发现，保存完好的乔治亚建筑紧挨着刻板的市政公屋，也会发现罗马时期的残垣在城市的喧嚣中静立。伦敦全城遍布着通往历史世界的入口，想要踏入历史的长河中一探究竟吗？你只需找到这些入口即可。

接下来的章节将带你穿越伦敦600年的历史，浸润在这座全世界最伟大城市的声色气韵之中，发现一个又一个值得纪念的符号。有些符号举世闻名，有些则鲜为人知，但它们都镌刻着那些时代的精神特质。穿越时光，我们将会看到伦敦在中世纪挣脱罗马教会的枷锁，在17、18世纪崭露头角，并在维多利亚时期崛起为"上帝在人间创造的令人惊叹的奇迹"——世界上前所未有的最大城市。我们还将目睹伦敦历史上的至暗时刻，死神在大瘟疫时期[①]挥舞着镰刀收取人命，翌年的大片烈焰又将城市吞噬得只剩荒芜。然而，我们

①指17世纪60年代发生在英国的大规模鼠疫。

也将见证它的复苏，见证它在伦敦大火[①]和闪电战大轰炸[②]后的灰烬中重生。

如何完成时间旅行？

你是时间旅行者，而我是你的向导。幸会！我将为你呈现一切，并为你答疑解惑。至于穿梭时空的原理，不要寄希望于虫洞、时空裂缝、电话亭或是你能想到用来穿越时空的其他设备。我们的时光机器藏在城市的肌理之中，它将对你的触碰非常敏感。

接下来的六章将从当代伦敦的街道漫步开始。随后，你会发现一幢建筑、一条街道或一块蓝色牌匾——它们就是通往伦敦历史的大门。眨眼之间，你会发现自己置身于一个完全陌生的世界，周围环绕着奇怪的建筑、神秘的声音，通常还有难闻的气味。我会告诉你此时的年月，有时还有确切的日期。从这一刻开始，你必须想办法独自穿越一些危险地带，那些地方鱼龙混杂，有残酷的凶徒、宗教纵火狂、肮脏流民、自大的船工、刽子手、有仇必报的圣徒、血债血偿的仇外者、杀气腾腾的鲁莽汉、固执的色情小说家、虚伪的律师、象人[③]、狡猾之辈、愚蠢之流，以及暗中勾结的各色团伙。

我们的时光机器既古怪又多变。你无权指定在哪里降落，因而可能被卷入任何一个时代。全书的章节也不会严格按照时间顺序编排。这样做乐趣何在？你完全不知道接下来会降落在哪儿。通过体验不同时期的伦敦，你会发现一些意想不到的历史整合，它们交相

①大火发生在 1666 年 9 月 2—5 日，是伦敦历史上最严重的一次火灾，烧毁了众多建筑，包括圣保罗大教堂，但也有观点认为大火消灭了 1665 年以来的鼠疫问题。

②指 1940 年 9 月—1941 年 5 月德国空军对英国城镇发起的持续性空中轰炸。

③一个生于 19 世纪、身体严重畸形的英国人，头部硕大，酷似大象。

辉映，充满了循规蹈矩读史时得不到的妙趣。每一次旅行都像是一次跃入镜像宇宙[①]的探险，是体认伦敦历史上更黑暗、更离奇一面的旋风之旅。

请记住，你无须收集信息，也不必细察每个时期伦敦社会和文化的方方面面。信息收集工作很快就会令人厌烦，而本书也会由此变成一部数千页的大部头。现在，已有大量这类全面而专业的优秀历史书籍，你可以在本书的参考文献中找到它们。本书的每一章都会通过导游讲解的方式展开，在一天或两天的时间内探索 8 到 12 个地方。最后一次旅行是个例外，只探索了 4 个地方。

遗憾的是，本书的内容无法覆盖整个城市，尤其是 19 世纪之后的伦敦。那时，伦敦的人口已经增长至数百万，城市像一只蠕动的大章鱼般不断向外扩张，侵占了大量草地和郊区。为了保持旅行的节奏和紧凑性，我们会将主要范围限制在伦敦中心，也就是根据地铁线路划分的一区和二区，但偶尔也会有跨出这个范围的旅行。在历史上很长一段时间内，伦敦仅包括伦敦金融城（简称伦敦城）、威斯敏斯特和萨瑟克。严格来讲，今天许多属于伦敦的地区，在 19 世纪中叶以前都是独立的城镇和乡村。在每次旅行的尾声，我们都会通过一段结语回到现实，在当下倾听历史的回声。

不用担心货币或着装问题。当你空降到一个新世界时，照一照离你最近的玻璃或镜子，你会发现自己打扮入时，可以轻松地融入这个城市——除非你做了一些蠢事。此外，你还会发现自己的口袋里总是装有充足的金钱——虽然充足，但也不是无限量的。

---

①有一种说法，在宇宙发生大爆炸时，同时产生了一个“镜像宇宙”，和我们的宇宙沿着完全相反的时间轨迹运行。

时间旅行本身是一件令人异常兴奋的事情，但请记住它也有自己的哲学维度。通过游览不同的世界，我们可以反观自己所处社会的本质：我们如何生活，如何相互影响，我们相信什么，期盼什么，如何建设和重建我们的城市。经历旅行后的你也许会好奇，那些从遥远神秘的未来穿越而来的时间旅行者，会如何理解现在的伦敦。

现在热热身，系上安全带，准备出发。

这将是一次奇妙的旅行。

第一章

1603 年　莎士比亚时期伦敦的旋风之旅

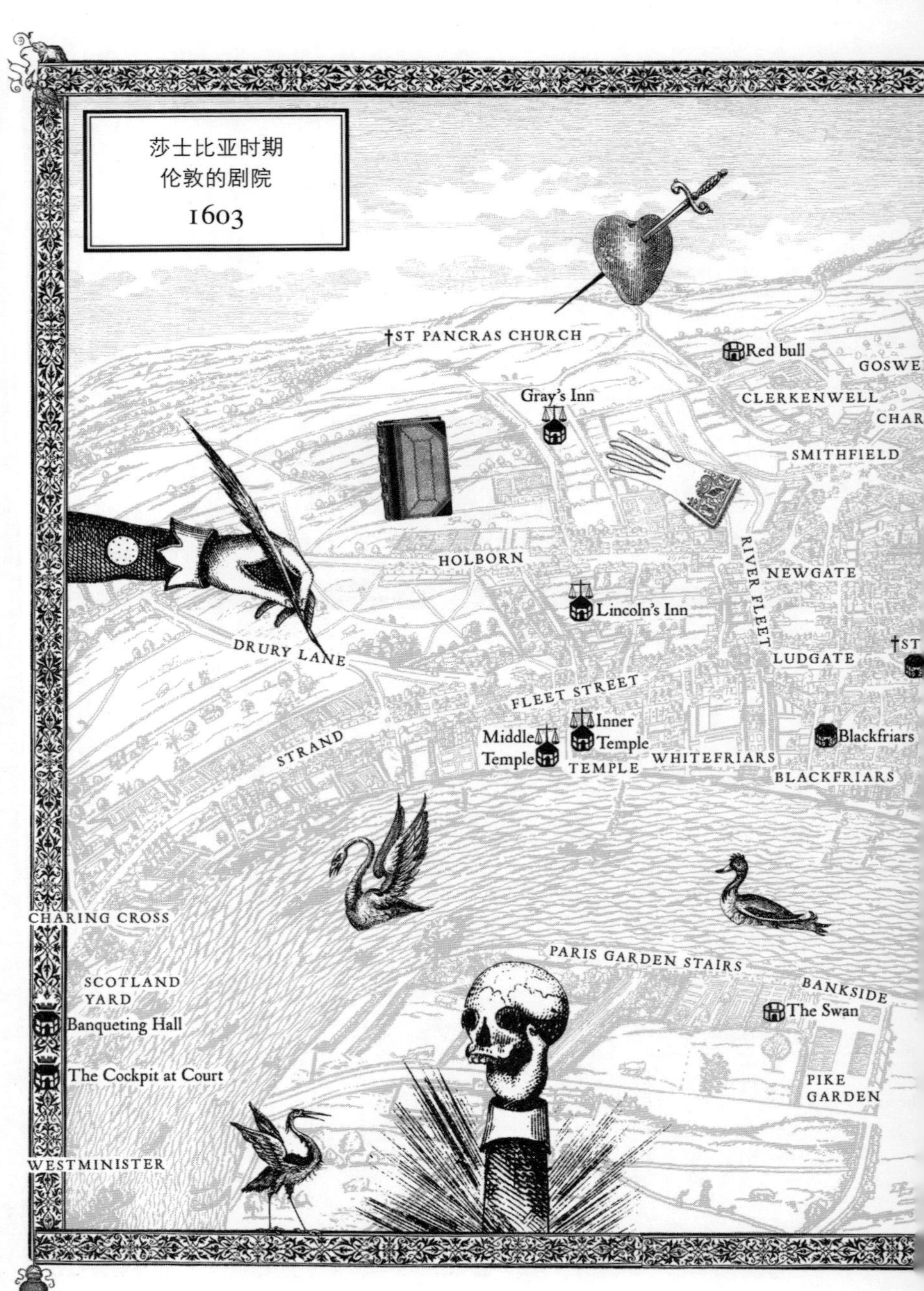

莎士比亚时期
伦敦的剧院
1603
ST PANCRAS CHURCH
Red bull
GOSWE
Gray's Inn
CLERKENWELL
CHAR
SMITHFIELD
RIVER FLEET
HOLBORN
NEWGATE
Lincoln's Inn
DRURY LANE
LUDGATE
ST
FLEET STREET
Inner Temple
Middle Temple
Blackfriars
STRAND
WHITEFRIARS
TEMPLE
BLACKFRIARS
CHARING CROSS
PARIS GARDEN STAIRS
SCOTLAND YARD
BANKSIDE
Banqueting Hall
The Swan
The Cockpit at Court
PIKE GARDEN
WESTMINISTER

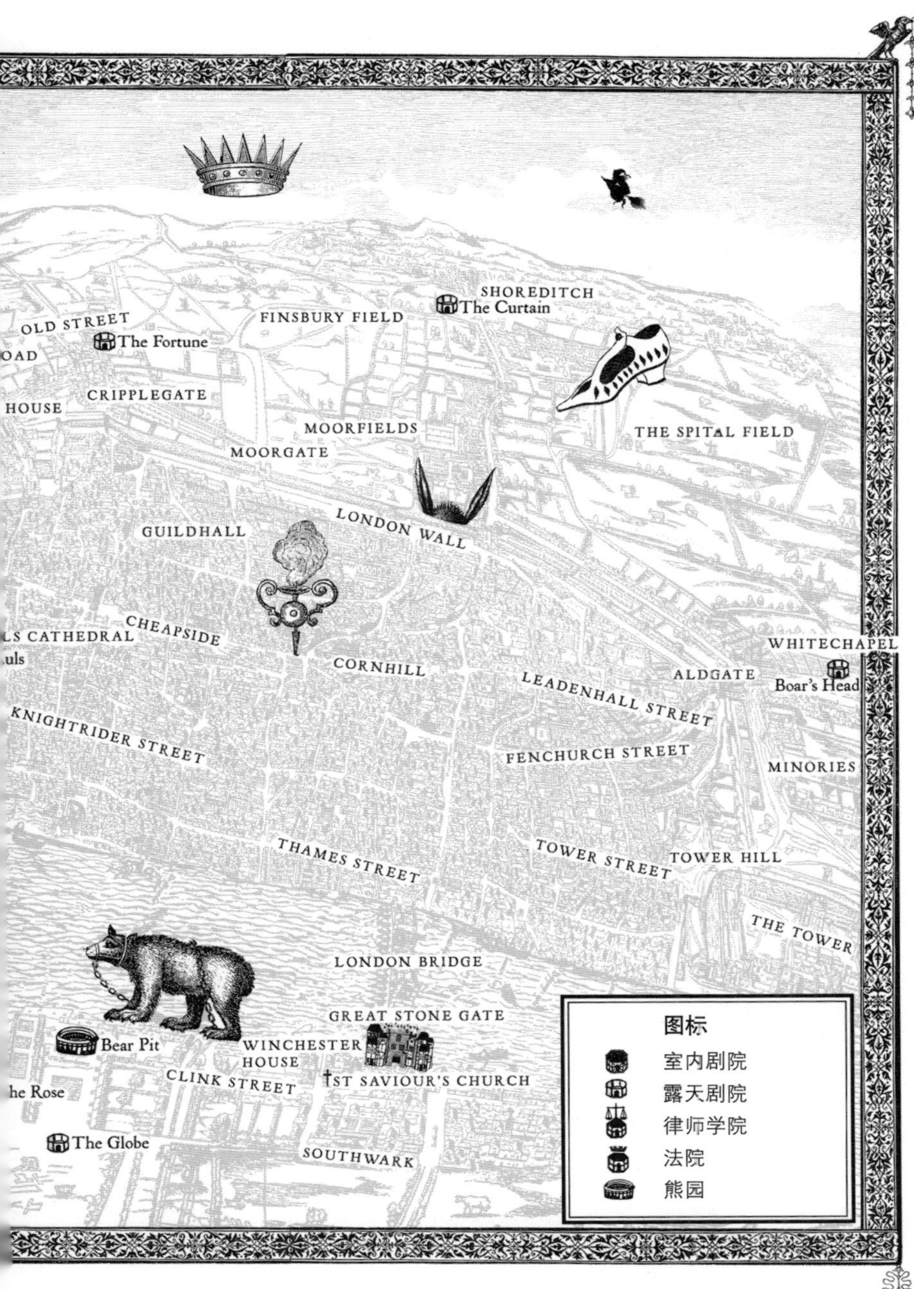
SHOREDITCH
The Curtain
FINSBURY FIELD
OLD STREET
The Fortune
OAD
CRIPPLEGATE
HOUSE
MOORFIELDS
THE SPITAL FIELD
MOORGATE
LONDON WALL
GUILDHALL
CHEAPSIDE
LS CATHEDRAL
uls
CORNHILL
WHITECHAPEL
ALDGATE
Boar's Head
LEADENHALL STREET
KNIGHTRIDER STREET
FENCHURCH STREET
MINORIES
THAMES STREET
TOWER STREET
TOWER HILL
THE TOWER
LONDON BRIDGE
GREAT STONE GATE
Bear Pit
WINCHESTER HOUSE
CLINK STREET
ST SAVIOUR'S CHURCH
he Rose
The Globe
SOUTHWARK
图标
室内剧院
露天剧院
律师学院
法院
熊园

在春天的晴朗夜晚，没有什么地方比南岸更适合闲庭信步，惬意地汲取城市的养分。走向萨瑟克桥，你会看到岸边的长凳上倚靠着一对对慵懒的情侣，城市的倒影在波光粼粼的河面上摇曳，右手边的环球剧院修葺一新。剧院的重建凝聚了历史学家、考古学家和建筑师的共同努力，但看上去仍有些不真实，好像是电脑合成的场景。避开有“路怒症”的骑车人，摆脱醉汉的纠缠，你会穿过一条鹅卵石小巷。如果找不到这条小巷，就无法穿越时空。但是今晚，你找到了它。昏暗中，一个来回走动的奇怪身影引起了你的注意。

转入小巷后，南岸匆忙的行人、泰晤士河的波光和街头艺人的表演都消失在了远方。在你面前，没有鸽子，没有汽车，也没有行人。朦胧之中，只有一闪一闪的街灯透出一丝生活气息。回过头去，你会发现就在你来的方向有一块全新的路标悬在高处，纯白的底上用黑色和红色的加粗大写字母写着“熊园”。

就在这时，从小巷深处传来了极不协调的风笛声，伴随着尖厉可怕的哮吼，打破了这里的平静。你四下张望，发现眼前出现的的确是熊的轮廓，它的脖子上套着绳索，正被人往后拉。熊的身后是个彪形大汉，他正处于要么被熊咬伤、要么失去生计的两难境地之中。跟在熊和汉子后面的是个满脸通红、吹着风笛的男子，看上去就像是从浓密的胡子中冒出来的一样。现代城市中无尽的仓储式街区消失了，取而代之的是灌木丛、绿地、沟渠和泰晤士河畔的一排木屋。

制革厂冒出的浓厚毒烟凝滞在空中。动物的咆哮声和妓女的揽客声划破夜空。

欢迎来到莎士比亚时期的萨瑟克区。

“獒犬，上！灰熊，上！”

萨瑟克区最初不在伦敦城的管辖范围内，它一直是寻欢作乐、恣情纵欲的好去处。这里有许多妓女，她们通常穿着长袍，戴着假发和硬挺的蓝色拉夫领，当她们穿过街道或站在酒馆外卖弄风情时，你可以扮鬼吓唬吓唬她们。这个下午，随处都能看到有人在酒馆里跳着吉格舞，嚼着蜜饯，喝得烂醉如泥，把箭射进刻在树干上的靶子里。在泰晤士河畔区的妓院里，你也许还会听到一些或畅快或压抑的沉吟低吼。有何不可呢？对于大多数人而言，泰晤士河畔就是放松的安乐乡，能让他们从工作日地狱般的折磨中逃出来喘息片刻。尽管清教徒总提倡人们要更虔诚、有益地消磨时光，但仍阻止不了人们在萨瑟克区花天酒地。

伦敦人最喜欢的消遣之一——事实上也是伦敦最早的群体观赏运动——是一种人为设计的折磨，它就是异常残忍的“牛熊斗”。那时，去竞技场观看牛熊斗就像在21世纪去看足球赛或电影一样，但是前者要暴力得多。

你走在泥泞小路上，步履艰难，身后传来船工号子。一个巨大的圆形剧场映入眼帘，仿佛是木造的罗马斗兽场仿制品，只不过看上去就快要散架。在它向外伸出的屋顶上，一排排小旗迎风招展，告诉人们一场牛熊斗正在上演。到达入口之前，你必须穿过一片满是粪便的废弃土地，这其中还掺杂着来自新门屠宰场的腐烂动物内脏——它们最终会成为围场附近犬舍里上百条獒犬的晚餐。当这些獒犬冲你咆哮时，你会庆幸它们被皮带拴着。在这块废弃土地的西北角，你会看到两个更大、更坚固、用栅栏围着的牲口棚。棚里传出低沉的鼾声，牲口棚似乎随之颤抖起来，公牛和灰熊就关在这里。

你排进一条长长的队伍，从闲聊的观众口中得知，伊丽莎白女王的哀悼期刚刚结束，剧场和熊园得以再度开放。新国王詹姆斯·斯图亚特担心瘟疫再次来袭，延迟了入主伦敦的时间。是的，此时正是 1603 年。空气清新、温暖，由此而知我们正置身这一年的春天。

终于到了入口处，突然，一个惊慌失措、浑身是血的男人冲了出来，怀里抱着一团痛苦呻吟着、一息尚存的东西，眼泪顺着他的脸庞流下，因为他最爱的獒犬（有时也是收入来源）正蜷在他怀中，奄奄一息。

进入场内。

声浪瞬间袭来，观众疯狂的吼叫声、呼喊声、尖叫声和喧闹声震耳欲聋。此情此景之下，不难理解为何英语中的熊园“bear garden”也指代喧嚣混乱之地。圆形剧场能容纳约上千人，目之所及全是围场而立的观众。头顶则是能遮风挡雨的茅草屋顶。一张站票要 1 便士，如果花上 2 便士，就可以买到回廊上的“特权”坐票。回廊位于三层看台，年久失修的木造看台上人满为患，支架在人们脚下咯吱作响，你恐怕有些疑惑，坐在上面到底算是哪门子特权。但如果你不想和扒手、浑身腥气的鱼贩挤在一起，最好还是上楼与更有教养的观众相邻而坐——这项血腥的运动吸引着社会各界的男男女女——坐席之上的体面观众此时正大啖苹果，畅饮麦芽酒。

从观众席高处俯视，你会看到一头壮硕的公牛正站在竞技场中央，边用蹄子刨着地上的沙子，边环视周围寻找对手。公牛被牢牢拴在一根深埋入地的铁柱上，活动范围仅限于半径 15 英尺的圈里，它那闪闪发亮的白色牛角上鲜血淋淋。竞技场边站着许多拉着獒犬的人，正在为即将到来的血腥场面做最后的准备。突然，三条獒犬被主人放开，游戏开始了！人群立刻兴奋起来，不停地为自己支持的一方呐喊，“獒犬！上！”“公牛！上！”许多观众都下了赌注。

接下来会发生什么？不妨来看看当年在伦敦旅行的人们留下的精彩描述。“公牛逡巡不前，紧盯着它的敌人。”一位观众如此描述，“獒犬如果能扑到公牛的肚子上，就有可能占得上风；公牛则小心翼翼地将肚子贴近地面，严阵以待，时刻准备用角撞飞獒犬。这才是真正的斗兽。”被公牛挑起的獒犬就像被抛向空中的煎饼，一位德国游客观看了一头年轻的公牛勇斗三条獒犬，随后描述道：“公牛迅速干掉了獒犬，它用角刺穿獒犬，把它们抛得比一层楼还高。”另一位观众写道：“当獒犬被抛起时，看台上的人们争先恐后地试图接住它们。”

如果这听起来令你难以置信，我们还有两位生活在 17 世纪的可靠日记作者作证。塞缪尔·佩皮斯在 1666 年的日记中写道：“晚饭后，我和妻子，还有默瑟，一起来到熊园，眼看着公牛用角挑起獒犬，有一只甚至被挑进了包厢。”四年后，日记作者约翰·伊夫林非常震惊地看到一头公牛直接“将獒犬挑到了一位女士的大腿上。当时这位女士正坐在高处的包厢内”（作者没记录下女士的反应）。想到这些画面，你想不想试试看自己能否抓住一只被抛到空中的獒犬？那样一定会博得满堂彩。

英国獒犬以高贵、勇猛、充满野性和力量著称，被认为是伦敦的最佳守卫犬。即便如此，它们也难敌公牛的进攻，獒犬只能屈从于命运，像旅鼠一样不断被抛向死亡。在一片混乱中，你会看到许多獒犬在痛苦中死去——死在为它们押注的观众的呜咽和叹息声中，并且很快会被新的獒犬取代。场边有一些拿着长棍四处走动的男人，他们会尽量减少獒犬被甩落地面时受到的冲击，棍子顶端都包着厚厚的皮革，以防刺伤獒犬。除了抛甩獒犬，公牛还有其他策略，它可以刺伤獒犬或者直接“把獒犬的内脏踩出来”。反过来，獒犬通常会设法袭击公牛的头部。根据威尼斯大使的私人秘书、牧师霍雷肖·布西诺的记载，獒犬最冒险的举动就是依次咬住公牛的嘴唇、眉弓处和耳朵。而最让全场观众兴奋的是獒犬“咬住公牛的鼻子，直至一些胆怯的公牛开始大声咆哮”。公牛会用尽力气将獒犬甩来甩去，獒犬则会用牙齿死死地咬住公牛。

击退了獒犬的几轮进攻后，公牛会被带离竞技场。还不等你理清思绪，一头灰熊就被牵了上来，用链条拴在同一根铁柱上——第二回合就要开始了。1575 年，布商罗伯特·莱恩汉姆在观看斗熊后，描述道，“灰熊用充满杀气的眼睛盯着敌人靠近”，然后“冷静地等待獒犬先发起进攻”。獒犬会冲向灰熊，试图用锋利的牙齿刺穿灰熊厚厚的皮毛。此时，被激怒的灰熊会使尽浑身解数“咬、抓、吼、甩、打滚”，想方设法摆脱这些挑衅者。獒犬毫不示弱，不断展开进攻。在 1599 年瑞士医学生托马斯·普拉特和许多其他观众看来，獒犬可谓“锲而不舍”。

獒犬的主人们希望自己的犬能够在表演中活下去。如果他们觉得獒犬面临生命危险，可以冲上前去，用一头带有宽铁片的长棍撬开獒犬的嘴，当然，他们肯定不想太靠近灰熊。面对多方正面进攻，灰熊最常用的办法就是用锋利的牙齿和爪子撕碎獒犬。但是，根据普拉特的记载，为了延长比赛，灰熊的牙齿会被预先磨断。所以灰熊只能“用爪子紧紧抱住獒犬。除非獒犬的主人施以援手，否则它们会被这拥抱活活勒死”。如果你坐在席间，千万别误解这貌似温情的拥抱，最终你很可能会看到毫无生命迹象的獒犬从灰熊的前肢间滑落下去，满嘴口水和鲜血的灰熊则摇头晃脑地宣布胜利。补充一点，如果年轻的雄性灰熊抵挡住了一批獒犬的进攻，它就会被带走，取而代之的将是被拴在铁棍上的年老眼瞎的灰熊，还有五六个男人围着它残忍地抽打。1554 年，一只遭受了毒打的老灰熊取得了最后的胜利，它挣脱铁柱，冲进人群，还咬断了一个男人的腿。

眼瞎的灰熊在疯狂的鞭打下缩成一团，此时你可能会对眼前的一切深恶痛绝。然而，除非你愿意当一个异类——在莎士比亚时期的伦敦，这可不是明智之举——否则你只能端坐如常，甚至像其他观众一样大笑、鼓掌和欢呼。是的，别期待有人会对这些被囚禁的动物心存哪怕丝毫的怜悯。只要观众喜欢，让它们——包括眼瞎的灰熊——取悦人是完全合法的。16 世纪初的人文主义者伊拉斯谟对此也没有异议。威尼斯商人亚历桑德罗 · 马格诺认为斗熊“非常好看”，死的狗越多，比赛就越精彩。1583 年，英国枢密院发表声明，称斗牛、斗熊是“一种令人轻松愉悦的娱乐活动，是对平和之人的慰藉”。

当然，还是有人担心斗兽场会成为瘟疫和卖淫活动的温床，清教徒们也痛恨一切亵渎安息日的行为，但是只有一个人厉声斥责了活动的残忍并指出了动物的福祉问题，他就是慷慨激愤的清教徒辩论家菲利普 · 斯托伯。在连祷文中，他毫不留情地批评斗兽是“魔鬼般的消遣”，让伦敦人的善念荡然无存。他悲痛地说：“基督徒怎会为了愚蠢的享乐看着可怜的动物被租来相互撕咬、残杀并从中得到快乐？”依他之见，如果你虐待别人的狗，狗的主人会认为这是对他本人的攻击和报复。同理，虐待上帝创造的生灵也会招来祸事。但是，似乎没有人在意菲利普的话。到了16世纪80年代，斗牛和斗熊已成为最受伦敦人欢迎的活动。

这样的活动是怎么出现的？早在12世纪，伦敦就出现了斗兽表演。最初只是街头表演，直到16世纪40年代，在河岸斗兽场举办的表演才开始出现在官方文件和大使报告中。玛丽女王、伊丽莎白女王和詹姆斯国王都是这项表演的狂热爱好者，这进一步推动了活动的合法化。当时甚至还有官方的斗熊大师，他们有权强制伦敦的犬只为皇室表演，甚至枉顾犬主人的意愿。16世纪60和70年代的两版伦敦地图显示，当时专门建造的两个河岸斗兽场都位于克林克自由区巴黎公园的正东，其中靠西的斗兽场用于斗牛，靠东的用于斗熊，场地四周是养狗场和池塘。

然而，1583年发生了一场灾难。在表演过程中，一个斗兽场内早已腐坏的木造看台坍塌，导致八人死亡，多人重伤。目睹灾难发生的菲利普·斯托伯详细描述了每一个细节。他写道：“在令人震惊、恐慌的混乱中，有人脑浆迸裂，有人头被压扁……满耳都是痛哭哀号……令人战栗。”然而，伦敦人并未因此收敛，他们很快重建并加固了看台。1599年，伊丽莎白女王还曾亲临这座竞技场，也就是你现在所在的地方（但她从未造访过环球剧院）。

为什么这项残忍的活动如此受欢迎？因为那是一个毫无动物福祉意识的时代。90年后，哲学家约翰·洛克才提出，动物也有感受，对动物随意施暴是在自我贬低。被挑飞的獒犬和高傲的公牛为这项运动染上了淋漓而悲壮的戏剧色彩，短暂的一幕幕场景中尽是勇气与牺牲的桥段。那些最凶猛和最英勇的动物风靡伦敦。一头名叫塞克森的熊引起了莎士比亚的注意，并出现在他的戏剧《温莎的风流娘儿们》中。另外几头明星熊分别是哈利·哈克斯、乔治·斯通、林肯的汤姆、坎特伯雷的内德、唐·乔恩和瞎眼罗宾。一些状态恢复得异常迅速的公牛也出了名，例如西部之星，但它失去了角，再也无法战斗了。

这项活动的火爆还有一些更加无聊的原因：伦敦人相信，经过引逗和折磨，牛的肉会更加可口、易消化，若出售未经逗弄的牛的肉，屠夫则会被罚款。精美的环颈飞边褶领、纷繁的剧院演出和蓬勃的图书贸易，让这座城市变得愈加温文尔雅。斗牛和斗熊却能极大地唤起人们对极端残忍和热血时代的记忆。在悠闲的午后，伦敦观众会愉快地观看一场蕴含哲理的戏剧，如《哈姆雷特》，之后欣然奔赴熊园，品味动物之间的残杀。事实上，莎士比亚诸多戏剧中血淋淋的场景恰能反映出伦敦人观看血腥表演的悠久传统。有时，戏剧和斗兽会彼此交汇——臭气熏天的希望剧场就位于环球剧场旁，于 1614 年开放，这里既上演戏剧，同时又举办斗熊表演。莎士比亚的《冬天的故事》第三幕有一句舞台解说十分应景——“退出，被熊追赶”，不过这头熊是由身着戏服的演员假扮的。

还有件事值得一提。1544 年，西班牙大使观看了一场表演，觉得整个场景非常有趣。“一匹背上驮着猴子的小马被一群獒犬围攻，它不停地用蹄子回踢獒犬自卫。”1562 年，威尼斯商人亚历桑德罗·马格诺也愉快地欣赏着类似的场景：“马不停地跑，一边踢、一边咬。猴子紧紧抓着马鞍，尖叫着，被咬到好几次。”这类斗兽表演的结局通常是獒犬咬着奄奄一息的小马的耳朵或脖子。马格诺认为这“非常精彩”，他周围的观众也这样认为。为了增加戏剧效果，人们还会在猴子身上绑上点燃的爆竹，鞭炮爆炸时，猴子会痛苦地尖叫。

当你离开斗兽场，穿过来时经过的那片废弃土地时，可以留心看看其他一些明星熊，它们或在池中嬉戏，或在攀爬树木，又或在专为它们搭建的架子上晒太阳，任由命运的脚步无声走近。

莎士比亚时期的伦敦会用恐惧和惊愕折磨你，我指的可不仅仅是环球剧场里哈姆雷特父亲的鬼魂。在玄学派诗人约翰·邓恩眼中，这座城市“充满了危险、浮华和罪恶”。然而，对其他人而言，例如瑞士医学生托马斯·普拉特，伦敦“充满了奇闻逸事”，“比英格兰其他城镇精彩多了，可以说不是伦敦属于英格兰，而是英格兰属于伦敦”。正如詹姆斯一世所言：“伦敦很快会成为整个英格兰。”到了1600年，伦敦市区的人口达到约14万人，不断扩张的郊区（包括萨瑟克和威斯敏斯特）人口也达到了4万，总人口直逼20万。在莎士比亚时代，伦敦是欧洲人口最多的五座城市之一，这让1400年前后时的伦敦望尘莫及，那时伦敦的人口还不及佛罗伦萨和布拉格。由于死亡率高于出生率，伦敦每年会吸纳5000名移民，其中许多新移民希望以后能像狄克·惠廷顿[①]那样，变成有钱人。但事实上，伦敦是个贫富差距悬殊的城市，极度富有和极度贫困形成了鲜明对比。

①英国商人，自幼家境贫困，父母双亡，来到伦敦打工，最后出人头地，成为伦敦市长。

“从这一面看，伦敦宛若美丽的少女，”一位观察者在1612年写道，“而从另一面看，却状似可怖的怪物。”随着这座庞大城市的不断扩张，这样的隐喻在每一条街道和小巷、每一个码头和绞刑台之上化为真实的现实。你会看到美的东西：玻璃在阳光下熠熠生辉；女士们穿戴着镶有珠宝的华美飞边，凝视着车厢外，光洁白皙的面庞上贴着日月星辰各种形状的美人斑[①]；上百座教堂的高塔和尖顶直入云霄。然而，也请你时刻留心另一面：囚犯们会将骨瘦如柴的手伸出铁窗请求施舍，否则他们只能等待死亡；带着颈手枷的罪犯要么被切下了耳朵，要么被割掉了鼻子；通奸犯赤脚跪在闹市的倾盆大雨中，头戴写着‘私通’两字的纸帽；一峰骆驼在伦敦桥上不停歇地往复来回，拉运货物；每当主人的马在街上停下来撒尿时，十二个穿制服的仆役都要脱帽致敬；无数流浪汉在垃圾堆里翻找生机，以维持猪狗不如的日子。

但要记住，无论如何也不要让人怀疑你是个乔装改扮的外来者。“在伦敦，外国人会被厌恶甚至仇视。”霍雷肖·布西诺在他的旅行日志中这样警告众人。他讲到，一个倒霉的西班牙人不慎激怒了一个机智的斜眼女人，于是“她鼓动人群围攻他，带头用卷心菜叶砸他，骂他是西班牙流氓”。人群立刻拥了上来，西班牙人“被粗暴地抹了一身恶臭难闻的软泥。这座城市一年四季到处都是这种泥巴，这地方应该叫洛达（Lorda，意大利语意为肮脏），而不是伦敦（Londra，意大利语中的伦敦）”。伦敦民众一直有仇外心理。“这个男人如果不是躲进商店逃过这一劫，他们肯定会把他的眼睛挖出来。”这完全

① 17、18世纪欧洲女性的一种化妆品，用黑色丝绸或天鹅绒制成，初时用于掩饰天花留下的痘痕，后来成为装饰。

是《蒙迪佩登与圣杯》[1]中的场景。许多外国人的确有类似的痛苦经历——和身处欧洲大陆之外的伦敦人遭遇，只是过程不像霍雷肖在日志中描述的那般悲喜交加。在瑞士医学生托马斯·普拉特看来，伦敦人“认为，出了英格兰就是世界的边缘，就美德和美景而言，没有任何国家可以和英格兰相提并论”。

还有些事最好记住，你应该让自己的钱包满满，但如果有扒手在人群中对你下手，千万别想着以眼还眼抢回来。正如许多外国人所见，伦敦的司法体系非常严酷，会让人恶有恶报，如果你被控抢劫，不要期待丝毫《新约全书》式的慈悲。“最轻微的小偷小摸也会被处以死刑”，一位威尼斯游客见证，“几个月前，一个小伙子只因偷了一包红醋栗就上了绞刑架”。最后，来说一说亲吻。英国人喜欢亲吻。如果你魅力十足，被人邀请至家中享用晚餐，记得一定要先亲吻在场所有女士的嘴唇。如果不这样，你会被视为“没有教养”。接下来，到了用餐的时候，“这里的风俗是拍打男士的肩膀，并大喊‘闹着玩’……然后轻拍女士的肚子”（至少亚历桑德罗·马格诺是这样描述的）。

现在，是时候前往我们的第二站了，圣保罗大教堂。沿着泰晤士河畔散步到巴黎公园的河畔台阶，招呼一下，伦敦2000多艘渡轮中的一艘便会载着你，前往北岸的白衣修士区。

西望威斯敏斯特，河岸街两侧是一幢幢豪华宅邸，包括阿伦德尔府、萨默塞特宫、杜伦府，当然还有正对你左侧的白厅宫——皇室宫廷的所在地。它们最初是中世纪主教和大主教们的宅邸，经历过都铎王朝中期的宗教改革后，大都落在了贵族手中。君主对教会

---

① 1975年上映的一部冒险喜剧片，讲述了亚瑟王和手下的圆桌骑士们在寻找圣杯的途中遇到的种种趣事。

土地和财富的这次没收是英国历史上规模第二大的土地掠夺行动，仅次于诺曼征服。土地房屋都被重新分配给了皇室的宠臣，因此，这一轮教产掠夺刺激了房地产热和新兴贵族地主的崛起，并且进一步推动了伦敦人口的增长。宗教改革之前建成的23座教会房产大部分被出售，只有那些依然承担着重要社会功能的建筑被保留了下来，例如位于主教门外的伯利恒圣玛丽精神病院（后来被称为“疯人院”），以及位于史密斯菲尔德的圣巴塞罗缪医院。此刻，回过神来，我们的轮渡靠岸了，你已经到达白衣修士区。在这座城市，教会已然失去了高高在上、唯我独尊的光环。

书籍和圣保罗大教堂的泼妇

上岸后前往水巷，向东跨过舰队桥。到达位于拉德门坍圮的罗马城墙时，如果一切顺利，看门人会准你入城。很快，圣保罗大教堂便赫然眼前，但此刻的它与21世纪的你所熟知的、经克里斯托弗·雷恩爵士[1]重新设计后的样子截然不同。这座哥特式教堂崇高冷峻，威严的气势压顶而来。可惜在1561年一道闪电击中了它的尖顶（没有人费心去重建），它的庄严因此受到了些许削减。

穿过圣玛利亚巷和信条巷相交的繁忙路口，你会来到一个上方建有墙垛的拱门下。举步向前，就进入了开阔的圣保罗大教堂墓地，海鸥正围着教堂的尖顶盘旋。右侧是彼得学院，它过去曾是修道院的地产，现在则属于实力更加雄厚的出版业公会。15世纪50年代，

①克里斯托弗·雷恩爵士（1632—1723）是英国最著名的巴洛克风格建筑大师，17世纪末重新营造落成的圣保罗大教堂就是其代表作之一。

德国古腾堡版《圣经》的出版震惊了整个欧洲。其后50年，活字印刷术令双手酸疼的人工抄写方式相形见绌。尽管手抄图书并没有完全消失，但出版业公会已经成为该行业的龙头。

在英国，第一个充分认识到印刷品具有巨大商机和传播潜力的，是一个精明的外国人，他叫温金·德·沃德，曾是威廉·卡克斯顿的学徒。威廉是15世纪末期第一位印刷图书的英国人。“沃德”这个名字可能是“莱茵河畔的沃尔特”或者“绍尔河畔的沃尔特”的误用，据推测，其中一个地方可能是温金位于莱茵河附近的故乡。温金有一间房子，位于舰队街的圣布莱德教堂庭院内，师父去世后，他在1500年左右在这里开了家印刷店。他精心选择了店标——金属线制作的太阳，通过印刷品启迪民智的悠久历史由此开启。温金是第一个在英语中使用斜体字的人，他喜欢引人注目的扉页和木版画。与保守的卡克斯顿不同，他想拥有更广泛的读者群，因此选择了车水马龙的舰队街而非贵族气派的威斯敏斯特，作为他事业的起航之地。

温金大获成功。在他的经营下，印刷变得更实用、更普及、更有趣，价格也更低廉。书籍不再是谄媚的诗歌载体，也不再只服务于高贵的主顾或无趣的神学辩论。在昏暗狭窄的室内，温金和他的徒弟们不停地按压、敲打，精心制作了超过400种书籍，共800多个版本。这些书籍用的都是花体哥特式字体（这是精心设计的：在印刷业兴起的早期，出版商们希望印刷出来的字能尽可能接近手写体，从而带给读者亲切感）。温金制作的图书品类繁多，涵盖了乔叟[1]作品、童书、惊悚小说、马药配方、礼仪书籍、介绍诸神的小百科，

---

①杰弗雷·乔叟（1343—1400），英国小说家、诗人。被誉为中世纪英国最伟大的诗人之一、“英国诗歌之父”。主要作品有小说集《坎特伯雷故事集》。

甚至还有《马、羊和鹅》这类畅销书。当然，有时也会出错。比如，小说情节发展到关键处，却漏装了整个一版页面，内容缺失了一部分，让读者迷惑不已；有时插图和主题毫不相关；制作美丽的希腊女神木版画时，温金用了卡克斯顿印制的《坎特伯雷故事集》中现成的画，画中的女神看上去一点也不神圣、优雅。除去这些不妥，温金生意兴隆。在他的带动下，约有 12 名印刷商追随其后来到舰队街。因此，他去世后，被人们奉为“舰队街之父”。

当你游览莎士比亚时期的伦敦时，出版业已欣欣向荣地发展了 125 年。出版业公会垄断了整个产业，所有新出版物都要获得许可，并在出版业公会登记注册。在我们此时所处的 1603 年，共有 259 种新出版物问世，其中就包括莎士比亚的两部著作——《哈姆雷特》和《理查三世》。所有被视为对宗教或国家无礼和不敬的书籍都无法拿到出版许可。如果有人——而且居然还有不少人——愚蠢到未经出版业公会许可非法出版图书，一旦被发现，作者和印刷商都会受到伦敦主教甚至坎特伯雷大主教的严厉惩罚。印刷是场危险的游戏。1631 年，声名狼藉的“邪恶《圣经》”将第七戒律误印为“可奸淫”，两名皇家印刷商因此被当时英国的最高司法机构星室法庭罚款 300 英镑并吊销了执照（“邪恶《圣经》”中的《申命记》一卷还有一处错误，“神将他的荣光和他的大能显给我们看”被误印为“神将他的荣光和他的大臀显给我们看”）。

这些书都被卖到哪里了呢？为了寻找答案，请转身走到教堂庭院的一棵树下，然后走向伦敦主教府邸外的宽恕墓地。你会发现自己正站在圣保罗十字①处，这是一个露天布道场，位于教堂的东北

①圣保罗大教堂前的十字路口。

方。一道台阶尽头是低矮的布道坛，覆有八角形的拱顶，拱顶之上立着巨大的金色十字架，在阳光下闪闪发光。这是伦敦最著名的公共场所之一。每周日的早晨，搜罗到的禁书都被集中在此焚毁。经过伦敦主教严格审核的牧师会在这里向广大信众布道。不过，如果我与一个受过教育的伦敦人提起圣保罗十字（或者圣保罗墓地），他联想到的或许不是布道场，而是图书。

在教堂周围，大大小小的书店、书摊鳞次栉比，挤在圣保罗墓地北边的主教墙下，环绕着教堂东边的旧市场，沿着围墙向西延伸。这块空地上也许还散落着腐烂的苹果核和被吃剩的禽类脊肋，但这些都无损它“知识和思想的王国”之名。在这个王国中，有些书中的观点还将挑战对面教堂对真理的垄断。每家书店都有奇特的名字，显得独一无二，有的店名能让人想起浪漫的故事和上演的戏剧。在主教墙下，你会找到名为“铜蛇”“圣灵”“爱”“死亡”以及“青龙”的店铺。三年前，《威尼斯商人》在这里问世，现在应该也还在销售。这里还有一家店叫“黑熊”，是1632年莎士比亚喜剧、历史剧和悲剧选集的首批发行书店之一。在圣保罗十字西面的教堂围墙下，你可以找到“虎头”和“鸢尾花”书店，过去三年，《温莎的风流娘儿们》在这里都有备货。在围墙另一边主祷文路的南侧（它在17—18世纪发展成了图书销售中心）是“美人鱼”和“金锚”书店。“白狮子”和“白马”这两个名字听起来很清灵，但它们实际上诞生于小便巷，你离开的时候最好别走这条路。

为什么图书市场会在这里蓬勃发展？首先是基于传统。在印刷业迅猛发展之前，神职人员就是整个社会中最有文化修养的人群。他们必须能够读懂拉丁语的《圣经》，向民众讲授和传教。他们还是每个堂区负责登记出生、嫁娶和死亡情况的人。因此，文具商——羊皮纸商、纸商、抄写员、装订工和画匠（插画师）——都聚集在中世纪的圣保罗大教堂及其祈祷堂（为亡灵祷告的地方）、修道院学院和牧师住所周边。其次，这也受到了新教影响。在16世纪30年代修道院财产被瓜分后，圣保罗墓地空出了许多地方。这里本来就是知识阶层的一小块领地，于是文具商和书商蜂拥而入。更重要的是，宗教改革后，社会在信仰上更强调理解“上帝之道”的重要性，而不是像天主教那样进行无休止的仪式性善举和忏悔。这极大地刺激了公众对英文版《圣经》的需求，也间接提高了公众的识字率。识字能力具有很重要的意义。

离开圣保罗大教堂时，请在街角驻足片刻，闭上眼睛，聆听一下这个城市的声音。

远方，教堂的钟声响起，随之而来的是马儿身上一串串清脆的铃铛声，它们由远及近，提醒行人给马车让路。路上交织着嗒嗒的马蹄声、水坑里溅起的水声和铁皮车轮在砂石上摩擦的声音。向前走，一个喷了漆的木牌在风中吱呀吱呀作响，酒馆敞开的窗户里时不时涌出热闹的欢呼和笑声。再往前，你会听到小贩们“此起彼伏的叫卖声”，有人吆喝着“炒栗子啊，炒栗子”，有人叫着“洗烟囱，洗烟囱”，有人喊着“甜酒，甜酒，好喝的甜酒”，还有人在吹长笛。

虽然这座城市热情洋溢、热闹非凡，但要是和21世纪的现代都市相比，眼下莎士比亚时期的伦敦依然静得出奇。你能听到的最大声响就是教堂的钟声和雷鸣，除非你不幸被炮火包围——当然，这不太可能发生。

没了城市中无休止的机动车噪音——它们会淹没低频声音，你的“听觉范围”（这个词自来文学史学家布鲁斯·史密斯）会变得更宽广，你会由此获得更加开阔的空间感并在其中听到更多的声音。有些声音还很中听，比如路前方鞋匠坐在店门前的空地上敲打皮革的声音，或是你身后一家印刷厂里沉闷的重击声。

莎士比亚时期的城市背景音中，最特别的就是无处不在的清晰人声。你可以听到 100 英尺外人们的交谈，就像在如今已禁止机动车在市中心通行的历史名城博洛尼亚一样。城市的物理结构进一步强化了这一点——大部分房屋由木材、石灰石和黏土建成，这些材料都能反射声波（就像玻璃），而且大多数房屋又高又窄、布局紧凑，很容易产生回响。当你穿梭在莎士比亚时期的城市时，你会发现自己时刻被交谈声围绕。保护隐私的唯一方法就是降低音量或者说悄悄话。

“圣草”

漫步走向齐普赛街，圣保罗大教堂渐渐落在了身后。不要被一群群吸烟的人吓到。你会看到，骑马的旅人在拥堵的街上游荡，一对对夫妻在购物，小孩子们在街上追赶鸽子——他们都在抽烟。

1589 年，一位德国旅行者曾写道：“英国人常常吸食烟草。”托马斯·普拉特在 1590 年也写道：“人们总是随身携带烟斗，随时随地都在抽烟，在剧院、酒馆，或者其他地方……这让他们得以宣泄、心情愉悦并且昏昏欲睡。”布西诺也有相似记载：“即使在晚上，他们也会将烟斗和打火镰放在枕边，以便在烟瘾发作时享用。”一位 20 世纪早期的历史学家这样记录：“更有甚者，连孩子都会带着烟草而不是早餐去上学。”你也许想明天早上就去文法学校的窗外探个究竟。

为了满足大家对这种“圣草”无止境的需求，伦敦的大街小巷全是烟草店，这在现代伦敦人看来肯定很不可思议，而与此最相像的也许就是21世纪埃奇韦尔路上的小水烟馆。在17世纪的最初20年，据编年史家和作家们统计，伦敦共有7000家烟草店。如果数据可靠，那么酒馆的数量简直相形失色。(“7000家”这个整数十分可疑，但无论如何，这意味着烟草店真的很多。)

要在齐普赛街上找一家烟草店花不了多大工夫，抬头就可以看到绘着三根烟管的店标在风中摇摆。进店后，你会看到一个高高挂起的鼓形架子，上面插着几十根烟管，就像在举行迪斯科舞会。请自取一根烟管。墙上的搁板上摆满了大啤酒杯、水壶、高脚杯，还有葡萄酒和麦芽酒的醒酒器——这里也是个酒吧——以及还未开封的成包待售烟草。这些烟草主要是从一个西班牙人手上买来的，他在南美洲有自己的农场（同时，他也尝试在格洛斯特郡和乌斯特郡种植少量烟草）。烟草小贩喜欢摆出插着羽毛的美国印第安人小雕像来彰显这些烟草的异国特色，这些小雕像大都有令人难以置信的黝黑皮肤，还抽着巨大的烟管（或者搓着烟叶）。孕妇、紧咬牙关呻吟的男人、皮肤溃烂的淋巴结核病人，以及眼神黯淡的抑郁症患者都在排队买烟草——人人都希望从烟草中得到解脱。主要的吸烟区在柜台后面，用来分隔空间的布帘后传来咯咯的笑声、咳嗽声、叮当声、嘎吱声和叹息声。(如果你是一位女士，再往里走可能就会被眼前的景象吓到。)

掀开布帘时，请做好准备迷失在烟雾中。被呛到涕泪横流后，你会看见一小排衣着体面的烟草商，他们戴着飞边和松松垮垮的帽子，坐在用烟草桶支撑的桌子后面。顾客们都很友善，当你坐下时，甚至可能会有人对你飞快地说一句“上帝保佑你，先生”。他们热衷于炫耀自己精致的烟具：有着细长脖子的陶土烟管——最考究的烟管还配有银质的烟嘴（温彻斯特烟管是最高品质的象征，但是大部分烟管都产自斯特普尼、萨瑟克和威斯敏斯特）、用来切碎烟叶的垫木、装饰繁复的烟草盒、用来清烟灰的钳子、用来清理烟管头的光亮铁签，还有用来吐唾沫的银质小碗。

在那个年代，吸烟依然是件新鲜事，但最令人惊讶的是，和你坐在一起的烟草局官员们会在重重烟雾之中深深地吸一大口，然后心醉神迷地用鼻子将烟雾喷出，并且还会喷出“大量的黏液”。这是1598 年一位德国人记录的所见所闻。在你开始抽烟之前，要牢记两件事。首先，除非你想被当作异类，否则请不要说“吸”（smoke），而要说“饮”（drink）。其次，即使你本来就是烟民，这里的东西也肯定比你抽过的更纯、更厉害，快准备好迎接你生命中最猛的一次上头吧。

1565 年，烟草由商人、冒险家约翰·霍金斯从佛罗里达引入英格兰。随后，伊丽莎白女王的宠臣沃尔特·雷利爵士让烟草在宫廷中流行开来。慢慢地，烟草进入了英国的主流社会。16 世纪 90 年代，人们开始谈论伦敦的烟草热。尽管一管烟只要 3 便士，但对工薪阶层来说仍是奢侈品。比如，建筑工人每天的收入只有 8 便士左右，工匠的收入约为 1 先令。如果没有伦敦医疗机构的声援，烟草热也不会出现。这些医疗机构本来是想效仿玛雅文明的巫师，渴望找到一种一劳永逸的预防草药，但讽刺的是，他们选择了烟草作为包治小病小痛、万无一失的灵丹妙药。

根据安东尼·丘特的作品《烟草》（1595）记载，这种“珍贵的草药”是治疗咳嗽、感冒、头痛、疲劳、失眠、伤口溃烂、淋巴结核、抑郁症和指甲脱落的最佳解药，它甚至还可治疗中毒的猫。烟草太有用了。在瘟疫爆发时，濒死的患者常被告知，他们是由于吸烟不足才会染此恶疾——这当然是毫无意义的安慰。在位于星期五大街的美人鱼酒馆[①]里，当时的文学巨匠们也紧跟潮流，在他们的戏剧和诗歌中赞颂这种神奇的草药。在埃德蒙·斯宾塞笔下，它是“神圣的烟草”，本·琼森则称其为“大地献给人类的最至高无上、最珍贵的草种”。

经典的医学理论“四体液学说”在这个时代得到了几乎所有人的认可。这项学说称，烟草的“干热”特质可以治疗感冒以及其他由水性体液过多引起的疾病，如风湿病，这种病在湿冷的英格兰尤为常见。此外，人们相信吸入烟草的热气可以对抗大脑中的“湿冷”体液，让人变得头脑机敏、心情愉悦，帮助吸烟者发挥神赐的创造力，并让他们更靠近上帝。1602 年，内科医生罗杰·马贝克在他的作品《烟草的辩护》中也是这样解释的。美人鱼酒馆中的文学巨匠们就是第一代烟不离手的知识分子。

然而，并不是所有人都认可这种观点。一些人认为，烟草“让人染上了气味像狐狸小便一样的口臭”。在托马斯·德克的作品《诚实的妓女》（1604）中，一个角色提到了一种令人讨厌的行为：把烟草倒入小便中腌渍，让烟草有一种“复杂的气味”。当新国王詹姆斯一世到达伦敦时，他被这种“令人厌恶的恶习彻底”震惊，不禁感

①伦敦昔日的一家酒馆，因作家们常在此聚会而闻名。

叹“人们不再由衷地欢迎自己的朋友，而情愿与烟叶携手”。带着满腔的愤怒，他拿起蘸满墨汁的羽毛笔，开始在《禁烟法令》(1604)中猛烈抨击这种“珍贵的恶臭之物”。在这份糅合了愤怒、理性和爱国主义的法令中，国王批评这种令人沉迷的药物是由“残暴的……野蛮的……不敬神且卑贱的”印第安人在新世界的荒野上种植的，它正以一种阴险的反殖民方式由内而外侵蚀着吸烟者。他继续批判道，吸烟者身体的日渐虚弱很快会演化为国家的逐渐式微，让英格兰暴露在随时被入侵的危险中（在这个时代，英格兰的确面临着这个问题)。作为国王，他有责任确保这一切不会发生。

这绝不是说说而已，《禁烟法令》颁布后，詹姆斯将烟草税提高了 40 倍，但这除了填满走私者的口袋之外收效甚微。詹姆斯极不情愿地承认了失败，认识到来自英国新殖民地弗吉尼亚的烟草的价值之后，他终于降低了税率，偃旗息鼓，不再追究。在这一年，海关存放了 2.5 万磅烟草；1628 年，这一数字飙升至 37 万磅；更惊人的是，到 1700 年，烟草存量竟然达到 3800 万磅。面对烟草存量的迅猛增长趋势，詹姆斯不得不让步（与其他君主不同，詹姆斯是对烟草和女巫、而非对其他国家发动了战争)。

回到烟馆，那些将焦油吸入肺中的烟民也并非对烟草有害健康的事实毫无知觉。因为怀疑同行的说法，一位名叫菲莱尔忒斯（大概不是本名）的伦敦医师写了一本宣传手册——《烟囱清扫者手册》(1602)，又名《给吸烟者的警告》。为了扩大书的影响力，他还在圣保罗大教堂的北门外销售。令人惊叹的是，尽管囿于当时的四体液学说，但菲莱尔忒斯仍早在 1602 年就预言了后来被现代医学证实的吸烟危害。不管怎样，他正确地推测出吸烟会造成动脉硬化，影响人体生长发育，使体重下降（这在17世纪被认为是件坏事），烟散发出的有毒化学物质会导致不孕，并损害周围人的健康，等等。瑞士医学生托马斯·普拉特在1599年来到英国时写道："曾经有人告诉我，一个男人死后，他的静脉里覆满了烟灰，就像烟囱一样。"5年后，詹姆斯国王也有关于"油腻腻的烟灰"附着在被解剖的吸烟者体内的记录，这至少意味着他对烟草的危害提出了质疑。

现在，你很可能已经被"肮脏烟管"冒出的浓烟呛得不行，迫不及待要找个空气清新的地方了。布商花园如何？它是伦敦最有活力、最为奢华的市内公园之一，里面甚至还建有一个迷宫。

蜜蜂、木球和迷宫转角

齐普赛街是伦敦最宽阔、最壮观的街道之一。爱德华一世在运送王后遗体前往威斯敏斯特的途中，修建了十二处休息点，齐普赛十字即其中之一。在它的东侧是金匠街，那里有"无法形容的奇珍异宝和数额巨大的钱财"。霍雷肖·布西诺寄宿在齐普赛街的一个金匠家中，他觉得这里是伦敦最好的地方："这儿的房子有许多层，正面装有玻璃窗，封住了整个空间。"在这个时代，玻璃在人们眼中是一种精美绝伦的东西，主要用来制作教堂的彩绘玻璃窗。直到16世纪70年代，玻璃才开始普及，在16世纪初，它还是权力的象征。许多住在冰冷房屋中的穷人只能将油纸或布料贴在窗框上采光，而在伦敦塔北边的十字修士街，却有一座装饰着石雕怪兽和玻璃的梦幻般的府邸。除了精心装饰的木梁，房屋主体由玻璃建成，美得令路过的人心醉神迷。

如果你想穿过街道，一定要小心路上的私人马车。这种装饰华美的交通工具最早出现在16世纪60年代，当时仍心存疑虑的伦敦人认为私人马车是女性化的交通工具，与伦敦格格不入。一些男士宁愿骑马跟在妻子的马车后，也不乘坐。但现在，马车已经被普遍接受，完全融入了城市交通，也是富裕家庭优越感的象征。虽然布局毫无章法、路面崎岖不平、垃圾随处可见的街道并不适合马车通行，但马车的数量仍在增长。“尽管老一辈仍偏爱步行，但世界正在新一代人的滚滚车轮下飞速前进。”1598年，伦敦地质学者兼古文物研究者约翰·斯托如此写道。几年后，托马斯·德克也记录下了马车在街头巷尾的轰隆声。乘客们常在颠簸中惊慌失措。

沿着齐普赛街继续前行，你可以留心找找大饮水道。那是一个带有墙垛的石造建筑，低矮的墙上有流水孔，通过铅皮和木质管道将泰伯恩河的水引入水道。一些扛水工将大水桶——或者说“大啤酒杯”——放在道路中央等着接水，严重阻碍了交通。在到达大饮水道前的最后一个街口左转，就是五金巷。

在这个被古老城墙包围着的城市中，人口已激增至中世纪人难以想象的水平。在乔叟时代，伦敦的人口只有2万左右，而在17世纪初已经达到10万之多。你很快就会发现，为了保护自己心爱的花园，伦敦人如何拼尽全力提防地产开发商精明的双眼。热爱园艺的政治家兼哲学家弗朗西斯·培根爵士为许多伦敦人发声，称“万能的上帝所做的第一件事就是建造一个花园，而它也的确是最纯粹的人生乐趣，是人类精神世界的最大补给。若缺少了花园，房舍宫殿都不过是粗制滥造的人工产物”。城市越是扩张，对花园的需求就越紧迫，因为在快节奏的都市中，若是无法时常亲近自然，没人能时刻保持头脑清醒、思维敏捷。律师学院、白厅，以及河岸街两旁豪华府邸中的花园，都极尽精致华丽。但也有一些经历过教产掠夺的遗迹令人惋惜，那些曾经的教堂庭院和修道院如今已杂草丛生。此外，还有专门种植烹调用和药用香草的家庭草药园，隐藏在其貌不扬的门庭之后。

现在拐入肯特街，你会经过喧闹的风车酒馆，再向前走便是格劳斯大楼。留意一下，你会看楼上带有三朵云彩的独特盾徽，每一朵都饰有金冠，在蓝天下光芒四射——用以隐喻圣母玛利亚。

让我们暂且停下脚步。

现在，你正站在一幢三层的砖砌建筑外，高大的入口上方有三扇凸出的飘窗。这幢联排房屋大有来头，它曾属于亨利八世时期的大法官——令人讨厌、不择手段的托马斯·克伦威尔。它的结构非常复杂，内有 50 多个房间，向外则一直延伸至旁边已经解散的奥斯汀修会修道院。1543 年，它被实力雄厚的布商公司买下。这里地理位置非常优越，正好位于伦敦的商业中心——皇家交易所后方。这里有众多相互连通的花园，其中许多都是克伦威尔开垦的，用古老的地下泉灌溉。从理论上说，只有布商公司的成员才能进入，但事实上，想要溜进去相当容易，那些正在将主人的衣服晾在花园内小篱笆上的仆从们就是最好的证明。相信你也可以溜进去。

在幽暗而漫长的通道上，你会听到这座大花园中的嬉笑欢闹、痛饮笙歌。在落日的余晖中，大花园会毫无保留地为你呈现出尼德兰风景画家勃鲁盖尔式的奇景。花园的一角有一个巨大的蜂巢，嗡嗡声不绝于耳（人们相信，蜜蜂不出巢就意味着坏天气即将来临）；在另一角，两名布商在烛光映照的狭长绿地上玩滚木球。在花园中央，一群女士登上高处的观景游廊，畅饮美酒，品尝蜜饯，花园胜景尽收眼底。你前方是六块被修剪整齐的女贞树围起的区域，其中五个是结纹花园，还有一座是个小迷宫。在草地上的长凳边，一些弓箭手轮流射一只“鹦鹉”——那是一只雕刻在高高的树干顶端的鹦鹉（你还能听到射偏的箭矢撞到墙上又落下的声音）。

对于信仰《圣经》的人来说，花园寓意纯真与美德。但是，发生在这里的许多行为都会被视作人性的堕落。年轻爱侣在这里耳鬓厮磨，将名字的首字母刻在桑树干上；学徒们在这里开怀痛饮，模仿他们在剧院看到的下流吉格舞；当年轻人直截了当拒绝在滚木球比赛中让着公司老板时，你也许还会目睹一场争斗。根据记录，高层布商们在1607年曾就访客漠视花园规定一事提出正式抗议。而管理花园诸事的只是一个满面红光的园丁，他常常手握梨形陶壶的壶颈踩过花圃，壶壁上的小孔会洒出水来——这就是早期的喷壶，不过把它叫作“淋壶”似乎更恰当。

如果不是因为挤满了人，那高耸的石墙为花园营造出的与世隔绝的氛围，恰好暗合了花园作为宗教深省地的本意。只需看一下留存的插画手稿就会发现，大部分的中世纪花园——尤其是那些附属于皇家城堡和修道院的花园——都将政局不稳的危险世界隔于墙外。在画中，人们安然躲在厚重的高墙后，躺在草坪上怡然自得地吃着水果。但是，此时的花园渗入了更多的市井气息，且能将城市生活中的各种内在联结置于更加自然的环境之中。

这种转变发生在1485年，伴随着玫瑰战争[①]的结束和都铎王朝

---

①指英王爱德华三世的两支后裔——兰开斯特家族和约克家族的支持者为了争夺英格兰王位而发生的内战。

的建立，政局日渐稳定。都铎时期的英格兰从一块只有堡垒和护城河的土地，发展成为遍布宫殿、豪宅的国家。这个时期的园艺也在意大利文艺复兴思潮的影响下欣欣向荣，演变成一种繁复的艺术形式。这种转变也许不会在一朝一夕之间完成，但在花园这件艺术作品中，一草一木、一阶一景无不满含象征意义，浮夸地炫耀着主人的身份地位。

结纹花园是大花园中最引人注目的。它们由对称的小块方形花圃组成，经过修剪的紫杉树、黄杨木和女贞树组成的常绿树篱带相互交织，形成了繁复精致的图案。花圃里或是填满了各色砾石和砂土，或是出于烹饪或药用目的种着特定颜色的鲜花和馥郁的香草。花圃被笔直的小径分开，道路网络中央的集汇口是一个巨型大理石喷泉。圆形的、方形的、三角形的树篱交相排布，就像大脑神经网络一般紧凑有趣。花园越繁复、图案越精巧，就越是令人印象深刻。在汉普顿宫，你甚至可以在花圃里找到半人马、仙女和塞壬女妖的图案。布商花园全景的最佳观赏点正是前文提到的观光游廊，那里可容纳一小群人悠闲驻足，俯瞰精心打造的花园风景。这正是花园的意义：人类给混乱无常的自然强行附加了秩序和对称性。编年史作者威廉·哈里森在1586年评论道：“我们的园丁既有未知欲，又富匠心，他们会按照自己的设想改造自然、控制自然的发展，俨然一副主导自然之态。”外来香草和植物的种类也反映出英格兰持续壮大的殖民势力，证实了其对新土地上各种奥秘的掌控。

花园里还有一座迷宫，体现了伊丽莎白一世时期或詹姆斯一世时期花园的典型特征，亦在视觉上巧妙地暗喻迷宫般的城市。如果你已习惯了置身21世纪汉普顿宫巨大迷宫中的紧张刺激，那么走在17世纪早期的布商花园迷宫中，那高度仅仅及膝的树篱以及相对紧凑的花圃则会让你略感沉闷。17世纪的花园虽然规模不大，但却有突出的象征意义，它的目的不是让你迷失在物理空间中，而是迷失于思绪之中。这承袭自中世纪欧洲教堂常见的传统——人们会在地板上绘制迷宫，在这种替代性的朝圣之路（也被称作“耶路撒冷之路”）上，礼拜者双手双膝着地匍匐前往“迷宫”中心的“救赎之地”。在这个过程中，身体的弯曲和扭动象征着基督教徒在精神之旅中遭遇的挑战和信仰危机。不同于最初只标注了一条路径的教堂迷宫，花园迷宫有许多可通行的路线，但只有一条可以走出迷宫，自由意志也由此被引入到迷宫之中。

游走在迷宫中，你也许会发现自己正在思考它所传递的真理——稍有行差踏错，生活就会完全偏离正轨，而在我们渴望理解和靠近某样东西前，有时最好先与之拉开一定的距离。迷宫以其强大的魔力诱人深思，正如当代作家丽贝卡·索尔尼所言：“貌似离目标最远之时或许就是即将功成之时——这道理说来容易，但要深刻领悟还需亲自实践。”

外国人的教堂

在花园的围墙外，你会看到昔日奥斯汀修会修道院的中殿和高塔，如今这里是一座荷兰教堂，也是伦敦最大的外来人口聚集地之一。1603年，“foreigner”一词是指城外的人或者从英国其他地方来到伦敦的外地人，而“aliens”一词则是指从其他国家来的外国人。因此，如果你曾在其他国家居住，你就属于“外国人”。可以很肯定地说，1593 年，当伦敦各行政区的高级市政官全面执行“陌生人归国”政策后，常住伦敦的外国人超过了 7000 人。10 年后，这个数字只有小幅变化，外国人占到了伦敦总人口的 3.5%。（随后的 300 年，政府并没有认真地专门对本国人口进行普查，这间接反映了政府对“外国人”的重视。）

市政厅和白厅的官员们认为，唯一正确的就是为他们的新教同胞提供避难所，即使他们来自敌对国家或有侵略性的国家（随之而来的隐患是这些人可能是间谍）。外国人可以在荷兰教堂和位于附近针线街上的法国教堂自由地做礼拜，这两座戒律森严的教堂会为他们提供福利，以及精神、经济和法律上的支持。但伦敦显然不是一个充满欢乐的避风港，外国人仍要受制于贸易保护法令。以外国店主为例，他们被禁止将店门朝向街道，还必须用格栅挡住店铺的窗户，只能在黑暗或烛光中经营。外国人也不能加入伦敦的同业公会。即便如此，伦敦人有时仍会对为数不多的外国人心生怨恨，尤其是在经济不景气时。伊丽莎白女王的统治日益衰落，在那无望的痛苦岁月里，收成一年比一年少，有人指出应该削减移民（包括“黑人”）的工资甚至限制他们的其他福利。

“强奸犯、再洗礼派教徒、放荡之人、酒鬼、平民女和妓院老板……杀人犯、小偷和阴谋者”——这就是 16 世纪 70 年代一个政府间谍组织领导者对移民的偏见。他祈求枢密院为他提供资源，让他去执行解决“外国人问题”的各项措施（其中一项就是赋予他巨额资金）。有一种观点极为常见，即外国人欣然享受了英国社会的福利，但却不知回报。借用 21 世纪的流行语来形容，他们就是“受益的乞讨者”。沃尔特·雷利爵士认为，移民无权接受贫困救济（社会福利系统由堂区教堂管理，各区富裕居民需要缴税救济贫困者），这些救济只能提供给土生土长的英国人。

并非所有人都如此冷漠，伟大的慷慨之举也不总是不为人知。1572年，巴黎经历了可怕的圣巴托罗缪之夜[①]，随后又有成百上千的新教徒被杀，被害者包括妇女和婴儿。事件发生后，伦敦大主教向针线街的法国教堂捐助了320英镑。一些新移民——通常是那些非常富有或者非常有天赋的人——给伦敦社会带来了极大的繁荣。只有极端仇视外国人的伦敦人才会漠视移民为伦敦社会和文化多元化做出的贡献。

当你回到通往外界的幽暗小道时，请再回望一眼花园胜景。因为，倘若你在21世纪故地重游，会发现它已经被一幢十四层的办公楼（称作思罗格莫顿街布商花园）所占据。之后重建的布商大厅在一片灰色的办公楼中黯然失色。

现在，趁余晖仍在，让我们快去寻找曾被称为世界奇迹之一的伦敦桥。

“阴暗的街道”：伦敦桥

沿针线街一直走，随后转向天恩教堂街，也就是后来的大鱼街。渔家女常集体出动，头顶商品，以特有的节奏大声叫卖。在你的右侧，一排看上去摇摇晃晃的木结构房屋呈现在眼前，这就是鱼商大厅。从1444年开始，这里就是鱼商总部。为了不被其他同行超越，

---

①法国天主教暴徒对国内新教徒胡格诺派展开的恐怖暴行，始于1572年8月24日，持续了几个月。

在每年一度的伦敦市长就职游行中，一些渔业商人首领喜欢身着盛装华服，用马车拉着鲑鱼和鲟鱼雕像在城中巡游。这种场面在耶罗尼米斯·博斯[①]的作品中肯定看不到，但一定经常出现在许多小孩的梦境之中。顺便提一句，如果你有一头长发，一定要警惕有人将你引诱至黑暗的小巷，剪下你的头发卖掉。在这个时代，丰美的长发是一种时尚，因此售卖人发尤其是准新娘用的假发的交易黑市兴盛一时。

经过古老的殉道者圣马格努斯教堂时，你会发现自己来到了一条极其狭窄和“阴暗”的街道，两侧都是高大的联排房屋——有些是你所见过的最宏伟的建筑——所有的房屋都有竖铰链窗和装饰壁柱，山墙上蚀刻着婴儿耶稣和圣母玛利亚的壁画。不过，这条街很难让人感觉愉悦。木制柜台从街道两旁的店面里探出来，吵闹的学徒们在柜台后兜售商品——图书、玩具、文具、珠宝、别致的帽子、箭和丝绸，你不得不在逼仄的街道中挤来挤去。有时为了给一群大摇大摆的鹅让路，你会被迫靠近衣衫褴褛、相貌丑陋的男人，他的眼睛正直勾勾地盯着你的钱袋。你或许已经开始疑惑，那座举世闻名的大桥究竟在哪儿。忽然，日光“唰”地倾泻而下，你才惊觉自己已站在桥上。头顶，红色的燕尾风筝追逐着麻雀；脚下，河水匆匆流过。回头一看，你才发现自己已在桥上走了五分钟甚至更久。开阔的景致一直延伸到天际，这一定是你见到过的最非凡的景象之一。

沿着北岸向西（即上游）前行，你会看到圣保罗大教堂宏伟的

---

①耶罗尼米斯·博斯（1450—1516），荷兰超现实主义画家。他的作品多描绘罪恶与人类道德的沉沦。

拱门、贝纳德城堡狭窄的角楼、河岸街两侧的岸边府邸、白厅楼群、威斯敏斯特大厅、圣史蒂芬小教堂、下议院的集会点、威斯敏斯特教堂，以及远处的小山。往下游走，伦敦塔在阴沉的天空下若隐若现，在这座以独立为傲的城市里，它是皇权的鲜明象征。泰晤士河面上星星点点地散布着小舟、货船和优雅的天鹅（天鹅的羽毛每年被采集一次，供皇室制作床垫和枕头。据一位旅行者说，这些天鹅很温驯，你可以给它们喂食——但请不要这样做）。

装有桅杆的商船和驳船从公海蛇形而入，缓缓驶向伦敦塔西侧的海关和比灵斯门海鲜市场。船只队伍长长地排开，经过圣凯瑟琳码头和沃平，经过拉特克立夫，排到狗岛附近，再经过格林尼治宫，一直延伸到视线尽头。船只的桅杆细细密密，看上去就像一群正在慢慢爬向城市的蜘蛛。泰晤士河水流汹涌，上游的船夫们似乎正在进行一场必输无疑的战斗。毫无抵抗力的小船在河面上颠簸着被推向桥拱下方的急流，由于淤泥堆积，这里的水面会突然下降好几英尺。途经此地时，船上的乘客们总是紧紧靠着彼此。泰晤士河绕着桥墩蜿蜒向前，一个勇敢的船夫正准备在此“激流勇进”，向同行们炫技。希望他随身带了可以随时充气的猪脬，否则，他很可能会消失在伦敦桥桥拱下方的滚滚洪流之中。

望着这浑浊不堪、死气沉沉的灰色河水，你需要动用极丰富的想象才能将其与传说中诗一般“银光闪闪的泰晤士河”联系起来，更别说是乔凡尼·卡纳莱托[1]画作中那绿松石般清澈宜人的存在了。尽管如此，泰晤士河仍然值得一看。1929 年，英国政治家、历史学

①乔凡尼·卡纳莱托（1697—1768），意大利风景画家，尤以描绘威尼斯风光闻名。

家约翰·伯恩斯称泰晤士河是“伦敦的命脉”，也是伦敦“流动的历史”。看看北岸的房屋吧。气派的木质横梁筑于灰色的抹灰篱笆墙间，它们所构成的墙面（它与“经还原的”都铎王朝时期的建筑完全不同，后者黑白对比强烈，如今依然能经常看到，是大家熟悉的风格）看似突兀地被河面阻断。这些住宅依水而建，一些房屋还附带有低矮的梯子和台阶，直接伸入水中，方便居民登上他们停泊在屋外的小船。在对面的南岸，只有圣救主教堂高高地矗立着，乍一看就像一座泥泞的悬崖。

接下来说说伦敦桥，它全长900英尺，由石料砌成，桥身有19个拱形桥洞，可减小河水的冲击力；桥下有20个由木桩围成的椭圆形挡水桩（它们是桥墩外围的壁垒，可减少河水的侵蚀和碎石的冲击），深入河床。最令人印象深刻的或许是桥上的100来幢房屋。这排充斥着三教九流的房屋共同构成了一座桥上之城，让桥梁不再仅仅是一种通行工具。这些房屋应该足够坚固，但看上去似乎有些摇摇欲坠：一些木质横梁从桥墩处伸出，支撑着已伸出桥面的房屋底部，而这些被简陋木梁支撑在水面上的屋群甚至还在不断扩张。塔楼、穹顶和烟囱在桥上混杂排布，这座桥本身就是各种建筑风格和色彩的熔炉，是不同时代流行样式的复刻，或者更直白地说，它就是个大杂烩。然而不得不承认，这座桥的确是它所连接的两端——萨瑟克区和伦敦城——的缩影。它本身甚至也有南北之分。在靠近伦敦城的一端，你可以找到书店和女帽店，而在更靠近萨瑟克区的一侧，则尽是一些会制造难闻气味的行业，如制革、印染。

桥上的大部分建筑都建有高高的山墙，它们在桥面上搭成了一条又高又暗的通道。但按符腾堡公爵1592年所述，最让人印象深刻的是一幢宏伟、“华丽、气派且坚固的房屋，其主人是一些颇有声望的商人”。借用比尔·布莱森的话说，它有点类似莎士比亚风格的邦德街。透过铁栏杆向桥下望，挡水木桩看上去就像华夫饼一样。桥洞分布得并不均匀，显然，在危险环境下工作的中世纪建筑师们并不像文艺复兴时期的画匠们那样青睐对称式样。

当你艰难地穿过这洞穴一样的街道、走到大桥另一端时，会听到叫卖的喧嚣声在高墙间回荡。你也可以试着找找散发着奶酪香味的杂货铺。快要走到尽头时，你会发现一处更宽、更长的挡水木桩。这里曾有一座八角形的小教堂，由圣托马斯·贝克特掌管。他就是“疯狂的”坎特伯雷大主教（他曾是国王亨利二世的重要谋臣和密友，后因出任教职，维护教会利益，与亨利二世矛盾激化而反目）。1170年，当亨利二世暗中表示要除掉他时，他便被国王的手下无耻地杀害了。贝克特曾在齐普赛街的圣玛丽科尔教堂受洗。1176年，一位在建筑领域颇有天资的野心勃勃的教士，即科尔教堂的主教彼得，也曾在这座教堂工作。那时，泰晤士河上有一座摇摇晃晃的木桥，看上去就像马上要倒塌或被拆掉、烧毁。也许正是受到了利河上新石桥的启发，彼得第一个向国王建议应该在泰晤士河上修建一座类似的桥梁。

贝克特获封圣徒后，属于他的小教堂就被整合进了科尔教堂的系统，人们期盼着有一个懂得忏悔的国王——还有什么比这更重要呢！在前往贝克特位于坎特伯雷的圣祠的路上，朝圣者可能会在过桥时故意落入河中，祈求获得一条安全的救赎之路。就像泰晤士河上虔诚的渔夫们每晚拴好船只，浑身湿答答地走进小教堂，任由衣服上的河水滴落在蜡烛上，祈求神帮助自己平安驶过波涛汹涌的冰冷泰晤士河一样。国王终于被说服，同意向羊毛贸易征税以用于建桥（因此才会有这句话——“桥身建在羊背上”）。在科尔教堂的坚持下，教会也在努力自筹经费，但考虑到建设费用和后期维护费用，资金仍然有相当大的缺口。经费筹措仍然任重而道远。因此，建设者们想出了一个主意——在桥上建房。按照约翰国王（1199—1216在位）的话说，这些房租“正好能用于大桥的维修、保养和维护”。大桥的行政管理机构——桥楼室事实上做得可比这多得多。通过对房租、通行费、税费和遗产收入进行管理，它最终发展成为伦敦最大的地产帝国之一。（桥楼室持续运作了800多年，每年会给伦敦的慈善项目捐款1500万英镑。）由于没有建围堰（一种建桥时的临时性围护设施，可将其内部的河水排空进行施工），桥梁施工完全暴露在河水反复无常的冲击下。最终，这座桥花了33年才建造完成，施工期间约有150人丧生。科尔教堂的彼得主教在桥梁完工前4年就去世了，无缘得见自己的梦想实现。他被安葬在小教堂中。

现在这个小教堂在哪里呢？16世纪30年代末，已迈入暮年的亨利八世体重超重且脾气暴躁，他强烈反对对个人的赞颂和美化——无论是圣人，还是世俗凡人，在他看来，在12世纪就无人敢像贝特克那样挑衅皇室的权威。历史总在重复上演，可怜的教士们再一次受到英格兰国王镇压——这一次是从日益增多的清教徒开始。1543年，小教堂中的偶像突然变成了更加平和的圣母玛利亚。亨利的儿子爱德华六世反对偶像崇拜，在他统治期间，小教堂遭到了破坏和偷窃。直到1553年，它一直是个商店，而到了1603年，它又成了一间毫不起眼的储藏室。

你会发现，桥上的店主在接待游客这件事上驾轻就熟，会将老伦敦桥的曲折历史向你娓娓到来。他们也许会提到1014年，挪威侵略者奥拉夫二世的战舰如何摧毁了萨瑟克的房屋，用木板作掩护抵挡伦敦守军的箭弩攻击，随后战舰驶至伦敦桥下，维京人把绳索绑在桥墩上，用尽全力顺着水流的方向死拉猛拽，终于让桥身崩塌，令桥上的数百守军士兵落水身亡。

住在桥上的人家甚至有可能邀请你去家里坐坐，再带你四处逛逛。跟随当地人，走进临街店面里，进入账房，上楼，你会在一间悬于河面之上的房间里看到稀罕的东西——一间拥有独立供水系统的厨房（厨师可以把水桶沉至河中取水）。据1615年一位冰岛游客的描述，桥上所有小吃店的地面上都有一个井盖门，厨师可以打开它钓鱼，然后直接烹饪——这给了“快餐”全新的定义。在一些富有的人家，你还有机会看到华而不实的墙裙（比如当年最为入时的皮革镶板，要知道这种材质完全没有吸附烹饪油烟的实用功能）、织锦壁毯、铺着柔软灯芯草垫子的地板，甚至还有带扶手的木椅。

当你从这片错落悬空于河面的房间走出来，会发现自己正站在桥面正中。转身环顾，不禁为这惊人的建筑奇观所撼动。眼前高耸入云的建筑正是伦敦桥这顶皇冠上最耀眼的明珠——绝品楼(Nonsuch House)。这是一幢绮丽异常、绘饰奢华、雕工精湛的文艺复兴风格的宫殿，全部由木材筑成。这座建筑有四层楼高，横跨伦敦桥桥面街道的两侧，雄踞在桥墩之上，是桥上最壮观的建筑。实际上，放眼整个伦敦，它也绝无仅有。值得一提的是，它是在荷兰预先建好、然后再用船经北海运至伦敦的。这幢完全由木楔实现构造联结的建筑从1577年8月开始建造，未使用一根铁钉，如同一套极其复杂的拼图玩具。

这幢建筑极为奢华。顶层精心打造的门廊和壁柱让它显得威势赫赫。下面三层的墙面上是一扇扇带有拱形雕饰的窗户，阳光透过窗户洒满屋室。打开窗，主人就能饱览伦敦首屈一指的胜景（常年通风和天然下水道让这里的臭味比其他地方要小得多）。生活在这幢建筑里的可能是高级男装店老板抑或是绸缎富商，他们的优渥生活从翻身下床、拉开窗帘、眺望晨曦中的大都市开始，没什么比这更能怡人心神。建筑的四壁建有蛋白霜般雪白光滑的装饰立柱，但最令人难忘的还要属角楼，它们顶着郁金香球茎一般的圆顶，拉高了城市建筑的天际线。这样的角楼，无疑给伦敦增添了一抹俄罗斯风情。

27 年前，绝品楼取代了中世纪的吊桥门。如此奇异的建筑能取代曾经重要的防御设施，既是国家自信和安定的证明，又是伦敦经济实力的象征。在绝品楼建造的前一年，另一个聚集了大批清教徒的城市——安特卫普，遭到了西班牙军队的洗劫，导致 6000 人死亡，800 幢房屋被毁。5 年前的圣巴托罗缪之夜，至少 3000 名清教徒在巴黎被杀害。而在同一时期，伦敦正沉浸在远离纷扰的和平中，不必担心要塞被袭。伦敦市民可以高枕无忧，安享城市的歌舞升平。

走出伦敦桥南端的另一段楼间街道，迎面矗立着大石门。大石门是一座有墙垛的塔楼，一扇铁闸门守护着它巨大的城门。当你抬头看到门上方挂着的人头时，一定会脊背发凉。人头一个挨着一个，共有 30 多个。正如托马斯·普拉特在 1599 年所写："塔楼的顶部……高高的火刑架上悬着 30 多位贵族的头颅，他们皆因叛国罪被砍头示众。"这些头颅被插在一根根前倾的木质长矛上，看上去就像一根根令人毛骨悚然的"人头棒棒糖"。这是参观者从萨瑟克区进入伦敦城时最先看到的一幕，也是对王权背叛者应有下场的一点警示。威廉·华莱士（电影《勇敢的心》中的人物），反叛者瓦特·泰勒和杰克·凯德，人文主义者和政治家托马斯·莫尔爵士，“火药阴谋”策划者盖伊·福克斯，以及其他许多人——他们都曾面带微笑在此赴死。

不要认为人们会停下来盯着这些头颅看。砍头示众从1305年便已存在，并一直延续至1678年的天主教阴谋[①]，但伦敦人对此毫不在乎。事实上，对大部分人而言，这些头颅带给人的是一种满足感而非恐惧感。望着城楼上祖先的头颅，贵族们会深感骄傲，并迫切地指给他们的朋友和亲戚看。困惑的普拉特在1599年发现，这些朋友和亲戚会由此“认为他们更应该得到尊敬，因为他们的祖先有如此高贵的血统，甚至可以觊觎皇位”。

这些头颅先被煮到半熟的程度，而后再被敷上一种从焦油中提取的黏稠物质，这样的涂层能使它们在严寒中变得坚硬，从而有效防水。都铎王朝时期的一份手稿中有这样的记载，由于在英国的宗教改革中拒绝接受亨利八世成为英格兰宗教首领，费舍尔主教终于成为亨利八世极度憎恶的人，他的头颅在被斩首两周后依然栩栩如生，丝毫没有任何腐烂的迹象，“在他的有生之年，他的样子从没有这样体面过”。事实上，他已逝去的66年青春好像一下子都回来了，这显然是个奇迹。因为惧怕殉道者的狂热崇拜，费舍尔主教的头颅被无声无息地丢进了泰晤士河，化身鱼儿的美食。

头颅管理处位于桥楼室中，是个非常重要的行政机构。管理处的职责在于保护那些头颅，以免它们被秃鹰啄食，当然，要提防的

① 1678年，传说有人要谋杀英王查理二世，并让其信仰天主教的兄弟詹姆斯取而代之。谣言导致英国陷入长达3年的恐慌，推动了全英国反天主教运动发展，很多人因此丧命。

不仅仅是鸟类。许多人，尤其是伦敦塔中皇家造币厂的工人们，都对它们有所误解。这些工人在融化假币时，会暴露在含砷的有毒烟雾中，因此许多人都身患疾病。他们错误地认为，用死人的头盖骨饮水可以解毒并治愈恶疾。因此，这些头颅有时会在深夜被盗，并被做成杯子。

当你离开伦敦桥时，请留意左手边的公共厕所（盥洗室中的污水秽物会直接排入泰晤士河中），围墙和铁链标示着伦敦城的边界；而在你的右手边，佩珀码头的近旁是中世纪的大熊酒馆。这家酒馆是托马斯·加藤沃特在1319年开的，最显著的特色就是它的标志——一只戴有项圈和锁链的白熊。这也许源自挪威国王于1252年送给亨利三世的北极熊，它一直生活在伦敦塔内的皇家动物园里。之后我会介绍更多关于这头熊的故事。

只有走过伦敦桥，你才会明白为什么这座“桥上的城市”让所有第一次看到它的人印象深刻。对它，游客们不吝赞美，例如一座“高贵的桥”，一座“漂亮的桥”。一位经验丰富的旅行者甚至饱含深情地称它是“值得被列入世界奇观的桥”。坦白地讲，这些溢美之词并不足以言尽它的美丽，更没有阐明它连通泰晤士河两岸所创造的便利。这座桥有20英尺宽，但双向真正可以通行的步道却都不足6英尺。运气不好时，走过这座桥甚至需要花上一个小时。不过，所有人都会惊叹：这座桥简直就像“一条连通的街道”，这里的房屋是如何建造得像“在坚固陆地上一样高大壮观”，仿佛汹涌的泰晤士河都配不上这座桥所包含的人类的匠心和意志。科尔教堂主持修建的这座桥坚挺了600多年，最终于1832年在议会的许可下被拆除。在穿越时光的旅行中，请一定记得，没有这座桥就没有伦敦——公元

43 年，罗马人选择了最佳的建桥点，整个城市才随之兴起。

现在，你恐怕感觉筋疲力尽了吧？是时候找一家旅馆好好休息了。向南前行，你会走上南华克长街。正如约翰·斯托所述，街道两旁“有不错的旅馆，非常适合旅行者”。为什么不试试乔治旅馆呢？圣乔治骑在马背上杀死了一条凶恶的绿色巨龙，你可以找一找这个标志。旅馆老板会负责保管你的私人财物，并给你安排一间炉火正旺且带锁的房间——如果你乐意付钱的话。6 点整，你就可以在旅馆的餐厅享用晚餐，虽然只是简餐，但用餐本身就是件令人愉快的事。除了肉、奶酪、面包和啤酒，你还能和其他客人交换各自的故事。

祝你今夜好梦。

金鹿号朽坏的木梁

伦敦市内最著名的一处游览胜地，位于伦敦桥东南方 4 英里的地方。好，先来一份健康早餐——基本是昨天晚餐剩下的，就着两杯淡淡的麦芽酒吞下去，就可以直奔最近的码头招呼船夫带我们前往今天的目的地了。或许船桨划水的声音和拂面的微风会让你困意连连，但 40 分钟后，锤打声、木头重击水面声、一连串咕哝和咒骂声将让你清醒过来——欢迎来到德普福德造船厂。这里始建于 1513 年亨利八世统治时期，目的是为了满足国王的野心，制造战船击退法军。（亨利八世在位时期，皇家海军的舰船从 5 艘激增至 58 艘。）战舰和武装起来的商船在建造修缮后就停靠在码头，但它们最终的命运却是被劈成柴火或用作新建房屋的横梁。

在喧闹的桅杆码头前，有一些旋转的木制吊车。你会看到一艘已废弃的旧船停靠在干涸的船坞中，游客们像蚂蚁一样在船体中走来走去。无论你相信与否，这就是金鹿号。1577—1580 年，“贵族海盗”弗朗西斯·德雷克爵士驾驶着金鹿号，成为第一个环游世界的英国人，他带回了数不清的财富，但幸存归来的船员却只有寥寥数人。这艘船被命名为金鹿号，是因为赞助人克里斯托弗·海顿爵士的家徽上有一头金鹿——这位爵士是伊丽莎白女王的重臣之一，也是海外探险的联合赞助者。这艘船最初的名字是鹈鹕，一种常见于海边、富有宗教意味的水禽。德雷克在海上处死了海顿爵士的一名仆人，为让海顿息怒，他将这艘船改名为金鹿号。为了纪念德雷克奉伊丽莎白女王一世之命出海远行的壮举，助他取得了开创性成就的金鹿号被保存了下来。1581 年，女王登船并在此举办了盛大的宴会，亲自授予德雷克爵位。登上金鹿号参观的游客似乎觉得拆掉船上的东西作为纪念品是上帝赋予他们的权利，因此，说金鹿号被“保存”也许并不恰当。船上的桅杆或许象征着英国日益增长的海军力量，在维多利亚时期，英国的海军力量达到了巅峰，但讽刺的是，这些桅杆后来全都消失了。

看着现在的金鹿号，很难想象出它年轻气盛时乘风破浪的样子。然而，就是乘着这艘船，德雷克爵士冲出公海，洗劫了西班牙运金船——圣母无原罪号。当时，圣母无原罪号正满载从新世界掠夺而来的金银财宝驶向西班牙的塞维利亚。1579 年 3 月 1 日，西班牙船刚一出现，德雷克便全力开火，最终掠夺的财物价值 12.6 万英镑，相当于建造金鹿号的木匠年收入的 1 万倍（约为英国皇室年收入的一半）。毫无疑问，这是英国航海史上掠夺到的数额最大的一笔财富。女王自然非常高兴，她把其中一部分财物直接划入了枯竭的金库。

经过这次致命一击，被劫掠的西班牙船长垂头丧气。德雷克将他召唤到船上，给了他一些不值钱的小玩意儿，作为其史诗般海洋掠夺的“补偿”。随后，西班牙船长带着耻辱驶离。

登上金鹿号，你很快就会意识到它不同于玛丽玫瑰号或者胜利号。这艘船只有 100 吨出头，龙骨不足 70 英尺长，看上去弱小得不堪一击，似乎不可能完成环球航行。但要记住：德雷克并未计划绕行地球——他最后不得已这样做主要是为了躲避在智利和秘鲁沿岸巡航、伺机报复他的西班牙和葡萄牙战舰。你或许很难想象，脚下腐朽的甲板当年竟能支撑船员们在海上航行。1580 年 1 月的某天，正值夜深人静，他们在印度尼西亚望加锡海峡附近一片蜿蜒悠长的暗礁区域触礁搁浅。暗礁离水面不到 7 英尺。海水涌入了船体，德雷克双膝跪在甲板上祈祷，然后和船员们一起将水抽出船舱。第二天晚上，他们奇迹般地逃离了这片暗礁群。圣保罗大教堂周围许多书摊上的书都会告诉你，是上帝的仁慈保佑金鹿号顺利返航。

不难想象，金鹿号上 80 名船员的生活环境是多么肮脏、没有尊严，但如果你冒险进入了德雷克的船舱，就会发现甲板之上是另一番景象。即便在 1603 年，这里的条件还是可以让人欣然接受的。当大部分船员蹲在地上，用木勺吃着变质的肉和烂豆子时，德雷克却“在小号和中世纪六弦提琴奏响的美妙音乐中，用镶着金边的银餐具”享用鲜活企鹅肉。每次航行出海，他都要带上几位音乐家。1603 年，金鹿号的船舱仍被作为宴会厅出租，让激动的食客们得以在这艘曾环游世界的船上就餐。当年，许多船员都忍受着坏血病的折磨——嗜睡、牙齿脱落、黄疸甚至死亡，还有一些人因为不服从命令被抛入海中或在鞭打留下的伤口上撒盐，而德雷克却在这间船舱内悠然作画。

在17世纪初的伦敦人眼中，德雷克的航海有着划时代的意义，这不仅因为他掠夺回大量财富——尽管那些财富的确多到令人目瞪口呆，也不是因为他大胜西班牙，而是因为他证明了——在上帝的保佑下，人类可以对抗极端恶劣的自然环境，扩大已知世界的边界。相比中世纪的祖先们，他周游世界的壮举让人们对世界有了更为准确、清晰的认识。正如1989年之后的柏林墙一样，金鹿号也承载着历史。所以，像其他游客一样，捡块木头回去留作纪念吧。五年之内，这艘船恐怕只会剩下一些残片了。要知道，早在1618年，就有游客将那破旧的船身比作马匹的残破骨架了。弗朗西斯·德雷克爵士的环球之旅也许受到了伦敦最著名剧院的名字启发，而这座剧院正是我们的下一站。

在圣救世主教堂下船，然后向南。透过右侧一幢幢住宅间的小路，你可以看到远处剧场的白色旗帜。但今天异常炎热，没有一丝风，因此那些旗帜纹丝不动。左边一幢房子的大门上方，木横梁处有个不祥之物吸引了你的注意——那里画着一个鲜艳欲滴的血红色十字架。在十字架的上方，写着："求主怜悯我们。"

离开这房子！快走！

你留意到其他人都像躲避瘟疫一样当即避开了，这就对了。1592—1593年，伦敦爆发的瘟疫导致至少一万人死亡，人们对此记忆犹新。现在，在你所在的1603年，瘟疫导致的死亡人数再次增长，人们恐惧灾难卷土重来。趁着还能去剧院，快去一探究竟吧，那里被认为是潜在的瘟疫滋生之地，恐怕很快就会被勒令关门。

在街道的尽头右拐，即可前往环球剧院。

“木造的O”：环球剧院

伦敦人对戏剧的热爱达到了痴迷的程度。剧院几乎每天（除了安息日）都会上演不同的剧目以保持上座率。有三分之一的伦敦成年人每个月都会看一部戏剧。正如平时的每个下午一样，今天下午也有3000多人注视着舞台——当剧院被塞得满满当当时，人数还会翻倍。

人群在萨瑟克区的大街小巷涌动，赶去看两点钟上映的戏剧。跟随他们的脚步，环球剧院很快映入了眼帘。剧院就坐落在街道尽头，再往前就是田野、农场和池塘。它的外观呈现为迷人的圆形，矗立在一排不规则的住宅之间。再靠近一些，你会发现它其实是个多边形——很可能有20个面，高三层，外围直径达100英尺，还有一个茅草屋顶。它的木质横梁隐藏在涂有银灰色颜料的抹灰篱笆墙内，从外面完全看不见。远远望去，你可能会误以为它就像罗马竞技场一样由石头建成，也许那正是建造者所希望的。现在女王伊丽莎白莎白一世的官方哀悼期已经结束，剧院又开始演出了，事实上女王本人也正是戏迷。

请继续向前走。

在入口处，你必须往翠绿色的存钱罐中投进至少1便士。门口的存钱罐由“收集者”保管。当罐子被装满时，他会把它带进“售票处”打碎。对于拥有和管理着剧院的宫廷大臣剧团而言，硬币像瀑布一样流入金库的声音就如同音乐一般美妙。带顶篷的楼座，一个站位售价2便士，带坐垫的座位需要3便士，舞台上的包厢需要6便士（现在装修得非常奢华）。事实上，只要1便士就可以真真切切地看一出戏，因为只需1便士你就可以进入舞台前露天的“池子”或者“场地”里（令人回忆起昔日旅店里供各层住客观看戏剧上演的天井庭院）。

如果你期待着和一群安静矜持的观众整齐地坐在看台上，最好趁早打消这个念头。实际上，你要穿过一群狂热的戏迷，才能找到自己的座位。看台上一片混乱，观众们不是在闲聊、尖叫、打嗝、丢坚果、吐果核、叫啤酒、把帽子扔到空中、哼着那些记不大清的关于新教殉道士的民谣，就是在接吻，他们都是后排站票观众或者“散发臭气的人”。大部分时候，这种氛围会让我们联想起21世纪的音乐节或足球赛，而不是观看具有人文精神的伟大戏剧的场所。然而，这就是当时的生活。剧场楼下的露天场子里到处是叫卖的小贩。他们兜售着橘子、梨（它俩混在一起吃非常带劲）、葡萄、无花果、李子、樱桃、花束、河蚌和牡蛎——就像是21世纪的爆米花和可口可乐一样。如果你需要墨水，这里甚至还可能提供乌贼。只需3便士，你就可以给自己买一小管烟草。楼座里的每一个人都在吸烟，还有一些人浑身散发着臭气。

抬头看。遇到刮风、下雨、下冰雹、下雪或者蝗灾（清教徒们期待着它们在某天到来，吞噬这个邪恶的舞台和这里的所有人）时，你会庆幸自己戴了帽子、穿着夹克。饶是如此，至少还有一些风能让你少受一点恶臭之苦。

舞台之上是一个巨大的顶棚，由两根柱子支撑着，柱子色彩艳俗，装饰着金色的皇冠。顶棚的底部刷成了天空的蓝色，挂着日月星辰。正如哈姆雷特所言：“这个覆盖众生的苍穹，这一顶壮丽的帐幕，这个金黄色火球点缀着的庄严屋宇。”（他正在谈论夜晚的天空，在视觉上，他把天空比作了屋顶。）

巨大的木造舞台是矩形的，有两扇通往“演员化妆间”的门（也就是通往后台的门）。演员们就通过这两扇朝向观众的门上下台，没人会从侧面上台。化妆间上方是六个包厢，其中最豪华的座椅都被绅士、贵族、纨绔子弟和他们的情人租用了。他们坐在那里，很乐意成为剧院中供人们欣赏的一道风景。三层的楼座被划分成不同区域，成螺旋状围绕着舞台。曾经有一部讽刺作品抨击了包厢中那些自私的“插着羽毛的上层阶级”，因为他们头上“戴着的白色羽毛造型就像羽毛球”，挡住了所有人的视线（大致来讲，一个人的社会地位越高，他的帽子就越高）。

环球剧院能容纳大约 3000 名观众，是伦敦最大的剧院。在 21 世纪的今天，我们认为只有经过认真研究，读者才能理解莎士比亚的戏剧。但是，如此庞大的规模和如此低廉的票价让环球剧院真正为大众提供了娱乐，屠夫、搬运工、酒婆、学徒工，三教九流都能挤在这里看戏。很多学徒背着师父（除非他们陪师母一同前往，这时有发生），也不顾技工法令的约束，偷跑到剧院看戏。技工法令规定每年 3—9 月的工作时间为上午 5 点至下午 7 点，每天有两个半小时用于吃东西。

毋庸置疑，环球剧院是一家商业剧院，需要同其他剧院竞争，例如萨瑟克区的另外两家剧院——玫瑰剧院和天鹅剧院，肖尔迪奇区的帷幕剧院，伊斯灵顿区以飞吊装置著称的财富剧院，克拉肯维尔区附近的红狮子剧院，工薪阶层聚集的白教堂区的野猪头剧院，以及圣保罗区和黑衣修士区一些非常出名的私人室内剧场。“环球”这个名字有力地阐述了这样一个概念——剧院是世界的缩影，是上帝所造之物的展厅，是展现千万种人性的舞台。

除非有像《哈姆雷特》或《狐坡尼》这样叫座的戏剧上演，剧院日常的上座率约为总容客量的三分之二。即使这样，环球剧院通常也是大都市中人口密度最大的地方（比皇家交易所里商人的密度还大），当然，泰伯恩刑场的示众行刑和圣保罗大教堂附近蛊惑人心的布道除外。也难怪枢密院会对剧院心存疑虑，定期发布公告责令剧院关门。它们是伦敦孕育瘟疫和火灾的最佳温床，也是调情取乐的最好去处。一位对此深恶痛绝的清教徒曾写道："在伦敦的剧院中，年轻人习惯走进场地后扫视一圈楼座，然后就像飞向腐肉的乌鸦一样奔向最好的座位。"

号声响起。当戏迷们找到各自的位置入座后，你可以好好看看环球剧院观众座席后方使用的木材，那些木材曾经支撑着一个完全不同的剧院。它名叫"戏院"(Theatre)，位于肖尔迪奇区主教门以北半公里处，是"一个华丽的戏剧表演场所"。戏院于 1576 年开业，由詹姆斯·伯比奇和他的岳父约翰·布雷恩共同经营。前者后来由合伙人变成了演员，后者则是富有的食品杂货商和投资家。随着市政厅对伦敦市内受欢迎的旅店戏院推行越来越苛刻的管理政策，伯比奇决定在城外建一座专门的剧院。这里主要上演当时最受欢迎的剧目，包括克里斯托弗·马洛的《浮士德博士》和莎士比亚的《罗密欧与朱丽叶》。这家专门剧院让治安不佳的肖尔迪奇区成了伦敦主要的戏剧区。16 世纪 90 年代，包括莎士比亚和詹姆斯·伯比奇的儿子理查德在内的宫廷大臣剧团，组成这里的常驻演出班底。理查德继承了父亲的事业，出演了莎士比亚的多部悲剧。

但是，戏院团队和房东贾尔斯·艾伦之间的长期争执让戏院"在黑暗的缄默和巨大的孤独中”失去了活力。1598 年圣诞节后的一个冰冷早晨，艾伦听到一则令人震惊的消息，而后赶到戏院。出现在他眼前的是散落一地的玻璃、堆积如山的石膏和破碎的瓷砖，而戏院却不见了。在夜深人静之时，建造戏院的木材就被伯比奇和一队全副武装的木匠及建筑工人拆走了，其中很可能还有莎士比亚本人。拆走的木材最终被运到了泰晤士河北岸，存进了布莱德维尔附近的一个仓库。

伯比奇获得了一块新的土地。那其实是一块遍地垃圾的废墟，位于泰晤士南岸的萨瑟克区，离玫瑰剧院只有几分钟步行路程。环球剧院就在这里诞生。他们的首要任务是将垃圾转移到萨瑟克的沼泽地里，然后聘请技术熟练的工人修建剧院。伯比奇找到了投资人，入股这项风险大且成本高的事业，并以未来利润的 10% 作为投资回报。

其中一位股东就是莎士比亚。1599 年，他住在离剧院非常近的地方。那条街离克林克监狱不远，空气中飘荡着萨瑟克区制革厂、肥皂厂和染料厂排放的浓重有毒气体，还有不少浪荡女子站在街上招揽生意。在去往环球剧院的路上，你也许还会经过莎士比亚住过的房屋。

1599 年，环球剧院选在吉时开业，那天也的确是个令人愉快的日子。开张后的第一出戏可能是在 9 月上演的《恺撒大帝》，它也是托马斯 · 普拉特印象中最精彩的一出戏。环球剧院的商业运营空前成功。过去，从没有哪家剧院在情感和资金上如此支持一位剧作家——莎士比亚，在他的职业生涯中创作了一部又一部伟大的作品：《哈姆雷特》《李尔王》《奥赛罗》《麦克白》。和他的同行本 · 琼森不同，莎士比亚对出版自己的作品并无兴趣，因为任何印刷出版物只不过是真实戏剧的余波而已。环球剧院的演出本身才最重要，待会儿你将亲自前去欣赏。

“天啊，那是我的雷声！”

小号第三次吹响，戏剧即将开演，观众们都安静了下来。对于那些曾接受过英国文学教育的时间旅行者而言，接下来发生的情节和出现的人物或许非常眼熟——尤其是上演莎士比亚的经典戏剧时，而观看它们更是令人兴奋的新奇体验。你会见到许多新鲜场景，比如，一个身段柔软、样貌清秀、20 岁左右的少年化着浓妆，裹着紧身胸衣，扮演着麦克白小姐或者埃及艳后，或者演员们出现在化装间上方的楼座上，混在观众之中。等待你的将是一场紧张而激烈的演出——没有幕间休息，没有报幕，如厕设备也十分简陋（要么是一个桶，要么就去泰晤士河边解决）。如果这是一个晴天，刺眼的阳光会让你在看表演的大部分时候都睁不开眼。环球剧院的朝向正是如此，演员们会一直处在避光处，除非他们刚好站在舞台的最前端，并被下午的阳光照得神采奕奕。演出一般在下午 2 点左右开始，在隆冬时期，此时日光会逐渐减弱。在这样的光照下反而产生了一种奇特的艺术效果，比如罗密欧和朱丽叶倒下死去的那幕剧，整个舞台彼时正好被笼罩在黑暗之中。

这里没有红色的幕布。一旦演出开始，演员们只能从化装间的两扇门中走出，直接上台，来到观众面前。即使有道具，也非常简单，与之形成对比的是，舞台服装则非常奢华。剧院对戏剧的真实呈现效果不太上心，整场演出中的机械装置在观众面前一览无余。

你会看到身着蓝色制服的雇员们在演出期间随意地走上舞台，重重地放下一些家具，也许还会快速扫一眼楼座，寻找年轻的女士们。有时，像理查德·伯比奇和爱德华·艾伦这样的知名演员也会兼任置景工。不合时代之事十分盛行，此类事例比比皆是。

好莱坞对画面暴力的痴迷已不是新鲜事，剧院里的血腥场景也不少。如果你正在观赏一部复仇悲剧，便会看到一些盛满猪血的猪脬被扔上舞台，里面的猪血还可能会泼溅到部分买了站票的观众身上。在《李尔王》的一幕中，双目失明的格洛斯特说了一句令人难忘的话——“出来，可恶的浆块！”为了营造出这一场景，需要准备一颗浸满猪血的荔枝。在那个对健康和安全还没有严格规定的年代，烟和火也常常被用来制造舞台效果。请留意舞台上的井盖门，它象征着地狱之口。要是有恶魔或妖怪在这个下午现身，比方说哈姆雷特父亲的灵魂，你就会看到浓烟飘起，鞭炮燃放，火花甚至会溅上舞台。

音效同样会让你大吃一惊。鼓中来回滚动的卵石制造出了海浪冲击海岸时的波涛声（对《暴风雨》这出戏很有用），干豆子落在金属板上模拟出了雨声，后台令人发狂的“杀！杀！杀！”的吼叫则给战争场面平添了不少恐怖色彩。在戏剧的高潮时刻，屋顶还会燃放礼炮。但是，众剧院竞相追求至臻呈现的，还要数惊雷之声。有时，他们会剧烈摇晃一块金属板，然后再燃起爆竹；有时，他们会在楼座屋顶上来回滚动加农炮弹；还有时，他们会将一面鼓在金属板上来回滚动。后来，在考文特花园的皇家剧院，一位名叫约翰·丹尼斯的剧作家在他的一部作品中采用了更具独创性的造雷声法，但这出戏最终以失败收场，给他造成了巨大的打击。没过多久，在皇家剧院观看《麦克白》的约翰忽然听到了自己创造的音效，耳朵立刻竖了起来。“天啊，那是我的雷声！”据说他立刻大叫：“这些流氓利用了我！他们不让我的戏剧上演，还偷了我的雷声！”言辞中的愤慨之情简直难以言表。

别期待观众会像21世纪的我们一样安安静静地观看，虽然那样似乎也有些无聊。在每一个剧情转折点，他们都会滔滔不绝地点评，还会发出嘲讽和嘘声，或是责问、起哄，也会不合时宜地鼓掌。他们会冲着演员扔烂苹果核和午餐残羹，好让他们快点演，或者快点结束。有时，观众们会一齐要求上演另一出剧目，一些观众甚至会带上自己的小矮凳坐在舞台上。

最后提醒一下，某些戏迷对一些重要剧情的反应也许会吓你一大跳。例如，正在观看《哈姆雷特》的你，也许会在哈姆雷特父亲灵魂出现的那一刻，或是在乔特鲁德王后饮下毒酒的那一刻，听到猛然吸气的声音，而不是观众们了然的表情和心照不宣的喃喃低语。事实上，许多观众对剧情已经十分熟悉，甚至了如指掌。在21世纪，人们多认为文学创作才华与揣摩角色、刻画角色的能力同样重要，然而莎士比亚却并非如此。以《哈姆雷特》为例。莎翁这个故事取材自一个16世纪80年代非常流行、但如今已经失传的复仇悲剧——它本身就叫《哈姆雷特》，而这部早期戏剧则是以一个13世纪的挪威传奇为蓝本，其主人公名叫阿姆雷特。事实上，在16世纪80年代，莎士比亚和伯比奇在萨瑟克南部的纽因顿波兹的一家剧院，演出的就是早期的《哈姆雷特》。伦敦人认为，莎士比亚的名望不在于故事创作，而是将人们熟悉的情节和人物用别出心裁的语言和新颖生动的方式再现。单在《哈姆雷特》中，莎士比亚就用了600个新词汇。21世纪的一位莎士比亚传记作家写道，宫廷大臣剧团在木造的环球剧院实现的创举，正如莎士比亚在《哈姆雷特》中的创举一样。莎翁在此剧中创作的唯一一个新角色就是福丁布拉斯，一个出场时间只有约三分钟的人。如果莎士比亚是在21世纪进行写作，那他很有可能被视作一个剽窃者。

如果你正在观看《哈姆雷特》或者《麦克白》这样的黑暗复仇悲剧，当临近尾声、所有的“尸体”都倒在舞台上时，你绝不会想到某个演员会突然起死回生，再跳上一段吉格舞。然而，这恰恰就是接下来要上演的。如果你看的是部悲剧，这样的表演会在剧中的死亡和毁灭后让你的精神得以舒缓；如果你看的是部喜剧，这将会延续你的快乐和兴致。

（毫不夸张地说，1613年，《亨利八世》上演时燃放的礼炮差点让整个剧院坍塌。盖着茅草的屋顶被点燃，整个剧院在一小时内被烧成了一个空壳。一个男人的臀部被烧着，多亏“他有先见之明”带了一瓶酒，这才把身上的火扑灭了。）

当你夹在人群中挤出剧院时，可能以为自己会被卷入涌向伦敦桥或某个船夫码头的人流。然而，你会忽然发现自己置身于一个叫作安可排屋的地方。这是一处奶白色的公寓群。俯瞰庭院中的鹅卵石小路，可以看到用灰黑色瓷砖拼成彩虹状的词——“环球剧院”。你正站在剧院原址的地基上，在21世纪，被牢牢拴在这里的已不再是灰熊或者臭气熏天的观众了。

尾声：莎士比亚时期伦敦的回响

都铎时期和詹姆斯一世时期的伦敦还有少量遗迹保存了下来，

其余的要么在1666年的大火灾中付之一炬，要么在之后的几个世纪中被其他建筑大面积取代。

许多建筑经过了改造，但位于霍尔本的斯塔普旅店那木质结构的门面依然忠实地展现着都铎时期的街道景观，尽管它的黑白对比有些过于强烈和鲜明。在其他地方，留存下来的大部分都铎时期的建筑大都是宫殿或者宫殿的一部分，例如圣詹姆斯宫、兰贝斯宫、富勒姆宫和伦敦市外的汉普顿宫。圣安德鲁·安德谢夫教堂是都铎时期遗存下来的典型教堂。现在，形状像小黄瓜一样的瑞士再保险总部大楼在教堂边拔地而起。人们意外地发现，教堂里还保留着约翰·斯托的雕像。他在自己1598年出版的《伦敦调查》中耐心地绘制和记录了莎士比亚时期的伦敦。如今保留下来的都铎时期的府邸并不多，但仍有两个令人惊喜的例外。一是位于哈克尼、名字被弄错了的萨顿府①，二是位于博克斯雷希斯、半砖半石砌结构的霍尔宅邸。

不过，勇敢的21世纪"探险家"依然能在我们的旋风之旅中找到莎士比亚时期伦敦的些许印记和复刻。金鹿号在17世纪就已腐坏，17世纪40年代，清教徒又毁坏了第二座坚固的、屋顶覆有瓦片的环球剧院，但它们后来都被煞费苦心地重建，并成了新生的南岸地区最受欢迎的景点（正如在莎士比亚时期一样，这里还是休闲娱乐的圣地，只是没有了当时的暴力和肮脏）。

经过美国演员兼导演山姆·沃纳梅克持续40年的不懈努力，重建的环球剧院于1997年由伊丽莎白二世宣布开放。它坐落在原址东

---

①萨顿府（Sutton House）最初名为"Bryck Place"，由亨利八世的首席国务大臣拉尔夫·萨德利尔爵士于1535年建造。后来，人们错用了查特豪斯学校创始人托马斯·萨顿的名字来命名。萨顿也是哈克尼的一位知名居民，住在附近的谭屋。

北方向几百码处，靠近萨瑟克桥路（即过去的公园街）的十字路口。环球剧院上演的几乎全是莎士比亚的剧作，但是偶尔也会上演一些新作。剧院的重建完全忠于现代的知识和当下的工艺。但是，正如其网站所坦言，重建的环球剧院只是对莎士比亚时期环球剧院的“最佳猜想”。等比例重建的金鹿号复原品也曾进行过环球航行，它现在位于克林克街，停靠在皮克福德斯码头特制的船坞中，吸引游客的看点包括穿着当时流行服饰的演员们。你可以预订在甲板下过夜，尽管住宿条件不一定好。雕刻在船头的金鹿一定充满了艺术的想象，因为即便德雷克再足智多谋，也不一定能在回到英国前为重新命名的鹈鹕号设计新船徽。

看到不起眼的熊园，就知道来到了希望竞技场。这是一个多功能竞技场，用于斗熊、击剑和戏剧演出，于 1614 年由菲利普·亨斯洛开设。如果不是因为它的名字，你绝对想不到这里曾经发生过斗牛和斗熊。熊巷的起点位于萨瑟克街，在克拉斯·维斯彻绘制的 1616 年版伦敦地图中，它处在 17 世纪初的熊园的南侧。在圣保罗大教堂庭院东北角的人行道上刻有一块牌子，上面标明了圣保罗十字，在其附近有一根圆柱，上面是一尊圣保罗在室外布道的镀金雕像。这里完全没有书店和书摊的痕迹（当年的小便巷也已被归入尊贵的女王头路）。不过，一块关于温金·德·沃德的现代风格标牌被钉在了舰队街附近重建的伦敦出版业公会会馆的出版大厅中，牌子上还有他的太阳徽章。烟草房已无迹可寻，布商大厅仅存的花园曾是大花园的一小部分，现在也被一堵墙隔开了。这里依然种植着桑树，只不过是在 20 世纪由皇室成员种植的。通过申请或者是在每年 9 月的伦敦建筑开放日，都有机会进入布商大厅和花园一饱眼福。在伦敦已经找不到都铎王朝或斯图亚特王朝时期的迷宫了，但是你可以在博克斯雷希斯的霍尔宅邸、百灵顿伯爵大屋、芬丘奇街的芬庭、水晶宫公园以及沃伦街地铁站的现代版迷宫里碰碰运气。

荷兰教堂在“大轰炸”中被毁，后于1954年重建，并加固了一层波特兰石。它依然是人们做礼拜的地方（但这一功能现已大大弱化），也是在伦敦推广荷兰文化遗产的中心。至于古老的伦敦桥，殉道者圣马格努斯教堂（它于大火灾后重建）中保存着老桥的模型。用钢筋水泥重建的伦敦桥于1973年开放，位置在原址的西边一点，但一根不太起眼的混凝土长矛标示出了叛国者的头颅曾被钉在旧桥的那个位置。公园街上的一块蓝色牌子标明了玫瑰剧院原本的位置，肖尔迪奇区的两块文辞拙劣的丑陋牌子则指示出了戏院和窗帘剧院的所在地，后者位于窗帘路上。最后是中殿律师学院大厅，一个位于伦敦法律区域中心的律师餐厅，据传莎士比亚曾在此演出，时至今日，这里仍然保持着旧日的从容和优雅。

人们在烟草屋中吞云吐雾。

第二章

1390 年　坠落至中世纪的伦敦

中世纪晚期的伦敦
1390
†ST PANCRAS CHURCH
CLERKENWELL
SMITHFIELD
HOLBORN
RIVER FLEET
NEWGATE
LUDGATE
FLEET STREET
CONVENT GARDEN
STRAND
SAVOY
PALACE
TEMPLE
WHITEFRIARS
ROYAL MEWS
SCOTLAND
YARD
PARIS GARDENS
THE STEWS
YORK PLACE
PIKE
GARDEN
WESTMINISTER

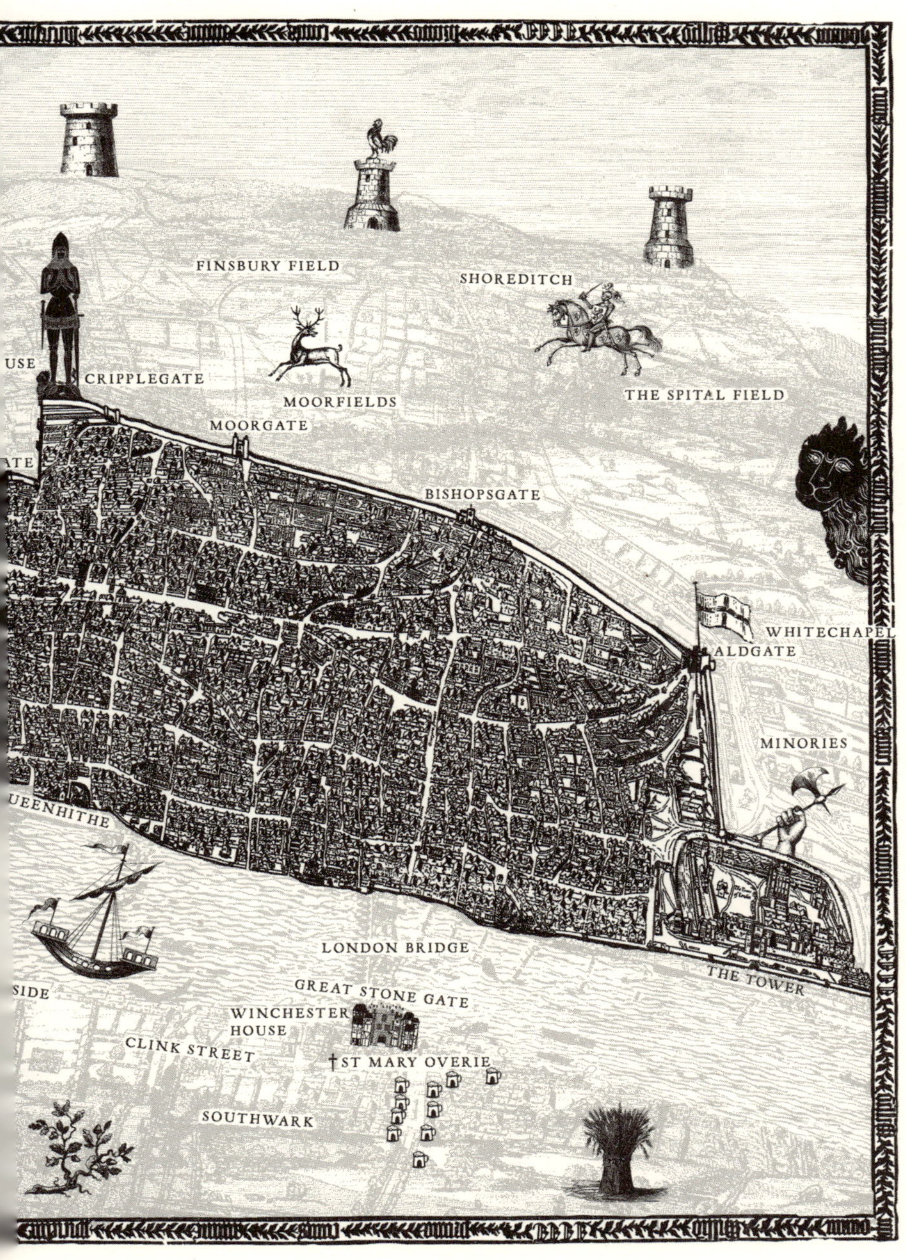
FINSBURY FIELD
SHOREDITCH
USE
CRIPPLEGATE
MOORFIELDS
THE SPITAL FIELD
MOORGATE
ATE
BISHOPSGATE
WHITECHAPEL
ALDGATE
MINORIES
UEENHITHE
LONDON BRIDGE
THE TOWER
SIDE
GREAT STONE GATE
WINCHESTER
HOUSE
CLINK STREET
ST MARY OVERIE
SOUTHWARK

这是一个寒冷的秋夜。伦敦墙笼罩在蒙蒙细雨之中。偶有出租车在伦敦博物馆的褐色围墙外绕行，载着银发的银行家们返回位于郊区的家中。空无一人的人行天桥横跨在伦敦墙之上，反射着“Pizza Express”[①]招牌的蓝色灯光。在你右侧，透过伦敦墙1号写字楼的玻璃外墙，一部幽灵一般的电梯正悬浮在这幢摩天大楼之中。

沿着伦敦墙向东行，左侧的建筑会渐渐退去，显露出一座孤零零的塔楼。它是巴比肯建筑群的一部分，装有狭窄的窗户和混凝土栅栏，像个沉默的机械守卫般俯视着你。塔楼前方是闪电战后被煞费苦心重建的圣贾尔斯教堂，两相对比之下后者仿佛矮了一截。

在通往普莱斯特洛会馆的小路入口处，有八根齐胸高的金属矮柱，每隔一根，柱子顶部就有一盏灯，发出冷冷的白光。

走到右侧第三根灯柱旁，它恰好矗立在罗马时期的朗蒂尼亚姆[①]的西北边界处，尽管没人能认出这古老的边界，以及这个指引着城中“纳尼亚”的灯柱。在罗马时期，朗蒂尼亚姆就如同一座阴雨连绵、与世隔绝的孤岛，对岛上未开化的原驻民部落而言，城市就是极具诱惑力的目标，布狄卡女王也的确曾于公元60年率部反抗罗马人的统治并袭击了他们的城市。因此，罗马人需要修建一道防御屏障。大约140年后，他们的确这样做了——在你旁边的正是这道城

---

①一个餐饮连锁店。

② Londinium，拉丁语，是现代伦敦的古称，也被称为罗马伦敦。

墙的遗址，或者说是一些断壁残垣。

转入诺布尔街，登上观景台，在罗马时代这附近曾是哨兵的巡逻点，到了中世纪也有守夜人在此巡夜。

这一段厚重的城墙在1940年德军轰炸伦敦后突然重现，它曾是罗马时代某个堡垒的西缘。公元200年左右，它被整合到紧急防御墙之中。最终，这些防御墙围住了整个城市。泰晤士河流经城墙南侧，城中散布着堡垒、塔楼，还有城门。上百万块白色硬质岩石经水路从肯特运抵伦敦，用来掩盖城墙内部全是碎石和灰浆的事实。

这段残存的城墙令人瞩目，有的地方高达35英尺，不过你看到的大部分都是在中世纪和都铎王朝时期修复和加高的防御工事，罗马时期的城墙只有20英尺高。

1500年来，围在城墙中的城市停下了向外扩张的脚步，直到16世纪。留存下来的城墙如此真实，又如此落寞，仿佛已迷失在一片金融大厦构筑的风景中。它们无声地记录着那个已被不断扩张的城市吞没的古老都城，千年前的城市边界如今已难觅踪影，城市本身也已化为城中之城。

夜幕降临后，伦敦墙周边的车流慢慢减少。这些本已蒙灰沉睡的断壁残垣渐渐复苏，唤醒了原本封印在暗夜死寂中、神秘又危险的中世纪都城。

回到刚才的金属灯柱处。你可以蹲下身，穿过灰色的栏杆，近距离触摸城墙。城墙上部粗糙而冰冷。但是，如果你将手指放在城墙脚下，你会发现那里非常柔软，极易剥落。闭上双眼，用指腹轻轻摩挲中世纪的城墙吧。

历史就在你的指尖处，去探索吧。

夜色浓重，夜风寒冷彻骨。重新睁开眼睛，你会看到晴朗无月、繁星闪烁的天幕，此刻你已穿越历史的时空，站在了一片草坪上。如果不是手里那盏忽明忽暗的提灯，可能周围什么也看不见。你穿过树林，耳边是呼呼的风声，如同磨石碾磨一般。再往前走，你终于可以依稀分辨出山墙的轮廓和突出的半木结构建筑，它们散布在宽阔笔直的道路两侧，延伸到路尽头的黑暗中。

极目远眺，你会看到远方闪烁的小光点，它们每次都出现在不同的地方。可以猜到，此时你正在城墙外的某个地方，守夜人则伏在城垛后，也许再靠近一点，他就会向你射箭。在风替你吹灭提灯之前，你已先行将其吹灭，然后慢慢走向城门——希望城门就在这个方向。你摸了摸身侧的匕首，幸好它还在。

走了几分钟后，你可以确定先前选择的方向是对的。眼前这座中世纪城市正在一片漆黑中静默。它建在散发着恶臭的水渠上，周围环绕着厚重的城墙。这个时间，你或任何一个外来者都无法进城。每晚 8 点，齐普赛街的圣玛丽钟楼教堂、万圣教堂、舰队街的圣布莱德教堂和圣贾尔斯教堂都会敲响晚钟。你先前已经在巴比肯建筑群附近见过圣贾尔斯教堂。敲钟后诸事停歇，人们回到家中准备就寝，泰晤士河上的船只停靠到岸边，城墙的边门都被闩上，守夜人开始轮班。整个城市沉沉入眠。

从此刻到日出后城门开启期间，消磨时间最好的办法就是绕着城墙散步。这会让你感受到伦敦少有的简洁感和修道院的影响力——修道院、女修道院和医院环绕了大半个城市，直观且恰当地暗喻着这个城市是如何被宗教束缚着。绕行城墙一圈约两英里。罗马时期的南城墙早已被拆除，伦敦的范围因此扩大至泰晤士河岸。请留心又宽又深的护城河，正如此地的地名“宏兹迪奇”[①]一样，有时会有死狗漂浮在水面上。这个小小的、被厚墙包围的城市，此刻是如此死气沉沉、与世隔绝，生活在此时的人不曾想到，这座城市竟能冲破藩篱、脱胎换骨，发展成为“上帝在人间创造的令人敬畏的奇迹”，并在 19 世纪成为全世界最大的城市。所有处在这个时代的人中只有你知道这一切，这足以让你在萧瑟寒风中发抖的同时感到安慰了。

“如果你不想和肮脏之人一起生活，就无法住在伦敦”

太阳从身后的斯皮塔佛德升起。能安全通过主教门，没有遇到任何阻拦，着实令人欣幸。这座城门看上去很古老，是三层高的罗马式结构，设有两个入口，左右两侧立着两座方形塔楼，塔楼带有墙垛和小窗，塔身上还有观察孔。你随着人流、车流顺利进了城，周围的人们带着从斯特拉福德-勒-波买的面包和从斯戴普尼买的水果，运货马车拉着大桶啤酒，还有待宰待售的绵羊和母鸡。10 月初已有凉意，但还不是很冷。

以 21 世纪的标准来看，这座城很小。1348—1349 年，灾难性的鼠疫（在随后的几个世纪被称作黑死病）在城中爆发，让伦敦的人口从 8 万锐减至 4 万。房屋空置，商店关门，流浪狗遍地，劳动力严重不足。14 世纪末的伦敦，人口还不足罗马时期的朗蒂尼亚姆。

① Houndsditch，意为埋犬之地。

之后的 150 年里，伦敦人口也没有恢复到鼠疫发生前的水平。在你到访的这个时候，伦敦人口相当于中世纪的佛罗伦萨，不过以此时的标准来看，数量还是相当多的，英格兰的第二大城市约克只有 12000 人。

前方是一条笔直的路，两三层的木造房屋立在道路两侧。这些房子四周都是抹灰篱笆墙，屋顶铺着瓦片。它们比你在莎士比亚时期看到的房子小一些，但房子与街道形成的夹角同样奇怪，同时房屋还有些前倾，毫不在意和谐或美观。大房子周围很少有用鹅卵石和砾石铺成的小路，行人就走在土地上。抬头看去，映入眼帘的是一片由木料和塔楼搭成的森林。近百所教堂的尖顶伸向清晨的天空。空气中弥漫着一种让人无法忽视的气味，毕竟，中世纪伦敦的恶臭确实让人无处可躲。遍地的污物，腐烂的动物内脏、人类粪便、积水、鞣制中的皮革、臭鱼、动物油脂蜡烛，以及大街上结冰的动物粪便杂乱地堆积在一起。泡澡在这个时代简直是异想天开，散发着汗臭味的人群就像一个恶臭十足的力场。

所有关于街道卫生、严禁乱倒垃圾的规定都形同虚设——它们要么被完全忽视，要么根本不可能执行。例如，在没有人看到的情况下把垃圾倒在邻居家门前，这样的行径相当普通。城市的气味会一直伴随着你，就像甩不掉的头疼。

沿着主教门大街走下去。当你看到左手边的利德贺集市和右手边的圣彼得教堂时，请停下脚步。遗憾的是，现在已看不到任何描绘 14 世纪伦敦样貌的文本了。但是，为了你接下来的旅行，也为了打发在利德贺集市的时间，我们还是会介绍一下中世纪早期的伦敦。只要社会不出现巨变——事实上除了人口下降之外并无大事发生——你就还能碰到很多有意思的事。

12 世纪，温彻斯特修道士——迪韦齐斯的理查德曾说："听着！我警告你，世界上的任何邪恶之事都可以在这个城市中看到。"他为我们列出了恶魔的阵容——"小丑、浑身无毛的怪胎……马屁精、娈童、鸡奸者、淫荡的卖唱女、药贩子、好色之徒、算命先生、勒索犯、流浪汉、变戏法的江湖艺人、滑稽演员、乞丐，还有衣衫褴褛的人"。随后他总结道："因此，如果你不想和这些肮脏之人一起生活，就无法住在伦敦。"而传教士兼传记作家威廉·菲茨斯蒂芬所描绘的富饶之地则与可敬的先辈们笔下的邪恶、粗鄙之城形成了鲜明的反差。他在 12 世纪末写道："在世界各地享有盛名的城市中，英格兰的首都伦敦首屈一指。它比其他任何城市都更富庶、商业更繁荣，并且更加宏伟壮丽。"可见菲茨斯蒂芬笔下的伦敦是一个高贵的城市，它遍地财富，生命力旺盛，四周是田园牧歌式的郊区。但事实上，它也像其他被赞颂的城市一样，不光彩地堕落了。这一点你可以自行判断。

还要再提醒一下。首先，如果你冒险翻过城墙来到郊外，一定要小心，若是看到有人穿着长长的斗篷，摇着铃铛，努力掩饰自己丑陋的面容，也许手指或四肢还有残缺，要远远地和他们保持距离。正如爱德华三世所说，他们"正在遭受麻风病的折磨"。

其次，中世纪的伦敦是个危险的地方，虽是陈词滥调，但事实确实如此。1321 年，一位先生正去往伦敦塔，经过泰晤士街时，他的马差点撞倒一位母亲和她的孩子。当时有人贸贸然提出他应该注意看路，结果他直接拔剑杀死了这个路人。这就是中世纪的伦敦。此外，打扰别人睡觉也很不明智（这个点大多数人都起床了，但还是要谨记在心）。1322 年，在一个冬日的夜晚，面包街上的一位店主斥责一群在他屋外唱歌和喊叫、完全无视宵禁吵闹的年轻人，后者则回敬以讥讽和嘲笑。不过，还是店主笑到了最后——他无法忍受对方的侮辱，冲出店门，和店员一起杀死了其中一个年轻人。这类情况虽然说不上普遍，但是在一个人人持有武器、鲁莽冲动的世界，类似事件还是时有发生，就和 14 世纪 20 年代一样。所以，凡事请小心。

隐士小屋：炼狱生活

主教门大街、康希尔街和天恩教堂街（正前方）的交叉口充斥着刺耳的喧嚣和生活气息。绅士们骑马奔驰而过，屠夫的肉店里挤满了顾客，游吟诗人闪着一双会说话的眼睛边唱边弹。在街道的另一侧，内维尔府邸的铅皮屋顶下是干酪商贩和家禽商贩，他们从附近的城镇和村庄来到这里，大声叫卖着招揽生意。利德贺集市的名字正来源于这铅皮屋顶[①]。散发着恶臭的动物内脏散落在街上，引得流浪猫不断翻刨，仿佛在玩毛线球。在市场对面，右侧是一条毫不起眼的小巷。这条小巷通往圣彼得教堂墓地，如同中世纪伦敦的许多小巷一样，不足 6 英尺宽，两侧的房屋上层几乎要碰到一起，你只能走在阴暗之中。但你很快就能走出巷子，来到圣彼得教堂庭院。继续向前，越过石墙向那头看。

紧挨着教堂有一间球形的木造小屋，有一部分沉在地面以下。

①铅的英文为 lead，正隐含在 Leadenhall Market 中。

它有一扇小小的铁格窗，里面挂着黑色的布帘。一个老妇人从外面用拐杖将窗帘掀起，像小猫蜷缩在火堆前一样凑近窗前。她的脸藏在头巾下，眼中闪现出阴险的光。她扭头往后看了一下，但并没注意到你。

再靠近一点你会听到她的声音，原来她正在对着小屋讲各种可怕的谣言和风流丑闻。更要命的是，言语间还有对理查国王的暗讽。她正在散播康希尔街店主们的抱怨。很显然，对于法庭在应对史密斯菲尔德地区一些重要事件上的表现，这些店主很不满。国王的食品采办商以荒谬的低价（依据则是令人憎恨的王室征发权[①]）将上等布料、马鞍和喇叭全买走了。另外，有传言称，下周康希尔街将被封锁整整一周，打压商家们的生意。

教堂厚重的大门被打开，发出嘎吱嘎吱的声音。低沉的圣歌传入了教堂墓地。一位披着猩红色的长袍、头发稀疏的牧师走了出来，走向了小木屋，嘘了一声，将这个絮絮叨叨干扰他祈祷的老太婆赶走了。老妇人佝偻着身子，拄着手杖，一边小声抱怨着，一边拖着步子离开。牧师撩起长袍，双膝跪地，将窗帘重新拉上，微微点头，然后起身返回教堂。

现在，你可以跪在格子窗前，捅开窗帘向里看了。一幅令人毛骨悚然的画面正等着你。

小木屋面积不超过 48 平方英尺。阳光很难照入格子窗中，但也足以晃到屋里睡眼惺忪的独眼人，他正倚靠在墙上，低声为自己祷告。小屋没有门，他被围困在其中。光着脚，骨瘦如柴，穿着一件

①征发权指国王或王室以低价征用供给、人力、车马的特权，1660 年被废除。

沾满油渍的、脏兮兮的外衣。他的眼神中透着疲惫和心烦意乱，眼窝深陷，精神紧张，有些微就要发疯的迹象。

他几乎已经秃顶，但仍有一些稀疏油腻的灰发披散到腰间，另一些则和他红褐色的胡须交织在一起，粘在脸上，如同一块姜黄色的皮毛。他的床是一张木板，枕头是一段圆木，还有一张小桌子，上面放着一摞书和一个做工精巧的十字架，除此之外别无他物。这间小屋阴冷潮湿，臭烘烘的。他已经在这里待了多久呢？时间对他来说没什么意义。几小时、几天、几周、几十年……它们全都融入了一片无边的沙漠中，而上帝的爱就在这片沙漠上炙烤着他，令他战栗。

一旦你赢得了他的信任，他就会告诉你，自己常会回想起走进小屋的那一天。当时的他盼着整个堂区的人出现：窃窃私语的女孩、高声喧哗的学徒工、穿制服的仆役、旅馆的管理员，也许还包括康希尔地区的总督及其妻子。所有人都伸长了脖子，转动着眼珠，为了看一眼这个打算在这间小小的屋子中度过余生的人。他此生再也看不到泰晤士河的河水、圣保罗大教堂的尖顶、伦敦市集的热闹以及伦敦桥的落日。但是，事实上几乎没有人来，只有一些老妇人、乞丐、一个羊皮纸商和一些醉酒的鱼贩经过。他甚至不确定这些人是否来看过他。

他还描述了那一天的自己：像今天一样光着脚，当牧师用圣水和焚香为他祈福时，他拜倒在教堂冰冷的地板上。在教父们的引导下，他来到主祭坛上，背诵《接纳我，主》，然后将两根蜡烛放在祭坛上，取走圣餐，并发誓以隐士的方式度过余生。接着，伴随着亡者日课的圣歌和圣诗，他来到了隐士小屋。他记得牧师在外面为他施涂油礼（通常是为死者），前额被涂上油后，他走进了自己的新居。

他还记得从墙上最后的孔洞看到牧师那不断皱起的浓眉，还记得砌墙号令下达后，石料一块一块垒起的碰撞声。最后一块石头被楔入后，牧师微微点了下头，他如炼狱般的新生活便开始了。

对于当天聚集在此的观众而言，隐士一直是堂区教堂里令人不安的存在。小屋有一扇没有装玻璃的窗户，透过这扇窗，隐士可以看到主的崇高，分享人类的救赎。他的呻吟、哭喊、歌唱、啜泣和狂热呼喊是人们礼拜的背景音，但大部分人再也没有见过他。

“Anchorite”（隐士）一词来源于希腊语的“anakhorein”，意指退休或撤退。在你面前的这个人显然做到了，他让自己与世隔绝，献身于冥想的生活。隐士不同于隐居者。也许你会无意中发现中世纪伦敦的很多隐居处，它们大多位于城门的塔楼中或在其附近。虽然隐居者也隐遁而居，但他们可以自由地工作，甚至在真实世界中正常社交，只需每晚返回隐居处即可。而隐士必须发誓，至死、甚至死后都不离开他们的小屋。事实证明，一些隐士死后就被直接埋在小屋中。《修女戒律》是一本 13 世纪的女隐士指南，书中建议女隐士们“每天为自己未来的坟墓掘土”，因此，她们的双手将不再柔软灵活。这或许只是一种隐喻，但还有什么比亲眼望着自己尚空置的坟冢更能象征死亡呢？

正如前文所说，成为隐士对男男女女都很有吸引力。伦敦市内大约有十二处隐士小屋，在此且举出四例，它们分布在齐普赛街旁的圣劳伦斯犹太教堂（在 1290 年犹太人被驱逐之前它就在他们的聚集区附近）、主教门附近的圣博托夫、伦敦墙附近的万圣教堂和康希尔另一侧的圣贝尼特·芬克。

隐士小屋各不相同。大多数小屋就像现代美国监狱中长 6 英尺、宽 4 英尺的单人监禁室，但也有更宽敞的，还有一些甚至自带小型图书馆或小花园。隐士生活其实并非完全与世隔绝。如果要在隐士小屋中居住超过 50 年——有些人的确如此——他们必须依靠朋友和家人提供饮食，清理夜壶。正如我们所知，小屋通常有一扇朝向主祭坛的窗户。但是，隐士绝不能和其他人发生肢体接触。女隐士触碰男性是一桩极其令人厌恶的罪行，违反者最好被吊死在绞刑架上（其依据是《修女戒律》）。

隐士不是犯人，你一定很疑惑，为什么有人愿意过这样的人生。隐士小屋有怎样的魅力，竟能将手艺人从行会中带走，让牧师离开教堂，将妈妈从孩子身边夺走，甚至让丈夫抛弃妻子？

隐士们选择独居生活，是为了抑制他们的灵肉之欲，并将其升华为对上帝的永恒注视，以获得自我救赎，并通过祈祷使他人得到救赎。

隐士们并没有被当地社区排斥，不仅如此，他们还相当受尊敬，甚至被崇敬。他们奉行着如此圣洁的生活方式，因此精神也是纯洁的。教区居民相信隐士们的祷告异常灵验，因此他们经常聚集在隐士小屋的格子窗外，祈求隐士为他们的灵魂祷告。隐士们还被认为是解决争端的最佳仲裁人，正如我们之前看到的喋喋不休的老妇人，隐士们也是最好的倾诉对象（但这并不被提倡，因为它会“引发”女隐士的阵阵大笑，就像“甜蜜的毒药”，导致女隐士“在唱圣歌时摇摆不定，在读经文时神情恍惚，在祷告时立场不坚定”）。隐士们还有其他作用。如果你有任何贵重物品，担心带着它环游中世纪的伦敦不安全，可以通过格子窗把它们丢进隐士小屋。在还没有银行的年代，隐士小屋就是最安全的储蓄所。

隐士是离上帝最近的人，所以人们认为他们可以未卜先知，或者至少能给出恰当却隐晦的答案。如果你揭开黑色的窗帘，询问隐士你在中世纪伦敦的旅行将如何结束，他也许会告诉你："在冰冷的、翻滚的河水中。"

听了这让人不寒而栗的回答，我们还是离开吧。

沿着圣彼得大街来到康希尔附近，然后再向东走，就进入了中世纪伦敦的第一条大街——齐普赛街。

探逼巷

中世纪的城市商业贸易处于永不停歇的循环中。正是商业驱动着城市运转，将它与政治中心威斯敏斯特和脏乱差的萨瑟克区别开来。大批发商是这里不断壮大的主要力量——街道两旁的华丽府邸就是他们实力的最佳证明，但是，伦敦本质上还是一个小店主和小商贩集中的城市，他们中的许多人聚集在同一区域，与相邻的区域形成了鲜明的对比。

沿着齐普赛街向前走，留意那些从主路延伸出的岔路。你会看到面包街的面包师，牛奶街的挤奶女工，蜂蜜街的养蜂人和蜂蜡小贩，木头街的木匠，五金街的五金商人——他们都在为齐普赛街输送商品。齐普赛街的名字"Cheapside"来自古英文中的"chepe"一词，意为市场。类似的还有烛芯街，位于齐普赛街南边一点，是蜡烛商们生产蜡烛的聚集地，既生产廉价、有臭味的动物油脂蜡烛，也生产优质的上等蜡烛。周五禁止食肉，所以没有哪里比星期五大街更适合鱼贩们聚集。在索珀巷[1]，你会看到穷困潦倒的肥皂匠人晚上睡在简陋的棚屋中。羊皮巷是毛皮商的地盘。贩卖生皮的商人们则在生皮巷生活和工作，这条巷子从圣约翰教堂向南延伸。五花八门的生意支持着这座城市，而城市的街名则是它们最好的索引。

因为不受市政府管控，萨瑟克区温彻斯特主教管辖下的一些地区是妓女们最爱出没的地方，今天晚上你就能看见（当然只是见识一下而已）。城中有几条街道保留着性交易，市政厅的长官们对此视而不见。这些街道的名字生动形象。通往克里普门（也称跛子门）的爱情巷倒还无伤大雅，但在史密斯菲尔德地区的公鸡巷就有些让人无法直视了，它暗指男性生殖器，这和附近以动物命名的街道（母牛街、小鸡巷）截然不同，那些街道确实是将牲畜运往史密斯菲尔德市场的通道。

若干年后，政府试图限制在泰晤士河北岸至公鸡巷一带的卖淫活动。但此时，从齐普赛街延伸出的三条肮脏狭窄的小巷仍然是嫖客的天堂。其中一条叫妓女巷，另一条叫短裙巷（暗指扯掉女人的长袍或衬裙），而最重要的一条有个所有人都喜欢的中世纪街道名字——探逼巷。这条漆黑的窄巷从齐普赛街向南延伸。“上帝保佑你，老兄，告诉我去探逼巷的路吧！”你肯定不会在21世纪把这句话挂在嘴边，所以如果你心生好奇，就赶紧趁现在，在中世纪的伦敦找人问问吧。还有一些街道的名字——虽然不是最生动的——注定会延续到21世纪，尽管与其相关的商业早已消失。在这个早已被金融业主导的城市里，这些街道名正是其鲜活经济和兴旺人丁的印记。

---

① Soper Lane，Sope似Soap，即肥皂，早先soper可指制作肥皂的人，街道名字因此而来。

你忽然瞥到一道粉色，并听到水果商一声怒吼。他那一整篮苹果正沿街朝你滚来。在中世纪的伦敦，猪总会在你最意想不到的时候突然出现，围着你打转，用鼻子翻拱觅食，嗅闻路中间的粪便，有时还会发生更糟的事。1332 年，一头猪冲进一家商店，将一个新生儿咬死了。也难怪在伦敦街头常常能看到有人捕杀猪，他们每杀掉一头猪就能赚 4 便士。

我们的下一站在齐普赛街的尽头，拉德门附近。远远地就能看到它高耸入云的身影。左转进入充斥着鱼腥味的星期五大街，再向右转进入沃特林大街，最后经由卡特巷，就从南边走进了教堂墓地。

圣厄肯沃德教堂

从低缓的山丘上望去，圣保罗大教堂赫然耸立在建筑群中，显得鹤立鸡群。中世纪的圣保罗大教堂有着长长的飞拱和高高的尖顶，它比承自雷恩的新古典主义作品更肃穆，在哥特式建筑中也显得格外冷酷、强硬。你的视线会被它用木材和铅建造的宏伟尖顶吸引，尖顶上排列着拱形小窗，最顶部还有镀金球形装饰和十字架。十字架最高点距地面 489 英尺，远高于雷恩设计的最著名的圆顶（365 英尺）。在一张雕刻于 16 世纪 50 年代、十分详尽的伦敦“铜板地图”上——当时的绘制比例不太精确——在平面图上，教堂的尖顶至少比 8 排房屋还要高。在 1964 年出现高楼大厦之前，没有哪幢建筑能高过它。

教堂就仿佛是一座虚拟城市的核心，专属天主教会并由其管辖（可以说它只能由教会掌管，因为这时距离马丁·路德的反抗和新教的诞生还有将近 150 年）。整个教堂区由殿堂、监狱、墓地、学院和印刷品货摊构成，外围的一道石墙将杀人犯、私通者和一无是处的人等总在中世纪教堂墓地外游荡的人阻挡开来。

穿过圣保罗大教堂的一系列建筑，便到了教堂墓地。

你正置身于宏伟的南入口处，周围全是商人和碎嘴的闲杂人等。在你左侧，沿着教堂的中殿是一系列被壁柱分隔开的诺曼风格的圆窗；你右侧的“新工程”则是为了配合唱诗班的歌咏——它属于早期的英式哥特风格，有更尖的拱形窗，还带有突出的墙面和飞拱。人们或聚在一起闲谈，或绕过转角前往圣格雷戈里教堂。在庞大的建筑前，人们矮小得如同蚂蚁。

一座方形的门映入眼帘，两侧各有一座石造钟楼。右边的钟楼很快就会扩建至现在规模的两倍，用作关押基督教罗拉德派异端的监狱。所谓异端，是指那些抨击教会的教义、财富和仪式在《圣经》中没有文本依据的人。走进去。空气中弥漫着焚香产生的烟雾，仿佛能净化人的思绪，让你恍然间好似置身他处。

向上看。雕花柱子支撑着穹隆，穹隆与周围的一圈拱券相接，拱券之下的柱廊上是一个个宽敞的隔间[①]。再往上是一个天窗，带有尖尖的拱顶和几扇小窗。柱子投下了修长的阴影，横亘在冰冷的石制地面上。继续向前走，你会时而没入黑暗，时而走进光亮，就像困于宗教怀疑论中的灵魂。四下静谧，但中殿的空旷感和牧师唱诵时在空中所划手势的神秘感，让你在不经意间感到了一丝疏离，仿佛在这支配着中世纪的无形气场中，闪出了一丝异样的火花。

要让思绪长时间停留在宗教思考的层面的确很困难。你已经注

① bay，是一种建筑空间，由柱廊中的一组柱子和上方的拱券组成。

意到廊道的另一边有什么东西正望着你，那是一只鹰。它停在一个男人的手腕上，男人穿着镶有珠宝的紧身上衣和红黑色裤子，脚上踩着一双松垮的尖头鞋。突然，高处传来鸽子咕咕的叫声，鹰的注意力从你身上转移开了。就在它想要有所行动时，一身纨绔之气的主人用一块绣花丝巾拂过它的头，这只鹰立刻变得驯顺了——或者说被遮住了眼睛。

沿着中殿往里走，一场摔跤比赛正在进行。

你能看到的远不止如此。在你左手边，人们簇拥在圣洗池旁，正在紧张地谈判。时常能听到硬币碰撞发出的清脆响声和人们四处翻找的吵闹声。圣洗池或许是人们第一次与造物主订立灵魂契约之处，此外，它也是人们订立商业契约的地方。现在，一笔债务刚刚还清。在圣洗池一旁，十二位代笔人坐在小桌边，随时准备代写信件、法律合同、遗嘱或者其他任何你想要的文件——只要价格公道。

你刚想问教堂里的长椅都到哪儿去了，却被突然穿过小北门的搬运工撞到了一旁，他抱着一堆木材，还任性地无视交纳通行费的规定。在对面的小南门，来自坎伯韦尔和海克尼村庄的农妇们挎着装满面包和苹果的篮子蹒跚而入。律师们手握羽毛笔，在分配给他们的地盘上绕着柱子转圈，焦急地等待着生意。在北部侧廊的门边，人们正伸长脖子看一块张贴有招聘启事的告示板。此外，水果商、文具商、屠夫、绸缎商、女帽商和江湖医生都会站在南北侧廊摇摇晃晃的木造货摊后，大声招揽生意，兜售自己的商品。为了便于交易，有根柱子上画了刻度，以便裁截布料、裁切木材。啤酒和麦芽酒则是免费供应。

这里更像一个大集市，而非教堂。人们很容易忘记在柱廊拱道的后面，在各个隔间、壁龛里就有许多墓室、小礼拜堂和祭坛，里面烛光摇曳。冒险进入这些昏暗的空间要格外当心，因为小偷和妓女常在这里出没。

虽然有四位“教堂司事”负责驱赶妓女、吟游诗人、货运马车等，但是教堂太大了，以致难以治理。神职人员们会定期严厉谴责一些“就像在公共市场一样，把货物乱放……对这神圣之地毫无敬畏之心”的人。作为时间旅行者，看到在圣保罗大教堂这样神圣的地方有如此多的商业活动，的确会感觉有些违和，但中世纪的伦敦人并不这样认为。毕竟，除了这儿他们还能去什么别的地方呢？像齐普赛街那样的大道明显比其他街道宽敞，街边也散布着一些露天摊位。但在中世纪的伦敦漫步过之后，你就会发现这里缺乏开阔的空间，既没有城市广场，也没有公共花园或公园。圣保罗大教堂只在天气恶劣时才会对外关闭。因此，作为伦敦最大的公共空间，它自然成了伦敦主要的商业中心，也可说是 16 世纪的皇家交易所和 17 世纪的考文特花园的前身。中殿逐渐成为人们所熟知的“保罗步道”，是大家打发时间、闲聊、散步、购物、玩乐、观察世间百态和向世人展示自己的理想场所。不必刻意强调宗教，教堂里热火朝天的景象就是教会已经深深植入伦敦人生活方方面面的最佳隐喻。

来到教堂中殿的尽头。在你眼前，乞丐和吟游诗人伏坐在台阶上嘶哑地大叫，而台阶上的唱诗班则正在高歌。这里是教堂两侧柱廊的尽头，在这儿可以看到教堂的十字形两翼（耳堂），通道向教堂南北两翼宏伟的入口延伸。

这时你会意识到，这座巨大的建筑相当于好几条宽阔的大街。四轮马车和货运马车上高高地堆放着货物，搬运工们正在运货。男孩们在踢足球，这种足球是猪膀胱制成的，里面填满了豆子（你或许并未意识到，这就是游戏的暴力之处）。如果在这里停留的时间足够长，你甚至会看到有人愉快地向高处的鸽子和寒鸦射带火焰的箭、投石子。14 世纪末颁布过一条法令，严厉谴责这类行为，因为人们可能会把“精美昂贵的玻璃窗”打破。

彩色的玫瑰花窗像月亮一样高悬在东侧墙面上，让祭坛沐浴在万花筒般的绚丽光线下。在伦敦其他地方绝对看不到这样多的彩色玻璃，请尽情地赞叹它的华美绝伦吧。

在圣玛丽小礼拜堂中，主祭坛后的一样东西引起了你的注意。那是一个精雕细琢的哥特式神龛，呈金字塔状，用石料和雪花石膏雕刻而成，在摇曳的烛光下闪动着细腻的光泽。神龛前方是一张祭坛桌，用于摆放祭品。走近细看。藏在这个装饰性神龛当中的，将是你见过的最华丽的坟墓——一口用真金白银打造的棺材，上面镶嵌着闪闪发光的珠宝。1339 年，三位金匠用了一整年的时间装饰它。棺材里殓放着厄肯沃德主教的遗骸。如果你知道他曾是伦敦的主保圣人，一定会十分惊讶（现在，只有历史学家熟知他的名字了）。与其华美相称的是，这个神龛还可以创造奇迹。如果你在这里停留的时间足够长，也许会看到脆弱沮丧的朝圣者蹒跚而至，拜倒在神龛前，亲吻这冰冷的金属棺椁。

厄肯沃德很可能是肯特王室[①]的后裔。公元 597 年，圣奥古斯丁成功地将基督教引入英国。在随后的 100 年里，英国的基督教逐

① 关于肯特王国的建立一直存在争议，一说是公元 449 年由入侵英格兰地区的日耳曼部落的朱特人建立。

渐形成规模，而厄肯沃德恰好生活在这一时期。这个虔诚而早慧的男孩“宁愿在洞穴独居，也不愿与他人混住”。正如《圣厄肯沃德的一生》（1000年前后）中记载的，他选择了修道生活，分别在伦敦以西的切特西和伦敦以东的巴金创建了本笃会。在他出生前，肯特国王埃特尔伯特转信基督教，清除了现在拉德门山上代表异教的东西，并代之以纪念圣保罗的教堂。公元675年，厄肯沃德被奉为东撒克逊大主教，掌管整个伦敦。他也是伦敦最早的大主教之一。因为东撒克逊王的反抗，异教一次次死灰复燃，而厄肯沃德的主要任务就是彻底将其铲除。

在接下来的18年里，他都是一个神圣而尽职的主教。到了晚年，他的身体依旧硬朗，还坐着简易的马拉车一个村一个村地去传教。在他离世后，他的遗骨连同传教时乘坐的车板被一起放入圣物箱，存放在最初的圣保罗大教堂中，成为备受敬仰之物。人们相信只要触碰或亲吻它，再可怕的疾病都能治愈。那些虚弱到无法朝圣的人，亲吻这棺椁的残片也能奏效。

对圣厄肯沃德的崇拜延续了8个多世纪。在1087年一场灾难性的大火中，圣厄肯沃德的遗骨竟然“奇迹般”地保留了下来，他的声望至此达到顶峰（他乘坐过的车板则烧没了。如果连这都能留存下来，就更堪称奇迹了）。教堂重建后，教会渴望找到一位能够鼓舞人心的主保圣人[①]。也许是受威斯敏斯特修道院正在进行的将忏悔者爱德华封为圣徒这一计划的鼓舞，教会在主祭坛东边打造了一个奢华的银质神龛。1148年，圣厄肯沃德的遗骨被转移到了新的神龛中。

①主保圣人即守护圣人的意思，是对圣人或天使的特定称呼之一，通常用于教会期望保护的某人、某团体、行业或活动。

为了筹集资金，教会撰写了《圣厄肯沃德的奇迹》，书中详细收录了关于圣厄肯沃德的所有奇迹，供教徒在宗教节日和晨祷时诵读。

神龛上的厄肯沃德肖像面带胡须，手握权杖，身披法衣，温和有礼。然而，正如《圣厄肯沃德的奇迹》记录的，这样的形象掩盖了他疾恶如仇的本性。他的量刑合理有度，无愧为正义使者。这本书记录了一件奇事，一个名叫尤斯塔斯的愚蠢银匠在作坊里耍酒疯，当时这个作坊正在为圣厄肯沃德打造镶嵌珠宝的棺材。更糟糕的是，“其他在场者都听到了他说的话，并不认为那是酒后呓语”。银匠的行为的确不妥，但还不至于因此下地狱。然而，他接下来的所作所为却足以让他的灵魂遭受惩罚。他爬进了还未完工的棺材，大喊：“我就是最神圣的厄肯沃德，给我穿上盛装，向我祈求帮助，给我一口银造的棺材！”话音刚落，他便仿佛受到了重击一样动弹不得，浑身痛极了。他的工友把他从棺材里拉出来送回家，“经过上天的神圣审判”，他死在了他自己不那么华丽的棺材中。

在中世纪的伦敦，圣徒崇拜的形式和对象变换不定，并且常常受到操控，用以强化某种信仰和教条。在你到访时，一位神职人员正在用方言英语撰写一首关于圣厄肯沃德的头韵诗，也许他要在一年一度的宴会上大声朗读给教堂公会的人听。这首诗提出了一个难题，即天堂中是否有地方安放善良异教徒的灵魂。诗中讲述了这样一个故事：17 世纪末，一群泥瓦匠正愉快地为修建圣保罗大教堂挖地基，突然，他们挖到一口石棺。撬开棺盖一看，棺材的内壁镀着金，里面是一具保存完好的男尸，看穿戴像是一位国王。尸体没有丝毫腐败的迹象，像是做过防腐处理，然而实际上并没有。伦敦大主教厄肯沃德当时正在巴金的修道院，听到这个消息后，他整晚辛苦地祷告，还在第二天做了一场盛大的弥撒。当他来到发现石棺的现场时，这里已经被人群挤得水泄不通，人们相信自己正在见证奇迹。厄肯沃德恳求棺材中的人讲述他的故事，而他本人“就像在用借来的生命”替另一个人说话，如同一次来自地狱的交流。

石棺中的人是一位来自新特洛伊[①]的法官，具体身份不明。那时还没有基督教，他生活在未得基督教之光照拂的异教荒原之中。他似乎与大部分法官不同，以诚实和廉洁为人称道，因此市民们在他死后为他穿上了华服，配上华贵的陪葬品，以此表达感激之情。厄肯沃德迫切希望知道这位法官的灵魂归于何处，是蒙受神恩，还是在暗无天日的地狱中凋零？他生活在基督教诞生之前，因此答案是地狱，他得不到基督的救赎，是“这世上最不幸的人”。人群感动落泪，而厄肯沃德最为动容。“我只能说，我以圣父、圣子、圣灵之名为你施行洗礼。”厄肯沃德哀叹道。如此一来，这个可怜的法官就可以洗净原罪并得救。说罢，厄肯沃德挤了挤眼，几滴泪水落到了法官头上，完成了这场令人惊叹、不同寻常的洗礼。突然间，法官的遗体皱缩起来，乌黑发臭，但这没有关系，因为他的灵魂已经升上天堂，人人都沉浸在教堂的哀婉氛围之中。

伦敦人是否相信这个故事其实无关紧要。从某种程度上看，这是一个很不错的“临终故事”。用历史学家埃蒙·达菲的话来说，“对中世纪晚期的英格兰人而言，它表达出了强烈的存在主义趣味”。虽然非常荒谬，但它阐明了神圣礼仪（在这个故事中就是洗礼）之于救赎的重要性，还强化了教会掌管人类生死这一概念。

---

① New Troy，即朗蒂尼亚姆，伦敦的旧称。

最重要的是，它切中了中世纪人们思维模式的核心，通过再三强调，彻底确立了教会对真理的垄断。宗教近乎绝对地控制了人们对知识的探索。厄肯沃德在一篇文章中斥责教堂的主持牧师试图依靠人类智识这种微不足道、毫不可靠的东西去解开法官的身份之谜(这位牧师曾命人做过档案调查)。“妄图依靠人类自己去探索真理没有任何好处，”厄肯沃德解释道，“我们都因上帝而喜悦，祈求他的恩典，他会为我们慷慨解惑。”在三个世纪之后，人们才敢离开上帝的“庇佑”，自行踏上探索知识的征程，而这股更为理性的智识新风将最终吹进17、18世纪伦敦的咖啡馆和科学学会。这些地方我们在日后的旅程中都要一一拜访，听到这个你一定很高兴吧。

向左转进入耳堂，走向教堂北门上方的十字架，也可以说是基督受难像。它高高地立在一个木造平台上，两侧分别是施洗者圣约翰和圣母玛利亚的小礼拜堂。神职人员会告诉你，这就是在耶稣受难后不久，亚利马太的约瑟将基督教带到不列颠时在南威尔士的卡利恩竖起来的十字架。许多年前，他曾和青少年时期的耶稣一起游历过英国西部地区。这些说法都是杜撰的，但这个十字架还是备受崇敬。仔细观察，你会发现教堂里还收藏着其他遗物——耶稣基督的小刀，传福音者圣约翰的一只手，抹大拉的马利亚的一缕头发，托马斯·贝克特的一块头盖骨，科隆11000名处女的部分骨骼，甚至还有阿森松岛的一块石头——它们都妥善保存在镶嵌着珠宝的精美圣物箱中，在朝圣者眼中闪着神圣的光。也许这些只不过是猪骨头，就像《坎特伯雷故事集》中买赎罪券的人得到的东西。

在耳堂中穿行，你会看到许多藏在圆柱后的小型私人礼拜堂，里面正传出神秘的旋律。北门旁是一个个献给圣人和圣灵的小礼拜堂。来找一下施洗者圣约翰的小礼拜堂吧，其中一定装饰着许多取材自圣人生活的绘画和雕塑，不妨留意一下银盘中托着一颗头颅的图画[①]。找到之后，可以透过格子窗往里看看。

在施洗者圣约翰的小礼拜堂里，一位牧师正跪在墓前，口中唱着安魂曲，身旁放着圣餐——象征着基督身体和血液的面包和红酒。这是教堂 70 多间小礼拜堂中的一间，由前伦敦市长约翰·普特尼于 1349 年修建。

小礼拜堂可使逝者的灵魂快速逃离炼狱，去往天堂。中世纪晚期，宗教最关心的是人死后的亡者世界。至于如何度过此生，人们对这个问题的关注只是因为这与死后的归宿有关。在人的一生中，死亡如影随形，避无可避。以 21 世纪的标准来看，当时的人寿命短得可怜，婴儿死亡率高得离谱。在 1348 年数月之内夺走近三分之一英国人性命的瘟疫，及其引起的集体恐慌，令人记忆犹新。如果你向中世纪的伦敦人提一个有关存在的问题，你很快就会发现，人们笃信生命只不过是永恒天堂或无尽地狱的“前厅”。正如《圣经》所言，“人生就是无尽的苦难”，圣厄肯沃德的一生便是其真实写照。

人人都相信，当亚当应意志薄弱的夏娃要求吃下禁果时，人类就犯了原罪，而基督耶稣被钉死在十字架上，才让这原罪得以洗刷。教堂是支撑人苦难生活的精神支柱，能够通过一些神圣的“通道”，如洗礼、圣餐和临终祈祷，将恩典施舍给有罪之人。如果某个“通道”断裂，那么崇拜者的“本质”，即灵魂，就会萎缩或凋亡。

不幸的是，每个人都有自己的精神标尺，用以记录那些除了与

---

① 《新约》中记载，希律王应莎乐美的请求杀了圣约翰，并命人将他的头颅盛放在银盘中，赐予了莎乐美。

生俱来的原罪之外的“微小”罪过。而且，的确有一些方法可以将它们抹去，比如祈祷、斋戒和布施。然而，最终大部分基督徒都会在审判日以罪孽未清的状态出现在造物主面前。你的灵魂将被送至炼狱——一个处于天堂和地狱之间的悲惨、黑暗的世界，在那里的熊熊烈火中焚尽罪过。只有得到彻底净化的灵魂才能升入天堂。在炼狱中时间的长短和所受折磨取决于你在人间所犯之罪有多重（如果罪无可恕，比如谋杀或同性性交，就将直接被永久打入地狱之中）。

有的人或许要在炼狱中遭受成千上万年的苦难。不过，有许多方法和途径可以缩短这个时间，这就是小礼拜堂牧师存在的原因。

北门附近的小礼拜堂是为众圣人所设，如圣詹姆斯、圣托马斯、圣玛格丽特、施洗者圣约翰，甚至包括圣灵。人们相信牧师可以召唤这些充满仁慈之心的灵魂，并且请他们代表小礼拜堂出资人的灵魂与上帝沟通协调。其中最有效的方法是请小礼拜堂牧师演唱专门编写的安魂曲。无论出资行善者是生是死，都可以获得精神嘉许。在11—12世纪，炼狱被教会“昭示”在眼前；在此前的125年间，小礼拜堂已经成了天主教最重要的特征；14世纪，捐赠遗产用以修筑小礼拜堂成为一种潮流。

但这并不便宜。如果你想请人为你的灵魂循环不歇地演唱安魂曲，就必须出资支持。人们很乐意这样做，有时甚至会为了灵魂的安宁捐赠出自己所有的财产。一位名叫罗杰·霍姆的伦敦人一定是对自己灵魂的处境深感焦虑，他最近花钱请了至少7名歌祷堂牧师在圣保罗大教堂为他演唱安魂曲。所以从本质上说，逃离炼狱的路可以用金钱铺就。正如后来的两句德国谚语所说，“钱币落入钱箱，灵魂跃出炼狱”。

就像基督教罗拉德派信徒约翰·威克里夫坚称的那样，《圣经》中根本没有任何证据表明炼狱的存在。130 年后，当马丁·路德抗议罗马天主教会毫无依据的征税时，教会将再次面临这样的责问。但对大部分中世纪的伦敦人而言，知道还能通过一些行动来延缓死亡，减轻险恶、野蛮、短暂人生带来的痛苦，的确让人深感安慰。如果没有这样的信念，人们要如何挺过艰辛困苦的人生呢？有财力在教堂中捐建小礼拜堂者毕竟是少数，更多的普通伦敦人选择加入宗教互助会，若有同伴去世，他们会集合起来共同为逝者祷告。

从北门离开教堂，绕过教堂墓地的东北角，便来到了位于圣保罗十字的露天布道坛。这里到处是书摊，它们是在莎士比亚时期你所看到的伦敦书店的前身。别指望手抄书会分门别类地放在书架上。书是这个时代的奢侈品，制作成本高昂，通常是由神职人员、贵族、上流社会人士和富裕商人收藏的。这些人会将书稿交给抄书人誊写到漂亮的羊皮纸上，再由画匠配上插画，最后由装订工将它们装订在一起并配上皮革或木板封面。制作书籍是一个缓慢而费力的过程。这就是书商不同于其他商人的地方，他们基本“固定”（stationary）在一个地方，也因此逐渐形成了出版业同业公会（Stationers[①]）。

教堂墓地的这一角有着更深刻的政治意义。（按照现代标准来看）伦敦市区太小、太过局促，但所有伦敦市民（这些人占伦敦人口的四分之一，约有 1 万人）都会参与户外议会，或说是群众大会——尽管参与度很有限。这样的集会不仅仅是一种古雅典式的幻想，它

① Stationer 包括卖书商和出版商，而形容词 stationary 意为静止的、固定的、定居的。

表明市民们的确在城市管理中发挥了一定作用。兀自伫立在教堂墓地最东侧的木造耶稣钟楼上传来了阵阵钟声，它会将市民们召集到一起。在1307年爱德华二世登基之前，群众大会每年召开三次，所有市民都有义务参加。在群众大会上，市长和市参议员可能会被市民们赶下台，虽然这种情况发生的概率和21世纪女王行使否决权的概率相差无几（几乎不会发生）。

庇护所

沿着主祷文路向齐普塞街走去，然后向北去往圣马丁大教堂，这是一所修道院的一个管辖区，这里有街道、小巷、商店、住房、学院和酒馆。教堂就在你左侧，很容易进去，但请你三思而行，因为圣马丁大教堂和威斯敏斯特修道院一样，都是伦敦出了名的为逃避法律制裁的人提供庇护的至圣之所，这里的生活成了这些人生命中最美好的时光。在教堂里，即便是国王的命令也可以不予理会。同时，如果有人因为你是外来者而伤害你，那么无论伤害来自政府还是街头暴徒，这里都能作为一个小型避难所。

如果朱利安·阿桑奇生活在14世纪的伦敦，他就不必找一家外国使馆了，只要去教堂就行。到神圣之地寻求庇护的行为可以追溯到古老的年代，甚至还被写入了盎格鲁-撒克逊人的法典。事实上，在盎格鲁-撒克逊时期（450—1066），所有罪行都可以用金钱补偿，庇护所就是一个寻求赔偿金的最佳场所，也许在牧师的调解下还能达成宽恕和谅解。大约十年前，威斯敏斯特修道院的一个僧侣提出了一份关于“支持和反对威斯敏斯特庇护所特权”的论证，证明庇护所有一种向善的力量，可以保护穷人和弱者，免受特权阶层的肆意迫害，这与那些圣物令人不可思议的保佑庇护的力量是一致的。

不过，庇护所也有其消极的一面。商业寡头[①]的成员发现在自己的眼皮子底下竟有这样的法外之地后大为光火。市政厅的高级官员会告诉你，圣马丁大教堂已经成为骗子、杀人犯、强奸犯、抢劫犯、叛逃奴仆，以及潜在和事实上的叛国者的天堂。一份1402年的请愿书控诉说，一些学徒和仆人盗窃了主人财物后将它们转移到了圣马丁大教堂，并在那里过起了随心所欲的生活。更糟糕的是，圣马丁大教堂的管辖区不受城市行会严苛的经济管制，事实上，所有的庇护所管辖区都是如此，结果，这些地方吸引了大批假货商人和外来店主——主要是金匠、布商和酿酒商，而其他地方是不会允许他们公然陈列货物的。

这都是有原因的。有时这些庇护所——尤其是你面前的这座——让人感觉更像罪犯的藏身处，而不是合法的社会机构。比方说，在1332年，来自林肯的约翰·弗洛维因为积怨已深，手握匕首尾随一个名叫罗伯特·达德莫顿的泥瓦匠穿过了好几条街。他静待时机，直到他的仇人走到圣马丁大教堂的大门附近，才将匕首插进达德莫顿的脖子。随后弗洛维跃入庇护所，安全无虞，而受害者则在庇护所外的街道上倒在血泊中死去。

无论是被送往市政厅接受裁决，还是被带去塔山行刑，只要是被载到靠近圣马丁大教堂南门的地方，每一个罪犯都梦想着能冲入庇护所，品尝自由的甜蜜。这种情况持续了很多年。1430年，一个

---

①欧洲中世纪的行会逐渐发展成由少数寡头把持的团体，极具垄断性，还建立了“独立裁判权”。

名叫奈特的士兵在新门监狱中日渐衰弱。他的一群狡猾的朋友捏造了一项针对他的债务指控，要求将他扭送到市政厅受审，而圣马丁大教堂就在必经之路上。朋友们埋伏在潘尼尔小巷，等奈特一出现在圣马丁大教堂南侧，便跳出来将他拉进了庇护所管辖区。治安官、市政官、城市官员和一大群人不顾古老的庇护所法则，冲进圣马丁大教堂将奈特和他的朋友们拖了出来，全部关进了新门监狱。最后，这个案件上了当时的最高法庭——星室法庭，在国王的指示下，法庭释放了奈特的五个朋友，奈特则回到了庇护所，这一结果无疑强调了庇护所在法律之上的神圣不可侵犯。想想这些逃避法律惩罚或者差点侥幸逃脱的例子，你或许认为有人会提议，不要让罪犯从圣马丁大教堂经过。但事实上并没有人有过微词。

看到这里，你也许会很疑惑，那些作为公正之源的中世纪国王，究竟为何会容忍圣马丁大教堂这样的地方存在，毕竟他们的法律在这里成了一纸空文。不过，站在国王的角度看，在城市之中，有这样一个由王权特准、独立于市政厅管辖之外的“法外之地”，更便于探察市政厅方面自负的野心，就像伦敦塔一样。不仅如此，无论国王在何时做出捍卫庇护所权利的姿态，其实都是在主张自己的权力，因为只有国王可以凌驾于法律之上。这与 21 世纪美国总统赦免罪犯同理。

现在，让我们沿着新门街原路折返，经过高大的基督医院，再穿过大门，转入镀金马刺街。

“那就是骑士比武！”

在镀金马刺街能买到制作精良的马刺，用它踢马可以刺激马匹加速驰骋。沿着这条街走到馅饼角左转，就到了一片“名副其实的顺畅之地，除严肃的宗教节日外，这里每周五都会有一场买卖马匹的盛大表演”，同时聚集在此的还有“大腹便便的猪、乳房鼓胀的母牛、体格强壮的公牛以及羊群”。12 世纪末，这里被编年史作家威廉·菲茨斯蒂芬称为“顺畅之地”，到了 14 世纪 90 年代这里被称为“Schmyt Fyeld”，翻译成现代英语就是史密斯菲尔德[①]。在这个紧邻城市西北、尚未大规模开发的郊区，除了少数猎鹰、猎犬之外，还能看到配饰华丽、首屈一指的骏马。不过，这些马匹并不出售，只为参加一场为期三天的全国骑士比武活动，组织者是理查国王，目的是展示基督教世界的骑士侠义精神。另外，这项活动本身也极为壮观。

通过电影和电视，你对骑士比武可能已经很熟悉了。两位骑士为了争夺心上人的垂青进行决斗，这样的画面已成为深入人心的中世纪图景。但事实上这项传统赛事起源于 11 世纪一种更加暴力而混乱的活动——mêlée（法语，意为“贴身混战”），即数百甚至数千名骑士模拟战斗中的贴身混战。

从很多评论者的角度来看，这样的混战远不止“模拟”。一个持反对态度的神职评论家说：“这项活动与其说是‘骑士比武’，还不如说是一种折磨。”不过，主流观点认为，这是训练战士的理想方式。12 世纪的编年史作家、朝廷侍臣、来自豪登的罗杰曾写道：“只有洒过血、受过伤、在竞技场上饱经磨砺的年轻人，才有望在真正的战争中奏响凯歌。”没有象牙塔，也没有纸上谈兵，那时精英阶层的年

①顺畅之地（smooth field）跟史密斯菲尔德（Smithfield，古称 Schmyt Fyeld）谐音。

轻人们只会直面冷酷、直接、血腥且让人咬紧牙关的战斗。

马上长枪比武源于一种古老传统，敌对双方各选一名强者进行单人角逐，正如希腊神话中的阿喀琉斯和赫克托耳那样。它原本只是格斗竞技中的一小部分，后来逐渐变成了重头戏并取代了混战。到了 1350 年，大多数马上比武格斗竞技都演化为有组织的马上长枪比武，这使比赛更加可控，降低了伤害性和血腥程度。这种活动不会因伤亡过多而威胁到基督教世界，所以得到了教堂（不情愿）的应许。致力于征服威尔士和苏格兰的爱德华一世喜欢以传说中的亚瑟王和不列颠王为榜样激励自己，因此十分推崇亚瑟王故事中描绘的不会致命的骑士比武，亚瑟王的“圆桌骑士”广受追捧，骑士们甚至会把自己的名字改为兰斯洛特或加拉哈德[①]。

到 1279 年，女性已经开始出现在骑士比武现场，这也增加了比武中的戏剧性和紧张度。骑士们要争夺女性的青睐，她们扮演着需要帮助的少女、情妇或战斗缪斯的角色。在此之前，女性出现在贴身混战的活动中是很不得体的。

骑士比武最早是在伦敦最宽敞的齐普赛大街举行，场地西起圣米迦勒奎恩教堂，东至股票市场。不过，由于经济原因以及空间限制，这个场地不够理想。因此，从 14 世纪中期开始，骑士比武搬到了北边的史密斯菲尔德，那里的草坪可以被弄平或铲掉并铺上沙子和砾石，以防马匹在比武过程中滑倒。

当附近教堂响起九时经（none prayers）的钟声（这里指宗教日黎明 6 点后的第 9 个小时，即下午 3 点。让人困惑的是这里英文中

①兰斯洛特（Lancelot）与加拉哈德（Galahad）都是亚瑟王圆桌骑士的名字。

的“none”，即“无”，在这里指“noon”，即“午”），穿过你右手边的圣巴塞罗缪医院楼群，就进入了史密斯菲尔德地区。

迎候你的将是欢腾的节日氛围——这里王旗翻飞，木造看台高高立起，围成了一个巨大的广场。木造观众席正中是国王的席位，其余的座席也挤满了观众。学徒工们在叫喊，洗衣妇在欢笑，老人则在讲述广为流传的骑士传说。观众席后方是格子图案的大帐篷，帐篷上装饰着参赛武士的家族纹章。有风吹来，帐篷周围的围幔便会扑啦啦作响。武士们的传令官和仆佣已先行到达。比武场周围乐声悠扬，诗歌欢唱，卖馅饼的小贩们正忙着照看烤炉中的火。你可以买到各种馅饼，肥鹅、鲜鸭、羊肉、云雀、小鸟和母鸡……馅料任君挑选。葡萄酒被众手相传，只要1便士就能痛饮开怀。脚手架上的位置是最贵的，也有很多热情高涨的观众席地而坐。有钱人身着紧身裤，脚蹬尖头鞋，头戴考究时髦的黑色礼帽，倚着粗糙的皮靠垫，翘首以待。

比武场周围，贫民和贵族蜂拥而至，布衣华服齐聚一堂，这一幕无疑是中世纪伦敦社会全景的经典微缩。

布衣华服，是的，在中世纪的伦敦，衣着准确地表明了你是什么样的人。紧身上衣、衬裙、长袜、帽子、镶皮边的长袍、尖头鞋、束身衣、珠宝……衣饰直接反映的不仅仅是时尚潮流和品味，还包括阶层，这在中世纪人们的思维体系中就是一个人的身份。在伦敦的历史上，服饰和社会地位之间的紧密联系在中世纪晚期达到了顶峰。试想一下，在刚刚过去5分钟，你从一个身穿黄色帽衫、满脸皱纹的女人身边经过，又被一个卖馅饼的小贩拉住了衣袖，引向那热乎乎的牛肉饼。这些人根据你的外表，尤其是衣着，已然判断出是否应该跟你说话。

布商、裁缝、皮革工、制鞋工、皮毛商、男装工，以及所有服装行业的商人，都为这个行业的兴旺发达欢欣鼓舞。这种繁荣在大瘟疫过后更盛从前，随着特许贸易协会完善带来的贸易迅猛发展，伦敦日益富裕的市民对精美服装的需求也日益增加。14 世纪 90 年代，服装种类更是空前繁多，而这全都得益于缝纫技术的巨大飞跃，即纽扣的出现，以及能让服装更为贴合人体的缝纫方法。时尚自上而下渗入城市，野心勃勃的中产阶级纷纷极尽所能地模仿上位者的衣饰。

这一切都让统治阶层心神不宁。基于服饰判断人的身份有着不可避免的短视性，当大家都习惯“逾级穿戴”后，人们对于服饰和阶级的看法就很容易动摇。这个问题在人际关系紧密的乡村地区并没有那么严重，因为谁是农奴、谁是自由民、谁是地主一目了然。而约有 4 万常住人口、日均人流量巨大的城市却很容易成为骗子的秀场，人们有的是机会展示全新的自己。“我以为自己是个王后，却没想到这里遍地都是王后！”纳瓦拉的琼（亨利四世的第二任妻子）在 1301 年到达布鲁日，看到无数富家女锦衣华服、披金戴银后如此抱怨。同样，英国的精英阶层也急于跟那些企图染指上流社会的人划清界限，以捍卫自己在权力金字塔顶端的宝座。

在这个问题上——现代人肯定无法理解，除非你是个神权主义者——14 世纪，伦敦政府几度试图在一定程度上规范人们的衣着。1363 年，爱德华三世基于早期法规发起了一场针对着装不当的运动，着装不当还曾被议会称为“浮夸过度、欺世盗名、影响恶劣的逾越之举”大加批判。之后，政府便出台了第一份综合性禁奢法，它席卷欧洲，要求人们根据自己的社会地位穿衣打扮，并禁止诸如马夫穿得像工匠、工匠穿得像绅士、绅士穿得像准骑士、准骑士穿得像骑士等现象。

关于衣着，有一套详细明确的标准。年收入达到130英镑①的骑士可以穿着价值约4英镑的服饰，但不能用金线织物，也不能穿有纯貂毛内衬或带貂皮袖子的斗篷，他们可以使用其他种类的毛皮。领地年收入达到200英镑的准骑士，货品价值超过1000英镑的商人，可以穿戴价值约3英镑6先令的衣物或珠宝，除非他们能把超过此价值的珠宝藏于发间。不过，他们仍能放心选用丝绸制品或银线织物。工匠和自由民的衣着用料则仅限于当地产的兔、狐、猫或羊的皮毛。那些坐拥年产出约1000英镑的土地的幸运儿在着装上可以随心所欲，而猪倌、挤奶女工、放牛人等财产不足40先令的人，就只能裹着毯子、穿褐色粗布衣服、用绳子当腰带。尽管政府规定只有贵族阶层才能穿鲜艳夺目的紧身衣裤，但追逐时髦的花花公子们还是会想尽办法弄到一身。

在随后的一段时间，这项法律也许还在实施之中（说实施可能不妥，因为它饱受嘲讽又难以执行），虽然没有翔实的议会记录可查，但一位编年史作家称理查二世在1388年对该项法律进行过修正。尽管没有证据，却仍不乏道德家、诗人和编年史学家痛斥理查二世治下的奢靡之风。伊夫舍姆的僧侣会抓出那些衣袖过长、甚至扫进客人肉汤中的侍者。一位目击者如是描述：“你根本无法区分富与穷、

①原文是“200 marks”，1 mark在中世纪英国大概相当于2/3英镑。

主与仆、神父与普通人。”当然，这很有添油加醋的嫌疑。

撇开冗杂的律法不谈，精致的服饰似乎确有授予人们社会地位的魔力，并能成功掩盖一个人的真正出身背景，掩人耳目地“用衣着塑造一个人的社会身份”。英国时装产业正是在中世纪末伦敦的土壤中，尤其是在骑士比武这样的盛大场合中迸发出了蓬勃的生机。

让我们重新回到骑士比武的赛场，并把凳子放在盘腿而坐的观众身后。忘了带凳子？没关系，看到远处饮马池边的榆树了吗？去吧，那可是个绝佳的观赛点。

嘘，你脚下踩着的是浸透了鲜血的土地，要放轻脚步以示尊重。史密斯菲尔德是个熙熙攘攘、五彩缤纷的集庆场所——在每年夏末举办的巴塞罗缪大集上有各种侏儒、马戏和吞火杂技表演，但同时也是屠杀和行刑之地。除了每周被宰杀后送往肉市的牲畜，还有许多人，尤其是犯叛国罪的人，也要在此经历难以想象的恐惧。就在榆树下，犯人们被吊起、拉扯、撕裂。人们常常会忘记那些酷刑名称背后令人毛骨悚然的事实——除了被半吊在空中、扔下后四分五裂，犯人还将“有幸”被阉割、被挖出内脏在火上焚烧，直至死神驾临。在梅尔·吉布森《勇敢的心》中被大加赞颂的苏格兰贵族威廉·华莱士，就在1305年第一个遭受了这种屈辱待遇，并且很快就有了更多牺牲者。所幸此刻你不会在这里看到诸多惨状，因为杀戮将会在别处上演。

现在快爬上这棵榆树，找一根粗壮的枝干站稳。希望你已经吃过饭了，因为在高高的树上也能闻到烤肉的香味，这对辘辘饥肠的人也是一种“酷刑”。爬到足够高的地方，你就能饱览这个大都会高墙林立、尖塔云集的胜景。城墙边也满是踮脚张望的人，他们希望能从城垛的缝隙中望见下面的赛场。

现在可以全神贯注地看比赛了。场地中央是一块用木栅围住、约60英尺长、40英尺宽的长方形赛场。一排尖头木桩上高挂着光滑闪亮、颜色鲜艳的盾牌，在太阳下熠熠闪光，远远望去仿佛圣诞树上的挂饰。木桩后笔直竖立着一杆杆装着金属枪头的木柄长枪，这些锋利的武器此刻正静候着它们的主人。赛场中间立着一面和马身等高的木制屏障，上面罩着色彩明艳的帆布。这种实用的设计可以防止马匹在比赛中撞到对方，但也削弱了以往那种骑士比武大屠杀所特有的刺激。

号声吹响，人群中激荡起充满期待的声浪。年轻的理查二世出现在席位上，王冠下露出了棕色的鬈发，在他身旁坐着24岁、身姿苗条的王后——波西米亚的安妮。此时此刻，杰弗雷·乔叟一定是提心吊胆，因为这位广受尊敬的诗人受雇于朝廷，要负责看台的安全，他绝不想重蹈1329年悲剧的覆辙。当年的骑士比武在齐普赛街举办，看台在菲利帕王后和女士们走上台阶时忽然倒塌，几位女士和骑士严重受伤。若不是王后说情，工匠们就被押上绞刑架了。

很快你就能看见别人还看不到的情景——一群由杂耍艺人和游吟诗人组成的先头队伍从镀金马刺街、圣墓教堂巷、公鸡巷和霍西尔巷拥来，聚集在史密斯菲尔德的南口。紧接着是一列骑在马背上的高贵少女，她们每人引领着一位骑士，牵着骑士坐骑脖上的银链前行。国王对面坐着伦敦市长和高级市政官员，他们穿着得体的貂皮大衣，为能在首都主持这样一场盛事倍感荣幸（虽然史密斯菲尔德位于城外，但它仍属于法灵顿区，这个地区得名于伦敦前市长尼古拉斯·德·法灵顿爵士，因此他们的骄傲合情合理）。

“看哪！”人群中有人喊道，指着正翻着筋斗向他们走来的杂耍艺人和紧随其后的骑士们，“在那儿！”

人群安静了下来。棚子周围霎时拥入许多游吟诗人，他们跑跑跳跳，手握竖琴、提琴、风笛和长笛，唱着歌曲赞美他们的主人在欧洲的比武巡回赛中取得的成就。

骑着华丽马匹的少女牵着银链将骑士们引至帐篷区。骑士们下了马，由仆人引至看台座席。骑士的扈从为主人牵着马匹，远远看去他们就像是行走的花毯。参赛者戴的头盔都是精心订制的，有些骑士还会炫耀自己头盔上的木质顶饰，顶饰造型各异，有狮子、牡鹿、独角兽、鹰头狮、豹子、鹰隼，等等。最富裕的骑士身披的盔甲由一种叫作“拉顿”的贵重金属制成，那是黄金和铜的合成物。现在入场的是外来挑战者，他们在圣普尔伯爵的带领下快步跑来。所有人都斗志昂扬，蓄势待发，只等国王一声令下。

到场者必须熟知规则，因此传令官们会走到赛场四角用多种语言大声宣读规则。如果你认为骑士比武是一项花费了大量精力精心打造的复杂繁琐运动，实在是无可厚非，但事实上撇开这些繁文缛节，真正的目标只有一个——尽可能快而好看地将对手击落马下。

此外，只需再记住两项规则：第一，谁第一个把对手掀翻在地，谁就是赢家（如果两人同时落马，就得再比一次）；第二，“如果刺到对手的马匹，就没有奖励”。这本质上是一场社会政治精英之间的军事技巧舞台秀。

你会听到一声洪亮的“开始！”人群也瞬间安静下来。号角声响起，两匹骏马加速而驰。

在接下来的大约三个小时里，长枪刺在铠甲上的声音、马儿受惊后腿蹬地的声音、骑士重重摔落在地的声音相互交织，伴随着喘息、晕厥、眼泪和喝彩，一同在秋日长空下上演。很快你就能清楚地发现，不管比武的历史是多么暴力，现在这个游戏的目的显然不再是杀死你的对手。

这并不是在否认骑士比武的危险性，它当然是危险的。当你身着整套铠甲——连同头盔、长矛和盾牌在内重达 60 磅——被打落马下时，可能会被战马踩踏窒息（这也是大部分落败者的死因）。再者，如果对手以每小时 40 英里的速度举矛冲来，你也得向圣人们祈祷铠甲足够坚实，不然你很快就会见到那些圣人了。尽管如此，整个比赛依然让人感觉只是一场表演，一场殊死搏斗的戏剧性再现，一场骑士时代的残影，而非真实事件。这样想就对了。在你游走的这个时代，英国已经进入了后封建时期，贵族身份已无须军事才能和战场成就作为支撑了。

旅馆之夜

比武会持续几个小时，之后观众们便纷纷离席前往圣保罗大教堂庭院的伦敦主教宫，去参加一场奢华的狂欢盛宴，他们会在席间痛饮马姆齐葡萄酒。还在树上的你开始感到丝丝凉意，暮光也在渐渐消失。伦敦城在夜间监管严密——有 200 人在城里巡逻，4 条载着弓箭手的船在泰晤士河上巡游，还有 24 人在各城门值夜。没有正当理由却在深夜的大街上打着灯笼游荡的人（尤其是那些社会地位低的人），多半会被扔进监狱，等待翌日早晨市长大人亲临审判，到时候可不会有什么好果子吃。这是因为统治者担心在月色晦暗的夜晚，罪恶会让这座城市陷入更深的黑暗。

因此，那时夜游伦敦可不是明智之选。不如叫一艘摆渡船，去萨瑟克区找个地方欢度良宵——比如，尝尝“温彻斯特母鹅”的滋味。

折回到拉德门，找到舰队河，沿着河东岸（河岸顺着城墙西南边的延伸）走向泰晤士河，黑衣修士修道院管辖区就在你左边。

过不了多久即可到达水洼码头，这是一处半圆形的浅滩，从离岸不远的木屋和树林正好能俯瞰这里。很多人来此饮马，马儿们喝饱了水会抬起头来，在泥泞的河水中踱步小跑、踏出一个个小水坑，码头的名字便由此而来（不过，这只是其中一种说法）。这里也是黑衣修士修道院的主要船埠，所以用不了多久就能等到一艘空的摆渡船。乘船前往对面的圣玛丽码头途中，可以留意一下对岸房屋白墙上色彩缤纷的涂鸦——红衣主教的帽子、枪支、城堡、野猪脑袋、鹤和天鹅。

待船靠岸停好，请沿河边的阶梯拾级而上。圣玛丽奥弗丽的哥特教堂和小修道院在左手边，温彻斯特主教宫宏伟的石造建筑则立于右侧，它旁边是圣斯威辛修道院旅馆。在更远处有一排房子，紧邻着莎士比亚时期萨瑟克区的河滨，许多年过去也没什么变化。向前多走一点，向右可以看到远处有一些木屋笼罩在夕阳的余晖中。它们被花园环绕着，远离河滨，就在贝纳德堡和北岸的圣殿教堂对面。那是伦敦最有名的红灯区，或者说是条纹斗篷区，因为那是妓女的标志。教堂原则上不赞成性交易，每年都会把几十个男男女女告上教会法庭，进行讯问，罪名主要是淫乱、通奸和性交易并对他们施以羞辱性的惩罚。不过，这并不会给温彻斯特主教带来太多困扰，主教大人在克林克自由区拥有70英亩庄园，这些妓院，或者叫作“炖锅”（stew，来自古代法语词“estuve”，意思是炉子，因为这些地方原本是浴室），正好在市政管辖范围之外，约有18位老板在此经营，其中很多是精明的弗兰德女商人。由于这些产业都在温彻斯特主教的土地上，因此妓女们也被称为“温彻斯特母鹅”。

走在土路上，随处可见动物内脏和人类排泄物，大街小巷污迹斑斑。这片区域在道德层面上的不洁也从地名上得到了注解——遮羞布巷、母狗洞、绿帽园、妓女老巢、处女巷——赤裸裸地说明了在这些地方进行的勾当。很多妓院在农民革命中被烧毁，但很快又重建起来。玫瑰、独角兽、铃铛和牛头……妓院的名号五花八门。斯特拉福德区的修女甚至有自己的妓院，名为巴奇，妓院的收入还会被用于慈善事业。妓院的管理极其严格。不能强制“想要洗脱罪身”的妓女工作，已为人妇者和修女不可以做妓女。妓女只能等待顾客，而不能主动拉客。妓院老板不能让妓女在“身体不适”时及宗教节日里工作，并且妓院只能在每天中午到下午两点之间开放。另外，老鸨们不能从河对岸招揽顾客（虽然你先前看到的墙上涂鸦已经在暗示客人了）。顾客的消费应该物有所值，到了晚上“单身女人不能为了钱跟男人发生性关系，不过她可以跟他整晚待在一起，直到黎明”。这些话被无数次重复，可想而知这样的事常常发生，但如果有人因此被捕，可能就会面对大额罚款（有时甚至是监禁），而罚金则会流入温彻斯特主教的金库。至于那些“靠出卖肉体过活”的女人，她们有的来自荷兰或弗兰德，有的来自英国其他地区（曾有记录中提到“一个约克妓女”)，还有一些就来自伦敦城中。

左转走到大街上，时间已越来越晚，天色也越来越黑。除非你想在妓院过夜，不然就要找家旅馆了（不要去塔巴德旅馆或胡桃树，你可付不起房钱)。

现在，你站在一家看起来像是旅馆的建筑外。庭院中的一对灯笼微光朦胧，被踩得平平整整的地上散落着一些新鲜的马粪。围绕着庭院三面都建有客房，高层客房外侧配有高层走廊，可以通过室外楼梯直达。在 16 世纪，想要避免意外的观众会选择站在这样的高层走廊上俯身看庭院中的表演，不过，在我们旅行的这个时代，唯一可看的也就是教堂、露天场地的演出或流动剧团表演的中世纪神秘剧[①]了。此刻，几个年轻男仆正扶着客人下马，随后将马匹牵到马厩。几只塔尔博特提猎犬——这种看家狗在 21 世纪已经灭绝——正用怀疑的眼神打量着你，它们有着浅色的皮毛，大大的耳朵和有力的下颌。

走进这栋石头房子，你会进入一间烟雾腾腾、黑影重重的屋子。室内隐隐有马粪和狗尿的气味，其间还混合着旅人的靴子味和动物油脂蜡烛刺鼻的臭味。屋子中央燃烧的木柴噼啪作响。

屋里没什么家具，不过气氛仍很热烈，男男女女围坐在摇摇晃晃的桌子周围，吃着黏稠的汤羹，咕噜噜地喝着啤酒，交换着旅途中那些或真或假甚至是道听途说的故事。这些人有的是来朝圣的，计划次日去朝拜坎特伯雷大主教托马斯 · 贝克特圣祠；有的是商人，

①英国中世纪一种宣传宗教的戏剧。

刚从别的地方监督完货物装运，正要回城；还有的人要到威斯敏斯特办事。

你听到了骨骰被掷到桌上的声音，那边的双骰子游戏玩得正酣。在你身边，两个客人正轮流在一块黑白相间的棋盘上投掷石子，观战的围观者纷纷下注，赌石子会落在黑格还是白格中。这个游戏称为“齐克”（queek），在这里极受欢迎，但我建议你不要参与，因为很可能隐藏着骗局。8 年前，罗珀利区的一个刺绣工被指控制作了欺诈性的齐克盘，棋盘上所有的白格子都微微下沉，一般人很难察觉，这样一来，“那些用这块棋盘玩游戏的人们……就会在骗局中输光家当”。

不一会儿，你就会看到胖胖的老板，可以问问他能否提供食宿，不过，在此之前你得向他证明你是个体面人。如果你是个独自旅行的女子，那可能就麻烦了。独行女子最好还是到附近的修道院求宿，比方说伦敦桥东边的伯蒙德西修道院，本着基督教的友善精神，他们也不能把你丢在大街上（但可能要和朝拜者、乞丐甚至妓女同处一室，那可不是好相与的室友）。

假设老板允许你留下，你就可以走到桌边找个位子，跟其他客人打个招呼。打招呼的方式有很多。首先，脱帽致敬。如果别人回礼，那就可以靠在椅子上开始交流了：“上帝保佑你，先生！”“你过得好吗？”如果有人特别合你眼缘，也可以问问“最近在哪儿发财”，然后跟大家讲点旅途中的故事，不过说话要小心，如果让人觉得你是个巫师，晚上你就不会有好果子吃了。

没过多久晚饭就上桌了，但老实说，你大概不会太有胃口。也许旁边的人会叉到几片肉或鱼，但吃到嘴里的大部分还是炖菜。炖菜常用肉汤或菜汤做底，加入豆子（白豌豆或青豆）、燕麦、煮过头的圆白菜。运气好的话，会有味道稍微浓郁一些的洋葱、大蒜、韭葱和各种香料，甚至有点切碎的培根。不过，里面肯定不会有西红柿或土豆，那时欧洲人还没有发现这些东西。也许你还能拿到几片白面包，以及抹面包用的奶酪。

来，搁下啤酒，拿起木勺，尝一口炖菜——放心，尽管味道平平，但还说不上恶心。这个时间不是正经饭点，中世纪的伦敦人一天一般只用两餐。第一餐非常丰盛，会在上午 11 点前吃，也就是起床 5 个小时后——这也正是如今维也纳人的用餐习惯，第二餐则更像是小吃，一般会在下午 5 点左右吃。当然，在酒馆里食物自然是随叫随到的。

吃完饭就到跟其他客人道晚安的时间了。说晚安的方式也有很多。“上帝在上，我得去睡了”“上帝保佑你睡个好觉”，甚至“去见上帝吧”。由此可见，在一个危险的城市中，人们是多么希望他们的造物主能保佑自己的福祉。离开房间时，齐克棋盘已经被挪开，取而代之的是一副被漆成绿色和火红色的巨大木雕象棋——大家都爱象棋。

别指望有自己单独的房间，在这样一家旅馆是不可能的，你可能需要跟十二个人分享房间。也不要指望有自己的床。你会发现隐私是件稀缺品，即使在豪华住宅中也不例外。一份 1384 年的财产清单记录了一栋地处伦敦塔和比灵斯门之间的高级河畔宅邸，它有着巨大的门厅（40 英尺长、24 英尺宽）、会客室、厨房、食品仓库、地下室、花园和巨大的码头，但只有一间卧室，而且那已经很值得炫耀了。

在肢体接触和暴露方面，中世纪人的开放度、包容度也比身处21世纪的我们更高。你可能需要跟一个、两个甚至三个人挤在一张草垫子上，并排睡在一片漆黑之中。不过和异性同床共枕倒很少见，已婚夫妇更愿意为一张“私人”床铺慷慨解囊。总而言之，如果你在就寝后觉得有臭烘烘的酒味喷在你的脖子上，又或者被“床伴”胳肢窝的汗臭味熏醒、被狗叫声吵醒，甚至被更糟糕的事情惊醒，都不必大惊小怪。

好好睡吧。

伦敦塔

一觉天明（醒来时你可能会和某个床伴大眼瞪小眼），今天我们将走过伦敦桥，沿着泰晤士街去伦敦塔。垃圾遍布的街道两边立着无数木造小楼，仿佛在卖力地吸引人们注意。街道尽头，一片平整的土地延伸向左边一座绿色的小丘，这里已成为一个贵族刑场。城市的喧嚣渐渐远去，奔腾的河流带来了清新的气息。伫立在眼前的是基督教世界最宏伟、最坚实的堡垒——伦敦塔。生活在21世纪的现代人很容易把中世纪的堡垒视为力量的象征和对建造者尚武精神的推崇，比如建造伦敦塔的征服者威廉一世。其实，大多数城堡都是在政治动荡时期整个社会被极度的不安笼罩下建造的，伦敦塔亦是如此。

护城河水轻轻拍打着伦敦塔的石筑外墙，你应该很熟悉这座堡垒的基本结构了。这是一整套同心圆形式的防御工事，完成于冷酷尚武的“苏格兰之锤”爱德华一世时期（1272—1307），设计效仿了耶路撒冷圣地巨大的十字军城堡。位于中央的白色高塔统领着众多塔楼、外堡、城门和花园，三面环绕着护城河，南侧紧邻泰晤士河。不过，伦敦塔及其周围最初的格局与现代不尽相同。那时的伦敦塔仿佛是伦敦城尽头的壁垒，而不是现在这样漂浮在广阔城市中的一座孤堡。曲曲折折的街道被泥墙木屋截断，巨石筑起的白色巨塔拔地而起，高达 90 英尺，直指云霄，伦敦城被笼罩在它的身影下，仿佛瞬间臣服于它的威势。

这正是建造者想要的。当 1066 年威廉一世走上权力顶峰时，他真切地感受到了编年史作家所说的“狂暴民众”的威胁。所谓“狂暴民众”，大约也就 1 万人，不过以中世纪早期的标准来看，已足以形成一个巨型城市。比起这些“暴民”，诺曼人的数量相形见绌。不过，还有另一种颇具争议的看法认为，正因为哈罗德国王麾下的盎格鲁–撒克逊军队在斯坦福桥战役中被维京海盗重创，诺曼人才得以乘虚而入，打赢了黑斯廷战役。因此，统领诺曼人的威廉一世获胜后立刻决定在老罗马城墙的东南角修筑防御工事。相传，凯撒大帝借以号令河川的阿克斯帕拉蒂那要塞也修建于此。不过，第一座建成的塔远不像如今这般威严，它只是建在人工堆起的土丘上、围于沟渠和木栏中的一座木造塔楼。这是诺曼人初来乍到时在新近征服的土地上匆忙修建的 84 个城堡之一，这些所谓的“垒上堡”[①]实际上就是标识他们军政力量的要塞。但经过镇压北部、西部叛变那穷兵黩武的十年，威廉一世更渴望拥有某种更为宏大的石造建筑，以彰显他的力量，震慑伦敦城的民众。

① Motte-and-bailey castle，指坐落于土垒上、带有城堡外庭的堡垒。

他精心挑选主要建材，选定了产自诺曼底的科恩石灰石（不过，跟罗马人一样，他也开采了肯特郡的硬质石材）。它那近似大理石的浅色光泽及其产地，成了外来征服者恰如其分的象征，也是对这座向来以独立自治的传统著称的古老城市的羞辱。编年史家威廉·菲茨斯蒂芬相信，白塔的灰泥中掺有龙血，因而具有强大的力量，另一种不那么传奇的说法则称，泥灰中加有罗马时期砖头瓦片磨成的灰。虽然威廉一世没能在有生之年亲眼看到伦敦塔落成，但到了12世纪早期伦敦塔便已俯看着被征服的伦敦。伦敦塔从此成为这个国家中无与伦比的存在，自始如是，代代如斯。

在你的正前方是一架吊桥，可通往两座矗立在浑浊护城河中的坚固圆塔。这是拜沃德塔的外堡，整座堡垒由此与外界连通。绕过吊桥走向码头，你会看到装卸货物的起重架在风中微微倾斜，泰晤士河上的小船正轻快地掠过水面。堤岸在涨潮时被河水反复冲刷，极为湿滑，行走时务必要小心。接近提灯塔时，可以看到一盏在浓雾和黑暗中引导船只的灯笼。紧接着，你会经过圣托马斯塔，塔下是反叛者之门，运送政治犯的驳船就停靠于此。

请留意城墙上的十字缝隙。一旦听到缝隙里有响动，最好立刻扔掉手里的东西，高举双手就地跪下并大声喊你没有敌意，否则很可能会落个利箭穿膛的下场。只要顺利走到提灯塔下，即可看到城堡内部。

经过粉刷的白塔闪闪发光，呈现出梦幻般的超凡气场。在15世纪描绘奥尔良公爵漫长监禁生活的画稿中，白塔覆盖在一层如梦似幻的像镁粉一样的白色中，一洗四周防护壁垒阴暗肃穆的深沉基调。现在来看看这座主塔，你会发现，它有着与圣保罗大教堂中殿风格一致的诺曼式窗户，四座角楼顶部是郁金香花球式的圆顶，其中一个角塔为圆柱形，其中设有螺旋阶梯（你可以把剑佩在身体右侧，安全登塔）。角塔的圆顶上有四面旗迎风招展，但不是圣乔治十字旗，而是绘有金狮（代表金雀花王朝）和蓝色鸢尾（代表英国对法国的统治）的王旗。

此时的伦敦塔有很多功用——防御工事、驻扎军队、监狱、宫殿和铸币厂，但绝不是旅游景点，所以就别惦记着进去了。建造这座堡垒的目的是把人挡在外面，保护国王，远离民众，而非保护伦敦免遭入侵。塔基部分的墙厚达 15 英尺，内部修有步道和隧道，白塔的入口离地 5 英尺高，用木梯方可出入。城堡受到围攻时，梯子可以收起，同时守兵还会煮沸热油用于防御。爱德华三世的花园塔有一扇沉重的铁闸门，需要 30 个人才能拉起（这座塔后来被称为血腥塔，据说，理查三世时期，两位小王子——爱德华四世的儿子、王位继承人——便被谋杀于此）。要进入塔内，必须通过一座吊桥，经过三个外堡，每一个都设有三道铁闸门，还要跨越一道护城河。通过层层关卡后也只是进到了伦敦塔的外部区域，随后你还得通过另一道重兵把守的大门才能进入内部区域，门后还装有能发射石块的石弩。

这样一处层层设防、斥资不菲的防御工事无形中也透露了这个时代的现状。中世纪的英国虽不像《权力的游戏》中那样满是无政府主义的暴力和骇人听闻的割喉凶杀，但也不乏兵强马壮者率私兵肆虐八方，嗜血群氓四处劫掠枭首“恶人”。比起莎士比亚时期的伦敦，此时此地，哪怕贵如国君，有时也如贩夫走卒一般命如草芥。

事实确实如此。在接下来由诺曼人统治的四个世纪中，至少有三位国王被谋杀，很多君主在统治时期都饱受破坏性内战和农民起义之扰。爱德华一世在位的35年间，国家权力牢牢掌控在国王手中，但从11世纪的威廉二世到15世纪早期的亨利五世在位期间，再未出现这样卓尔不群的国王。因此，伦敦塔在爱德华一世时期成为中世纪伦敦的“诺克斯堡”[①]并非巧合。

我们可以进行一次想象中的白塔环游之旅。沿着台阶走到塔的中层，就到了伦敦塔守军宿舍的起居所。这里灯光昏暗，窗户狭小，熊熊火焰在石头壁炉里噼啪作响，士兵们聊着战争故事，唱着歌谣，玩着棋盘游戏，围坐在长桌边狼吞虎咽，场面好不热闹。坐便器在当时绝对是奢侈品，粪便全被冲入地下粪池。此外，这里还有另一样奢侈品——热水浴缸。

不过，最令人难忘的还是简洁优美的石砌教堂。它采用了罗马式建筑风格（这种建筑风格盛行于900—1200年的欧洲，灵感源于古罗马），摒弃了天主教建筑的奢华色彩和繁复装饰。如果能冒险进到里面，你会看到一个柱廊，廊顶有一排侧开天窗，每扇窗都好像能通往无垠苍穹。1381年农民革命中最骇人听闻的一幕就发生在这里。当时，一个喝醉的暴徒在这里发现了坎特伯雷大主教、两个最令人痛恨的大臣，还有同样可恶的冈特的约翰的医生。暴徒砸破大门，冲上圣坛，从大主教颤抖的手中抢走了圣餐杯。大主教正在为他的同伴进行最后一次宗教仪式，他结结巴巴地想再做个简短的祈祷，开篇句是“诸位圣人保佑我们”。但圣人显然没有回应，这四个

①诺克斯堡（Fort Knox），美国陆军的一处基地，美国陆军正兵司令美国部、预备军官训练团和储备美国国库黄金的美国金库等机构均位于该地，此处借地名比喻伦敦塔在爱德华一世时期的重要作用。

倒霉的人被拖上塔山、按在一截树桩上斩首。在伦敦塔的历史上，没有比这更亵渎神明的行径了。

狭窄的螺旋阶梯将你带到楼上。这里是大会堂，曾经奏响悠扬的乐曲举办国宴，会堂四周一圈是歌者的席座。从 13 世纪起，国王的起居、会见活动大都安排在白塔的南部。不过，在更早些时候这里才是国王接见访者、传达判决、唱颂诗歌、安寝、宴请宾客的地方。国王们还会在此远眺伦敦的天际线，也会紧张地关注东郊的风吹草动。在我们现在所处的时代，这个地方居住着伦敦塔的治安官、高阶层政治犯和重要来客。

白塔的下层是黑暗的地下室。地窖中存放着食物和御敌武器，另外还有一个兵工厂，正在大量生产英国的第一批实验性火药。你还会看到 1295 年的一份清单中提到的“有死耗子的井”。这里可以作为一处理想的地牢，但此时还没有设酷刑室。这可能会让你觉得有点奇怪，因为很多人都认为中世纪是个野蛮残忍的时代。在白塔深处老鼠猖獗的黑洞里，人们的尖叫被冰冷的泥土掩埋，残酷隐秘的诸事也被紧紧地关在门后。但事实并非如此，被记录在案的、首次发生在伦敦塔中的刑讯尚在距此时 50 年之后，那时已是精神异常的亨利六世治下的 15 世纪中期，中世纪即将结束。刑架在 15 世纪 20 年代前从欧洲大陆传到英国，在此之前，酷刑在原则上仍属非法。

结束了伦敦塔内的神游回到现实中，你会发现自己还站在城堡外泥泞的码头上，转身离开前，不如花点时间，欣赏一下泰晤士河上游一览无遗的美好风光。

比起莎士比亚时期的伦敦，中世纪的伦敦桥没有太多装饰，桥上的房子也没有那么高大，尤其是桥南端。后来的诺桑齐屋所在地现在还是一座吊桥，升起吊桥，商船和渔船即可通行，去往下泰晤士街繁忙的皇后港码头，另外，吊桥还能阻挡四处劫掠的叛党和铤而走险的入侵者。在桥中段的一根长一些的挡水桩上，你会看到八角形的圣托马斯·贝克特小礼拜堂（如果你还记得，这座优美的建筑在莎士比亚时期被当作为一处平平无奇的仓库，在宗教改革运动中又被除掉装饰、改作他用）。

在远处，城市的尖塔和木屋与圣保罗大教堂后方开阔的田野融为一体。南岸的河滨区是圣救世主教堂的辖区，西邻宏伟的温彻斯特宫。更远处的屋舍在改为花园和田地前鲜有发展，只有向南去往坎特伯雷的朝圣者之路上开了不少驿马客栈。此刻是枯潮期，马车上简陋的挡泥板浸到了泰晤士河中，随马车一路向东南驶去。

在你的右手边，船只的桅杆齐齐竖立在海关前，所有进港船只都要在此靠岸、缴税，相关记录亦非常详尽。前一年有不下 350 960 张松鼠皮被运送到伦敦，制作毛皮大衣、白鼬皮镶边的斗篷或长袍，供法官和贵族穿戴。不过，船只只有寥寥几艘。跟莎士比亚时期的伦敦完全不同，中世纪的英国太过羸弱，无法拓宽海外贸易网。国王麾下的战船也屈指可数，就停在伦敦塔外，如果需要更多的船只，就只能征用商船了。

“它用鼻子进食饮水”

当你沿着曲曲折折的路回到伦敦塔三重外堡的入口处，吼声让你止住了脚步。四下静默，继而又是一声低沉的咆哮，紧接着又响起了吭哧吭哧狼吞虎咽的声音——现在你知道这个入口为何名为狮子门了。

穿过一座有墙垛的拱门，就走到了小威尔士住宅和被城墙围绕的护城河拐点之间，也就是狮子桥上。向右望去，你会看到一个缩小版的“挪亚方舟”停靠在伦敦塔的西南角，狮塔的墙上嵌着两排肮脏的笼子，里面关着各种奇珍异兽。从 13 世纪起，历代国王都会向访客展示皇家动物园，万不得已时还会借助这些猛兽攻击入侵者。

伦敦塔动物园是伦敦动物园的前身，始于 1235 年，当时亨利三世收到了神圣罗马帝国的皇帝腓特烈二世送来的三只豹子，寓意金雀花王朝的三狮标志。要展示这些动物，还有地方什么比他修葺一新、闪闪发光的伦敦塔更好呢？于是便逐渐形成了在塔内豢养珍奇动物的传统。1240 年，这里迎来了一头狮子，1251 年则是一峰骆驼、又一头狮子和一群活蹦乱跳的猞猁。不过，最令人激动的还是 1252 年挪威国王哈康一世送给亨利三世的一只北极熊和一位挪威饲养员。伦敦长官从城市基金中特批出每天两便士作为这只动物的食物津贴。不过，光是津贴还不够，亨利三世还亲自插手干预：

> 你好。我们[①]就关于最近来自挪威的熊的看守事宜下达命令……当熊在陆地上时，需要用口套和铁链约束；当它在泰晤士河中捕鱼或洗浴时，要用结实的长绳约束。
>
> ——国王陛下御笔，于温莎城堡

①国王或女王在正式场合常自称“我们”（We）。

每一天，马匹、马车和推车走到伦敦桥都要逗留片刻，因为伦敦人都聚集在此观赏那头雪白的巨兽走进河中，几乎把它身后的饲养员也拖到水里。他们会看到白熊潜入河中，再出现时（如果运气好）嘴里会咬着鲟鱼或鲑鱼。随后它会爬上河岸，抖干毛发。饲养员得小心地把绳子拉回来，同时注意不要让大熊觉得有人要抢它的食物。等熊把鱼吃掉后，饲养员会再给它套上口套。这让人赞叹的一幕对伦敦人来说，无疑是疲惫工作一天后的放松，城市中也出现了大量画着白熊的酒馆标识来纪念这一场景。在上文写到的莎士比亚时期的伦敦，你应该已经见过一家。

三年前，一个船夫收到命令，战战兢兢地载着一头 10 岁的大象到伦敦塔去。这只动物"长着小眼睛"，而且"用鼻子进食饮水"，一位惊讶不已的僧侣如此写道。这头大象是法王路易九世收到的礼物，它从坎特伯雷大摇大摆地走上了朝圣者之路，迎接它的是群众的欢呼。亨利三世花了很多钱，或者说花了国家很多钱，在伦敦塔修建了一处象屋，可惜这头大象两年后就死了。后来，大象的部分骨头被制成了圣物箱，置于威斯敏斯特教堂，用来保存圣人的头发、牙齿、骨头等，不过有人怀疑这些圣物箱和存放在其中的圣人遗骸都被仿品调包了。1288 年，爱德华一世给动物园又添了一只狮子和一只猞猁，还为他的狮子和豹子指派了一位同住园内的饲养员。他的孙子爱德华三世又养了更多的大型猫科动物和一头熊，还把这些动物带到约克郡展出，以获取北方民众的敬畏。很快，理查二世的妻子波西米亚的安妮又给动物园增加了一只鹈鹕。

伦敦塔的动物园并不是现代意义上的动物园，因为只有贵族精英和跟伦敦塔关系密切的人才有机会观赏那些外来异兽，向公众开放无疑大大违背了建造这座防御性堡垒的初衷。不过，关于动物园的消息还是常常被泄露，尤其是其中的明星动物——狮子。动物园里的狮子有时会以国王的名字命名，如果一头狮子死掉，常常被解读为国王亦死期将近。想象或预测国王的死亡是一项叛国重罪，会招致酷刑，因此“皇家狮子”的死尤为棘手。只要有皇家狮子死去，消息就会被封锁，它的名字则会被秘密安在另一头年轻狮子头上。以 21 世纪的标准来看，伦敦塔动物园的条件很差。自从 13 世纪 70 年代爱德华一世把动物们移到狮塔，它们就几乎不曾离开牢笼。

听到这些动物在你身后嘶吼哀号，你就会意识到这与被拖到塔山断头台的囚犯发出的凄厉惨叫无比相似。也许，在生命结束的时刻，他们就跟悲惨的笼中野兽一样进行着最后的宣泄。

现在回到城里到齐普赛街去吧，自由的风正充盈在肺腑之间。

行会之血

走向星期五街，在街对面，一个鱼贩子正对一个金匠怒目而视，金匠抓着腰间的短刀，狠狠地瞪了回去，这个地区的紧张气氛由此一目了然。和马具商一样，鱼贩子也是伦敦诸多行会公认的“暴力分子”，他们随时会因为一些鸡毛蒜皮的小小冒犯勃然大怒。“Billingsgate”（比灵斯门）[①]这个词到 20 世纪还有“盲目狂暴”的意思。碰上这样剑拔弩张的场景，你还是不要掺和的好。

你可能不信，伦敦这座城市的确处于严格的管制之下。如果想

①原指伦敦建在泰晤士河沿岸城墙的一座城门，后来这一片区成为鱼市。这里的卖鱼妇因刁蛮泼辣、言辞粗鄙声名远扬。

做生意，你很快会发现自己将深陷于各种连篇累牍的法规织就的网中，动弹不得。光是烘焙师，就要遵守20条规定；如果是渔民，那就有数百条，规定会具体到你可以在什么时候、什么地点、抓什么样的鱼，最重要的是用什么样的网。这个世界跟21世纪拥有自由资本市场的伦敦大相径庭。中世纪的商人不太会结成团体彼此竞争，但他们在14世纪时已形成了行会。跟后来的工会不同，行会代表的是社会上某种行业的全体人员，而不是代表弱势的劳工阶层对抗强势的雇佣者。在13世纪，获得了皇家特许状的行会约有80个，他们会维护治安，保卫行业的尊严和利益，不断强化自己的垄断地位，在其成员去世后安排体面的葬礼并为其灵魂祈祷（你的老板有这么好吗）。

但行会带来的也不全是好事。如果你想进入鱼行、金铺、裁缝、皮革、杂货、葡萄酒、文具或其他行业，首先至少得当满七年的学徒，把青春消耗在严苛的规定和刻板的生活中。这是为了淘汰不合格的人，保证手艺传承下去。当你成为行会的自由人（占社会人口约25%、可以公民自居），就可以选择作为熟练工受雇于人，或独立经商，但仍要受制于行会的规章制度和惩戒条例。不守规矩或偷懒耍滑的人可能会被剥光衣服，然后会有戴着兜帽和面具的人用桦条狠狠抽打他。可惜的是，如果你是个女人，上述大部分事情你都不能做。只有那些继承了丈夫财产的女人才能独立经商，因此当时只有寡妇和老姑娘才有能自主支配的财产。

行会成员总期盼着每年的盛大宴会。宴会一般在各行业的主保圣人节举行，表面上是为了选出新的管理人和行会师傅，实际上成员们还会盛装出席，试图以夸张的友善给新成员和客人留下好印象。

从传统上讲，行会举行活动要租用场地，不过后来他们发现，或许可以购买或建造属于自己的宴会大厅。比如，布罗德大街（后来的针线街）有裁缝和亚麻盔甲行会精美的石质大厅，福斯特街的金匠大厅就在齐普赛街北边的金匠聚集区，你在之前的莎士比亚时期伦敦游中曾经参观过。在那之后的百年间，出现了很多这样的专用大厅，在随后的岁月中一直是城市的亮点。

行会中的氛围仿佛种族部落一般，因此，不同行会间的社会和经济压力常激化为街头暴力冲突也就不足为奇了。1327 年，马具商们试图强迫诸如小铁器工匠（生产马刺、马镫等小铁器的人）、油漆匠和细木工等“低等工匠”只为他们提供产品。这种经济控制很快就演变成了暴力。双方各派出六位德高望重的成员，安排了一个“爱之日”，试图在圣保罗大教堂寻求互谅与和解，结果却事与愿违。小铁器工匠、油漆匠和细木工出现时全副武装，在圣人眼皮底下对马具商展开了围攻。第二天，这次袭击发展成西奇普[①]和克里普门一带的聚众斗殴，街上的其他商人不得不在呼啸的石块、劈砍的刀剑和伤亡者的呼号中继续经营生意。最后，由市长和市政官员出面，才止住了这场流血战争，双方最终在市政厅达成了调解方案。

不是所有纷争都能解决。1340 年，在一次皮货商和鱼贩的冲突中，伦敦市长和治安官被抓住，一个鱼贩差点砍下市长大人的头。这次事件以涉事鱼贩被市政厅仓促审判后斩首告终。谢天谢地，到了 21 世纪，不会再有真的“你死我活的竞争”了。

①中世纪对齐普赛的称呼。

河岸区的河畔宫殿

现在让我们离开这个充满暴力、高墙幽闭的地方，找个轻松惬意的去处吧。走到距你最近的河岸台阶处，请个船夫把你送到威斯敏斯特的新宫台阶。告诉船夫你刚来到伦敦，想到河岸区看看主教的河畔宫殿，欣赏一下风景，他可能会给你讲几个自己的故事。

河岸区在 11 世纪被称为“河岸路”，因为这里靠近泰晤士河，只要沿着缓坡走上几分钟就能到河边。这块位于“经济中心”伦敦城和“权力中心”威斯敏斯特之间的宝地，在此前的两个世纪已成为伦敦的又一显要浮华之地。在河岸边南部，从圣殿到威斯敏斯特宫，遍布着主教们的宅邸，宅邸花园一直伸展到泰晤士河边。试想一下，若能远离纷繁喧嚣，在楼顶花园里沐浴和煦阳光，在凉风习习中闲庭信步，吟诗赏乐，鲜鱼肥美，人生又有何求？这就是中世纪伦敦的肯辛顿和切尔西地区的真实写照。

不过，河岸区这个地方本身十分糟糕。一份（以拉丁文写作的）皇家公告中惋惜道，络绎不绝的推车和马匹使这一地区“陷于泥泞之中”，路也铺得“糟糕透顶、支离破碎……行人和车辆都可能接连发生危险”——这也是我们选择走水路的原因。

出现在眼前的第一栋河畔豪宅在舰队河和圣布莱德圣泉（后来的布莱德维尔宫所在地）的左边。你会看到一片草木葱茏的土地，一直延伸到泰晤士河边，后方是锯齿状的城墙，围着一圈木造建筑，可能你会觉得称之为“城堡”更为合适。此处不接待陌生人，只服务于索尔斯伯里的主教，他们到法庭、议会或城里处理事务时会在此下榻。

继续向前，可以顺着水巷远眺舰队街，有朝一日这里会成为报纸印刷厂的聚集区，不过现在还只有一片带状住宅群。

现在你的小船划过了白衣修士区，僧侣们正忙着酿造啤酒、为逝者祈祷、收取大片教会房产带来的租金。随后，你会经过树荫密布的中殿律师学院。

接下来是埃克赛特府，它建于14世纪早期，主人是命运多舛的英国财务大臣沃尔特·德·斯泰普尔顿。1326年，伊莎贝拉王后入侵她丈夫爱德华二世的领土时，斯泰普尔顿受到民众痛恨，在齐普赛被砍了头，草草葬在了宫门外的灰烬和垃圾中，对一个身居高位的人来说，这样的下场实在是尊严尽失。17世纪的塞缪尔·佩皮斯认为河畔宅邸毫无美感可言，新修的埃克赛特府也显得“巨大而丑陋”，但若只把它当成旅馆，随口说说还勉强过得去。

伍德码头停满了驳船，就像一群黄蜂挤在太阳下的一块蜜饯上。你的船夫可能会大声调侃别的船夫两句取乐。码头后方可以看到两处建筑，一处是离河较远的切斯特和考文垂主教学院，另一处是河边的伍斯特主教学院。如果你觉得它们有种神奇的熟悉感，那么恭喜你，直觉让你发现了未来萨默塞特宫的地点。在16世纪中期，“萨默塞特护国者”将散布在这附近的学院整合到了一起。

旁边是河岸区唯一的非宗教宫殿——曾经宏大非凡、气势凌人的萨沃伊宫。1246年，亨利三世把这里赐给了他贪婪的王后埃莉诺的叔叔——萨沃伊的彼得，租金是每年三支锯齿箭。距此时大约30年前，冈特的约翰、兰开斯特公爵继承了这座宫殿，他也是年幼的理查三世的叔叔，事实上的执政者。这座建筑带有城垛和防御性角楼，在所有河畔宅邸中，它是最像城堡的一个。它有两个方形院落，通往河岸区的大门位于两个院落之间，装有吊闸。1345—1370年，萨沃伊宫花费了3.5万英镑进行重建。这笔钱对于生活在14世纪的大部分人来说都是天文数字（大部分泥瓦工的年薪是7英镑，盖屋顶的工人一年只有2英镑10先令）。因此，说萨沃伊宫是英国最华美的宅邸一点也不为过。伊丽莎白一世时期的古文物学家约翰·斯托曾断言：“论及富丽堂皇、气势恢宏，在我们的国土上无一能出其右。”国王、骑士、贵族、高等教士纷至沓来，甚至被俘的法国国王也骑着白马到此落脚，就像是位贵客而不是囚犯。这里有图书馆、珍宝库、蔬菜园、教堂（乔叟在这里迎娶了兰开斯特公爵的小姨子）、用来散步和密谋的修道院、鱼池和花园，据传花园中的梨树下还埋藏着宝藏。

但现在，这栋建筑只剩一具被烧焦的骨架。作为让人厌恶的奢侈象征，同时也是被痛恨的兰开斯特公爵的住所，萨沃伊宫是农民革命领袖瓦特·泰勒的追随者们的首要目标。他们杀死了入口塔楼里的门卫，冲进庭院，攻入藏宝库，砸烂里面的奇珍异宝，还把金银钱币扔进了泰晤士河。在大厅中央，他们将大衣柜里的毛皮、丝绒、软垫、精美的壁毯和丝绸付之一炬。这些“叛乱”的农民找到了三个封盖着的大桶，以为里面装满金银，就把它们也扔进了大火之中。在房顶塌陷的一刻他们才意识到，那是一种让人恐惧的新事物，名为火药。最终，这场大火吞噬了大厅其余的部分，以及邻近的建筑。

泰勒和他的追随者们发动这次起义是想达到严肃的目的，而不是为了劫掠财富——一个因盗窃被抓的农民被投入了火中，为自己的贪婪付出了代价。当时，公爵正在苏格兰打仗，富有创造力的农民们就把他的一件缀满珠宝的上衣套在杆子上代表他本人，然后用箭刺破。不过，并非所有参加起义的人都能严守军纪。几个脱离了大部队的农民进到萨沃伊宫的地下室，假装去破坏公爵的葡萄酒桶，实际上却喝得烂醉。屋顶坍塌后，他们被困在地下室一隅，和所有理智尚存的人一样做了一件事：喝掉剩下的葡萄酒。几天以后，他们都被困死在地下室中。

萨沃伊宫旁边是低调许多的卡莱尔居，跨过艾维桥巷，便是13世纪的杜伦府，其中的几栋建筑紧凑地聚成了一个四边形，右侧有藤架遮阴，且与泰晤士河相隔着一段距离。这栋建筑有三座带有雉堞的高塔，气势威严。在1258年，自命不凡的贵族西蒙·德·蒙德佛特把这里暂借给软弱的亨利三世避风挡雨。据说，国王在继续上路之前这样答复他："闪电雷鸣我都怕，不过，老天啊，我更怕的是你"。几个世纪后的1502年，阿拉贡的凯瑟琳在这里度过了她和亚瑟·都铎短暂的婚姻生活；1553年，简·格雷从这里带领游行队伍去往伦敦塔，在那儿她被加冕为英国女王，不过仅仅在位13天。

河上旅行就要接近尾声。船行过诺威奇街后便来到圣凯瑟琳的隐居所和苏格兰场（当苏格兰国王不情不愿地南下向英格兰国王表示效忠时就居住于此处），接下来还有约克宫。

当船只靠近新宫台阶，一座与河流平行的长方形巨大宫殿便出现在你眼前，屋顶的排烟孔中飘出袅袅轻烟，在它后方是一座比例均衡优美的教堂，还有一片临河房屋，台阶从屋前延伸到河边，没入水中。一座恢宏的哥特式建筑——高为宽的三倍——在后面若隐若现，那就是威斯敏斯特教堂。

荆棘岛

爬上河岸，回手扔给船夫一个硬币，随后转身穿过一道石门，就进入了新宫场。这里宽敞背风，周边都是商店、房屋和旅馆。两个身穿黑袍的削发僧侣与你擦身而过，谈笑着向前方的建筑走去。在这栋建筑的大厅外，你会看到左侧有一队穿着皇家制服的卫兵，手拿长矛大步向前走。如果不是耳边断断续续的法语或佛兰德语等谈话片段，还有雄踞在此的两座巨型建筑，这片跟城市保持着安全距离的土地或许还真有些乡间风情。不过这里并没有清新怡人的空气，有的只是潮湿的沼泽气息。

欢迎来到荆棘岛。它得名于岛上的黑荆棘丛，是泰晤士河中一个古老的冲积沙洲，形成于4000多年前。一开始你可能没注意到周围全都是水——身后是泰晤士河；前面是去往泰伯恩的两条支流，尽管它们现在更像两条小水沟；西边则是沼泽。整片地区荆棘丛生，有的地方还很湿滑，充斥着一种凝滞腐败的恶臭。啊哈，这还真是个修建议会大厦的好地方！

时光旅行者，欢迎来到威斯敏斯特。

从某种程度上讲，自从罗马人在5世纪中期撤出英国，这座城市就冲破了城墙，开始向西郊发展形成了隆登威克[①]，从现在的查令十字伸展到舰队河畔，成了一个盎格鲁–撒克逊人集中的商业区。8世纪后期，盎格鲁–撒克逊人在隆登威克的西边建起一座朴素的木造教堂，就位于这座荆棘岛上。大约200年后，格拉斯顿伯里一位

① Lundenwic，是盎格鲁–撒克逊人统治英国时期对当时伦敦城一带的称呼，即盎格鲁–撒克逊时代的伦敦。

热心的修道院院长邓斯坦，在老教堂附近建起了一座本笃会修道院。那座修道院被称为“West Minster”（西敏斯特），“mynster”（敏斯特）在古代英语中指修道院或重要教堂。于是，圣彼得教堂——即现在的威斯敏斯特教堂——诞生了。

当忏悔者爱德华大规模重修教堂、以示自己同样崇高虔诚的信仰时，这位于 1042—1066 年在位、盎格鲁-撒克逊时代的倒数第二位英国国王，将自己的王宫从城里的阿尔德曼伯里（9 世纪后期，伦敦的城域又重新缩回到城墙内）搬到了河边，靠近你此刻所处的位置，在如今泥瓦匠、木匠、铁匠等聚集地的西南边。这是一个对伦敦未来影响深远的划时代的决定，它将帝国的行政中心——威斯敏斯特——和城墙内的伦敦城分隔开来，伦敦城仍保持着不可撼动的经济地位并继续发展，直到 21 世纪的今天。

我们已到访过圣保罗大教堂，也可以称为东敏斯特，不必再重复一次宗教之旅了。不过，你还是应当了解一下亨利三世在距此时 100 多年前斥 4.5 万英镑巨资重建的这座圣彼得教堂。这是一座典型的哥特风格建筑，有着中世纪英国最高的穹顶，还有为忏悔者圣爱德华（于 1161 年追认）建造的、镶满宝石的黄金神龛，这里也是多位英国国王加冕和下葬的地方。这座教堂有一个很大的庇护所，它比圣马丁地区更加声名狼藉，因为其中庇佑着很多杀人犯、小偷和骗子。

现在请看一下你旁边有着诺曼式尖顶窗户、屋顶铺着木瓦的石砌建筑。它现在是新宫场的一部分，不过在 11 世纪刚刚建好时，它还只是为征服者威廉的儿子威廉·胡佛修建的独立宴会厅，胡佛希望向躁动不安的英国民众彰显自己的权威。一开始这里没有地板，只有被夯平的土地。到你参观的这会儿，这里已经成为英国的权力中枢——英国议会大楼（威斯敏斯特宫）。在这一大片宫殿群的中心，国家的核心机构——中央法庭、财政部、枢密院——正在昼夜不息地运转，忙着筹措军费、制定法律、裁断公义，并为皇权统治勾画蓝图。

欢迎来到威斯敏斯特大厅。

大厅又大又空，简直太空旷了，11 世纪 90 年代，这里首次开放时，国王的随从们就曾这样感叹过，而威廉二世却说这“只是个寝宫”。

光线从窗外穿入室内，洒在墙上，这些墙面随后还会被粉刷、加以彩绘并装饰上挂毯。木造立柱支撑着拱廊的房椽，同时将大厅分成三条通道。中央壁炉中升起的烟雾在椽木间缭绕，并悄然漫入人心，让人不觉想起冬日的景象——马蹄踏在霜冻的土地上，号声响起，人们用绳子把猎获的鹿的后腿绑紧。大厅上方是一圈宽敞的走廊，让国王和谏臣们可以从更有趣的角度观看大人物们在堆满乳猪、肉丸、炖水果和其他美食的盛宴上大快朵颐。另外，走廊也是进行密谋的理想之地。不过，对于威廉二世那个时代来说，现在这里的声音极其陌生，那是法庭上的喧哗声。

一个人拿着权杖站在中央壁炉附近，正在传唤下一宗案件的当事人。大厅右侧是民事诉讼法庭；大厅西南端有一些按理查二世的要求制作的、巫师模样的国王雕像，这里是衡平法院；大厅东南角则是王座法庭。大厅里挤满了律师，忙着给他们的当事人提建议、快速翻阅文件、提出抗辩并努力讨价还价。几只狗在四处寻找食物，小贩们来回走动，贩卖各种小玩意、樱桃和馅饼，想要吸引那些胜诉人的注意，还有一些看起来鬼鬼祟祟的人，穿着沾着干草的鞋子，在拱廊下躲躲闪闪。

王座法庭是最高皇家法庭，身穿猩红色长袍的法官坐在高高的长椅上，椅子下面是饰有皇家纹章的盾牌，这也正是法庭名字的来源。书记员穿着各色长袍（长袍被垂直分为两种颜色，一半绿一半灰或者一半蓝一半白），他们聚集在一张堆满纸卷的宽大绿色桌子边，匆匆记录着案件细节。两个领位员站在桌子边，左边则是陪审团。法官面前站着被脚链锁成一排、面容凄惨的男人，忐忑不安地关注着审判过程。他们身上臭气熏天，胡子乱七八糟，甚至还有人光着上身。几个长相凶狠的警卫拿着白色的铁头手杖，看守着这些犯人。

看到几个法庭同时出现在大集市一样的地方，你可能会觉得这不过是一时的权宜之计。但事实上，这些身着各色制服的法官、书记员、律师和当事人聚在一起，正是一次司法改革的结果。依照传统，皇家审判需要国王到场，12 世纪晚期，亨利二世下令，当他不在伦敦时，五位法官将常驻威斯敏斯特宫代行职权。这为司法独立开创了先例，使法律权威从君王的大权独揽中抽离，转移到经过多方判断达成的英国“普通法”。自此，王座法庭的法官们开始在全英巡回审查法律的执行。在后来的几个世纪，英国司法制度的涟漪逐渐波及大洋彼岸的美洲、印度、澳大利亚和其他大不列颠殖民地。

国王的每一个子民，无论地位多么卑微，都可以在这里寻求法律援助，每年有 3000 人这样做，这在中世纪的英国得到了很好的体现，但这并非在否认腐败的存在。15 世纪早期的诗歌《伦敦花光钱》就将腐败现象刻画得入木三分。

这首诗在很大程度上是一个传统的“乡下老鼠进城”的故事，主人公是一桩诈骗案的受害者，他来到威斯敏斯特大厅试图寻求法律援助。他走遍了三个法庭，跪倒在法官面前为自己辩护，希望有人能替他主持正义，但法官们根本不理会他，直到他呈上现金。每一节诗的结尾一句几乎都是“如果没有钱我就不会赢”，措辞会稍作微调，重复的吟唱令人感觉司法系统似乎将永远充斥着腐败和贪婪。

在威斯敏斯特大厅周围你会看到其他重要的政府部门。西北角的楼梯通往财政部，从那里的窗户可以俯瞰新宫场。根据一份13世纪的手稿记载，财政部的名字“Exchequer”源于一块巨大的布，上面的格子好像西洋棋棋盘（在盎格鲁-诺曼统治阶级的语言中，“échecs”即为象棋之意）。那块布被用来当作算盘，办事人员用象征不同数额的筹码来计算国家财产（历史学家无法确定到1390年人们是否还在使用这种方法，不过现在你只需要在门口探头看看就知道了）。另外，在都铎王朝时期注定会成为权力中心的枢密院也在这里，就位于大厅南边的枢密院宫中。

威斯敏斯特宫中的所有这些重要部门，只有一个一直保留至21世纪，那就是议会。从中世纪起，这里就是组织投票为国王筹集战资攻打法国的地方。从很大程度上来说，正是由于百年战争，这里才成为英国政治风景线必不可少的一部分。在议会成立之初，上下两议院都被召至绘厅。这里是国王的寝宫，装饰得富丽堂皇，墙壁上绘有以青蓝色和朱红色为主调的《圣经》故事中的场景，挂着绿色帷帐的大床上缀着点点金星，象征着国王的政治雄风。等议员们搞明白为何被召唤至此后，上议院议员已被派去了莱瑟宫（也被称为白厅），下议院议员则去了威斯敏斯特教堂的餐厅，即此前遭到破坏的礼拜堂。

下议院议员是一群庸碌的享乐主义者。他们丝毫没有将议会的庄重严肃放在心上，更别提未来可能赋予他们的宪法责任了。在一份写于 1400 年前后的记录中，这些议员被描绘成一无是处的傻子：“就像数学中的零，徒占其位却毫无价值……有的人浑浑噩噩、打盹睡觉，什么也不说……有的人夸大其词、鲁钝愚蠢，在自己讲话结束之前就已经不知所云了。”只要议会碰头开会，萨瑟克区的温柔乡就要对外停业，这无疑说明了他们的荒淫无度。尽管如此，查令村路边的妓院仍是被攻击的对象。在威斯敏斯特宫里，你还会看到新建的珠宝塔、皇家厨房和王后的居所。

有时，法院的长椅、板凳会被清理到一边，空出地方来迎接盛大的政治事件。审判叛国罪是最激动人心的。叛国者可能会被以相当特别的方式押解入内。1295 年 10 月，托马斯·特贝维尔爵士被指控为法国间谍，他被绑在马背上押进来，身边围着六个穿着魔鬼服装的狱卒。王座法院的首席法官判处他死刑，随后他被裹在一张牛皮里，由六匹马拖向绞刑架，六个狱卒一路嘲弄并抽打着他。被吊死后，这位爵士的尸首就被挂在那儿任其腐烂。普德里克特的理查德曾抢劫国王的地下宝库，但他出场的方式就没有那么精彩了，他是被手推车推进来的。

英国历史上最富戏剧性的一些审判都发生在威斯敏斯特大厅的高墙内。托马斯·莫尔曾经担任大法官，在这里审理过很多案件，但在 1535 年的一个仲夏日，他自己也在这里被判处了死刑。一年后，安妮·博林[①]被她眼泪汪汪的叔父诺福克公爵处死。这里还是 1606

①伊丽莎白一世的生母。

年盖伊·福克斯一命呜呼的地方，从这里走到旧宫庭院的绞刑架并不远，绞刑架对面就是他在1605年参与密谋要炸毁的白厅。还有，查理一世的命运也在1649年终结于此。

现在我们往外走，你会发现大厅里的柱子十分妨碍里面正在进行的事务。在这个时候，建造无须立柱支撑的悬臂托梁屋顶还只是理查二世的一个想法，不过，三年后他就委派自己的首席泥瓦匠亨利·耶维尔和木匠休·赫兰德用橡木实现了这样的构造。新建成的穹顶最高点达到了100英尺，成为欧洲建筑的一项奇迹，在21世纪仍然饱受赞誉。威斯敏斯特大厅的重建是如此成功，可惜当理查二世1399年第一次站在这令人惊叹的悬臂托梁屋顶下时，却是因为在威尔士向亨利·博林布鲁克投降被废黜王位。

在你步入新宫场时，要小心那些蜂拥而至的弗兰德小贩。这些人很难摆脱，他们会把精致的毡帽和眼镜凑到你鼻子底下，还会在外面的桌子上铺上桌布，向你保证说他们有“上好的面包、美酒”以及“肥瘦相间的牛肋排”。这也是《伦敦花光钱》里垂头丧气的主人公经历的一幕，小贩们想卖给他一些能让法官公平判案的小东西，可他穷困潦倒，只能哀叹“如果没有钱我就不会赢”。

在漂亮的尖顶钟楼里，时钟会每小时敲响报时，这并不是大本钟，而是它的前任——威斯敏斯特的“大汤姆”，它也是伦敦城里为数不多的公共钟表之一。中世纪的伦敦人对时间并非一无所知，他们可以根据天空中太阳的位置来调整作息，还会观察建筑物和树木投下的阴影，看看日晷和星盘，或是听听教堂正在举行什么仪式（午前祈祷会在上午9点，晚祷则在夜间）。不过他们的时间观念不像我们现代人这样严格而普遍，他们更加灵活且不会为钟表所奴役。

走出新宫场的大门，右转便是国王大街。这条平整繁华的街道两旁立满了三层的木造楼房，上层突出来的部分有拱壁支撑。那里住着裁缝、军械匠、画匠、文具商、珠宝工匠等，为法院和教堂的高端人群服务。但距此仅仅几步之遥，在诸如小偷巷等地，却散布着贫民窟。伦敦积年累月形成的贫富分化在威斯敏斯特非常突出，后来的诗人约翰·斯盖尔敦如是写道，“盛装华服，几多困苦”“富态傲慢的上层人士紧挨着一文不名的小人物”。

在薄暮余晖中，可以看到远处竖着一块类似纪念碑的东西，顶上还有个十字架。去看看吧。你会经过约克宫，那是北方大主教的河畔宫殿，也是未来白厅宫的雏形。亨利八世在位早期，红衣主教沃尔西对它进行了大力扩建，因此才有了你在摆渡船上游览莎士比亚时期的伦敦时看到的规模。即使政治重心注定要在 140 年后从威斯敏斯特宫转移到白厅宫，你在威斯敏斯特见过的法庭保留到了 1882 年，议会则一直留在那儿，直到 21 世纪甚至更久远的未来。

城市边缘的鹰舍

现在，出现在你面前的是查令的村落，也就是 21 世纪的查令十字。它的名字来源于盎格鲁-撒克逊语中的“cierring”一词，意思是“弯曲”。不过，这到底指的是曲折的道路还是威斯敏斯特附近曲曲折折的河流，就没人知道了。

远处的大理石纪念碑若隐若现——在 21 世纪，这里摆放着一座查理一世的骑马雕像——纪念碑顶竖着高高的木十字架。这是爱德华一世为了纪念王后卡斯提尔的埃莉诺打造的 12 个十字架中最后、也是最华丽的一个。它同其他十字架一样，记录了1290年埃莉诺的送葬队伍在从林肯去往威斯敏斯特教堂途中夜里休息的地点。此时，一些乞丐正无力地靠坐在通往纪念碑底座的石阶上。

远处有一大片被围墙围起来的建筑，那就是日后的特拉法尔加广场所在地。向那边走，在你左手边是一片开阔的园地，此时那儿只有圣詹姆斯麻风病院一栋建筑，但在距此150年后这里会变成皇家宫殿（现在最好还是离远一点）。

走到用泥土砌成、上面盖着芦苇的粗糙围墙前，可以看到里面有一大片半木造结构的两层小楼和一个庭院。獒犬的吠叫声清晰可闻，很明显，你的到来并不受欢迎。

还是退后一步为好。

这时，你会听到一些细微的声音，是铃铛在叮当作响，伴随着水花乱溅、翅膀扇动的声音，然后是"咕咕咕，咕咕咕咕"。

一只鹰扇动着翅膀飞上了围墙，它盯着你，同时小幅挪动着脚步，轻轻歪头。它的右腿上有一个铃铛，爪子上系着皮套，脖子上戴着精致的彩色标牌，用的是皇家纹章的颜色。它的脚大得吓人，爪子非常尖利。这时，僵持的寂静被一个男声打破，他打了个呼哨，四个音符清晰沉着。鹰晃了晃脑袋，循着驯鹰人的声音飞去，消失在了围墙之后。

欢迎来到皇家鹰舍（Royal Mews），这里有英国最棒的鹰隼。"mew"这个词跟马和马车有关，但它的本意其实来自盎格鲁-诺曼语中的"mue"一词，意思是鸟脱毛或者豢养脱毛的鸟的笼子，后来这成了这个词主要的意思。在乔叟的《乡绅故事》中，一位年轻的公主加纳齐碰到了一只受伤的鹰，她把这只鸟带回家，交给了妈妈。故事中写道，“她用珠子做了一个鸟笼”，还给鸟笼罩上蓝色的丝绒，涂上绿色的颜料。

这种浮夸的饲养方式告诉我们，豢养猛禽是社会地位的象征。从盎格鲁-撒克逊人的时代开始，皇室血脉中就流淌着对鹰隼的热爱。大约在745年，圣伯尼菲斯对麦西亚国王埃特尔巴尔德说：“作为我们真挚而深沉的友情的象征，我们给你送去了一只鹰、两只隼，两面盾牌和两支长枪。”——这是现存最早的关于英国驯鹰传统的记载。

这种狂热很快席卷了整个贵族阶层。“绅士二代们吹响猎号，以高超技术狩猎，姿态优雅地带着驯顺的鹰隼。”一位贵族如此描述。在尚武时代难得一见的和平时期，这正是战士们在战场之外大显身手的良机。这项活动也对女性开放——贵族女子、修女、女修道院院长都积极投身其中，成为驯鹰好手。1328年，埃诺的菲利帕嫁给了爱德华三世，带来了各类禽鸟，并亲自照料。

这座鹰舍建于距此时近一个世纪之前，由当时刚刚十字军东征归来的爱德华一世主持建造，这里可不只是一堆大笼子。鹰舍院内住着大约24名专业驯鹰人、他们的马匹和猎狗，还有牧师，这里是为国王驯鹰活动服务的重要设施。若想高效捕猎，鹰隼的羽毛必须修剪得当。因此，每到脱毛季节（8月下旬到10月下旬），散布在国家各地森林里的皇家猛禽都会被召回此处，有专人会照料它们换毛。从巢中刚刚孵出的新生雏鸟在这里成长、接受训练，受伤的鹰隼则在此接受治疗。你可以把这里想象成一个育婴室、学校和豪华水疗中心的集合体，比起囚笼，它更像是一个金丝笼。

找到入口后请喊一下门卫。这些鸟儿非常贵重，一只训练有素的猎鹰可价值5英镑，是一位骑士年薪的四分之一，因此贸然闯进去可能会有点风险。这些鸟儿也很容易生病，一份幸存下来的中世纪文献记录了111种困扰鸟类的疾病和瘟热，从发热、寄生虫到关节炎和消化系统紊乱。不妨跟守卫说，你想去圣尤斯塔斯教堂供奉些祭品以祈求国王陛下的某只病隼尽快康复。如果这个借口不奏效，还可以说你是来打扫鸽棚的，或者就干脆简简单单地塞点钱给他，这在中世纪的伦敦很管用。

好了，现在你身处绿草茵茵的花园中。花园中央是一个铅制浴槽，鸟儿们在其中嬉戏，引得水花四溅。几个在周边巡视的驯鹰人看护着鸟儿，偶尔用长杆子捅捅它们。脱落的鸟羽漂在水面，漾起丝丝涟漪。除了鹰舍，花园周围还有马厩和犬舍。马匹和犬只会在草地和水里追逐小型禽鸟，把它们吓到空中，成为鹰隼的猎物。为了给鹰隼提供稳定的肉食，并让它们得到更好的训练，鹰舍里还设有鹤屋和鸽棚，查令十字与鸽子之间长远的联系也由此而来。

驯鹰人的餐厅就在附近，而他们的住处则在花园和街道旁的高层住宅中。这些人常与国王和贵族接触，因此得到了相当的尊重，甚至可以说卓有声望。12世纪时，巴斯的阿德拉德认为驯鹰人应该品德高尚、身体洁净，嫖娼可能会让他们“在接触鸟儿时让鸟儿感染寄生虫”，口气不清新会让鸟儿“憎恨人类”，而驯鹰人的脾气则会影响鹰隼捕猎时的天气。

快到教堂中奉上一些祭品，可别让人看出那只是你进入这里的借口。高高的祭坛上有一幅殉道者圣尤斯坦斯的画像，这画像挂在皇家鹰舍里尤为合适。根据教堂的可靠消息，圣尤斯坦斯是一位古罗马将军，在一次打猎时，他看到一头白色牡鹿，鹿角之间卡着一个耶稣受难像十字架。他马上皈依了基督教，且此后再未对自己的信仰产生动摇，哪怕上帝让他经受了一系列悲惨的“考验”（其中有一次是让他和全家在一个铜牛里被烧死）。在献祭盘里放上一两个便士，这会用来支付烛火费和牧师的工资，现在你已参与到一项历史悠久的献祭传统中了。

牧师由此确信你虔诚而慷慨，你可以到处看看了。走到鹰舍，在那儿可以看到处于脱毛各个阶段的鹰隼。不要打扰或逗弄它们，它们非常敏感（理查二世曾下令关闭附近石屋中的精神病院，因为那些疯男疯女的哀号会打扰到他的鹰隼）。一首写于14世纪晚期、名为《三个时代的议会》的诗歌精准刻画出鹰隼狩猎时激动人心的场面。诗歌描写了驯鹰人如何“摘下鸟儿的面罩，扬手将它们送向空中”，看着“英勇的老鹰……高旋于天际”，它们“闪亮的铃铛”叮咚作响，“就像天使一样”。这仿佛是一场宗教体验。

鹰舍的笼子中有不同种类的鹰隼。羽毛雪白的格陵兰矛隼大概是给国王的最佳献礼了，不过毛色较深的斯堪的纳维亚矛隼也颇受赞赏。其次是游隼，常被称为“绅士隼”，这个名字来自其优雅的姿态而非温和的性情，事实上它们凶猛异常。最不起眼的是红隼，普通人也会用它来打猎。我甚至怀疑你在这儿能不能看到红隼。再来看看鹰（隼在飞翔时常常拍打翅膀，而鹰比较喜欢滑翔），你会看到苍鹰，它们被称为厨师的鸟儿，因为它们勤于捕捉野鸡、兔子、松鸡、鸭子和山鹑，另外还有脾气暴躁的雀鹰，它们很难驯服。人们相信，鹰肖其主。隼代表的社会地位比鹰更高，因为带隼捕猎能更多地享受它们从高空俯冲而下、极具张力的精彩场面。当然了，鸟儿不只是用来打猎的——就像之前看过的圣保罗大教堂前的骑士游行，他们腕上停着的游隼或苍鹰就如同精灵和朋友，能突显主人的地位。一些流传下来的财产清单也表明，权贵们大多会在家中饲养鹰隼。

这些鸟儿们的舒适生活将令那些窘迫不堪、营养不良的伦敦平民嫉妒不已。它们每三天洗一次澡，这样的生活习惯一直到12世纪中期才在普通的伦敦人中普及。它们还能享受珍馐美味，每天都有人来喂食新鲜的肉类，切成条的鸡肉、小山羊肉、仔鹅肉和鳗鱼会被系在绳子上扔进笼中，有时还有山羊和小猫肉。一首13世纪的诗描绘了一个画面，愤愤不平的农民将怒火发泄到这些营养充足的鸟儿身上："在节日里形同丧犬的无业游民坐在门前，腕上站着雀鹰的绅士从他眼前走过，他说：'哈！那只破鸟儿今晚吃掉的鸡肉足够喂饱我的孩子。'"

鸟儿生病时会得到细心的照料和安抚，不过就像那时的人一样，它们也不得不接受既可怕又无用的治疗：如果身体虚弱，就吃瞎眼小狗的肉；如果吵闹不安，就吃肚子里塞满胡椒的蝙蝠；烤过的蜥蜴粉可以帮助换毛，花样百出。有时这些猛禽会成为阶级仇恨的目标，攻击鹰隼就相当于攻击贵族阶层。13世纪晚期，萨塞克斯普勒斯顿的农奴奋起反抗他们的领主，摧毁了领主的房屋、打伤了领主的马匹，之后又把矛头指向了领主不幸的鹰，将其杀掉。

该吃晚饭了。离开鹰舍，往回走向威斯敏斯特，不久你就会看到一家酒馆。在发觉那是一家酒馆前，一个蓬头垢面的老人从里面跌跌撞撞地冲了出来，手里还抓着一杯啤酒。他跌坐在地上，形容悲惨。他的妻子因为拖欠赌债被关进了舰队监狱，而他则把仅有的一点钱花在了这儿。他呷了一口酒，你伸出手想帮他一把，他却大发雷霆，抽出剑胡乱挥舞。你也不知道他到底是不是想杀了你。

你可不想冒险。就在你拿出自己的匕首的同时，那个老人踉跄着摔倒了，不知怎么划伤了自己的脖子。他倒在地上痛苦地扭动，一群人拥出酒馆，看到他受伤流血后大叫起来！如果这个人死了，而他们觉得是你杀了他，就有权砍掉你的头。不论事实如何，他们都可能砍掉你的头。

还不快跑！

你能跑到威斯敏斯特教堂吗？如果能，那里的杀人犯、抢劫犯和强奸犯将热情地欢迎你。

发誓背离国土

每年大约有 1000 人到伦敦寻求庇护。

原则上，进入伦敦的任何一所教堂之后，都可以安全地待上 40 天。事实上，教堂越大越好，如果可以进入享有一系列皇家特权的圣马丁或威斯敏斯特教堂（你之前已经做到了），那就再好不过了。只有犯了叛国罪的罪犯或异教徒才无法在教堂寻求庇护。进入教堂后你必须找一位神父，忏悔自己的罪行或至少解释来到此地的原因，还要上交随身携带的武器。然后你得宣誓遵从避难所的法则，不能打架、不能威胁教堂众人，也不能对你的主人（比如上帝）不敬。你得让自己成为一个有用的人，做些诸如敲钟、帮忙准备礼拜仪式之类的杂事。你藏在教堂期间，早晚都会有人在门口看守以防你逃跑。看守人负责在这 40 天里为你提供食物，也会慷慨地让你走出教堂如厕。但期限一过，再为你提供食物就是违法了，就像托马斯·莫尔所描写的，那时等待你的可能是“逐渐碎烂”的结局。

这结局听起来很糟，但你还有三个选择。一是躲开看守逃跑。不过，我们不推荐这个办法，因为只要有人认出你并高声叫喊，你就会被就地正法。第二个办法，也是当局最乐见的，你可以在国王的代理人，即一位验尸官面前承认罪行。他会在几天之后才出现（给你足够的时间反省），把你交给法庭审判。你会被关在新门监狱附近一间令人作呕的土牢中，如果你承认犯了重罪，哪怕只是偷了几个银币，最可能的下场就是绞刑。如果你不想认罪，那么你的个人财产会被皇室没收，你的土地，如果有的话，也会被当地乡绅剥夺。

最后，还剩下一个最极端的办法——发誓背离国土。就像 18—19 世纪的流放一样，这也是一种清除国家中最可鄙的社会渣滓的方法。现在，你得在教堂门口起誓，一脚站在教堂里，一脚站在教堂外，面向一名验尸官。你要把右手放在《圣经》上，承认你的罪责，宣誓永远不再踏足英王的领土，除非得蒙皇家赦免。你将被指派前往一个港口，并规定了到达时限。指定的时间和地点一般都还算合情合理，会考虑你的年龄、健康以及天气情况，不过有的法医就是残酷成性。有记录表明，曾有一些夫妇被派往方向截然相反的不同港口，还有的重犯被要求在寥寥几天内跋涉数百英里。你得保证不能在大路上走丢或是弄错港口，违规将被处死。

不要期待去往海港的旅程会一路顺风。一定会有人看管你，也许在路上你会被不同堂区的治安官轮流看管。有时，你会发现看管人员百无聊赖并远远落在了后面，任由你被附近流窜的犯罪分子摆布。更糟糕的是，可能会有暴徒跟踪你，居心险恶地等你“偏离”主路，然后装作发现你“逃离”，大声喊叫并借机割掉你的头颅。

从伦敦启程时你就得脱下自己的衣服，换上画有红色十字的普通白袍，这代表了一个忏悔的朝圣者，甚或如历史学家杰维斯·罗瑟所言，是一具裹着布的尸体，因为在法律上你已经死了。你将经过伦敦的大街小巷，然后进入开阔的乡村，光着脚、光着头，扛着木十字架，带着一份发誓维护国王安宁的声明，请求旁人不要打扰、让你过去，违者则将被没收财物。根据1290年前后的一篇关于英国普通法的文章所述，一个宣誓背离国土的罪犯应该“保持悲惨的样子，就像要走上绞刑架一样”。

最后终于到了海边，但你不一定能顺利搭上船——当时船只短缺，那些正要起航的船也不愿运送身无分文的罪犯。不过，法律有自己独特的解决方式。为证明自己背离国土远去的决心，你要每天站到齐膝的水里，有时甚至是没至脖子的水里，喊上三次：“搭船！国君宽厚，上帝仁慈！”直到成功。

要在充满敌意的陌生环境中生存，前景相当令人恐惧。当时的一个意大利人曾说，“听到那些声音真让人不舒服，女人和孩子为那些被流放者的悲惨命运恸哭，问‘他们怎么能远离英国、如此悲惨’”“死掉也好过去别的地方”。因此，很多被流放者会逃入森林，希望到国土上一个全新的地方重新开始生活，他们还对获得皇家赦免抱有一丝渺茫的希望。还有些人为了躲避仇人、逃往别国而承认自己没有犯过的罪行，希望有朝一日能得到国王的许可，回到家乡。

然而，目睹过这一切之后，你或许已经很想离开中世纪的伦敦这个“眼泪之谷”，暂时回到相对安全的21世纪了。在你等候验尸官时，不妨在小圣殿中放松一下。如果你想找人倾诉，或是为未来的航行祈祷，那就去找教堂隐士约翰·穆里茅斯吧，他在农民革命期间接受过理查二世的忏悔。他应该就在圣本笃教堂里，那儿有一扇窗户朝向祭坛。

当你到达海边时，别忘了喊，大声喊：

“搭船！国君宽厚，上帝仁慈！”

尾声：来自中世纪伦敦的回响

中世纪留下的遗产很有限，只有些微片段不甚协调地织入了现代伦敦的肌理之中。

中世纪伦敦留下的最受瞩目、最具标志性的遗迹非伦敦塔莫属。可追溯至 11 世纪的白塔如今仍威严矗立，而伦敦塔的其他部分——各种高塔、堡垒、桥梁和城垛——多是中世纪后期增建的。包罗万象的皇家宫殿已无迹可寻，不过叛徒之门还保留着。泰晤士河水冲刷着湿滑的台阶，那里曾烙印下无数叛国政治家充满恐惧的脚步。如今，伦敦塔只是一个出奇平静的游览景点，这样的氛围似乎与曾在此写就的最黑暗的历史篇章格格不入。想要体验历史，最好的办法就是参加一场伦敦塔的“卫兵之旅”。

现在还能看到的保存最完好的伦敦城墙就在塔山地铁站附近，以及巴比肯伍德街的圣阿尔菲济花园中（这里还同时保留着一个堡垒的遗迹）。在伦敦博物馆的官网上，有一条全程两英里的伦敦城墙徒步路线，将这座围着高墙的中世纪城市的边界从伦敦塔拉到了博物馆中，并标明了沿着这条路线可以看到的历史遗迹。中世纪的六座主要的城门——拉德门、新门、奥尔德斯门、克里普门、主教门和阿尔德门——作为地名也一直保留着。

伦敦博物馆还藏有一双14世纪80年代留下来的长长的尖头鞋、灌铅的骰子，以及一些中世纪的玩具和皮革制品。在位于肯辛顿的维多利亚和阿尔伯特博物馆，可以看到中世纪的胸针、教士法衣、仪式上用的梳子，以及一个以托马斯·贝克特为描绘主题的骨灰盒。

现在的伦敦没有什么锚固结构的建筑留下，这并不奇怪，最接近这种结构的建筑是伦敦监狱中的一处单独监禁设施。如果你刚刚抢劫了谁或杀了人，不要指望得到教堂的庇护。不过，遇到特殊情况时，肯辛顿、骑士桥和贝尔格莱维亚等地区有着米黄色外墙的外国使馆仍可充当类似中世纪避难所的角色，尽管当下已经没有了背离国土这一选择。

与很多受人崇拜的圣人一样，圣厄肯沃德也没能熬过都铎王朝时期的改革。有一个故事很有意思，在阿拉贡的凯瑟琳嫁给亚瑟·都铎（亨利八世的哥哥）的那一天，她突然走进了老圣保罗大教堂，为厄肯沃德献上了祭品。不过，从之后发生的事情看，这位冷漠的圣人并没有为她在上帝面前出多大力①。伦敦教堂林立，但其中只有一座是献给圣厄肯沃德的，就位于巴金修道院附近，那是厄肯沃德在666年为姐姐艾瑟尔贝加修建的本笃派女修道院，现在只有15世纪建造的宵禁塔还留在修道院绿地的废墟中。这个地区的经济接力棒，已经从被摧毁的教堂交接到了附近的零售商业区。伦敦西部还有一条厄肯沃德街，就在苦艾丛公园附近，东埃顿地铁站也在这里。与其名字来源的圣人不同，这里就像是平静的郊区。

---

①亚瑟早亡，凯瑟琳后来改嫁亨利八世，但婚姻最终被宣告无效，因为亨利八世爱上了安妮·博林，凯瑟琳本人也被逐出皇宫。

与其他修道院一样，圣马丁大教堂也在16世纪40年代的解散修道院运动中受到了打压。不过奇怪的是，直到1697年，这里仍享有避难所的特权。因此，圣马丁大教堂成了珠宝造假者的圣地，他们把商店开在附近，既嘲笑了严酷的城市经济法规，又能免受法律的制裁。现在，除了街道的名字得以保留，其他都已不见踪影。圣马丁的庇护所特权被取消很久之后，这里仍因为长期制作仿冒珠宝声名狼藉。

现在在史密斯菲尔德已经看不到骑士比武，不过那儿还留有一个肉类批发市场（已迁至室内）。这样的市场在伦敦中心已非常罕见，它为城内的餐厅和商店供应新鲜的肉类，工作日店铺从凌晨2点即开始营业，如果你7点才到，无疑会错过了最顶级的货品。在买卖步行街上人人都能讨价还价，采买到一流的货色。现在，史密斯菲尔德的榆树已不是你中世纪之行时曾经爬过的那棵了，1598年，地形学者约翰·斯托就说“这里一棵树都没有”。他还说，附近的骑士街得名于那些全副武装、骑马前往史密斯菲尔德的骑士，不过那可能只是想象。

河岸边的主教宫殿一座都没有留下。只有萨默塞特宫让人可以依稀遥想河畔宅邸曾经的辉煌。不过，这栋建于1547—1550年的建筑的主人并不是主教，而是护国者萨默塞特，在18世纪70年代，萨默塞特宫经历了重建，呈现出朴素的新古典风格。没有护堤的泰晤士河一直冲刷着南边的台地。这个地区的街道名反映了宗教改革后这里的所有者从高级教士变成了世俗官员，比如，埃塞克斯街、阿伦德尔街、萨里街、维利尔斯街、诺桑伯兰德街，等等。豪华的萨沃伊宫所在地现在是同样豪华的萨沃伊酒店，建于1889年，是明星和大亨的热衷之地。从河岸区经过一条破旧的隧道，就到了位于维多利亚酒店南侧的萨沃伊教堂，人们很容易把它误认作冈特的约翰被摧毁的中世纪宫殿的遗迹。事实上，这里建于1510年，是亨利七世主持建造的萨沃伊医院的一部分，在几百年间经历了多次修整与翻新。

高级教士的宅邸大都位于河岸区，但在萨瑟克区像沟壑一样的克林克街上，还有一处壮观的留存了一半的建筑。在它的南侧、邻近重修金鹿号的地方，可以看到温彻斯特宫的遗址，那是温彻斯特主教的伦敦寓所。这座寓所建于11世纪早期，在此矗立了500年，不受治安官和市长的管辖。在这一区域的考古发掘显示，与现代伦敦相比，中世纪伦敦的地势要更为低洼一些。在发掘过程中，大礼堂的西墙格外引人注目，它直立于挖掘坑中，全部以白色石料砌成，镶嵌着玫瑰花窗，与哥特风格的圣保罗大教堂很像。克林克——令人特别厌恶的一个小型监狱，它的名字成了英语俗语中监狱的代名词——是为那些在河畔妓院和酒馆中杀了人的暴徒准备的。关于它的记载最早出现在1509年，但它可能早在1390年就已经存在，现在这里是一家适合全家游览的博物馆，展出数百年来的各种酷刑。

关于皇家鹰舍的旧日回忆已被宏大的特拉法尔加广场抹去。1675年，这里竖起了查理一世的骑马雕像，占据了最后一个纪念埃莉诺的十字架的位置。在查令十字火车站外，有一座重建的十字架，比它的中世纪前身更为精致华美。

在萨瑟克区里，去往伦敦桥沿途的中世纪驿马客栈如今都已不见身影，不过，在塔尔博特园里还立着一块蓝色牌子，标示着曾经的塔巴德旅馆所在的位置，作为纪念。这家旅馆也被乔叟记录在了

《坎特伯雷故事集》中，长留人间。位于附近博罗高街上的乔治旅馆建于 1676 年，但作为伦敦唯一幸存的带有回廊的驿马旅馆，它还是能唤起人们对中世纪萨瑟克区的回忆。

1835 年，一只狮子袭击了伦敦塔里的守卫，之后动物们就被搬到了摄政公园的花园内。在那里，奇珍异兽越来越多，并于 1828 年归入了当时刚刚成立的伦敦动物学协会。花园在 1847 年向大众开放，以期筹集资金，伦敦动物园由此诞生，其起源可以追溯到中世纪早期。现在我们依然能看到伦敦塔动物园的痕迹：伦敦塔中有狮子、狒狒、大象和北极熊的雕像展出，它们由艺术家肯德拉·海斯特创作，以电镀铁线为主要材料，这让它们看起来真的有一种类似鬼魂的感觉，这些雕像将展示至 2021 年。

现在的伦敦城满是行会大楼，但绝大部分都已不是 15—16 世纪的那些了。不过也有例外，裁缝商人行会大楼仍然矗立在 1347 年初建的位置，也就是现在的针线街，这里在伦敦大火和闪电战之后都经历了重建。

从国王街南端望去，伦敦市政厅还带有一缕童话堡垒的气息。它现在仍是伦敦金融城的行政中心，也是一个举行盛典的理想场地。大厅的墙壁是在中世纪修建的，可追溯至 14 世纪早期，后在 1411—1440 年经历过大规模重建，而大厅西侧的地下室则可追溯到 13 世纪。最后，请再看一看齐普赛南边那些狭窄的街道，它们微微地向河流的方向倾斜，尽管街道间建起了灰色的办公楼群，但仍带有中世纪的余韵。斗篷巷、学院街、道盖特山等散布在这座城市里的小街小巷都富有这样的时代感。

第三章

1665 年　瘟疫时期的伦敦悲伤之旅

瘟疫坑与传染病院
1665
ST PANCRAS CHURCH
CLERKENWELL
SMITHFIELD
FARRINGDON
BLOOMSBURY
SQUARE
HOLBORN
NEWGATE
RIVER FLEET
DRURY LANE
ST-GILES-IN-THE-FIELDS
LUDGATE
FLEET STREET
COVENT
GARDEN
Soho Fields
STRAND
TEMPLE
WHITEFRIARS
St Bride
CHARING CROSS
PARIS GARDENS STAIRS
SCOTLAND
YARD
BANKSIDE
PIKE
Christchurch
Gardens
Westminster
Pest House
& Tothill Fields
WESTMINISTER

HACKNEY
Finsbury Field
FINSBURY FIELD
SHOREDITCH
City Pest House
CRIPPLEGATE
Holywell Mount
SPITALFIELDS
MOORFIELDS
MOORGATE
BETHLEM
BURIAL
GROUND
Hand Alley
Stepney
Pest House
Stepney
Mount
GUILDHALL
LONDON WALL
CHEAPSIDE
ROYAL EXCHANGE
CORNHILL
WHITECHAPEL
ALDGATE
Aldgate
LEADENHALL STREET
KNIGHTRIDER STREET
FENCHURCH STREET
MINORIES
Gower's
Walk
THAMES STREET
TOWER STREET
TOWER HILL
THE TOWER
LONDON BRIDGE
GREAT STONE GATE
WINCHESTER
HOUSE
CLINK STREET
†ST SAVIOUR'S
CHURCH
Cross Bones Graveyard
SOUTHWARK

图标

瘟疫坑

传染病院

伦敦的大部分历史都隐藏在后街深巷中。高斯维尔路从伊斯灵顿延伸到克拉肯威尔，形成了和缓的斜坡，让人心情愉悦。在某个百无聊赖的下午，从老藤屋酒吧远眺，可以看到守望着地平线的巴比肯塔，从那儿一转就是西沃德街。

一走入西沃德街，城市便突然静止下来。立在你面前的是一栋橙色与米色相间的五层建筑，花哨炫目，旁边的一排纤细的小树让它看起来稍微柔和自然了一些。经过酒吧后门和一家五金商店的进货口，再折向左便是磨坊山街。沿着这条路一直走会来到一个停车场，在人口密集的伦敦市中心，这个停车场可真是大得有些奇怪。从这里向左是一座沉闷仓库的后身，细高的漆黑灯柱排成一排。四下死气沉沉，令人压抑，仿佛这里已被人们忘却。

一根闪亮的横杆从一个破旧的小屋中伸出来，挡在你面前，高及大腿。这根横杆饰以红白二色，就像理发店的旋转灯，让人联想到手术和放血。这是一个私人停车场。

现在，把你的手放在冰凉的横杆上。

闭上眼睛。

风迎面而来，你能听到铲子插进土里的声音。火把嘶嘶作响，有人在低声啜泣。空气中偶尔飘来一丝大蒜或烟草味。在你身后，一个声音念着祈祷词，某处传来马儿的响鼻声，它正在扯动缰绳。

睁开眼。

原来的停车场此时成了一片开阔地，地面有一个大坑，坑的周围摆放着角灯。悲伤的人们身着长长的黑色斗篷，头戴宽沿尖帽，你混迹其中，毫不起眼。有的人在挖坑，有的人只是站着，空气中弥漫着死亡的气息。

你可以往前走几步，看看坑内。这是个乱葬区，在深约10英尺的坑底堆满了刚运送过来的尸体，有的用亚麻布包着，有的裹着肮脏的毯子，有的半裸甚至全裸着。很多尸体的脖子上都挂着奇怪的护身符，例如兔子爪、精工细做的木质十字架或黄道十二宫图。有的尸体上盖着一大张符纸，上面潦草地画着一行行字母“ABRACADABRA”，字号越来越小，排列成一个三角形符咒，纸符污渍斑斑，仿佛正是它没有任何作用的明证。

大坑一边停着一辆木造马车，拉车的马看上去疲惫不堪，车厢门敞开，里面堆着大约20具尸体。有两个人举着用柏油或沥青做的锥形火把，其中一人把马匹解开，另一人把车厢推到坑边。你又走近了几步，想看个清楚。如果有人问起或是投来怀疑的目光，你可以假装是偷偷来到此地，趁着夜色参加所爱之人的葬礼。

这时，那两个人都走到了马车后方。他们动作敏捷地抬起车厢，车上的尸体接连跌落出来——后来一位作家将这一幕形容为“发射到坑中”——掉落到冰冷的泥土中。两个车夫似乎对这骇人一幕已习以为常，其中一个人转身骑到马上，另一个人为他举灯照路，马车便缓缓消失在夜色中。在天亮之前，他们还要处理更多的尸体。在你身后，越过议会军队于内战时期挖掘的土丘和壕沟，一个新的城市正等待着我们探索，黎明的曙光即将来临。

伦敦的地狱之年

伦敦笼罩在死亡的阴云下，不再是你在其他时期见过的那个生机勃勃的城市了。1665 年 5 月，瘟疫已经在城外徘徊；到了 8 月末，它开始大举侵袭伦敦内城。早在初夏，国王查理二世和朝廷就抛弃了首都离开，神职人员弃信众而去，医生弃病人而去，富裕店主弃顾客而去，有钱人弃他们满心恐惧的侍从而去。有的酒馆客栈还开着，几家咖啡馆关了又开。在内心深处，伦敦人一反常态地变得内向起来，彼此戒备。学校、剧院和律师会所都关门了，公众沮丧，人心惶惶。在人口大量撤出的城市中，自然开始重新宣示主权，市内干燥的街道上杂草丛生，荒芜甚至蔓延到皇家交易所前卵石铺就的广场上。7 月，瘟疫造成了大约 6000 人死亡，但实际死亡人数可能已上万，因为死者家属更倾向于隐瞒实情，而政府又已被瘟疫击溃。

这样的死亡规模并非史无前例，1348 年的大瘟疫（借用乔治王时期的说法，是黑死病）也造成了伦敦大量人口死亡，但已经没人能记起这样大规模的惨剧。到了 9 月中旬，短短一周，城内因瘟疫死亡的人数就高达 7165 人，而真实数字可能接近 1 万甚至更多。

沿着高斯维尔路继续向前走，扫视街边，伦敦的成长令你印象深刻。伦敦人口在 17 世纪初约为 20 万，到 17 世纪中叶，已经翻了一番，达到约 40 万，伦敦也成为继巴黎之后的欧洲第二大城市。即使在昏暗的光照下你也可以看到，新建的房屋已经模糊了老城和威斯敏斯特之间的界线。淹没在建筑当中的城墙成为历史遗迹，而不再是真正的边界。同时，城市的确也在向东扩展，或许在这个位置你看不到，不过，白教堂、沃平和沙德韦尔这些以前的城郊地区都已快速膨胀起来，跟从威斯敏斯特伸展到莱姆豪斯的都市连在了一起。

从高斯维尔路转入朱文街，从克里普门进入城内，旁边就是圣贾尔斯教堂。

四下静得诡异，不时地会闻到一点篝火产生的烟味——这在炎热的夏季非同寻常。在由街道、庭院、小巷和教堂墓地组成的迷宫中，你要小心穿行，一步行差踏错，都可能要命。日记作者约翰·伊夫林哀叹道："当厄运从崎岖不平的路上走近，数不清的女人和孩子不幸罹难。"理论上说，房屋所有者有责任修整门外的街道，但当瘟疫肆虐时，根本没有人顾得上（事实上任何时候人们都顾不上）。人们习惯于尽量贴着墙走路，因为头上的屋檐可以帮他们遮挡雨水和从夜壶中倾倒出的秽物。但在这个时期，没有人想跟别人靠得太近，因此你应该走在路中央，靠近中央下水道或狗窝的地方，以避开别的行人。你会看到，在路两边人行道的布告栏里，还张贴着声称包治百病的江湖庸医的广告。

这是一个危险的时代。伦敦的大部分经济活动都停止了，塞缪尔·佩皮斯写道："水手们可怜地哀叫着，由于缺钱少食倒在街上死去。"他住在伦敦东部河岸的郊区，在阿尔德门附近，那里很容易看到这样的情况。与此同时，伦敦的道德水准也在下降：护士们从病人身上偷东西，甚至会捂死病患（如果传说可信）；仓库中的物资被盗；神志不清的人在街上一丝不挂地乱舞，口中还念念有词。人们会以最大的恶意揣测、怀疑外来者。你很容易成为那些赤贫、绝望的人们攻击的目标。

有什么解决方法？请找一根白色的棍子，如果没有的话，什么棍子都行——在街上折一根也行——要有两英尺长。这表明你住在一栋感染过瘟疫的房子里，甚至你自己可能已经得过病并痊愈了，但无论如何人们会闪开，给你留出一条路来。你得好好抓着这根棍子，像疯人院的病人那样在空中挥舞，怒吼、尖叫、乱舞，装作仍被疾病影响似的疯疯癫癫，人人都会对你避之唯恐不及。

有几件事情要记住。听到宣布有人死亡的钟声时，你会看到衣衫褴褛的老妪握着红色的棍子向一栋有十字标志的房子匆匆走去，她们是死亡搜索员。千万不要靠近她们，她们的工作是调查新的死亡事件并向堂区职守人员汇报。每报告一起她们会得到 4 便士，不过她们也很容易被收买，睁一只眼闭一只眼。此外，她们很可能会传播病菌。当然，你也不要触摸任何人、亲吻任何人，不要在老鼠出没的贫民窟逗留，也不要跟任何人分享食物。只喝咖啡、巧克力或茶，千万不要喝水。

请保持冷静。如果你不幸染上了瘟疫，三天后你的淋巴结就会发炎（一般腹股沟和腋窝会出现黑紫色肿块，有痛感），而你也会感觉不适，到那时你就可以安全回到 21 世纪了，这些疾病可以用抗生素治疗。除非细菌感染的不是淋巴结而是肺部或血管，这种极罕见的情况会造成肺炎和败血症，这时你会迅速出现高烧、咯血、四肢坏疽等症状，并可能在 24 小时内撒手人寰（在你垂死挣扎时尽量别打喷嚏，肺炎就是通过飞沫传播的）。时间旅行可不是为怯懦者准备的游戏。

“啊！死亡，死亡，死亡！”

看到一具尸体躺在敞开的棺材里，被丢弃在伍尔维奇和格林尼治之间的空地上，塞缪尔·佩皮斯批评说：“这场疾病让我们对人比对狗还要残忍”。在英勇的药商威廉·博格斯特看来，瘟疫让人们变得“无情、迷信和残忍”。不过，有些事他没有讲，比如，他离开了位于圣贾尔斯堂区白鹿巷的诊所，一天愉快地拜访40名病患，并在自己关于大瘟疫的记录《疫病论》中讲述他的离奇冒险。这个书名很奇怪，意思是尝试描述和更好地理解瘟疫，这一学科分支现在已不复存在。跟很多医疗机构不同，博格斯特认为这种疾病未必意味着死亡。一段关于18世纪大瘟疫的历史记录也回应了这一观点，认为疾病“摧毁了伦敦人的良心”，在至暗时刻拉开了人与人的距离。

某一周，伦敦有2010人因为瘟疫离世。在圣阿尔菲济克里普门堂区，也就是你现在所在的地方，死亡人数仅为5人，而在城墙外这个数字是356人，因为墙那一侧的圣贾尔斯堂区更大也更拥挤。至少，这是堂区书记员每周返还的城市死亡名册上记录的数字，其传送工作则由死亡搜索员负责。这个名册从1603年开始每周发行（以记录瘟疫的蔓延，而瘟疫的早期阶段是在莎士比亚时期），用来告知富人们是否应该留在伦敦城内，伦敦各堂区以及墙外郊区的死亡人数都被制成表格以便查阅。时常醉醺醺的死亡搜索员大都是文盲。生活在17世纪中期的伦敦人对死亡原因有很多古怪的想法，例如，“猝死”“死于牙齿”“惊吓”“多风”“死于诅咒”“口疮”“星座”“狼”“悲痛”“疯狂”，以及听起来很奇特的“格鲁布性喉头炎”（由肺部原因引起的儿童胸闷窒息）。

穿行于这座悲伤城市的大街小巷，你会看到人们在假装彼此交谈，暗地里却在偷偷观察对方是否有患病症状。如果捕捉到蛛丝马迹，他们就会微笑着停止交谈，并赶紧把检查员叫来。在发生过疫病的房子里，饥肠辘辘的孩子在人们经过时会突然从窗子上探出满怀希望的脸庞，你要淡定一点，假装没有看见。痛苦的父母只能从门缝中向外张望，因为按照强制关闭40天的规定，他们必须被关在家中，之后是否还能存活无从知晓。人们在经过墙上画有红十字的房屋时会竖起手指驱魔；房主会用硫黄、柏油和木炭熏房消毒，产生的烟雾在空中盘旋而上；一个死去的女人侧身躺在一堆堆腐败的呕吐物中，而她怀里的孩子还在试图吸吮母亲的乳房；巡逻员在街上巡逻，嘴里嚼着烟草。

这仅仅是街上的场景。想要深入了解一个瘟疫肆虐的城市，还要把自己代入到这些可怜人身上。把自己想象成六个孩子的父亲，住在一栋发生过疫病的房子里。你不得不看着所有的孩子离去——一个、两个、三个、四个、五个、六个——现在，你眼前浮现出妻子的遗体被送上死亡马车的情景，两个小时前她腋下的淋巴结开始肿起。此刻，她泪流满面、捶墙哭泣，但等她死后被送走，这里又会化为一片死寂。家里什么吃的都没有，如果没钱打点巡逻员，他们就不会来解救你，堂区的救助金已经耗尽，你很有可能会饿死——如果不是病死的话。

对于那些住所还没被疾病侵袭的人们而言，熬过1665年也是一种精神折磨，因为那些曾经充满意义的“人们所熟悉的的生活场景”正在崩塌，上帝仿佛遗弃了这座城市，只给伦敦人留下一个悲惨的世界。塞缪尔·佩皮斯将这种感觉描写得非常生动，他在1665年9

月 14 日进入伦敦后哀悼说：“可怜的派恩，我的侍者，他刚埋葬了一个孩子，随后也撒手人寰；听说我几天前送到达根汉姆去的那个工人已在那里被死神带走；一个曾每天替我划船的水手，周五早上刚把我送上岸就遭遇瘟疫……现在已经离开人世。”上个月他还写道：“在厅门处卖啤酒给我们的可怜的威尔，他的妻子和三个孩子都去世了，我想，那就发生在一天内。”

伦敦一片混乱。内科医生纳撒尼尔·霍奇斯跟大多数同行不同，他坚持留在伦敦，并留下了生动的描述：“人们在垂死挣扎：屋中的濒死呻吟被墙壁阻断……而在不远处……刚刚来到人世的婴儿很快又被送进坟墓……病人像醉汉般步履蹒跚，倒在街上被死神带走；还有些人奄奄一息、不省人事，在死亡号角吹响之前再不能醒来。”在丹尼尔·笛福的《瘟疫年纪事》中，作者头上的一扇窗户突然打开，一个女人尖叫着：“啊！死亡，死亡，死亡！”不知这是一声召唤、一番哀叹，还是一句恳求，到底也无人在意。

荒唐的禁闭

很多绝望的场景都是由政府严格执行却有欠考虑的监禁政策造成的。这些条例沿用了从前瘟疫时期的做法，规定如果检查员发现一栋房子里有人出现瘟疫症状，这里就要被禁闭，所有人都不得外出，如此持续整整 40 天。看守拿着戟（一种矛和斧的组合）守在屋外日夜轮班，防止有人出逃。看守都配发有门锁和插销。如果收留被感染家庭的孩子，就会面临审判。而在新桥监狱待上一晚，跟判死刑没什么两样，我们待会儿就能看到那里的状况。

这些政策基于这样一种观点：瘟疫通过接触传染，而不是空气传播。用历史学家丽莎·皮卡德诙谐的说法来形容，瘟疫就是“宇宙的臭屁”，但很多人看不出二者的区别，他们认为被感染的尸体和气息都会污染空气。《瘟疫年纪事》中描写的一个人曾断言，“我敢说瘟疫就在空气中”，这来自于他关于瘟疫的发现——有时，一个家庭会由于隔壁腐烂尸体的恶臭而被感染。同时，认为疾病通过“致命呼吸”、汗液或衣物传染的看法也在口口相传。

你在街上无意听到的言论大都确信造成这一切的原因是超自然的。几乎人人都认同，这是神谕的可怕印证，正如一年前出现的彗星代表的凶兆一样。这很可能是因为上帝雷霆震怒——恣意放纵的宫廷、斯图亚特王朝的复辟（伦敦的前两次大瘟疫分别发生于 1603 和 1625 年，正好是詹姆斯一世和查理一世上台的时候）、普世之恶和来年可能发生的更糟的事（下一年有数字“666”）激怒了上帝，这些怒火又被加诸个体身上。在药商威廉·博格斯特的《伦敦大瘟疫记》中，有一小部分是关于瘟疫的预防措施。书中写道：“首先，罪恶是普遍的……肉欲、骄傲、淫乱、放荡、渎神，瘟疫正是对诸般罪行的一场审判。”毋庸置疑，如有需要，17 世纪的科学和宗教会密不可分地纠缠在一起（后来他才开始转向更实际的医学方法）。

伦敦哀鸿遍野，谣言甚嚣尘上。佩皮斯回忆道：“在路上可以听到无数悲伤的故事，人人都在谈论无尽的感染和死亡，此地伏尸遍地，彼处亦满目疮痍。”市场上、酒馆里，顾客用这些故事消磨时光，其中有很多肯定是瞎编的。有一些英勇的逃生者的故事甚至经过口口相传被载入了笛福的《瘟疫年纪事》。人们希望听到各种故事，比如被封锁的一家人穿越破烂的篱笆墙，钻入旁边的小巷逃亡；还有聪明的房主爬到顶层，从窗口放下绳环，套在看守脖子上，威胁他开门，否则就把他吊死。笛福甚至写过有一家人用火药攻击看守，让他留在痛苦中翻滚，他们一家则消失在茫茫夜色之中。

还有一些想象力不那么出格的故事，病人被关在了自己家中，笛福也记述了几个这样的悲剧。比如，东史密斯菲尔德的一个商人妻子快要生产，却不幸感染了瘟疫，这在当时已经司空见惯。丈夫被禁止外出，因此不能找接生婆和护士，两个本来能帮忙的仆人已经逃走。丈夫唯一能做的就是冲着街上大喊，唯一注意到他的只有看守，他含糊地说会叫个护士过来。丈夫悲痛欲绝地回到妻子身边，尝试自己接生。但是，“孩子来到世上时已经死去，他怀中的妻子在一个小时后也去了。丈夫紧紧抱着妻子的尸体直到天亮，这时看守才带着护士进来”。几个小时后，丈夫也离开了人世，不是死于瘟疫，而是心碎，他“溺毙在了痛苦中”。

听说有的病患疯狂地想要自残，人们不得不把他们绑在床上。他们中有人为了挣脱束缚从窗户纵身跃下，有人“别无选择”用蜡烛点燃了自己的床铺。有些耸人听闻的故事提到了残忍的护士，就像《关闭受感染房屋》（1665）的作者所言，她们是“肮脏、丑陋、不洁的女巫”，另外还有偷盗成性的死亡搜索员、骗取财产的看守，在荷兰画家博斯描绘的噩梦般的场景中，这些人都占有一席之地。

任何人对此多加思考一下，都会意识到禁闭政策既残酷又不公。威廉·博格斯特直白地将其定位为谋杀。他绝望地发问：将 220 多个健康人和病人监禁在一起，不是谋杀是什么？堂区那点微薄的救济金已消耗殆尽，如果居民没钱买通看守为他们捎回面包等必要物资，就只能活活饿死。他进一步推断，这项政策会迫使那些“游荡的病原体”逃亡他乡，进而造成瘟疫扩散。唯一支持这项禁闭政策的是丹尼尔·笛福，他承认这是“一种残酷无情的方法，穷苦百姓为此饱受折磨”，但他随后总结认为，这项政策“将造福于公共利益，因此个体的牺牲是值得的”。为了证明自己的观点，他举了很多例子，例如一些精神错乱的病患从家中逃走，在城市中一路狂奔，胡乱亲吻路人传播疾病，最后跳入泰晤士河中，或在绝望中狂呼乱叫，饮弹自尽。

这样的描述充满了戏剧性，虽然笛福力求写实，《瘟疫年纪事》也具备纪实的严肃性，但它其实只是一部写于大约 6 年后的虚构作品，亲临者耳闻目睹的记录并不能证实这部分回忆。在瘟疫的高峰期，大概每周有 1 万人死去，佩皮斯讲到过那些行尸走肉般的病人，他们看起来好像“已经不在人世”，并不是什么横冲直撞的疯子。

真正有用的并不是禁闭，而是像其他遭受瘟疫侵袭的欧洲城市那样，将病患送到传染病院。在那些悲惨的与世隔绝之地——通常也只是几个木棚，病患会得到医学“专家”的照顾。这对他们来说没什么好处，但至少得了肺鼠疫的病人会被隔离起来，以免疾病通过喷嚏和咳嗽传播给其他人（21 世纪的医学认为，腺鼠疫主要通过老鼠身上的跳蚤传播，不会在人与人之间传播，因此传染病院在防治腺鼠疫传播方面无能为力）。伦敦只有五个这样的传染病院：通向伊斯灵顿的老街旁空地上的城市传染病院；托希尔区威斯敏斯特宫南部的威斯敏斯特传染病院；马里波恩刚刚为圣贾尔斯堂区这个重灾区新建了一家病院；位于斯特普尼的一家病院则为东伦敦开设；最后一家为圣马丁堂区而设，位于苏荷区。有的传染病院甚至紧邻墓地，不过这些传染病院只能接诊 600 个病人。据笛福回忆，在犬热病多发期间，只有城市和威斯敏斯特两家传染病院能有效运作。一些在城里办完差事回到主人家却开始出现病状的仆佣常会被主人给点钱打发到传染病院去。

你一定很想知道，感染上腺鼠疫是怎样的体验。在被携带病菌的跳蚤叮咬后的三到五天内，你的腹股沟、腋窝或脖子上的淋巴结会肿胀起来。淋巴结差不多像肉豆蔻或野苹果大小，摸起来硬硬的，里面都是脓血。它们一般呈红、紫或青蓝色，看起来就像一颗发生病变的睾丸，看到这样的东西从别人脖子上长出来都会让你不寒而栗，更别提它长在你的脖子上了。你可能还会发烧、发抖、关节疼痛、头痛欲裂、呕吐、精神错乱或昏迷，甚至还活着时皮肤就开始溃烂，而死神通常紧随其后（可能有人从瘟疫中痊愈，但具体人数不得而知，大部分资料表明这样的人并不多）。

有哪些医疗措施能战胜瘟疫和其他疾病？不妨在荒凉的齐普赛街上找一家最近的药店问问，画着独角兽或研钵标志的店铺就是药店。

蜥蜴汤和“小狗金水”

欢迎来到药店。在 21 世纪，药店通常一片雪白、带有诊室，而 17 世纪的药店却五颜六色、结满蛛网，堆满五花八门的东西，仿佛一个慵懒巫师的家。这里有很多大肚细颈的瓶子，塞着软木塞。随处贴着的标签上全是潦草的手写字。店里很拥挤，你进去时店主正在招呼先来的客人。不过，他很快就注意到了你，还转动着眼珠琢磨你得了什么病。

他站在高大的木柜台后，柜台上放着很大的杵和研钵，一个学徒正在头也不抬地研磨着什么东西，时不时可以听到动物骨头被磨碎的声音。台面上还有一本打开的收据（我们或可将其称为处方），上面污渍斑斑，笔迹谨慎而精确。店主个子很高，头上戴着一顶宽檐帽，头发从帽子下面钻出来，乱糟糟地披到肩上。他的脸上布满了皱纹，胡子一绺一绺的，能迅速挤出让人倍感安慰的笑容，就像戴着面具。

那位女顾客看起来30多岁，正值中年（当时富裕阶层女性的人均寿命约为35岁，但鉴于她已经从疾病和多次生产中幸存下来活到了这个岁数，应该有希望活到60岁。新生儿的未来则要黯淡得多，有大约四分之一的孩子活不到10岁）。

店主开口道："女士，您年轻又美貌，但美貌就像人心一样善变。请让我向您推荐这个。这种高级软膏，原料昂贵，但绝对可靠，绝对管用。请让我帮你在脸上抹一点，这儿。"（他从一个玻璃小瓶里倒出一点黄乎乎的液体，抹在那位女士脸上。）"供不应求，质量上乘！适用于各种皮肤问题，比别的药好得多，绝对称得上最佳产品。"

她照了照店家塞过来的镜子，看起来很满意，付钱离开了。药店主人满脸得意，学徒头也不抬地问他卖的是第一种还是第二种。店主回答："哦，第一种，灰狗嘘嘘，新鲜出品。"随后两人便窃笑起来。

店主盯着你，同时也很乐意让你欣赏一下柜台和架子上的各种长生不老药、呕吐蛋糕、药片袋子和其他医疗美容用品。但无论如何，你千万别花一个子儿。在一些17世纪中期的神秘药品面前，再大大咧咧、满不在乎的人也会恶心作呕。

就比方说刚刚那种软膏，它基本就是小狗的尿液，这是对付衰老的传统处方。出人意料的是，它在包括伊丽莎白·佩皮斯在内的中上阶层妇女中颇受欢迎，但这或许也在意料之内，因为大多数人并不关心其具体成分。1664 年 3 月 8 日，伊丽莎白的丈夫塞缪尔很不满，因为他的妻子根据他阿姨的建议，用了某种“小狗金水”，他的阿姨也用它来对抗自己“丑陋的面孔”。佩皮斯年仅 27 岁的妻子竟和他满脸皱纹的老阿姨用同一种护肤品，这显然让人难以接受。把小狗的尿涂在脸上绝对令人作呕，但人们相信尿有着神奇的祛皱功效，还能带给使用者像小狗一样的弹性和活力。而且，这种东西很容易从动物身上获得，算是无伤大雅。

不过，还有一些方子则显得鲜血淋漓。身为一位爱尔兰剧院经理和演员之妻的玛丽·道吉特有一本皮面精装的本子，里面抄录了数千个医药、美容和烹饪方子，她会在自己的茶点室或厨房中把它们调制出来，用以维护家人健康。这些方子可能是跟其他主妇交换得到的，可能是抄自某本公开出版的烹饪书，也可能是她小心翼翼保存的家庭秘方。其目的就是通过积极的尝试，掌握这些关于医疗、烹调和美容的一手知识，将自己塑造成一个全能主妇——或者按照 21 世纪的说法，一个家政女王。

她在“小狗金水”中写道：找一只小肥狗，连内脏带皮切成 4 块，然后加入 1 夸脱新鲜牛奶、2 夸脱白葡萄酒、4 只柠檬。在肉块里填充上事先准备好的 1 品脱“禁食期唾沫”和价值 6 便士、混合了玫瑰水的上好松节油，接着再把各种不知名的叶子撒上去。文火慢炖，再往锅里削几片苹果。关火后静置晾凉，之后就可以抹在脸上，放松休息了。下一次照镜子时你会发现自己重新焕发了青春，而小狗无疑为你奉献了生机活力。

让我们收回神思，你现在境况不妙，药店里只剩下你一人，这引起了店主的注意。他宣称自己35年的人生经验告诉他，你心情压抑、有抑郁倾向，而罪魁祸首正是伦敦街头的景象和瘟疫中倒毙在你身边的病人。他确信这场瘟疫出自上帝之手，任何抗争都徒劳无益。不过他也确信，你的抑郁是他能解决的。他继续说道，如果你曾听说过他们店新鲜酿造的燕灵水，就会知道它是种无副作用、疗效明显、用法简单的妙药。他的学徒也补充说这种药万无一失。店主又接着说，这种药供不应求，不仅可以洗涤你心中的烦闷，而且像天主教的预防药一样，可以战胜一切热病症状，包括胃部抽搐、胸闷窒息、感冒流涕及妇女的生育之苦。

店主把一些神奇药液倒入小瓶，再递给你。作为一个初次到访伦敦并被如此慷慨礼遇的人，你无论如何也不能拒绝这次免费试喝。你接过瓶子，感受到了店主深沉的注视。学徒终于停下手里的活计，抬头看着你。店主劝道："别怕，这会让你快活得像有无数只小燕子在愉悦啁啾，镜子也再不会映照出你难过的脸。喝吧！"

最好的办法是你真心地一口喝下含在嘴里，向店里的两个人鞠躬致谢后迅速冲出药店。一旦走出他们的视线，赶紧在大街上吐出药水（在17世纪的伦敦，在大街上吐东西完全不算失礼）。现在你可能已经知道那种药水含有某些味道不佳的成分，很快你就会知道那是什么了，但最要紧的还是得离开药店。

把药水吐出来以后，问问附近什么地方有水管。就算是被污染的水源，也值得用来洗掉嘴里的味道。

如果说燕灵水的方子并非出自招摇撞骗的江湖郎中或爱搞"发

明”的家庭妇女，而是源自凯瑟琳·拉内勒夫子爵夫人，你一定会觉得很有趣。子爵夫人是她那一代中最聪明的女性，跟塞缪尔·哈特利布的圈子有紧密联系（他们的成就领先于皇家学会），她还是杰出的科学家罗伯特·波义耳的姐姐并与他共用自己位于蓓尔美街宅邸中的实验室，她本人也是一位思路敏捷的实验员。如果她都相信这个方子——如果她不信，怎么会事无巨细地记录下来——那么其他人也会相信。

人们认为这是一种完美的治疗方案，可以治疗抑郁或其他精神疾病，比如癫痫、相思，还有由脑溢血引起的口齿不清。这个方子建议药剂师、医生或者家庭主妇走进森林，最好是在仲夏时分，找到出生后还没开始学飞的 40 或 50 只小燕子——药方写得非常清楚，要从来没有飞过的。

然后你得观察它们，确保它们的确未曾飞行，再把它们装进袋子里。把小燕子带回厨房，放进研钵中，“把它们连毛带骨地磨成肉酱”。鸟儿屠杀完毕之后，加两盎司的卡斯特来蒸馏这些肉酱（卡斯特是一种气味浓烈的红棕色油性黏稠物，一般提取自海狸的腹股沟囊），再加入 3 品脱的醋。完成所有工序后，每次给病人喝两三勺加了糖的“燕灵水”，就能看着他们重新焕发生机，面色恢复红润。这个药方的原理似乎是“偷走”小燕子的第一次飞翔，将其精华转移到药水中，然后让病患服用，以此唤回他们的精气神，就像初次展翅的雏鸟般朝气蓬勃。

其他治疗方案也同样会用到动物。在《打开王后的橱柜》（1665）一书中，亨莉埃塔·玛利亚皇太后（查理一世的天主教遗孀，1660 年回到伦敦）记录了一种“经过证实”能缓解牙痛的药方。只需要将煮过的野兔脑和蜂蜜黄油一起混合即可。要说缺点什么的话，可能就是配方中的蝾螈眼或青蛙趾了。

这些尚处于第一阶段的经验主义科学的产物是否真的比民间偏方要好？药剂师们辩解说，他们的做法有其特殊目的。比如，一个药方说可以把小野兔的尿滴进聋子的耳朵，帮助他们恢复听力，这可能是因为野兔长着标志性的大耳朵，也许还跟它们的名字有关[①]；狼长有利齿，因此有人建议用一块跟狼粪一起煎过的狼骨抵在酸痛的牙齿上，这“可以立竿见影地缓解牙痛”；母乳也被一而再、再而三地奉为治疗眼痛和侵入性眼盲的良药。另外，还有些药方提到，活活煮死的蜥蜴可以强壮神经，公牛的生殖器能提高生育能力。

事实上，一堆各不相同又互相矛盾的医学思想正混杂在 17 世纪中期的医学熔炉里。所有医学理论基础都建立在站不住脚的四体液说之上，这一理论来自古希腊，并在中世纪得以复活（历史学家通常十分乐见人们把重新认识的古代文明视作金科玉律，但在这里显然并不适用，因为它阻碍了科学的进步）。希腊医学家盖伦在公元 2 世纪提出，健康来自血液、黏液、黑胆汁和黄胆汁这四种体液的平衡。四体液说后来受到了医学化学的质疑。生活在 6 世纪的瑞士医生帕拉塞尔苏斯提出，疾病实际上是不同部位的病变（而不是体液不平衡引发的症状），应该用如硫黄、水银等有效的化学制剂来彻底祛除。

第三种主要的医学流派是带有传统迷信色彩的民间医学，例如咒语、符咒、护身符等。或许你认为这类疗法无法让人信服，其实

① “hare”（野兔）跟“hear”（听）发音相近。

不然。直言不讳、具有实践精神的塞缪尔·佩皮斯就在脖子上挂着一只兔子爪，用以防止腹绞痛。在佩皮斯眼里，魔法、宗教和科学的界限是相互交融的、学术意义上的。即使只有万分之一的希望能有效，人们也会尝试一下——能有什么坏处呢?

当你透过药店的窗子，看到药剂商人把毫无作用的药卖给焦虑的顾客，你也许会想，医疗机构怎能容忍有人出售这样无效且还有可能加剧病情的药?

瘟疫就是个好例子。我们现在知道，这种疾病是由鼠疫耶尔森菌引起的，这种病菌在1894年被发现，它依靠跳蚤传播，寄生在容易感染瘟疫的啮齿类动物身上，特别是黑鼠——欧洲的一种家鼠。寄主死后，携带病菌的跳蚤就需要找到新的恒温哺乳动物。它们一般会找另一只啮齿类动物，但在过度拥挤的肮脏环境下，它们的目标也可能是一个倒霉的人类。跳蚤弹跳力非凡，能跳很远。病菌会阻塞跳蚤的消化系统，当它们叮咬人类的胳膊或大腿时，会吐出带有病菌的血液，这很快就会感染到淋巴结。淋巴结控制人体免疫系统，一旦被感染就会引起淋巴发炎。在较为少见的情况下，病菌会进入肺部血管，带来更致命、传染性更强的肺鼠疫，与淋巴结感染不同，肺鼠疫可以在患者咳嗽和擤鼻涕时通过空气传染。

无以计数的香水、香丸、香包、酸性软膏、治疗粉药、威尼斯蜜、“龙水”和咀嚼烟草在治疗瘟疫的过程中有何奇效?一点都没有。这些由药店出售或在家中炮制的精致药剂——有的甚至包含20种成分——只能在疾病面前成为医学界无能的佐证，空留病患们在对病毒和细菌尚一无所知的时代苦苦挣扎、苟延残喘。不只瘟疫，如肺结核、天花等所有致命的疾病皆是如此。

离开药店之后，让我们沿着面包街走向皇后港。那个曾经繁盛一时的中世纪港口现在已经荒芜。叫一艘摆渡船去往上游的米尔福德台阶吧。是时候离开这里，去看一看这个大都会如何吞并西部郊区了。

难民之河

向泰晤士河上游望去，你会发现河上的摆渡船比莎士比亚和乔叟时代少多了，但向下游望去却是另一番景象。在沃平和拉特克利夫的船运郊区，可以看到数百艘船排成两三排浮在江上，沿着蜿蜒的泰晤士河延伸向格林尼治方向，其中包括驳船、摆渡船、单桅船、小渔船，还有船体更大的航海船。船夫告诉你，这方便了人们去往海滨。成千上万的家庭在河上安家，以躲避疾病，他们把稻草铺在船板上，将船帆改造成帐篷。不过，即使是这里，也未被瘟疫放过。船夫讲述起悲伤的故事，关于水手们如何在岸上染病后孤独死去，船只变成了他们的棺材，随河水漂流。还有人把家中逝者从船上扔到河里，有的有棺材，有的没有，亡魂就这样被冲上泥泞的泰晤士河岸。

由于要对外国商船执行严格的检疫措施，伦敦的港口此时已不再那样拥挤。作为伦敦经济命脉的泰晤士河现在仿佛已然凝滞，这番景象正在昭告天下这座国际都市的商贸活动已暂时中止。

船夫告诉你，即使伦敦只剩他一个人活着，他也不会抛弃自己的船桨，或放弃那些古老的习惯，比如跟其他摆渡人擦肩而过时的吆喝、招呼，又比如放风筝时惊得海鸥在空中鸣叫。在他扯着嗓子跟同伴打招呼时，请注意看看河畔。那儿有一长溜儿木造构架、泥沙修筑的房屋，从死人地一直排到萨瑟克高街西边，再到萨默塞特宫对岸的屋群。在更远的地方，草地、沼泽和牧场则一直延伸到肯辛顿和坎伯维尔的小村庄。尽管难以置信，但终有一日，这里也会被铅灰色的都市洪流吞并，而那就是未来的伦敦南部。你的小船快到米尔福德台阶了，把钱交给船夫时记得要祝他好运。

走上河岸，丹麦圣克莱门特教堂正在为逝者鸣钟，面露绝望的人从你身边经过，眼神游移，茫然四顾。

沿着米尔福德巷向前走，在你左手侧是阿伦德尔府建筑群。走过河岸区，穿过丹麦圣克莱门特教堂庭院，左转便到了威奇大街，它通往德鲁里巷。走到巷子的尽头就出了霍尔本和圣贾尔斯堂区，外面是恶臭冲天的贫民窟。除非找死，否则别往那边走，那里是伦敦的第二大感染区，仅排在墙外的圣贾尔斯堂区之后。很明显，圣贾尔斯这位隐士圣徒不太善于应付危机。你应该在朗埃克街左转，这里曾是圣马丁区和霍尔本之间的一条弯弯曲曲的乡间小路，经过修建，此时成了伦敦修理马车的最佳去处。贵族绅士阶层大都逃走了，很多马车被留在了城中，但车夫们已经把镀金的豪华交通工具换成了嘎吱作响的灵车。走上 10 分钟你就可以看到庄重的詹姆斯街，沿着这条路前行，很快就会来到一片开阔地区，商人们嘶哑的哭声正回荡在大街上。

划时代的广场

这里更大，人也更多，但是除了最近突然出现的那几栋壮丽的石筑大厦，比如白厅的宴会大厅和格林尼治王后宫，这里的样貌与62年前的威廉·莎士比亚时期并无二致。总的来说，这个地区街巷杂乱无章，岔路分支仿佛无穷无尽；教堂在烟熏火燎中变得乌漆墨黑，旁边还有破烂不堪的摊位；街上牲口横行，常常造成交通拥堵。伊尼戈·琼斯在他的大作中提到，与罗马、都灵和维也纳（以及之后巴洛克风格的里斯本和柏林）这些伟大的城市相比，伦敦仍然望尘莫及。这些城市的广场宏伟端庄，大路笔直如箭，街巷分布得井井有条，加上各种方尖碑和宽阔的林荫大道，一切都出自——同时也体现了——无上的王权。相比之下，熙来攘往、嘈杂喧嚣的伦敦自有一番生机勃勃的混乱，不过这样更好。

考文特花园——伦敦的第一个公众广场，正是你脚下这片土地——却与伦敦其他地区有所不同，甚至可以说别具新意。在21世纪的伦敦，广场极为罕见，但这里却是实验性大广场取得成功的一个明证。此时这里建成还不到30年，仍有一种崭新的感觉，未来它将展示出划时代的意义，因为伦敦的中西部此后不再是一片迷宫般的古老遗迹，而是雅致和谐、风姿绰约的时髦之地。

环顾四周，广场的北边和东边是三排雅致的联排建筑，带有同样的阳台和拱廊。建筑为砖砌，高四层，上面两层有宽大的平开窗。天窗从倾斜的屋顶上探出，拱廊下则是21英尺宽、铺着细石子的步道（相对于伦敦大多数地区粗糙的卵石路而言，这儿已经相当高级了），铺路的石子来自英国各地，耗资不菲。建筑外层覆以米黄色灰泥，看起来就像涂了一层做糕点用的杏仁膏，让人感觉时间永驻。由于德鲁里巷常常拥挤不堪，因此你也许只能扫一眼罗素街外林肯律师学院广场的西南角，你会发现自己被包围在层层建筑和南边贝德福德府坚固的花园围墙间。坐落于汉普斯特德和高门的两个村落在远处闪着微光，仿佛在召唤伦敦人去打场沙狐球，或干脆一鼓作气逃离这个被毒气笼罩的城市。

广场那边是新建成的朴素的圣保罗大教堂。这座古典主义风格的殿堂前廊矗立着爱奥尼亚式立柱，庭院里有一口朝向贝德福德街的大钟。18 世纪的美学家霍勒斯·沃波尔称圣保罗大教堂有一种内敛的美——在他的《英伦绘画轶事》（1762）一书中，贝德福德伯爵和伊尼戈·琼斯就关于圣保罗大教堂展开了一次对话。“我觉得这跟仓库差不多。”这位吝啬的伯爵说。琼斯回答：“要是这样的话，你就拥有英国最漂亮的仓库了。”（霍勒斯·沃波尔的家的确是这个国家最漂亮的建筑之一——草莓山庄，一座白得耀眼、俗气的哥特式建筑，位于特威南克。）

教堂两侧是两扇壮观的石门，通往教堂庭院，更外围则是两栋对称的无拱廊四层建筑，守在国王街和亨莉埃塔街的入口处。南面是贝德福德府的后花园，贝德福德府的前门面向河岸区。不过，说“后花园”可能不太确切，那是一大片绿地，约有三分之二个广场大小，其间树丛茂密，有一个精心打理的喷泉花园，还有一座可以俯瞰广场的露台。花园西侧是罗素街，街南边的尽头是一个更小、更私密的广场，周围是有着与大广场相似的带拱廊的建筑和小花园。

和 21 世纪人头攒动、变成宰客景点的考文特花园相比，现在你面前的花园还拥有宽阔壮丽的景观。一些看起来随时会倒下的木杆在此前 10 年间一直立在这里，围出了一片地作为市场区域。小贩们站在木架摊位和柳条筐之间，筐里堆满水果、蔬菜和鲜花，还有头顶果篮的女子穿行其间。由于瘟疫肆虐，这里并不像往常那样繁忙，但生活总要继续——毕竟大多数小贩迫于生计还要营业，他们没有钱逃到山上去，周围那些时髦宅邸的主人才有这样的财力。

小狗在周围跑来跑去，消磨时光，它们一会儿扑向西瓜，一会儿又在装满苹果的售货车车轮下横冲直撞；马车在广场的鹅卵石地上吱吱嘎嘎地走着；一群男孩踢着球到处跑；手拿白棍子的寡妇们手挽手走在一起，哀悼去世的丈夫；一个身披猩红斗篷的江湖游医钻来钻去，向人展示他荷包里满满的护身符和药瓶。此时江湖游医正在慢慢消失。在瘟疫蔓延的最初几个月，伦敦拥入了大量江湖郎中、占星师、算命师，这些狡猾的男男女女利用心存疑虑又惧怕瘟疫的迷信大众大发横财。跟他们的“疗法”比起来，连药剂师的治疗手段都可算是经验丰富。不过，自从瘟疫开始横扫城市，大部分“巫师”都发觉销声匿迹才是明智之举。他们跑回自己肮脏的住处，“对自己的命运也束手无策”，笛福挖苦说。

这里有很多有意思的东西。城市广场汇聚了世间百态，引人前来尽享城市生活的玄妙机缘和无限可能，去探索、去漫步、去消磨、去沉溺在大都会的人情世故中吧。考文特花园的成功证明，存在于意大利阳光普照的广场和法国优雅精致的广场上的热烈社交氛围，伦敦人也同样受用。

让我们在拱廊下走一走吧，只要你不惹麻烦，住户无权把你赶走，当然你也不会故意惹麻烦，而且你手里还拿着白棍子。要感受这一片区的独特魅力，这个地方真是再合适不过了。

要知道，你正在经过一个荒凉的盎格鲁-撒克逊人聚居区——隆登威克，我们在游历中世纪的威斯敏斯特时提到过它。它一直存续到 7 世纪，距离罗马人在公元 470 年荒弃的鬼城朗蒂尼亚姆大约有

1 英里。在古代英语中，“Lundenwic”（隆登威克）中的“wic”或者“wich”的意思都是人类聚居地，来自古斯堪的纳维亚语中的“vik”，意思是“海湾”或者“港口”。20 世纪的考古发现表明，朗蒂尼亚姆的地域范围从西部查令村的河流交汇处一直延伸到东部的舰队河岸。这一发现印证了尊者比德那晦涩的记述。在尊者比德写于 8 世纪的《英吉利教会史》中有这样一段诱人的描述：“一个大都市……人们纷纷从陆路、海路来到这个商业中心。”没有考古证据表明隆登威克这个商业中心位于朗蒂尼亚姆城内，不过它也可能位于较远的西部港口聚居区。现在看来，或许隆登威克最初只是一个营地，后来才变成了考文特花园，从街道名奥德维奇就能看出，奥德维奇的意思是“老港口”，它最早出现在 1211 年，1665 年前后被称为维奇街，并和特鲁里巷交会。这两条街原来可能就在营地东侧。

考文特花园地势较高，人们很容易忘记这一点。从这里往南走，横穿河岸街，你会经由高约 200 英尺的陡峭斜坡到达泥泞的泰晤士河岸边。然而，在面对维京人的进攻时，隆登威克简直不堪一击，经历了 9 世纪后期的猛攻（维京人 871 年占领了朗蒂尼亚姆的周围地区，阿尔弗雷德大帝在 886 年收复了失地）后，隆登威克前景黯淡，日渐荒废，后来被称为伊尔德威克（意为“老港”），又在 1211 年时被称为奥德维奇。

当你漫步在伦敦这些最有格调的宅邸间时，想象一下一列战舰在舰队河靠岸，维京人手持战斧蜂拥而出。他们呼啸着奔向隆登威克，女人和孩子的尖叫回荡在旷野中，躲藏在茅屋陋室中的男人在顷刻间就被入侵者烧成焦炭。

到了 10 世纪，伊尔德威克成了威斯敏斯特圣彼得修道院的财产。僧侣们把这里变成了果园、耕地和牧场（不知为何，这片地区沿用了更为古老的“Covent”，即考文特，这个称呼，而不是较现代的“Convent”，即康文特，这让塞缪尔·佩皮斯等人倍感困惑，他们直接将其称为“公共花园”）。在解散修道院运动之后，这块土地被归入皇室，继而又于1552年交到了首任贝德福德伯爵约翰·罗素手上，他的继任者第三任伯爵在河岸街北边修建起一栋带角楼和马厩的豪华宅邸。1613年，他又在宅地和花园周围修起了围墙，把以前修道院的20英亩土地围在其中，规划出了伦敦第一片经过精心布局的郊区（与之相对的是威斯敏斯特与伦敦城之间自然形成的郊区）。

让精英阶层住在远离脏乱差城区的好处逐渐显现，雄心勃勃的第四任贝德福德伯爵慷慨解囊，斥资2000英镑申请建造“绅士和人才宜居地”（这项计划尽管有悖皇家政策，但却能为空空如也的国库雪中送炭）。在查理一世的首肯下，杰出的皇家工程师伊尼戈·琼斯也参与到了这项计划中。他曾长期旅居意大利，被文艺复兴时期追求和谐、比例和对称的美学思想深深吸引，而在威尼斯由帕多瓦建筑师安德烈亚·帕拉第奥操刀的建筑设计中，这种美学思想得到了完美诠释。考文特花园正是依照帕拉第奥的想法布局的。当一座城市沿街满是样式笨拙、嘎吱作响的木房时，要以平整的网格布局建一个中央广场，周围是设计一致的排屋和宽敞的街道，无疑是个十分前卫的想法。

不出伯爵所料，上流社会纷纷离开河岸街和老城，拥入考文特花园广场和周围的街道中，而这些街道的名字——亨莉埃塔街、国王街、詹姆斯街、钱多斯街——亦反映了它们与贵族阶层的关系。跟权贵们位于乡间的豪宅大院相比，住进伊尼戈设计的排屋似乎是有点降贵纡尊，但这体现了真正的格调！这些排屋高四层，拱廊下有地下室，另外还有马车房、马厩和后面的两个厨房，一条地下排水沟穿过河岸街直通泰晤士河。附近的高级街区也出现了一些新鲜事物——覆满藤蔓植物的阳台，在这样的阳台上向乘马车经过的权贵挥手致意，别有一番情调。这里最早的住户包括三位伯爵，到了17世纪70年代，这里已经住有七位贵族及一些富商。难怪这17栋带廊柱的房子年租金高达150英镑（同样的价钱足以买下6匹拉车的马或3辆马车）。由于脱离了“寒酸的庭院和小巷”，这里呈现出一种不会被穷人“玷污”、纤尘不染的意式美景。

教堂庭院旁边的三条街组成了一个高档商业区，这里出售丝绸、天鹅绒、蕾丝和亚麻布，以确保权贵们能在宫廷或舞厅里衣着得体、光鲜靓丽。一时之间，考文特花园在奢华考究方面登峰造极，其富庶与超然堪比21世纪的梅菲尔、贝尔格莱维亚和肯辛顿。

然而，在建成不过30年后，考文特花园就开始为保持其体面苦苦挣扎。首先，这里没有修完——最初的规划是要在广场周围建造带廊柱的排屋，排屋中间的一处空缺则建成教堂，以实现意大利式的和谐统一。但后来只建成了17栋豪华排屋，分布在广场北边和东边的街道上。一位18世纪的历史学家曾激动地说，考文特花园“毋庸置疑是全宇宙最精致的花园”，但这些未能按计划建满的排屋却让它平添遗憾。

第五任贝德福德伯爵决定在广场中央引入一个与周围环境格格不入的鲜花水果蔬菜市场，目的是收入最大化。不过，他多少有些想岔了，终究事与愿违。在内战和克伦威尔护国时期之后，皇室成员和上流社会向伦敦回流。考文特花园面临着来自东部、北部，尤其是西部的仿建广场的挑战。1641 年，林肯律师学院广场出现了大量联排砖房（虽然这个地区臭名昭著），而布卢姆斯伯里广场的第一份租约签署于 1661 年，约翰·伊夫林说这里是“一个高雅广场，一个小型城镇”。1663 年，塞缪尔·佩皮斯提到“圣詹姆斯的建筑……快要完成”，指的就是超级精英汇集的圣詹姆斯广场，它的未来住户是英国社会精英中的精英，他们就住在这里——国王最喜欢的宫殿附近。

还有一些广场没有建成。如果你离开大广场，沿国王街向圣马丁巷走去，大约 12 分钟后就会置身于一片露天区域，周围建有风车，牛粪遍地，苍蝇乱飞。由此一直走下去就是莱斯特屋，它在 17 世纪 70 年代会被并入莱斯特广场，在你右侧几英里之外的那片绿地则会在 17 世纪 80 年代变成苏荷广场。在接下来的 20 年间，伦敦西区的轮廓将渐渐显露。

“上帝给你们一张脸，你们又替自己另造一张”

当你在考文特花园和城区闲逛时，会看到几张“涂抹过”的脸——不仅是那些衣着考究的权贵，水果小贩、商铺店主、妓女和丑妇可能都画着粗陋的妆容。当然，也有人要用化妆来掩盖病状。回顾一下莎士比亚时代的伦敦，也许你会想起，在环球剧院上层包厢和齐普赛街商店橱窗里那些苍白的面孔、烈焰般的红发和涂满脂粉的双颊。在政治场上干练十足的伊丽莎白女王也是个美妆爱好者，沉迷于通过化妆掩饰岁月在脸上留下的痕迹。

美妆一词涵盖了所有可以用来提升个人外表的物品，比如粉、香水、油彩、脸妆和染发剂。人们对于美妆争议不断，这样的情况直至这个时代才有所改变。在《哈姆雷特》中，丹麦王子向奥利维亚怒吼道："上帝给你们一张脸，你们又替自己另造一张。"这也正是台下大部分观众的想法。大量类似托马斯·图克的《反对化妆和酊剂条约》（1616）的小册子对使用化妆品的人大加斥责。图克认为，化妆就相当于用拙劣的笔法修改上帝的创造，如同一个二流画手在真正的大师之作上涂鸦。化妆还会让人堕落，因为她们会吸引好色之徒的目光。而且，化妆也意味着虚伪与自欺，其中所含的异国成分更是不够爱国的象征。这些小册子有一个共同的主题，即化妆是对男权的冒犯，被冒犯的对象包括父亲、丈夫甚至上帝。

尽管这个时代还有人持这样的观点，塞缪尔·佩皮斯就曾犀利地评价他的表姐妹"长得很美，但脸上的胭脂让我厌恶"，但人们的态度开始逐渐软化。在17世纪末，问答类杂志《雅典信使报》（有点像17世纪的谷歌）就称，不管《圣经》和"软弱的人们"如何看待这个问题，化妆其实"实用而无害"。这样的观点转变在很大程度上是拜查理二世所赐。在他的带领下，那些放荡的朝臣，尤其是女士们，开始无所顾忌地涂脂抹粉、喷洒香水，与清教徒统治下的英联邦认可的价值观形成了强烈反差，清教徒们早在1650年就将"化妆"和"女性的不得体着装"视为非法。

但是，随着中世纪以来中产阶级财富的积累，人们日益渴望获得更高的社会地位和生活水平，崛起的"城镇"（伦敦城和威斯敏斯特之间兴起的时髦地区）成了贵族和上流社会展示的舞台，化妆品贸易蓬勃发展的时机已然成熟。

不要以为让女人在外貌方面拥有更多的自主权，就等同于赋予她们更大的权利。男人勉强接受化妆，不过是为了能让女性进一步迎合男权社会审美下的“女性之美”。通常，男人希望他们的女人看起来就像是波提切利画作中苍白、轻盈、凹凸有致的女子。正如研究莎士比亚的专家法拉·卡里姆-库伯生动描述的那般，她们应该有“灿若繁星或太阳的美目；仿佛珊瑚、朱砂、红宝石一般的嘴唇；面颊如月，肤若凝脂，面色有如百合混合着玫瑰，有一种金银闪烁般的光泽，肤质胜似奶油或牛奶；胸脯上的血管仿若蓝色细流；皓齿应如珍珠或象牙般洁白”。

到了17世纪60年代，人们对浓妆的态度更为开放。你会发现这时候的时尚十分崇尚强烈的对比：嘴唇要猩红，眼睛要夺人，眉毛要漆黑。绅士们希望女性有健康的圆脸庞、黑色或棕色的头发（红发已经过时）。另外，你会惊讶地发现，双下巴也是个加分项。

如果你是一位女性，想要赶一赶考文特花园的时髦，可以按照下面的方法去做。首先，找一家药店。17世纪时，人们认为一个人的外表能反映其内在的健康（甚至道德），因此药店里摆放着各种美容产品，此后的时代也是如此。先来选择一款白色粉底，可以问问有没有基底厚重、富有光泽的威尼斯粉。用指尖将粉轻轻在双颊上晕开，然后再加一点樱桃红或朱砂色的胭脂。这会让你显得粉面含羞，在男人眼中娇媚柔顺、风情万种，还能掩盖雀斑和痣。你的眼睛应该看起来清澈而慵懒，因此要用一点贝拉多娜滴眼液散瞳。至于嘴唇，要用果汁或碾碎的胭脂虫涂上红色（社会较底层的人则会用粗糙的白粉、干巴巴的胭脂，用油乎乎的布给脸蛋抹上赭红色）。

当心，打扮停当后，如果有男人在柱廊下向你脱帽致敬，不要对他微笑。不要让你如搪瓷珐琅般美好的妆容功亏一篑，让人注意到刚化过妆会带来极度的尴尬和羞辱。1662 年 6 月，荷兰画家威乐姆·谢林克和众人一起去观赏皇室成员宴飨。他回忆说，凯瑟琳王后突然冲出宴会大厅，脸上的化妆品已在向下流。同样，切记不要被雨淋到，也别离街上的篝火太近（别人这样做是为了预防瘟疫），否则你很快就会看起来像一个在噩梦中哭泣的小丑。

可能你会想，太好了，咱们试试吧。不过，动手之前请再考虑一下你到底要对自己的脸做些什么。威尼斯粉是用白色铅粉混合蛋清、醋制成的；红色胭脂含有硫化汞；贝拉多娜这个名字掩饰了其中的成分——有毒的颠茄。铅会使你的头发稀疏脱落，牙齿松动，产生口臭，面色青黄，最终还会摧毁你的肺。水银同样有毒，不过药剂商会告诉你其毒性可以通过与柠檬汁、盐和苦杏仁混合而得到中和。当这种物质灼烧你的皮肤，毒害你的牙龈，让你牙齿脱落，皮肤糙如树皮时，药剂商们的“保证”就会不攻自破。贝拉多娜滴眼液滴得太多会让人最终瞎掉，完全适得其反。

讽刺的是，化妆终将伤害一个人天生的美丽。人们真应该听听卫道士的警告，事实与劝诫的不同之处仅仅在于，化妆伤害的是一个人的脸庞，而不是灵魂。涂脂抹粉的最终代价是天生丽质的枯朽。不过，就算你的脸因为有毒的化妆品、梅毒或天花受损，并且变得坑坑洼洼，也还有一种新潮的解决办法。

“睁眼就贴美人斑”：美人斑的奥秘

在考文特花园东侧，罗素街口的广场人头攒动，一个英俊的男子站在那儿，他有着卷曲的长发，满月般的面孔，面孔白得不太自然，很明显是涂了铅粉。他的脖子上挂着一个大大的篮子，手里拿着威尼斯风格的面具和扇子。走近点看，你会吓一大跳。他的脸上好像布满了恶疾留下的痕迹，又或是爬满了小虫或蚂蟥。不过，他看起来很平静，正对着人群叫卖。再走近一点，你会发现他的脸上并没有虫子，不过是形状各异、不同大小的黑色贴片。从他歪头的方式和在脸颊周围舞动的双手来看，他很明显是在展示脸上的商品。这是 21 世纪很少见到的一种化妆用品，只有在怪异的音乐节、万圣节和个别走秀舞台上可以看到。

“在英国，老的、小的、美的、丑的，所有人一睁眼就要贴美人斑。我常在一些年逾古稀的老妇那黑黢黢的皱脸上数出 15 片美人斑，当然实际上可能比这更多。”这是一个法国游客看到的景象（这其实更多地发生在 18 世纪初，不过在 17 世纪 60 年代也是一样）。人们上一次这样普遍地使用美人斑还是在罗马时期的伦敦，到了 16 世纪，人们开始用这种东西来缓解牙疼。现在，美人斑进入了女性时尚领域，男人则没有那么常用，虽然街头小贩们很喜欢这种东西。你可以走近那个小贩好好看看，再大加赞扬一番，他不会介意的。

他的左脸贴了一片星星，右脸是一轮新月，下嘴唇边则是一只蝴蝶，不过最引人注目的还是额头中央狰狞的骷髅。这些美人斑由黑色塔夫绸或其他精细的丝绸、天鹅绒和软薄的皮革制成（如果太穷，则可能会用纸质或鼠皮贴片），然后用乳香胶（由树木汁液制成的一种胶水）贴在脸上。看看他的篮子，你会发现还有别的形状，比如钻石、太阳、蠕虫、马车、鸽子、丘比特、树木和名人剪影。

当然了，贴得越多，越要减少面部动作和表情。为了防止“星星”陨落，上层女性会随身带一个金质或银质小盒，里面装有备用的美人斑，盒盖上还有镜子。

有人讽刺这些美人斑像是疮疤、猫抓痕、污点、褥疮或虫子，也许你也认同这一点，但大多数人觉得黑色的贴片能反衬出皮肤的白皙，并且让表情生动起来。从眼角开始贴一排逐个变小的月亮贴片非常流行，它让眼睛看起来更大，而在嘴边贴几颗闪亮的星星则会让笑容增加几分俏皮。更重要的是，脸上美人斑的位置能传达出某种特别的含义，17 世纪的几本妇女手册对此都有说明。

时尚潮流瞬息万变，根据一位时尚界权威人士的看法，嘴边的美人斑意味着“我可以属于你”；太阳穴上的一颗心表示“我才智过人，搭讪前请三思”；左颊的心形贴片是说“我已经订婚了”，右脸上则是“我结婚了”；前额上的美人斑意为“我属于上层社会”；鼻子上的说明“我很狂野”；下嘴唇的则表示“你可以相信我”。嘴边的美人斑意味着此人喜欢说长道短，不知为何有人要传递这样的信息，人们肯定会因此绕道而行。这样的美人斑指南到底有多大的讽刺意味，历史学家也很难判定，但你可以自行去发现。不妨在鼻子和唇边贴上几片，看看男人们是否会围过来。

不要以为美人斑只是虚荣，有时当你望向镜中，它们还会令你深思。比方，星星会让你看到自己的抱负，激发思想；小飞虫会提醒你思想之迅捷、生命之短暂；蠕虫意味着死亡和不可避免的衰老，这跟我们现在对化妆的想法截然相反，现在的化妆品是用来掩盖岁月痕迹的存在。在这一点上，美人斑跟具有死亡象征意义的物品一样，有着类似的作用。

但也别太在意这些意义，因为美人斑同时也是一种用来遮掩天花造成的面容残缺的理想手段。或许是 18 世纪末引入的天花疫苗，才终于让美人斑在历史的舞台上谢幕。

昙花一现的橙子姑娘

离开小贩后走上罗素街，穿过弓形巷，在下一个路口右转，就到了桥街。在这儿可以找到一条不到 10 英尺宽的窄巷，它会引领你走到一座大型多边形建筑前，它的圆顶闪闪发光，四周被房屋环绕。那就是皇家剧院，此时距离建成不过两年，但由于瘟疫，它从 6 月起就关门了。

莎士比亚时期的伦敦拥有戏剧自由市场，十多家剧院轮番上演各类剧作。在查理二世复辟时期，国王本身就是个戏剧迷，他将公共剧院的联合垄断权授予了大臣托马斯·基利格鲁（后来负责国王剧团）和宫廷诗人威廉·戴夫南特（负责公爵剧团）。他们之间有一个君子协定，在彼此的地盘上互不打扰。在清教徒抵制剧院、禁止在斗兽场屠杀公牛、斗熊之后，剧院的回归大受欢迎。但要做到尽善尽美总需要一些时间。塞缪尔·佩皮斯在 1661 年 3 月造访了克拉肯威尔的红牛露天剧场，观看了一场观众寥寥、表演差劲的《在欲望中迷失》。演员唱错了调，在众目睽睽之下被师父痛打，让观众不亦乐乎。到了 1663 年，公爵剧团已经开始在林肯律师学院一个用网球场改造的剧场演出，国王剧团的剧场则是专门建造的皇家剧院。

由于查理二世常来造访，而且皇家剧院实行贵族式管理、容量也相对较小（它只有 700 个座位，而环球剧场可容纳 3000 人），因此与早期的河畔剧院相比，这里对观众的社会等级把控更严，没有臭烘烘的穷人挤在周围。大厅中的一排排座椅上铺着台球桌用的绿色呢料，供体面人士安坐，仆人和小贩会被安排到三层。不过，这栋漂亮建筑抵抗恶劣天气的能力还有待提高。一次，佩皮斯跟妻子不得不在演出进行到一半时离开，因为玻璃圆顶出现了裂缝，冰雹砸到了观众席上。

如果你有幸造访皇家剧院，会发现这里跟莎士比亚时期伦敦的剧院有三个明显的不同之处。首先，舞台前有大跨度拱券，这在一定程度上强化了台下观众和台上虚拟世界之间的界线，缩小了两个世界发生互动的范围。其次，这一逃避现实主义的新元素通过色彩鲜艳的可移动布景得到了增强，这一点深受 17 世纪初詹姆斯一世和查理一世时期制作精良的戏剧面具的影响，能让坐在河岸区看戏的观众们仿佛瞬间置身于西西里。最后一点不同就是女演员的出现，她们逐渐取代了在莎士比亚时期饰演女角的男孩演员。

这一点具有革命性意义。在查理一世统治时期，法国女演员在黑衣修士剧院进行访问演出时，曾招致强烈不满。清教徒威廉·普林将她们形容为“怪物……丢人，不像女人，低俗”。另一个心怀反感的亲历者如是写道：“我得说我很高兴看到她们被嘘、被骂、被砸果子轰下舞台。”在这个方面，英国远远落后于欧洲大陆。法国的第一个女演员出现在 1545 年（不过，直到 1610 年女演员才变得普遍），罗马是 1565 年，意大利则是 1578 年。查理二世流亡欧洲时很喜欢观看女性演员的表演，认为应将这种演出形式带回英国。就那些禁欲主义清教徒针对纵欲朝廷的大肆指责而言，这也是一种强有力的反击。在颁给托马斯·基利格鲁的许可中，查理二世机智地将女演员的合法化变为了一项针对男孩演员遭受了“可耻而粗暴”的虐待而进行的改革。

大约五年前，舞台上出现了第一位女性演员（有酬劳的世俗演出，而不是戴着宫廷面具的宗教性表演），在维拉街剧院出演《奥赛罗》的苔丝狄蒙娜一角。她既不是玛格丽特·修斯，也不是安·马歇尔，历史记载模糊不清。之后女演员层出不穷，其中赫赫有名的一位名叫伊丽莎白·巴利，她经由艳情诗人罗切斯特伯爵调教，在悲剧演出中大放异彩。女性剧作家极为罕见，不过，男性作家们踊跃地将女性角色塞进了熨帖合身的男装中。这种突出展示女性大腿和脚踝的“裤装角色”让观众大饱眼福、趋之若鹜。你可能还会看到沙发床，着装极少的女演员在上面玉体横陈。另外，还有更让人忧心的强奸情节。这既能使男性观众享受与性有关的场景，又不会侵害女性角色以及女性演员的操守。尽管女性在从前由男性主导的戏剧领域中占有了一席之地，但女权主义评论家还是很难相信这真的是赋予女性权利，因为受限于男性形象，女性形象事实上仍然象征着男权的支配。

女演员内尔·格温是一颗冉冉升起的明星。她有个开妓院的酒鬼老爹，在考文特花园的下层环境中长大，跟很多女性一样，她的演出生涯也始于在皇家剧院卖橙子。除了卖6便士一包的橙子，橙子姑娘们还为观众中的浪荡子和后台的女演员们拉皮条，为此她们得具备一定的智慧、懂暗语、解风情。内尔（这是“艾莉诺”一名的简称）刚刚成为托马斯·基利格鲁剧团的一员。这年3月，她出演了第一个角色，在德赖登的《印第安皇帝》中饰演阿兹特克皇帝蒙特祖玛的女儿，她爱上了殖民者赫尔南·科尔蒂斯。佩皮斯称她为“聪明可人的内尔”，在其后短暂而充实的七年中，她成为极具魅力、广受尊崇的喜剧明星。（桥街的女演员们都是花花公子竞相追逐的对象，内尔·格温也不例外，最终她引起了沉溺女色的查理二世的注意。与她的美貌相比，国王之前的情妇卡瑟梅夫人和另外一位女演员摩尔·戴维斯都相形见绌。根据不知名人士的说法，内尔·格温曾在戴维斯跟国王幽会之前往她的蛋糕中偷偷下了泻药，不过这也有可能是杜撰的故事。总之，内尔无可争议地成了国王的新宠，后来还给他生了两个儿子，被国王的新法国情妇取代之后，国王还赐予她一栋位于蓓尔美街的豪华宅邸。）

大众喜欢灰姑娘的故事，之后流传的很多趣闻轶事也都是关于内尔与国王的情事，并尤为突出她的机智和狡黠。有一个故事讲的是他们如何相遇。在其中一个版本中，查理二世发现了相邻包厢中的内尔，开始与她调情。随后，国王和他的弟弟，未来的詹姆斯二世，就带着内尔和她的朋友低调地去饭馆吃饭。结账时国王两兄弟都没有带钱，只好由内尔来买单，她边掏钱边模仿国王演讲的口吻说："老天爷！这可真是我出席过的最寒酸的局啦！"还有一个故事讲的是查理二世第一次见到他的私生子。内尔故意说："来啊，你这个小杂种，来跟爸爸打招呼。"查理二世表示抗议，内尔顶了回去："陛下并没有告诉我该怎么叫他啊。"他们的两个私生子后来成为布尔福德伯爵和黑丁顿男爵。查理二世在临死之前还告诉弟弟："别让可怜的内尔饿着。"詹姆斯二世遵从了他的指示，为内尔偿还债务，还给她抚恤金。她最终并未落魄地老去，而是在 1678 年年满 37 岁时，在她位于蓓尔美街的宅邸中由于中风香消玉殒。这位被佩皮斯称为"大胆而欢乐的荡妇"的人间碧玉，堪称伦敦第一批真正的名流，她的面容在 21 世纪仍然出现在考文特花园饭馆的招牌上。

内尔给新门监狱穷苦的囚犯们留下了一大笔遗产，她姐姐曾因偷窃入狱。而新门监狱正是我们的下一站，来，我们先沿着德鲁里巷走到高霍尔本街。

诸神之饮

内尔·格温第一次登台演出扮演的是阿兹特克国王的女儿，而正是被西班牙征服者攻陷的阿兹特克将巧克力引进了欧洲。在塞缪尔·佩皮斯时代的伦敦，巧克力跟咖啡、茶叶一样，都是绝对的新鲜事物。向新门监狱走，你会经过藤蔓小馆，就在左手边国王街后方的猎鹰标志旁。不妨在此暂停下脚步，因为这里是1652年巧克力第一次公开出售的地方。

1585年，第一艘装载着可可豆的商船从新世界到达欧洲，到17世纪初，可可豆已经横扫巴洛克时代的欧洲宫廷、华府和修道院，成了上流社会的标志。阿兹特克人通常喝凉的巧克力，调味品包括灼热的辣椒、香草，有时还混有献祭奴隶的血。西班牙人一开始认为这种饮料“只能喂猪，人不能喝”，但它很快就在欧洲的权贵圈中掀起了狂热，喝法也变得文雅起来。人们开始喝加了肉桂的甜味热巧；西班牙人杰罗米诺·派普尔尼盛赞巧克力为“非凡的天赐饮品，是星辰之液、生命之种、圣露琼浆、诸神之饮”。

有一本宣传这种饮料的小广告标题为“巧克力/印第安饮料”，它从西班牙文翻译而来，称颂这种饮料的医疗功效，还宣称一个住在霍尔本藤蔓小馆、名叫约翰·道金斯的人早在1652年就“以合理的价格”出售巧克力。同年，所谓的“穆罕默德苦粥”（咖啡）也出现在康希尔区圣米迦勒教堂庭院附近乱糟糟的街巷中，通过小摊分发给大众。距离此时 8 年前，一份报纸报道说公众可以从一个法国人那里购买、饮用并学习制作一种被称为巧克力的“优质西印度饮料”，而这个法国人也是“第一个在英国出售巧克力的人，他的巧克力店铺就藏在主教门大街外的女王头小巷中，靠近格雷沙姆学院”。在塞缪尔·佩皮斯看来，巧克力对于治疗宿醉具有奇效。他在查理二世纵酒狂欢的加冕典礼第二天，发现自己头痛欲裂，喝下一杯巧克力后才得以舒缓。如果道金斯先生还在藤蔓小馆附近分发巧克力试饮，你也可以去要上一杯。你会得到一杯浓稠、醇厚、香气四溢、富有异国情调的饮品。没有加牛奶和糖的巧克力有点苦，而且，如果他非常重视正统、严格遵守从圣保罗大教堂摊子上买来的食谱，那这杯饮料里还会添加各种异域香料，如肉桂、丁香、印度胡椒、香草、麝香甚至龙涎香。无论如何，这样精心调制的饮料，会让 21 世纪伦敦众多咖啡馆或饭馆里那些掺奶、多水的速溶热巧克力望尘莫及。

不过，在伦敦这样没有喝非酒精热饮传统的城市里，仍需要劝说人们去尝试这种新奇事物。于是一场宣传运动就此展开，有人声称巧克力有包治百病的神效，跟都铎王朝时期对烟草的宣传如出一辙。宣传中最为人津津乐道的是，这种饮料可以让人重返青春，提高生育能力、令人“性”趣盎然。说辞称，“女人只要喝上一口巧克力，就可以重返青春年华，重塑鲜活肌体，重新欲求满满”，还有，把咖啡油抹在睾丸上可以让人“像雄狮般强壮”“像松鼠般灵敏”“像跳蚤般活跃”，并且“在这种饮品的精华作用下像鳗鱼一样生机勃勃”，让异性对你无法抗拒。这种没什么科学依据的说法，今天仍被巧克力公司反复提及，尤其是在情人节时。跟巴黎或马德里不同，在伦敦，巧克力饮品并不局限于精英阶层，在咖啡馆中也很普及，但由于它相对较贵，又不含太多咖啡因，因此其消费量并不如咖啡。直到 17 世纪后期，在圣詹姆斯一些上层社区中自封的超精英巧克力店才开始出现并蓬勃发展。

现在，我们的旅途还要继续。我们要去一个地方，在那儿咖啡或巧克力这样的奢侈品只会出现在人们的白日梦里。从霍尔本继续向前，经过臭气熏天的舰队河上的霍尔本桥，爬上雪丘，便是通向新门监狱的路。

新门监狱

伦敦是一座监狱之城，尤其是按照欧洲的标准来看。在 1623 年出版的《监狱和狱卒的赞美和优点》一书中，沃特诗人约翰·泰勒历数了不少于 18 所伦敦监狱，包括舰队监狱（伦敦最古老的监狱，1170 年首次出现在文字记录中，在 17 世纪成了关押欠债人的地下密牢），位于萨瑟克区的温彻斯特主教管辖区的克林克监狱（主要关押酒鬼、异教徒和不忠于皇家的人），以及齐普赛街上狭窄、老鼠横行的伯特利监狱（为同性恋、流浪汉和冒犯长官的离经叛道者而设）等。

新门监狱是其中最为声名狼藉的一个。进去之前，请看看你左手边的圣墓教堂，它的名字在语义上和死亡、埋葬相关，建在这里真是再合适不过。在行刑日的早上，当钟敲过 12 下，马车便拖着囚犯从候刑地走向压迫场。在去往泰伯恩刑场的路上，囚犯被倒着拖行，头就在马屁股下方。人们纷纷从窗子探出上半身或站在门外观看。经过圣墓教堂时，马车会稍作停留，由教堂司事为这些“钟声为其敲响的人”进行冗长的祷告。这时候，囚犯们可能已经对司事的声音无比厌烦，因为这些司事常常在半夜突然出现在牢房外，毁掉他们的一夜好眠，催促他们忏悔。不过，囚犯们仍然可以期待在前往刑场途中路过的两家酒馆前停一下，要一杯喝的镇定神经。他们通常还会冲着酒馆内的客人嚷：“等我回来再请你一杯！”

新门监狱就在面前，守卫着城市入口，从人们还有记忆的久远时期开始，它就和痛苦、绝望以及肉体折磨联系在了一起。这是第二代新门监狱，建于 15 世纪，建造资金来自市长狄克·惠廷顿的慷慨捐赠，因此也称为惠特监狱（The Whit，源于惠廷顿的姓氏“Whittington”）。惠廷顿是一个传奇人物，据说他的猫为他带来了大笔财富，这个故事广为流传。“新门监狱中令人发指的腐臭空气”令他感到震惊，他认为那让“很多不该死去的人失去了生命”。然而，200 多年之后，这里的腐臭犹胜于前，在 17—18 世纪的记录中，这里被描述为“悲惨绝望的巢穴”“暴力的深渊”，以及“但丁构想的地狱”。

够胆的话，继续前行吧。

你不用太担心。跟伦敦其他地方一样，新门监狱干的也是挣钱的营生。监狱长从伦敦市政部门那里买下了这个位置，然后狱卒们再从他手里买份差事。因此，若能从来访者身上看到任何赚钱的机会，所有监狱成员都会猛扑过去，即使来访的只是像你这样有着病态好奇心的游客也是一样。只要多给点小费，监狱长和他的下属们一定会很乐意为你大开方便之门。

新门监狱里最悲惨的角落就是死刑犯候刑区，他们在这里等候着绞刑架的召唤（这只是打个比方，其实他们只是站在囚车上，囚车会被突然撤走，留下犯人悬在空中挣扎）。这是你最先走过的屋子中的一间——其实是地牢，又暗又脏。一扇窄小的窗户上装着粗铁条，阳光从这里投进怜悯的一瞥。牢房四面是光秃秃的石墙，没有遮盖的下水道穿过这间幽闭的牢房，通向舰队河。三年前，一个犯人这样描述："这里没有椅子、小凳，甚至连根棍儿都没有，人们瘫在地上，状如猪狗，堆在一起呼号、怒吼，简直比死亡更令我胆寒。"不管是新进来的囚徒，还是已经待了很久的行尸走肉，所有人都戴着脚镣。

如果你是新来的，那么你的手和脚都会被铐上，脖子上也会被套上铁圈，有时这些镣铐还连着墙上的链子或被固定在地上。你的腿可能被装上高跷，走不了几步就会摔倒。他们会先拿走你的行动自由，再剥夺你的人身尊严。有的重罪犯在整个服刑期都要戴着镣铐，但一些欠债的人或者其他犯人则可以花钱换成轻一点的链子，甚至脱去全部镣铐。1708 年因抢劫罪被判死刑的约翰·豪尔称，这在多种从囚犯的眼泪里厚颜无耻地榨取金钱的方法中排名第一。牢房里密不透风，弥漫着让人痛苦的恶臭。

牢房的一角是一扇装有尖刺的门，门下方有一个小小的洞口，由此可以听到前来探视的亲友的声音。在囚犯临死前的最后一夜，他们或许渴望平静的梦能包裹自己，舒缓一下神经，但没人有这样的运气。在漆黑的午夜，圣墓教堂的司事会摇响声音刺耳的铃铛，背诵起这首诗：

你们所有罪人都要躺下
准备好，明天前往绞架

留神祈祷：时间越来越近
在你面前，上帝必将来临
反省自己，用时间来悔过
也许就不会受地狱之火
明天，当圣墓教堂的钟声传出
你的灵魂终会得到宽恕

你马上就会看到监狱中最邪恶的地方，它有一个非正式称呼——“刽子手的厨房”，那是一个和死囚牢连通的小房间。还记得莎士比亚时期的伦敦在伦敦桥上示众的叛国者的头颅吗？就是在这里，在这个黑暗潮湿的低矮房间里，他们的尸体被肢解，头颅被煮得半熟，最后挑在城中各处的铁杆上。1660 年，查理二世复辟，之后他找到了报复那些 1648 年策划处死他父亲的弑君者们最残酷的方法。从那以后，这里就源源不断地有新鲜尸块被送进来。

托马斯·埃尔伍德是一个异见论者，1662 年，他的朋友约翰·弥尔顿因拒绝向复辟国王宣誓效忠被监禁于此。因此，埃尔伍德本人获得了一次机会，近距离观察一些英国共和主义领军人物的下场。他写道：“我们一到新门监狱，就看到地上放着……三个男人被肢解的尸体，他们几天前因为或真或假的阴谋被处决。”接下来他写道：

我看到那些被煮过的头颅，刽子手将它们堆在不知从哪儿找来的肮脏垃圾筐里，放在那些重罪犯之间。刽子手和犯人们拿它们取乐。（他）抓起头颅上的头发，侮辱、嘲笑它们，然后给它们起恶心的名字，拍打其耳朵和脸颊。玩够以后，再用粗盐和小茴香籽把头颅煮个半熟。加粗盐和小茴香籽是为了防腐，煮制是为了不让家禽啄食。

“极其可怕，令人作呕。”他这样评价。

并不是所有囚犯都会在污秽和恐惧中日益衰弱。除了死囚牢，监狱中的其他牢房被分为“高等”和“普通”两种，然后再按照性别细分。（不过，常有男囚偷偷溜进女囚区，也有女囚跑到男囚区。有孕在身，“以大肚子乞求怜悯”，是一种推迟甚至取消死刑的办法。）在 18 世纪前，住“高等”牢房需要 6 先令 6 便士（差不多相当于现在的 70 英镑）。那儿更干净，比大众牢房多一点尊严，不过你还是要跟两个人共用一张床，你的“床友”一个在这边咯血，另一个待在那头，是个强奸犯。普通牢房堪称人间地狱。一位 18 世纪早期的观察者（写的是下一代的新门监狱）将其形容为“绝望的样板”，现代、近现代的记录都证明那里到处是“臭脚、脏衣服、屎盆、口臭和肮脏的尸体”，地上满是虱子，一队“地狱之猫”（女性囚犯）头脚相接躺在肮脏阴暗的房间里，除了牢里的铁栅栏外无所消遣。约翰·豪尔还回忆起同性鸡奸，有过这种事才算是圆满的囚徒生涯。

犯人们睡在发霉的板子上，即使是“高级”牢房，睡觉的地方也还是不够宽裕。1626 年，杀人犯尼古拉斯·波因茨爵士抱怨说自己不得不睡在一口棺材里。后来的新门监狱增加了一架风车，不过 17 世纪的监狱并不通风，天气炎热时这里如同炼狱，一年到头都是蛆虫成堆（医生不愿意到这里来进行手术，当然手术也并不会给犯人们带来多少好处）。排泄物遍布在迷宫一样的大小牢房中，牢房间交织着垂死者的尖叫和呻吟，跳蚤则在传播监狱瘟热（伤寒）。到 18

世纪初，每当有一个囚犯在泰伯恩刑场被处以极刑，就有四个人在新门监狱死于疾病，面对这样的比例，审前羁押或因债务、非法宗教信仰等问题被拘留无形中就等同于最悲惨的死刑判决。

新来的犯人（在监狱黑话中，他们被称为“玻璃”[①]或“条子”）得向服刑时间最长的人（“管家”）交好处费，以换取煤炭或蜡烛。付不起的会被嘲弄、殴打，甚至强奸。

囚犯的日常生活乏善可陈，也没有人认为应该有所改善，能稍微松弛一下的活动只有狂喝滥饮、斗獾游戏，有钱的话还可以找个妓女享受一小时（如果没有镣铐会更方便一点）。白兰地和麦芽啤酒都很便宜，葡萄酒贵一点。早上 7 点倒尿壶，正餐会在下午较早的时间派发。“高级”牢房有烤肉，而“普通”牢房只有面包和水，运气好的话每周有一点劣质肉类（等待处决的重罪犯是例外，狱卒没有义务给他们食物，很多重罪犯会被饿死），晚上 10 点要准时吹灭蜡烛。

压迫场是一块用于锻炼的方形场地，周围是三层公寓，在整个监狱中，只有这些房子勉强算是干净。在这里，你会看到在临死前最后一刻从仁慈的国王那获得缓刑的犯人正乐得狂打空拳，不过更常见的是被摘除了镣铐的人靠在冰冷的墙上，晚些时候他们就会被捆在身上的麻绳吊起，扭动着死去。这样的场景会伴随着芥末酱腰子这道菜一同出现，那是监狱长最喜欢的行刑早餐。

有钱的犯人——一般来说是绅士——可以住进压迫场周围的公寓，他们可以带着家人和宠物，甚至还能雇人打扫卫生。在新门监

①指男同性恋。

狱愁云惨淡的永夜中，这里的愉快气氛仿佛是一丝微弱的亮光。监狱长会跟这里的囚犯一起进餐，然后聚集在运动场上，用犯人的宠物狗来场斗獾游戏。斗熊和斗牛就太不现实了。

你一定会好奇压迫场这个名字是怎么来的。如果一个犯人在老贝利法院的审判中一言不发，也就是说，拒绝提出抗辩，那通常是一种带有英雄主义色彩的举动——已经成家的罪犯为了防止财产被政府没收、给妻儿留下一条生路，会选择沉默。这样的犯人会遭受压刑（就是字面上的意思，被压极长时间，负重也极大）。不得不说，这种刑罚真是太富有想象力了，像是要把犯人的供述挤压出来。

在 19 世纪（此时压刑已被废除）记录监狱内部情况的《新门日程》中，一张怀旧风格的彩色插画描绘了一个穿着考究的男子正在调查受刑对象，受刑者容貌狰狞，四肢张开，躺在冰冷的石板地上，胸部压着一块木板，上面放着铁块。他只穿着裤子，手腕和脚踝都被拴在木桩上。犯人盯着天花板，双目无神，表情无望。这幅画相当准确地描绘了压刑。你可能不相信，但这已经比都铎王朝时期的压刑人道多了。都铎王朝时期，在法庭上拒不交代的犯人会被放倒在两张桌子中间，上面那张压着石头和铅块，下面那张放上尖锐的东西，以便更快折断犯人的脊椎。到了 17 世纪，这种刑罚已经过时，只会每四个小时增加一次重量。犯人可以摄入少量饮食，不过，只要他选择忍受重压，缓慢而痛苦的死亡就不可避免。

我们的下一站是高级囚犯的教堂，死刑犯在那里有个特权，可以参加自己的葬礼。让我们沿原路折返，走回入口处的塔前，教堂就在塔的顶层。

新门监狱早在 1544 年就有了自己的牧师，或者说宗教法官。这可不是份好差事。犯人来到这里之后，会往牧师身上吐口水，冲他们大喊大叫，将祭台上的食物和酒一扫而空，在座位上搂抱亲热，有时还会在角落撒尿。另外，这里还有一项上座率很高的服务，到场者不仅有犯人，还有怀着病态心理的残忍公众，他们愿意掏一大笔入场费来观赏他人的悲剧，即在泰伯恩集会（即公共行刑日）前的周日举行的死囚布道。

你会看到一个讲道台，一本《圣经》被绳子拴连在讲道台上，室内有橡木镶板和半圆形的大窗户，从窗户望出去，可以看到霍尔本山下的舰队河与河那头连绵起伏的房屋尖顶——多么像仿佛触手可及的自由。在布道的房间里，犯人的座席被分隔成小区，围以锐利的尖刺，此外也有公众旁听席。房间中央是死囚座，那是一个封闭的船型区域，将要步入刑场的男男女女在此瑟瑟发抖，如同肉市上待宰的牛羊。

布道期间，犯人必须坐在一口敞开的黑棺边上，他们很快就会变得像尸体一样冰冷（教堂内不能生火），再过不久这口棺材就将成为他们的最终归宿。有人会在这个无法忍受的场合晕倒、呕吐、哭泣，另一些人则会借此展现他们视死如归的勇气。对那些花钱落座的观众来说，这无疑是场精彩的演出。在死囚布道时，人们才能“见证真正的悲恸——看到绝望的悔悟让人流下滚烫的泪水，目睹满手血腥的凶手在此遭受恐惧和绝望的折磨”。面对此情此景，谁还要去剧院看那些做作的痛苦？

这是难熬的一天，让我们离开监狱，找家饭馆用餐、睡觉。严格地说，旅店老板不应该在这个时候收留外乡人，但只要花点钱还是可以通融的（但要藏好你的白棍子）。

哀号时刻

夜里又热又黏，你打开窗户，却发现窗外漆黑难辨。在天气比较暖和时街上不会点灯，只有在没有月光的冬日夜晚，屋主才有义务在前门燃起蜡烛作为角灯。点灯时间从傍晚延续到晚上 9 点宵禁号吹响，为从酒馆、饭店回家和下班的人照亮道路。

不过今晚，外面几乎一片漆黑，只有一弯月牙的暗淡微光。你躺下身，闭上眼睛，尽力想把白天看到的可怕情景逐出脑外。

这时有声音传来。

你能听到奇怪的呻吟，还有像面对无形的入侵力量时发出的“响亮哀号”（如同阿尔贝·加缪在 1947 年出版的《鼠疫》一书中所写的那样，《鼠疫》描述的是遭遇瘟疫的阿尔及利亚城市）。这样的呼号让人想起笛福的《瘟疫年纪事》：“那哀号攫住人心，让人惊惧，因为同样的灾难可能也会降临到我们自己身上。”

终于，噪音消失了。不管这呼号有多诡异，附近房子里的人们都已沉沉入眠，或许已陷入永眠。就在你再次昏昏欲睡时，混入新声响的绝望呼号又响起了。起初微不可察，每四个音节跟着一次短短的停顿，就像船入港时的鸣笛。声音由强到弱，再次变强，然后又变弱，并且伴随着低低的轰隆声，那或许是车轮碾过卵石路的声音。直至它到达你居住的街头，那四个音节才清晰可辨：

“来收尸了！”

叮，叮。

“来收尸了！”

快穿上衣服，运尸车来了。

马车刚走过半条街，你只能看到一个火球似的光团悬在半空，火光映照着一只动物的双眼和口鼻。快躲进斗篷下，偷偷穿过街道。现在全城宵禁，如果你被抓到还在街上游荡，就要在遍地黑鼠的牢房里过夜了。跟在运尸车后面，注意保持安全的距离。

稍微走近一点，你会看到一个人正一边举灯照路，一边驾着一辆敞开的四轮大马车。另一个人摇着铃紧随其后，无精打采地喊着死亡口号。车上堆满尸体，有的几乎一丝不挂。

砰的一声，一栋房子上层的窗户打开了，露出一个人影。“这儿，”他喊道，“是我可怜的妻子。”

运尸车慢吞吞地停了下来。窗户上的人影把一个用绳子捆起来的大包推出窗子。大包在空中悬了一会儿，随着男人慢慢放绳的动作最终静静落下。拿着铃铛的人走过去接住死去的女人。“愿上帝怜悯你的灵魂！”他对失去妻子的丈夫喊道。收尸人把这具尸体简单地摞到车上，没有再做任何非必要的处理。不会有什么体面的葬礼，运尸车夫甚至不会问这个新“乘客”的身份。窗户里的男人要承受的已经够多了，他猛地关上窗子，随即消失。拿铃铛的人等了一小会儿，鬼鬼祟祟地瞟了眼那扇窗户，然后翻开了裹尸布，试图在尸体上摸索出一些上好的衣物或值钱的东西。

马车继续沿着弯曲的街巷走向芬斯伯里区的瘟疫坑，在路边房屋的木墙上投下长长的影子。用绳子把尸体吊出去的情况很少见，有人染病的家庭一般会把死者放在街上或是自家门前，等候马车来收。有时你会看到拿铃铛的人突然消失在小巷中，再出现时，他可能会用手臂夹着或者用小车推着尸体，尸体的双脚拖在石子路上。

很多小巷十分狭窄，运尸车根本挤不进去。

在大瘟疫早期，死者会在城市的教堂庭院中得到匆忙但仍算体面的安葬。不过，现在教堂墓地已经堆满了尸体，而在受灾最严重的地区，就算所有神职人员都没有在瘟疫初期擅离职守、逃到山上避难，举行葬礼的速度也已远远赶不上病患死亡的速度。掘墓人因此受雇在伦敦周边地区挖掘大坑，就是你之前见到的万人坑或瘟疫坑。为了避免瘟疫进一步蔓延，伦敦市长和阿尔比马尔公爵乔治·蒙克下令运尸车每天收集尸体，蒙克是少数瘟疫时期仍然留守威斯敏斯特的政治家之一。做收尸、运尸工作的人多是从前的仆役，他们被主人抛弃，走投无路之下只能接受这份可怕的工作营生。

这份工作的确令人害怕。有时一家人会接连迅速死去，因此没人会出来叫人收尸，直到尸体腐烂的恶臭穿透薄薄的灰泥墙飘到邻家。遇到这种情况，运尸人就不得不走进那栋满是死人的房子，把腐烂的尸体拖出来拉上马车。

伦敦人很喜欢谈论运尸车的故事。丹尼尔·笛福在他的《瘟疫年纪事》中讲述了一个可怜风笛手的经历，这是他听科尔曼街圣斯蒂芬堂区一个“诚实的”杂役说的，这可以增加故事的可信度。

可怜的风笛手在当地颇有名气，他常常在夜里上街溜达，在人们门前表演。经常有人把他请进酒馆，他就靠给大家唱歌、演奏、说笑话，挣点饭钱和酒钱。当瘟疫的利齿开始撕咬伦敦，这个快乐的风笛手就没什么好日子过了。他越来越瘦，不过每次有人问起他的近况时，他都会开玩笑说运尸车还没把他带走呢——多好！不过，下星期它一定会来。有一天晚上，他在科尔曼街的酒馆喝了个烂醉，就睡在了一户人家门外的摊子上。那天深夜，人们听到运尸车的铃声迫近，就把尸体搬出家门。他们以为风笛手也是躺在那儿等着被埋的尸体，就把自家的尸体和他放到了一起。尸体和风笛手都被拖上马车，直至快到磨坊山街附近的瘟疫坑时（就在高斯维尔路通往伊斯灵顿的方向，我们这趟旅程开始的地方），风笛手才醒过来，从臭气四散的死尸中探出脑袋。

“嘿！这是哪儿？”他问道，赶车的人吓得几乎当场归西。

“你是谁？”一个杂役小心翼翼地轻声问道。

“我是可怜的风笛手，我在哪儿？”

“你在哪儿？”杂役不敢置信地问，“怎么回事，你在运尸车上，我们就要埋你了。”

“但我还没死啊，对吧？”风笛手的回答终于引起一阵略显紧张的笑声。

在故事的另外一个版本中，风笛手直接在行进的马车上吹起了风笛，把赶车人吓得钻进了深巷，仿佛魔鬼就在车上。无论哪个版本，讲述的都是人类对抗死亡的欢乐故事。也许对日日担惊受怕的伦敦人来说，这是一个极佳的宣泄口。

当然了，夜间收尸的工作会让人暴露在极高的感染风险之下。有很多以冷面著称的收尸人在工作时横死，留下一辆堆满尸体却无人驾驶的马车。马匹可能会突然开始狂奔，导致车子倾覆，尸体散落一地。还有人声称，见过赶车人直接从瘟疫坑边栽入坑中死去，跟他运送的尸体一起被埋葬，诡异得像一幕令人毛骨悚然的默剧。

马车终于到达奇斯维尔街尽头，一股恶臭冲面而至，浓烈得几乎可触可感。这股气味将领着你走到灯火幽幽的芬斯伯里区瘟疫坑前。尸体“堆得像木头垛子”，主教约瑟夫·豪尔在 1625 年这样写道，“仿佛在等待着亡灵复活的世界末日”。笛福的《瘟疫年纪事》中也描绘了类似的地狱般的场景，神志不清、衣不蔽体的男女口吐白沫，前赴后继地跳入坑中，仿佛要在死亡面前夺回一点点自主权。克里普门的穷苦百姓“来到这里，自发进坑，默然静候一铲埋此残生的黄土，等收尸人前来埋尸时才会发现他们的存在，彼时他们已奄奄一息，身体余温犹存”。

毋庸置疑，你无法摆脱瘟疫坑带来的森然梦魇。

但还是要设法回到旅店努力再睡一会儿。我保证，我们明天的旅程会有个比较轻松的开始。

“促进自然科学发展”的实验室

当你走向城市东边的格雷沙姆学院时，伦敦城正沐浴着阳光。你曾在莎士比亚时期来过这里，它位于布商花园和主教门大街之间，看起来跟那个时候没什么两样。

在都铎王朝时期，托马斯·格雷沙姆是金融界的领军人物，也是附近皇家交易所的创始人，我们在另一个时代会拜访这个交易所。另外，他还是一位慷慨的、有教养的慈善家。本着文艺复兴时期的精神，他留下一笔遗产，为大众免费提供包括音乐、天文、法律、物理、几何、演讲术和神学在内的公开课程，这也是世俗教育的首批案例之一（这种每周进行的公开课直到 21 世纪还在霍尔本的巴纳德酒店举行并大受欢迎，而巴纳德酒店正是当时格雷沙姆学院的所在地）。到了 1660 年，格雷沙姆学院已经拥有世界上最先进、最权威的科学团体——皇家学会。

皇家学会旨在探索科学领域的前沿知识和领先应用，并在实验基础上拥有一套严格的经验哲学方法。皇家学会源于 17 世纪早期格雷沙姆学院的会议和 1648—1659 年一个自然哲学家（早期的科学家）俱乐部在牛津大学瓦德汉学院举行的会议。随着共和时期的结束和 1660 年查理二世的复辟，牛津学会转移到伦敦，加入了格雷沙姆学院团体。二者结合形成的先进论坛为科学思想的交流、辩论和演示提供了舞台。两年后，他们的工作被授予皇家特许状，进而成为“以促进自然科学发展为宗旨”的皇家学会。查理二世给予他们自行出版的特权，可免除有教会参与的审查，实现了学会的知识自由。

皇家学会是科学革命核心原则的具体表现。得益于弗朗西斯·培根爵士（1561—1626）和勒内·笛卡尔（1596—1650）的开拓性成就，科学家们转而接受经验哲学。自然哲学家们不再囫囵吞枣或照搬古老文明的智慧，也不再用三寸不烂之舌为真理辩论。现在，所有观点都要接受理性冷静的质疑、论证和严谨审慎的评判。正如学会成员之一、化学家、神学家罗伯特·波义耳所说，皇家学会想把深奥的真理“从黑暗、模糊的实验室里”拉出来，领入“明亮的世界中，暴露它们的缺陷”。

学会的使命之一是在上层阶级中推广科学。1665 年早些时候，学会开始出版面向公众的周刊，以激发全欧洲自然哲学家之间的交流。演讲式的晦涩理论源于模糊而无法明证的学术传统，学会则致力于推动意义的清晰化和语言的准确化。

这是怎么做到的？作为一名国外观察员，塞缪尔·索尔比耶解释说，皇家学会“会在每周四晚餐后开会，探讨自然哲学的议题，并研究和检验化学、机械和数学等方面的问题”。在学院里，学会会长坐在火炉边的长木桌后，科学家们向他演示实验，发表演讲。演讲者要脱帽，直至会长示意他戴上帽子。会员们则坐在一高一低两排木椅上观看整个过程。据索尔比耶说，整个过程非常得体，“意见不同、演讲方式不妥都不会招来憎恶，对我来说，这里再文明、再恭敬不过”。

可惜现在格雷沙姆实验室已经关了，不然你还可以在此观看一些离奇的实验。很多无辜的生物在罗伯特·波义耳和科学家罗伯特·胡克的抽气泵实验中死去。皇家学会创始人之一约翰·伊夫林的日记中写道：“我们放了一条蛇进去，然后抽出空气，但它只是变得奄奄一息，并没有死掉，不过小鸡在很短的时间内就抽搐着死去了。”听说查理二世将要出席1663年的会议，学会成员还兴致勃勃地准备了一次类似的实验，以证明“青蛙在心脏被取出后还能存活20分钟”。奇怪的事物很容易引起学会的关注，他们曾发表过关于神奇的防锈清漆的记录、关于菠萝的论文，甚至一份一个极易出汗的女人能从手掌中收集到一夸脱臭汗的报告。皇家学会还可审批专利，其最大的成就之一是1663年初罗伯特·胡克出版的《显微图谱》——这是第一本描绘显微镜下自然世界的书，精细的版画令读者为大千世界细致入微的造物感到震惊。

各种能人纷纷加入自然哲学家的行列，包括嗜好科学研究的绅士科学家、受过培训的专业人士、公务员（塞缪尔·佩皮斯就属于这一类，他从1665年起就是皇家学会的热心成员，并因其管理方面的才能在1684—1686年担任学会会长）、医学界人士（内科医生、外科医生、药剂师），还有个别聪明而好奇的商人。皇家学会的入会费是10先令，而无论你是否出席例会，每周都要再交1先令，据说这能保证学会的绅士气派。非理性主义者和女士不能成为会员，这一规定直到 1945 年才废除。

不要指望皇家学会永远追求进步和实用。如果你前去参观格雷沙姆学院，或是浏览一下咖啡馆里的记录，就会发现很多能引起你兴趣、但恐怕没有什么用的东西。查理二世曾说皇家学会“只会称空气的重量”，还有一次，他把他们比作宫廷小丑。比如在瘟疫这件事上，学会的人把瘟疫归于五花八门的原因，这说明他们持有各种各样的观点，并没有得出什么一致的结论。

学会希望能得到国王的资金支持，但即使国王一开始充满热情，他的参与也仅仅局限于赐给学会的年会晚餐一条鹿腿，以及象征性地提交了一些荒谬的科学问题让学会成员解答。

令人大跌眼镜的是，在初创的皇家学会中，部分会员将魔法、宗教和科学世界混为一谈，当然并非所有人都这样。许多创始人同时还是一个“不可见的魔法学院”的成员，他们同时信奉炼金术和机械论哲学。对于未来的皇家学会会长、人类历史上最有影响力的科学家之一艾萨克·牛顿爵士来说，他探寻科学的最终目的并非为了揭示自然本身的规律和逻辑，而是为了证明和赞美神圣造物主的天才，而且他终其一生都在寻找点金石。

皇家学会的会议并非总是座无虚席，也未必总有四溅的智慧火花，不过，成员们的身上确实体现出他们共同努力缔造的划时代意义，他们也打造出了科学思想的前沿阵地。18 世纪的欧洲启蒙运动正是建立于这个时代的科学革命基础之上。德国哲学家伊曼努尔·康德所说的“敢于求知”（sapere aude—dare to know）正是他们的写照。

“远离喧嚣的世外桃源”

城市正陷于瘟疫的水深火热之中，我们得到风景宜人的地方透口气。田园牧歌的哈克尼区如何呢?

这里仿佛已被瘟神遗忘。当斯特普尼、白教堂和圣贾尔斯这样的城外堂区每周死亡人数超过 500 时，哈克尼堂区的数字从未超过 18，且大多数时候都在 10 以下。这周（8 月第一周），哈克尼区有 5 人死亡，而紧邻其南部的圣伦纳德肖尔迪奇区则有 122 人死亡。与汉普斯特德和海格特这两个地方的山顶村庄一样，哈克尼也享有健康宜居之所的美名，吸引着上流社会。

沿着主教门大街走出伦敦城，道路最后会分成三岔：西边通往霍克斯顿，前方是老诺斯路（直走就是通向约克郡的罗曼厄尔敏街主路），东边则是去往哈克尼的路。右转，不久你便会漫步在草坪、农田和沟壑之间，这里与 21 世纪满是女包店、摩天楼和宾果游戏场的哈克尼路截然不同。你也许会碰到一些僵尸般漫无目的游荡的人，请避开他们。

在 1665 年的最后几个月中，大量工匠、学徒和仆佣被主人抛弃，只能自谋生路。原来居住的城镇村庄不再欢迎他们，很多人只能四处流浪，忍饥挨饿。他们或饥不择食，或向路人祈求援助，但在这暗无天日的时期，他们几乎得不到帮助。不仅如此，他们还会被丢石块，或受到看门狗的攻击，大多数人最终死于饥饿或瘟疫。

走到和剑桥希斯路的交叉口之前，先把目光从偶有伏尸的大路上移开，回望身后的宜人风景：伦敦如同一片大海，圣保罗大教堂的高塔就是滚滚波涛的浪尖；从肖尔迪奇到主教门的房屋就像起伏的海岸。砖块灰泥的房屋大潮终将吞没你面前的绿色田野，但目前这儿还是一片赏心悦目的乡村风光。望向西边，稍远处或许可以看到白教堂街融入旷野的交汇点，而东边更远处是麦尔安德和斯特普尼的村庄。

沿着母马街向北，再左转进入绵羊巷，顺着将来摄政运河的主河道走，就会来到向南延伸的羊肉巷。在你右边，牲畜正在伦敦场地上吃草，之后则会被送往市区肉类市场。为伦敦人提供食物就是哈克尼的经济支柱，因此这里的街巷多以牲畜命名。

羊肉巷西边是羊肩肉区。一群村民挤成一个圈，他们头上的尖帽整齐地上下起伏。突然，你听到一声仿佛从远古传来的尖叫，同时看到一抹粉色一闪而过。人们开始喝彩、大笑、跺脚、吐口水，还有一个人倒在地上。收好你的白棍子，过去看看。

眼前的景象令你难以置信。村民们正轮流在一只猪的尾巴上抹油，再抓着尾巴把猪甩过头顶。谁甩的时间最长谁就有奖品，目测应该是麦芽啤酒。如果你能把猪甩得飞出去，奖品还会更丰厚。在头顶之上甩一只猪需要多大力气自不必说，一般人也不会成功。大多数时候猪会砸向某个观众，撞倒他，人群会因此爆发一阵短暂的骚动，直到人们再次把猪抓回来、抹上油、甩起来。这个每周一次的甩猪游戏在当地挺受欢迎，此后的几十年中，它就在“猫和羊肩肉”酒吧外面举行。这个传统持续了几百年，不过并没能持续到21世纪。在21世纪，酒吧已改名为“猫和羊肉”，其所在的百老汇集市是“意式烤面包爱好者”每周六去买有机奶酪和进口橄榄油的地方，而不再是玩甩猪游戏的去处。

如果你也想试一试，尽管去吧。如果不喜欢，可以向右转入西尔维斯特小道。这条古老的赶牛小路穿过伦敦场地，通向母马街街区修复过的中世纪教堂。穿过哈克尼小河踏上教堂街，就到了哈克尼区的中心。

哈克尼教堂的庭院四周围绕着小村子，包括亨伯顿（现在的哈默顿）、克莱普顿和沙克维尔，这些小村落就点缀在草地、树林和商品蔬果园之间。很快你就会发现这里可不是寂静的乡村，随处可见各式建筑，很多已经有百年历史，有的年久失修，有的刚刚重建，另外还有许多华美的花园，为这里的风景增色不少。哈克尼有人居住的记录最早可以追溯到12世纪，更早的历史就不得而知了。不过随着伦敦规模的扩大，以及1485年都铎王朝的建立，哈克尼的卫星村被进一步拉入了大都会的社交圈。这里有清脾润肺的空气，又临近伦敦和位于纽因顿绿地的亨利八世的狩猎行宫，因而渐渐发展成溪水潺潺、豪宅林立、供王公贵族们狩猎的世外桃源。

哈克尼教堂建有方形的塔楼和高高的烟囱，修建者是亨利七世的首席顾问克里斯托弗·厄斯威克，他曾在这里接待过才智超群的思想家伊拉斯谟。教堂旁是黑白大楼，这里曾经是波西米亚王后（詹姆斯一世的女儿）的住所，由漆成黑色的木材和对比强烈的白色石膏砌成，临街的花园外墙几乎全是玻璃。教堂小道以北是由外交官爱德华·拉祖切勋爵建造的宅邸，他热心园艺并乐于尝试，曾将拜占庭风信子之类的异国植物引入自己的花园。

教堂对面是布里克宅邸，面朝亨伯顿。这栋三层建筑有阶梯式的山墙，饰以格子图案，装有细长的烟囱。哈克尼的泥土很适合制作砖块，这栋宅邸的名字就是砖块优越特性的明证[①]。布里克

①英文的“砖”（brick）与宅邸名称布里克（Bryk）发音相同。

宅邸的主人是都铎王朝重要的大臣拉尔夫·萨德雷尔爵士，他曾经是托马斯·克伦威尔的得力助手，1540 年克伦威尔失势后，他成功保住了自己的地位。萨德雷尔爵士爱上了克伦威尔家的一个洗衣女工，并在 1535 年为她修筑了一座爱巢，也就是现在的布里克宅邸。

向北走 15 分钟，你将见到哈克尼最大、最独具匠心的建筑——布鲁克屋。这栋建筑建于 15 世纪晚期，主人是一位富有的教士，后来还成了圣保罗大教堂的教长。这栋建筑呈四角形，风格类似牛津剑桥的古老学院，房屋围绕着中庭向四面铺开。1540 年的一段文字这样形容它：“这是栋美丽的房屋，全部由砖砌成，里面有华丽的门厅和客厅，宽敞的回廊，得体的小教堂和藏书室。”就是在这里，亨利八世和他的女儿——后来的血腥玛丽——重归于好。在此之前，这段父女关系冷至冰点长达 5 年，因为亨利八世遗弃了她的母亲，还曾取消过她的继承权。现在你所见的布鲁克屋已经大不如前，约翰·伊夫林在 1654 年参观这栋建筑时说它“令人厌恶”，后来这里最终成了一个“收纳精神病人的地方”，成为哈克尼的几家精神病院之一。

这些华厦豪宅是贵族权力的象征，但现在你不会看到达官显贵们外出打猎或前往教堂的场景。因为哈克尼的村庄正被富裕的商人们迅速占领，尤其是那些违背英格兰教会信仰的异见者。在这个异见者尚处于惩罚性法案管制下的时代，这些商人可以一边在城市工作，一边在家中做礼拜，而不会遭受大众和治安法官的骚扰。目前，黑白大楼里住的是前伦敦市长、城市大亨托马斯·维纳，他给大楼装上了彩色玻璃，玻璃上绘有曾经住在此处的历代皇亲国戚，并以此标榜他这个现任主人的社会地位。布里克宅邸早在 40 年前便落入了一个富有的丝绸商人手中。他给墙面装上了艳俗的、黄绿相间的布轴式镶板（它在烛光下并不那么让人头疼），还挂起了华丽的织带画，画中是各种神话动物。不过，大部分中产阶级还是喜欢按当地的建筑风格盖一座属于自己的优雅砖砌住宅。于是，贵族们的风格被资产阶级的偏好取代，后者的财富来源于从政、涉足贸易和金融，以及出人头地的决心。人们像塞缪尔·佩皮斯一样喜爱这里，他曾在 1666 年夏天称自己对哈克尼的热爱“与日俱增”。

哈克尼和金士兰有着佩皮斯美好的童年回忆，他从小就被送到那儿上寄宿学校，但在 17 世纪 60 年代开始写《佩皮斯日记》之前，他并没有回去过。他成年后的首次回访是 1664 年 4 月 25 日，而且那仅仅是为了遏制自己对戏剧的沉迷。在那个闲暇的下午，他叫了一辆马车，开启了这次愉快的旅程。重回乡间让他耳目一新，甚至让他开始对哈克尼上瘾。每当伦敦城内持续恶化的情况让他心力交瘁时，他和妻子的唯一乐趣就是乘上马车走过白教堂和剑桥希斯的绿色原野，在迎面的微风中看着哈克尼的乡村风光在眼前徐徐铺开。

他曾回忆起一个炎热的夏日：“逃往田野，逃往哈克尼，去呼吸新鲜空气，城中的空气已变得炽热烦闷。”另外一天，他写道：“乡间一片明亮，玩玩沙狐球，吃点奶油和上好的樱桃，再精神焕发地回到家中。”那天他很有可能造访了哈克尼教堂旁的美人鱼酒馆。还有一次，在吃过小母鸡回家后，佩皮斯说“这是我第一次感到如此放松”。而在阴冷潮湿的某天，马车在归途中静静驶过剑桥希斯和贝斯纳绿地的原野，一路上明亮的闪电（奇怪的是没有雷声）把精神百倍的佩皮斯送回了他位于希兴巷的家中。

在佩皮斯的整部日记中，哈克尼仿佛是座治愈人心的伊甸园，远离毒气弥漫、拥挤不堪的大都会。在布鲁克屋的神奇花园中，佩皮斯第一次看着橙树枝头的果实一点一点长大、饱满起来，并趁机偷偷摘了一个吃。他还参观了好几处花园迷宫和一座大型鸟舍。有一次，在空灵优雅的教堂管风琴乐声中，他见到了风华绝代的阿比盖尔·瓦伊纳，惊鸿一瞥。那是一位“富有珠玉，却更富有美貌”的淑女，“简直是我见过的最美的女性”。她是乔治·维纳爵士的夫人，这位身为银行大亨的爵士就住在与教堂庭院相邻的黑白大楼中。当时佩皮斯的妻子就在他身边，但他的双眼仍不由自主地在“哈克尼女神”身上流连，激动不已。当天下午，他还在哈克尼最富盛誉的寄宿学校和一些妙龄少女眉目传情。

财富、女人、奶油、沙狐球，还有那暮色中的美酒芳醇、橙树清香——是的，佩皮斯找到了人间天堂。就像曾经的亚当一样，他沉溺其中，无法自拔：“没错，回家的路上我放了很多很多屁。”他在1666年7月的日记中承认。还有一次，在回家途中他至少小便了七次，“那可让我乐坏了”。

现在，是时候走上通往白教堂的剑桥希斯路返回伦敦了。你的假期结束了。

犬类大屠杀

在回程中，白教堂的风车一动不动地面对着绿色的田野，田野的东边是斯特普尼和弓村。让我们向城里走，经过修葺的阿尔德门（即老门）一度是去往朗蒂尼亚姆的茅草屋、高耸的庙宇和葡萄种植园的必经地，而现在和这里相连的是一个臭气熏天、卫生情况堪忧的大都市。在你右手边是阿尔德门外的圣博尔托夫教堂。你以为为瘟疫中刚刚死去的人敲响的死亡钟声会随时再起，但迎候你的只是静默。太阳高高挂在空中，斑驳的光点洒在前面的老犹太街上，这条灿烂的路直通往耸立在远方的伦敦塔，更远处则是萨瑟克区冒着浓烟的皮革厂。

街角传来一声充满惊恐的狗吠。你向前扔了块石头，一条瘦得皮包骨头的狗蜷缩在一栋木屋下瑟瑟发抖。一看到你，它抬起了头，眼里充满绝望。

两个男人慢慢走过去，一边逗弄它，一边念叨着“骨头”“食物”“小猫咪”什么的。他们一人拿着棒子，一人拿着绳套，捏尖了嗓音，语气甜得腻人。但那只狗根本无暇在意这些细节，它四下张望，意识到自己已经被包围。男人们身后的东西最让它恐惧，那是一辆堆满了狗的小推车，车上的狗有些已经死了，有些奄奄一息，软绵绵的爪子在空中无力地挥动。这辆小推车简直就是可怕的动物版运尸车，令人感到惊恐。

拿绳套的男人突然向前一跃，一下套住了狗的脖子。他顺势拉紧绳套，狗便像上钩的鱼儿一样剧烈地挣扎扭动。另一个人走上前，握住棍子瞄准狗的头猛地打了下去，那力道仿佛是要把帐篷钉砸进冻土之中。几滴血溅到了他的褐袍上。套绳的人把这只还在幽咽的狗放进推车里颤颤巍巍晃动的尸体堆中，用一块油腻腻的布擦了擦手。打狗人朝他点点头，俩人便推起臭烘烘的小车，吹着口哨，向泰晤士河边走去。

你刚刚目睹的正是 1665 年犬类大屠杀中的一幕。据笛福估计，大瘟疫时期，约有 4 万只狗被屠杀。不过现代研究资料表明，当时伦敦城的管理者收到了屠杀4000只狗的清单，仅威斯敏斯特的圣玛格丽特堂区就埋葬了353只狗，整个城市屠狗的规模可见一斑。一个粗鲁的治安官在谈起招人厌恶的贵格派成员时说，他们“就像瘟疫时期的狗一样在街上流窜，为了不让他们感染别人，应该把他们全都杀掉”。

在这个时期，猫也没遇上什么好事，瘟疫期间约有20万只猫惨遭屠杀，兔子、猪和鸽子也都被打上了待屠杀的标签。再说回狗，除了像你看见的那样被棒杀，它们还会被投毒。更恶心的是，有时有毒的肉就来自它们被毒死的同类。有的狗尸被扔进泰晤士河或舰队河中，造成二次污染，还有很多被留在大街上，在炎热的天气中肿胀、开裂，滋生出大量苍蝇和蛆虫。1665年7月5日，政府特别指派了一批清道夫清理各条街上的死狗。如果杀狗人对某条狗手下留情，一经发现他就会被捉拿入狱（这在瘟疫爆发时期无异于死刑）。

屠杀狗有多重原因。人们认为，狗的皮毛会吸附被感染的尸体上那“恶臭的、带有病毒的气息”，狗在街巷中游荡，疾病就会随之传播。如果猫或狗的毛发真是携带病菌的跳蚤的温床，那这项政策至少还有些误打误撞的好处，但事实上，羸弱的猫狗尽管也会染病，却不是有效的病菌载体。瘟疫病菌的终极载体是人人喊打的老鼠。笛福注意到，人们也试图毒死老鼠，但猫狗显然更招仇恨。讽刺的是，实际上人们屠杀了鼠类的天敌——饥饿的猫和狗，这反而助长了瘟疫的态势。

有一种观念在如今的中东地区仍然存在，人们认为猫狗象征着贪婪、懒惰、淫荡和邪恶，当地还有类似“贪得像狗”和“懒得像狗”的说法，“狗”还被用来辱骂女性。托马斯·莫尔曾引用《谚语录》，把新教徒比喻成“改不了吃屎的狗”。另外，天狼星在 8 月明亮异常，8 月因此被视为对健康最为不利的一个月。佩皮斯和笛福都认为，在 1665 年 8 月，每周都有上万人死去。马克·詹纳后来称，或许伦敦人正是以屠杀成千上万犬只的方式，洗刷自己兽性的一面。

犬类大屠杀在每个伦敦人心中有着不同的意味，但有一点显而易见——对狗来说，1665 年可不是个好年头。

这场充满悲伤的瘟疫时期的城市之旅即将告一段落。有一个事件很适合作为这段旅程的尾声，它也是伦敦 17 世纪 60 年代又一场浩劫的开端。它吞噬了伦敦墙内的内城，湮没了拥挤、肮脏的街头，捣毁了黑鼠和致命跳蚤的滋生之地——尽管它并不是大瘟疫谢幕的主要原因。

火！

现在我们向高塔街走，在伦敦东市场路左转进入布丁巷。街巷名字里的“布丁”并非我们今天所说的甜点，而是指猪或羊的肠子。这些内脏在伦敦东市场路热浪滚滚的屠宰点被装进推车，一路运往泰晤士河上的运粪船。这条漆黑狭窄的巷道两边挤满了朝向奇特的木屋。收好你的白棍子，请人指指去国王的面包师托马斯·法里诺的小店怎么走。只需往泰晤士街的方向走几分钟，你就会在右手边看见它。

此时这里毫不起眼，但一年之后，店主人法里诺先生就将因为粗心大意酿成大祸，使城墙内约八成地区沦为焦土，400 多条街道、13 000 多栋房屋被吞噬，10 万人流离失所，不得不逃往城外简陋的棚户栖身。伦敦这座拥挤、易燃的城市此前也曾遭遇过数次火灾，但都无法与这场大火相比。它永久地摧毁了这座中世纪都城的样貌和肌理。

大火始于1666年9月2日，星期天的早上。入夜后的天气加剧了火势，历经了漫长的炎夏之后，城里刮起了猛烈的东风。烟雾惊动了法里诺夫妇，他们爬上屋顶逃到了安全的地方（而他们胆怯的女仆则被活活烧死）。大火迅速蔓延，它摧毁了渔街山的星辰旅馆，在城市中肆虐，随后沿泰晤士街下行烧到河畔的仓库。那些仓库里堆满了煤炭、木材、油料、硫黄、火药、烈酒、动物油脂和其他各种易燃物，正合火舌的胃口。大火一直向西挺进，势不可当，所到之处皆沦为炼狱。人们在恐惧中四散奔逃，把家中的细软装船运往安全地区；男孩们跑上街道，捅破了木制水管；还有人吓得呆若木鸡，无法动弹，震惊地看着这场天谴之灾。可想而知，此时外国人的处境十分不妙，尤其是天主教徒，后来他们被迫背负了引发大火的罪名。威廉·塔斯维尔回忆说："就在我面前，一个铁匠偶遇一个法国人，抬手就用铁棍把他打倒了。我别无他法，只能眼睁睁看着那个无辜的外国人鲜血喷涌，一直流到脚踝。"在穆尔菲尔德，一个法国人险些被肢解，仅仅因为他想把"火球"放在箱子里，而那不过是网球。

大火当街呼啸而过时还在舔舐周围的空气，并以滚滚热浪宣告自己降临。燃烧产生的声响令人畏惧。"接着，城市开始战栗了，所有人都瑟瑟发抖，"文采斐然的神职人员托马斯·文森特写道，"哗啦，哗啦，哗啦，大火摧枯拉朽……仿佛千军万马誓要踏平石丘。"火焰集中处甚至形成了高达50英尺（约15米）的火墙。约翰·伊夫林写道：“啊，可悲可怕的场景！空中烈焰横行，城市如同熔炉。”他的朋友塞缪尔·佩皮斯激动地将当时的情景描绘为“狂焰火雨”，与之相比，伊夫林的描写更像末世的上帝视角——“在我眼前，成千上万栋房屋付之一炬……狂暴的大火发出雷霆之声，妇孺尖叫，人群狂奔，高塔将倾，众多屋舍在这场可怕的风暴中消失。”

不过，只有很少、很少的人死去（据称只有六人），文森特极富预见性地用大轰炸来形容这次大火：“然后你会看到房屋倒下、倒下、倒下，从一条街的尽头蔓延到另一条街，只剩一片荒芜暴露在诸神眼中。”

市长大人托马斯·布拉德沃茨爵士起初对大火不屑一顾。他在半夜被唤醒时曾说：“嘁！一个女人就能把它尿灭了！”但他大错特错，大火毫无减弱的趋势。多亏塞缪尔·佩皮斯通知白厅对火灾保持警觉，他意识到水桶、水枪和消防钩都是杯水车薪，阻止火势蔓延的唯一办法就是推倒大火必经之路上的房屋，国王明智地采纳了佩皮斯的建议（后来，国王查理还和他的兄弟詹姆斯一同挽起袖子，加入市民的救火队伍，并因此得到了百姓的认可）。佩皮斯赶回城中，向倒霉的市长大人传达国王的命令，市长那时才发现事态不妙，脖子上围着手帕，为没人听令于他而气恼，此时他已无法阻止大火的破坏（他也想到了灾后重建的问题——谁来出钱）。佩皮斯的策略在城市的东西两端初见成效，也保住了伦敦塔，但在其他地区，由于房屋间距太窄，风势又极其猛烈和持久，他的办法收效甚微。至于佩皮斯自己，他千辛万苦地把家中值钱的东西运到了贝斯纳绿地，把妻子送到了伍尔维奇，又把珍藏的帕尔玛干酪埋在了花园里，这是每个人面对家乡突遭浩劫时应有的反应。

9月3日，星期一，大火扫荡了皇家交易所——英国首都经济力量的象征，英国历代国王王后的雕像轰然倒地，碎成石块。第二天，伦敦的“第一街道”齐普赛街被摧毁，大火开始进军圣保罗大教堂的庭院，并将书商们的生计吞噬殆尽。塞缪尔·佩皮斯的书商乔舒亚·柯顿也在不幸的书商之列，他好像再也没有从这场灾难中恢复过来，佩皮斯说，一年后他便在悲伤中辞世了。但是，圣保罗大教堂永远不会倒下！至少当时躲在里面避难的人是这样天真地认为的。大火蔓延至教堂，教堂的穹顶上空爆发了局部雷暴，利刃般的闪电割裂了火光映衬下的夜空。最终，石料在热浪中崩坏，屋顶开始熔化，熔岩倾流直下，沿着拉德门山的路面冲向舰队河。人们呼号着四散奔逃，“赤焰奔腾流淌，人马寸步难行”。一半城市已在大火中化为乌有，火焰扫荡过城墙，留下变为一片废墟的布里奇韦尔宫，接着又向中殿律师学院伸出了魔爪。到了9月5日，星期三，克里普门和部分圣殿教堂已经坍塌。所幸之后风势开始减缓，抵挡大火攻势的房屋拆除工作也终于见效。

佩皮斯写道：“再深的哀恸仿佛也已被废墟埋葬……此情此景让我肝肠寸断。”“伦敦幸存，但也仅仅只是幸存。”这是伊夫林的挽歌。

但伊夫林充满诗意的哀叹并不完全真实。100年前，约有四分之三的伦敦人住在城墙内，而到伦敦大火这一年，这一比例已降至四分之一。像沃平、斯特普尼这样新发展起来的东部郊区，以及城墙内老城的东北部均未受大火影响，西部的霍尔本桥、舰队街、除圣登士丹教堂之外的地区也幸免于难。考文特花园及伦敦西部的新兴广场毫发未损，居住在那里的富裕阶层推动了后来城市向西扩张的步伐。

有人喜欢将大瘟疫的消失和这场火灾联系起来。诚然，火灾之后瘟疫不再蔓延，最后一起记录在案的瘟疫死亡事件发生在 17 世纪 70 年代的罗瑟希德。不过你应该记得，大火虽然毁掉了 1665—1666 年暴发瘟疫的老城，但同样肮脏污秽的西郊却未受影响。另外，火灾之前，瘟疫已开始全线撤退。1665 年 11 月的第三周，瘟疫死亡人数已降至 900 人（当年 9 月第三周，这一数字还高达 7000 人）。到了 11 月 24 日，塞缪尔·佩皮斯重返他钟爱的小店，高兴地买了两桶牡蛎，12 月，他留意到“城市再次拥挤起来，店铺重新开始营业”。人们对瘟疫消失的原因有两种猜测：一是经过 17 世纪上半叶瘟疫的侵袭，伦敦人已经对它产生了一定的抵抗力；二是黑家鼠被棕家鼠取代，而后者对鼠疫杆菌具有免疫力，带有病菌的跳蚤没有寄主，无法在人群中传播疾病。不过这两种说法都没有得到证实。

但无论如何，仍有很多人相信是大火拯救了伦敦。这场大火让成千上万的伦敦人痛失财产和家园，但同时也使人们从记忆犹新的瘟疫之苦中得到解脱，它荡涤了这座尸骸遍地的病城，送走了徘徊在城市上空的死神。伦敦，终将浴火重生。

尾声：来自瘟疫的回响

当你走过伦敦中心某块神秘的空地，可能会有人告诉你那里曾经是瘟疫坑。有些类似的地方会被“体贴”地标识出来。在皮特菲尔德大街的市政公屋，哈克尼之家亮橙色的警示牌提醒你“请勿践踏绿地”“这里是 1665—1666 年的大瘟疫墓地之一”。这类标语的口气让人感觉仿佛瘟疫瘴气随时会从土壤中溢出来，钻进人们的野餐里。实际上，很多所谓的瘟疫坑与1665—1666年大瘟疫之间的联系仍有待考证。皮特菲尔德大街的警示区域当年的确有可能被当作瘟疫坑，主要证据是这条街的名字[①]，但这个名字更可能来源于查尔斯·皮特菲尔德买下的一栋环绕着壕沟的豪宅，而这桩买卖发生在1648年，比大瘟疫早17年。关于阿佩尔街上的伊斯灵顿绿地，也有类似说法。

总之，目前可信度最高的瘟疫坑包括笛福在《瘟疫年纪事》里提到的地点，以及有可靠考古证据的地方。可以列举出来的包括磨坊山、阿尔德门地铁站、主教门大街外的汉德巷、萨瑟克区的交叉骨墓地、现在利物浦街地铁站下的新教堂墓地（也叫贝特莱姆墓地）。修建伦敦地铁时，查特豪斯广场下挖掘出的则是死于中世纪黑死病（1348—1350）的逝者遗骨，黑死病夺走了伦敦一半的人口。

藏在拉德门黑衣修士巷里的药剂师协会大楼虽然建于伦敦大火之后，却很容易让人想起1660年查理二世“王政复辟”时期伦敦药店中的交易场景。两只金色的独角兽守着入口，内有米黄色的庭院。尽管庭院西边和南边的大部分结构都是18世纪新添的，但大厅本身自17世纪起就几乎维持原样。事实上，这里正是伦敦老城现存最古老的行会大厅，每年9月都有一个周六向公众开放，参观时你可以看看会客厅里展示的皇家学会的药物。大厅东面地下的一间“实验室”是世界上第一个大规模生产药物的地方。250年来，皇家学会在这里研发药物、对外出售，他们的客户包括伦敦大大小小的药店、皇家海军及东印度公司。户外的大钟下悬挂着一个杵和一个臼。现

①皮特菲尔德（Pitfield），意译是坑地。

在看起来，整个建筑群还颇有几分巫师安乐窝的意味。

重建的考文特花园虽然仍遵循伊尼戈·琼斯的规划（1974 年著名的蔬菜水果市场已搬往巴特西），但没有保存下任何当年的建筑，如今它已成为人流如织的热门景点。花园北面的贝德福德厅建于 19 世纪 70 年代末，它的红砖、房角、石柱廊再现了考文特花园最初的风貌。现在，一家苹果专卖店占据了一栋柱廊建筑的上佳位置。圣保罗大教堂，那座“壮丽的谷仓”[①]，仍然是街头艺人身后阴郁而优雅的背景。

再来说说化妆品，白金汉宫的女王画廊有一件华美的藏品，那是一只缀满珠宝的金质彩饰盒，用于收纳脸妆贴片。它属于玛丽二世女王（在此次时光旅行 20 年后，她将与丈夫——奥兰治的威廉一起统治 1689—1694 年的英国），这位女王后来死于天花，也许因此她才需要那只金盒。维多利亚和阿尔伯特博物馆里也有两件类似的藏品，均制作于 18 世纪：一件陈列于 67 号银屋，玳瑁制成的盒盖上绘有松鼠、兔子、蜻蜓和太阳的图案；另一件是来自法国，式样华贵，制作年代距离本次时光之旅更近一些，大约是 1680 年。

德鲁里巷的皇家剧院仍在上演剧目，那是伦敦西区一道不变的剧院风景。如今的剧院所有者是音乐剧作曲家安德鲁·洛伊德·韦伯。与 17 世纪 60 年代皇家剧院的高雅基调不同，现在这里主要上演高度商业化的音乐剧。现有的建筑是在原址上第四次重建的，在英国，它是自建成便一直开放的（重建时间影响不大）最古老的剧院，在 350 多年的岁月中给广大戏剧迷带去了快乐。

---

①据说，当初出资人要求琼斯设计一个“比谷仓好不了多少”的简单的教堂，琼斯却回答说“那么你会拥有最壮丽的谷仓”。

往东更远处是一片迷宫一样的巷道，在康希尔区的圣迈克尔小巷中，牙买加葡萄酒屋的墙上挂着一块蓝色的牌子，标明了最早出现在伦敦的咖啡馆的大致位置，这家咖啡馆在1652年由帕斯夸·罗西创立。与咖啡馆不同，巧克力馆现在几乎已经绝迹。但也有一些尚存的高端巧克力店，例如贝斯沃特的“巧克力工匠”，还有位于伊斯灵顿和苏荷区的“保罗·A. 杨”、皮卡迪利的“巧克力之家”、苏荷区的“赛德”。如果你愿意慷慨解囊，就可以得到一杯颇具复古气息的纯热巧。

新门监狱在20世纪初被拆除，伦敦历史上最令人不安的一幕终于得以收场。1907年，一个规模更大的法庭（人称“老贝利”）在监狱原址上建起，并一直作为中央刑事法庭运行。据称，在新门街对面的高架桥酒馆地下还有几间留存的牢房，这显然是无稽之谈。

1967年，皇家学会在卡尔顿府联排拥有了一个豪华单元，从那里可以俯瞰圣詹姆斯公园。学会仍然谨遵建立之初的章程：认识、发展和支持科学，利用科学发展造福人类。它可以说是世界上自成立起就从未中断运作的、最古老的科学团体。更让人高兴的是，它还向公众提供极富创意且门槛较低的活动，而且多为免费。

到了20世纪，佩皮斯可能很难认出这里就是他所熟知的、代表中产阶级田园牧歌的哈克尼。铁路的到来、闪电战期间的狂轰滥炸、20世纪50年代开始的移民大潮，彻底改变了这个地区的基调。而在最近的20年中，这里又开始了一系列迅速、同时也略显失衡的贵族化改造。走在潮流前沿的是咖啡屋、葡萄酒馆、艺术画廊、婴儿按摩店、农夫集市和飞涨的房价……从某种程度上来说，历史正在重演。可惜的是，旧时上流社会的痕迹并未留下，大部分华厦已被拆除，只有哈克尼中心的街名——波西米亚算是对黑白大楼的纪念。不过有一个例外，位于哈默顿的萨顿大楼被叫错了名字，其实它就是曾经的布里克宅邸，1535 年由拉尔夫·萨德利尔爵士建造，在詹姆斯一世时期又被一位富有的羊毛商人翻新。这里一度被人擅自占用，现在则在英国国民信托的修复和维护下重新焕发出了昔日荣光。你可以买张门票，进去欣赏一下詹姆斯一世时期的各色室内装饰镶板，祖母绿、玉米黄、血红色、亮金色，将室内装点得流光溢彩。在百老汇市场的南边街角，“猫和羊肉”酒吧还在那里，所幸已经没有甩猪游戏了。

最后来说说伦敦大火纪念碑。纪念碑由克里斯托弗·雷恩设计，就立在 1666 年大火疯狂燃烧的地方，高 202 英尺，正好是它与布丁巷的法里诺小店之间的距离。这是一座多立克风格的石碑，用波特兰石装饰，顶部有一个镀金的铜质骨灰坛。据说，查理二世拒绝了在纪念碑上树立自己雕像的提议，理由也十分站得住脚——他并不是造成火灾的人。那份“荣誉”当然是由天主教徒背负了，1668 年刻在碑上的拉丁铭文写得十分清楚（直到 1831 年才被除去）。纪念碑顶发生过几次自杀事件，人们后来不得不用栏杆将它围起来。碑柱在 1842 年得到修复，1954 年人们又用蒸汽清洗了二战时期留下的炮弹痕迹。这里每天开放，票价合理，不过你得先爬 300 多级台阶，才能饱览脚下的伦敦胜景。

穿戴华美的女士面庞上贴着日月星辰各种形状的美人斑。

第四章

1884 年　堕落和奇迹：象人约瑟夫·梅里克的伦敦

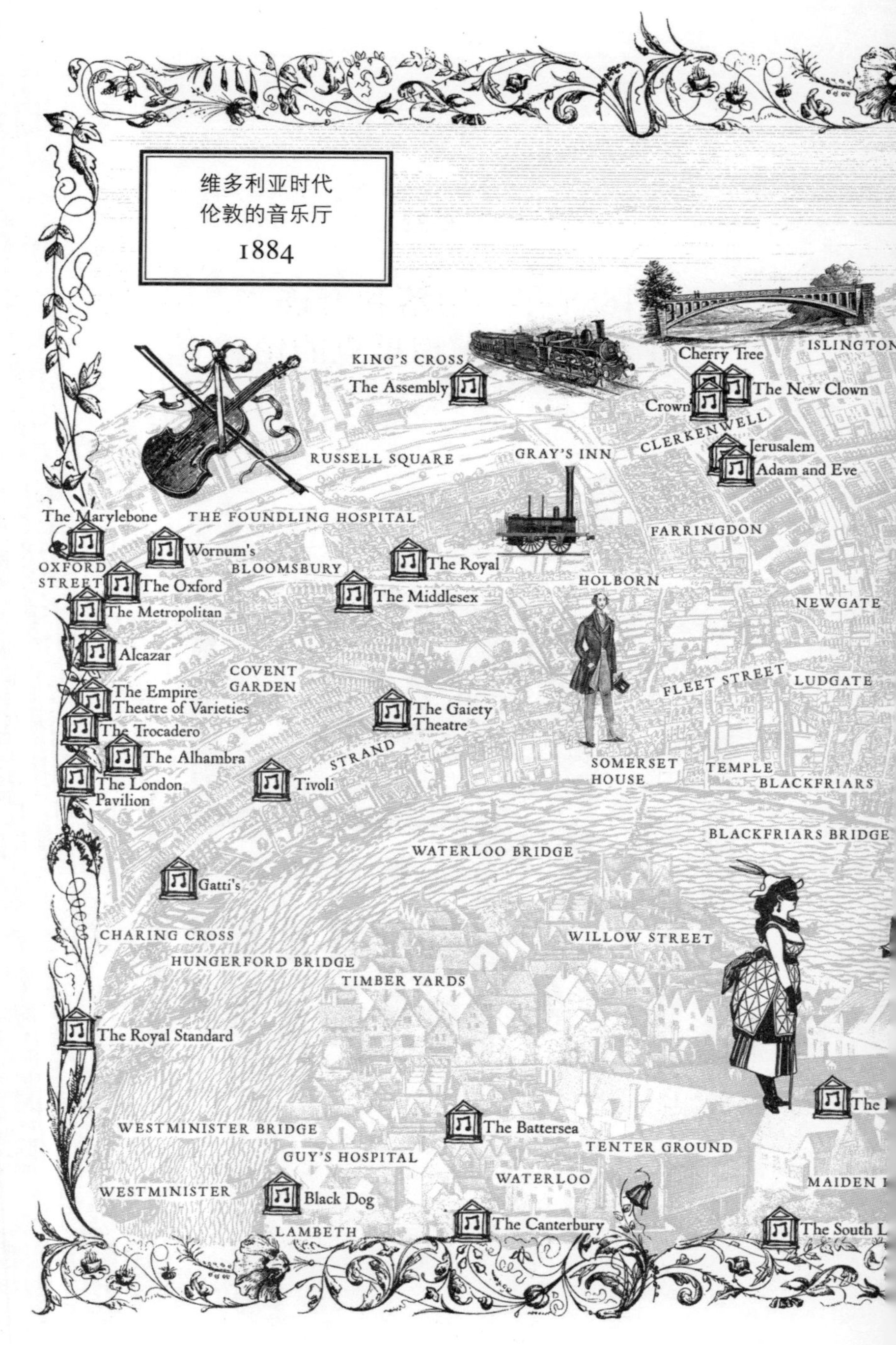
维多利亚时代
伦敦的音乐厅
1884
KING'S CROSS
The Assembly
Cherry Tree
ISLINGTON
The New Clown
Crown
CLERKENWELL
Jerusalem
Adam and Eve
RUSSELL SQUARE
GRAY'S INN
The Marylebone
THE FOUNDLING HOSPITAL
FARRINGDON
Wornum's
OXFORD STREET
BLOOMSBURY
The Royal
The Oxford
The Middlesex
HOLBORN
The Metropolitan
NEWGATE
Alcazar
COVENT GARDEN
FLEET STREET
LUDGATE
The Empire Theatre of Varieties
The Gaiety Theatre
The Trocadero
STRAND
The Alhambra
SOMERSET HOUSE
TEMPLE
BLACKFRIARS
The London Pavilion
Tivoli
BLACKFRIARS BRIDGE
WATERLOO BRIDGE
Gatti's
CHARING CROSS
WILLOW STREET
HUNGERFORD BRIDGE
TIMBER YARDS
The Royal Standard
WESTMINISTER BRIDGE
The Battersea
TENTER GROUND
GUY'S HOSPITAL
WATERLOO
WESTMINISTER
Black Dog
LAMBETH
The Canterbury

DALSTON
HACKNEY
NEWINGTON GREEN
The Rosemary Branch
Blockmaker's Arms
Old King John's
The Hackney Empire
The Sebright
The Hoxton Varieties Theatre
Medley
The Shoreditch Empire
The Morpeth Castle
Pied Horse
Bald Faced Stag
The Temperance
SPITALFIELDS
MOORGATE
LIVERPOOL STREET
The Royal Cambridge
GUILDHALL
LONDON WALL
The Seven Stars
The Laurel Tree
Lusby's
The Green Dragon
CHEAPSIDE
The Temperance
Wilcox's
BANK
WHITECHAPEL
LEADENHALL STREET
ALDGATE
FENCHURCH STREET
MONUMENT
Wilton's
CANNON STREET BRIDGE
TOWER OF LONDON
LONDON BRIDGE
地图标示了 1884 年前后伦敦最受欢迎的标志性音乐厅。
CLINK STREET
图标
音乐厅
SOUTHWARK
Pilgrim's
BOROUGH
Jolly Tanners

河岸街的东头，耸立着威廉·格莱斯顿的铜像。维多利亚女王时期，威廉·格莱斯顿曾四度担任首相，为英国奠定了由国家出资支持义务教育的基础，堪称维多利亚时代杰出的代表人物。从皇家司法院奶白色的角楼和尖塔反射过来的阳光在铜像身后闪烁。皇家司法院修建于格莱斯顿当政期间，是一栋新哥特风格的建筑，但并没有你在中世纪伦敦所见的哥特式建筑那般充满威慑力。与皇家司法院隔街相对的是克里斯托弗·雷恩设计的多层建筑——丹麦圣克莱门特教堂，它如今是英国皇家空军的中心教堂。这座英国空军的精神家园冲破了层层树冠，仿佛在随时待命，即将一飞冲天。

把视线从教堂移向不远处的格莱斯顿纪念碑，你会看到碑下有三级石阶，过去舒舒服服地靠一下吧。格莱斯顿雕像周围环绕着四座女性雕像，分别代表手足情谊、抱负、勇气和教育。手足情谊女神怀中有两个年纪相仿的男孩；抱负女神一手捧着一本书（有人说是《圣经》），一手挥向空中致意；勇气女神右手高举镰刀，护住身旁的孩子，左手掐着一条嘶嘶吐信的巨蟒；教育女神向一个学龄男孩指引泰晤士河的方向。格莱斯顿的铜像庄严肃立、不苟言笑，他双拳紧握、眉头紧锁，展露出些微怒容。他很可能正怒视着当年满街的罪孽污秽，世间的罪行处处违背他坚若磐石的信条、冒犯他所信奉的基督教精神，正是因为坚持这些美德和信念，他才会在深夜搜寻街道，拯救那些堕落风尘的女子。

背朝教堂和纪念碑，前方是一座气派的建筑，巍然矗立在车水马龙中，那是澳大利亚驻英大使馆，它粗壮的多立克式石柱和高耸的雕塑恰好暗合了大英帝国的气势。河岸街左边，淹没在交通尾气里的现代派街区颜色黯淡，掩盖了阿伦德尔府的昔日风采，在莎士比亚时期，阿伦德尔府是河岸区最壮观的宫殿之一。河岸街右边是乏善可陈的奥德维奇，通往京士威道。

闭上双眼，你的耳畔喧嚣依旧，但渐渐地，现代交通谱写的交响乐发生了变化——起先是一阵隐约的蒸汽火车悠长的汽笛声，而后嗒嗒的马蹄声和脚步声交织而来，车轮咕噜咕噜轻快地轧过碎石路，一声尖锐短促的口哨倏而划破空气，不由分说把你拉回了19世纪末。

初次造访维多利亚时期的伦敦时，你甚至无法看清楚身处其中的城市，伦敦几乎不可见，只能靠听。“机器不知疲倦地摩擦、轰鸣，刚从房屋上方经过的铁路很快又转入地下”，这段描述出自陀思妥耶夫斯基之笔，对他来说，伦敦“无论昼夜，永远淹没在动态之中，宽阔得如同海洋”。睁开双眼，你会怀疑自己还在做梦，一切都笼罩在一片黄绿色的雾之中。

悬在半空的浓雾像一件厚重、冰冷的柩衣。19世纪80年代，伦敦人平均每星期有两天要遭受浓雾的折磨，狄更斯称之为“伦敦特色”，也有人因雾的浓厚而称其为“豌豆汤”。此时，在伦敦的一些地方，马车正翻倒在地上，汽船挤满了码头，街头巷尾抢劫频发，幼童被迫与母亲分离。空气中的二氧化硫有致命危险，每周死神都会身披浓雾、舞起镰刀，带走老人、幼童和有呼吸系统疾病的人的生命。稍有不慎，你就可能成为下一个受害者。

刚刚来到这个时代的你正站在一个十字路口，双眼尚在极力适应这可怜的能见度。突然，一辆双座小马车闯入你的视线，站在马车篷盖后面的司机来了个急转弯，大嚷着："看路，蠢货！"你前面几英尺的地方有个警察，正竭尽所能处理这场交通混乱。很快，他疲惫地打手势示意你去走皇家司法院前面的人行道。沉溺在这个迷雾重重的陌生世界里，那栋建筑是你唯一熟悉的浮标。

刚走上相对安全的人行道，你又迎面撞上了匆匆赶路的人群。男士都穿着深色大衣，头戴黑色礼帽，几乎人手一把长柄伞。女士们则戴着饰有花朵的帽子，她们的裙撑让人行道显得越发拥挤。气派的黑色路灯沿路排开，一盏盏煤油灯在大雾中兀自愉快地燃烧着。

回望来时的路，澳大利亚驻英大使馆已没入浓雾中，难辨踪影，一起消失的还有奥德维奇，取而代之的是四层联排房屋，手推车和货车正停在这些房屋前卸货。格莱斯顿的雕像也隐没于雾中，只剩下一根华丽的灯柱。丹麦圣克莱门特教堂还隐约可见，但没有树木的映衬——那个时候还没有种树——它看起来颇有些简陋。

欢迎来到世界上最激动人心的地方之一——维多利亚时期的伦敦。这里遍布花园和码头，豪华酒店、博物馆和济贫院也随处可见，甚至还有不少西洋镜（指观众从小孔中通过透镜看画面变换的装置）剧院和一座水晶宫。要探遍这座无尽之城的每个角落，显然是一项永无止境的任务。那么，就让我们以"奇迹"和"堕落"这两个词作为此次旅行的双重主题，探寻这座城市隐藏在维多利亚时期华彩乐章之下的腐朽阴暗的一面吧。

文明世界里最邪恶的一条街

如果你认为维多利亚时期的伦敦以保守和禁欲著称，那就请做好准备吧，我们的第一站就会让你大跌眼镜。背对丹麦圣克莱门特教堂，向西边看，然后再走近些看看路口对面的那些房子。一边是日升酒吧，一边是家书店，灰扑扑的窗格上塞满了二手书。河岸街在此分为两条窄长的街道，并排通向远方。与河岸街平行的是人头攒动的霍利韦尔街，大群男人——也有一些女人——挤在商店橱窗前，挡住了人行道，让路过的行人恼怒不已。常有戴着帽子的男人步入店中，在阴郁的 11 月下午，品尝维多利亚时期伦敦的禁果。

霍利韦尔街并不是条普通的后街。它的名字有神圣、洁净[①]的意味，但从新闻报刊的角度来看，这里却是"罪恶的泥淖"，是"肮脏和黑暗的致命结合"。套用《泰晤士报》的说法，这里是"文明世界里最邪恶的一条街"。的确，这儿就是伦敦色情产业的家园，没有哪里的色情交易能和霍利韦尔街相提并论。

你会感觉好像穿过传送门，回到了莎士比亚时期的伦敦：街边半木造结构的房屋、大跨度的山墙和前突的飘窗，在这个历史建筑逐渐被现代化蚕食的城市中显得格格不入。这里也有一些乔治亚风格的建筑，但它们更像是移植在更早期建筑上的古典外壳。尽管街景颇有几分如画的魅力，但很多老房子都蒙尘已久，甚至可以说肮脏不堪。书本随处可见，它们或是堆在商店橱窗里，或是散落在街边的木架上，又或是正从马拉货车上被卸下来。

①霍利韦尔街名为 Hollywell Street，Hollywell 直译为神圣、健康。

抬头看看。你可能会发现，跟大火之前的伦敦相比，在维多利亚时期，伦敦的商店招牌显得乏味得多，大都是小旗子般的方形牌子，伸出房子，上面列着店名和地址——“H. 史密斯，30 号，书店”，一般来说都不配图。不过 37 号店的招牌倒还保留着昔日的痕迹，上面画有一轮金色的月亮，还噘着嘴一副生气的样子，它正用浓密睫毛下悲伤、孤独的眼睛偷偷看你。据一本 1883 年出版的文物研究著作记载，这是现存的最后一块老招牌，以前属于一家绸缎店，现在则属于一家卖书和二手瓷器的商店。经过月亮招牌向左走，是一条充满尿骚味的小巷子，名叫半月小道。站在巷口可以望到巷子尽头河岸街的车水马龙，在巷口一片光亮的衬托下，仿佛是透过相机暗箱看到的画面。

颠覆性的政治言论遭英国政府镇压后，自 19 世纪中叶开始，曾经激进的出版机构将焦点转向了霍利韦尔街（以及附近的维奇街，你曾在瘟疫肆虐时路过那里）这片色情业的沃土，威廉·达格代尔这样的跨界高手也将对革命事业的一腔热情放在了有利可图的色情产业上。1857 年，英国政府开始整顿淫秽出版物，向色情从业者发出警告。“色情之王”达格代尔设法避开了好几次审判（有一次他甚至气势汹汹地持刀走上法庭，以示威胁），但最终还是成了第一批牺牲品。他被判服苦役，考虑到他当时的年纪，这已无异于死刑。1868 年，他即惨死在克拉肯威尔监狱中。

但上有政策、下有对策，在药店、服装店和更为体面的二手书店中，店家们仍有办法满足顾客所愿。现在这一行的大佬是一个人称“卡梅隆”的神秘人物，有人说他后台很硬，才得以游走于刑罚之外（但他们错了，一年后这位“大佬”就在一次警察突击检查中被捕，罪名是囤积有“5 车淫秽书籍”、140 张毫发毕见的幻灯片和 16 000 张印刷图片，他将在克拉肯威尔监狱中服两年苦役）。

流连在商店橱窗前的顾客们足以证明这个行业蓬勃的生命力：一份 1878 年的权威调查称，“对违禁书籍和印刷品的打压只取得局部成效”，而一份 19 世纪中期的《每日电讯报》则提到，一些意志薄弱的女性会“偷偷望着那些罪恶满满的商店橱窗，为那些充满挑逗意味的书封窃喜”。偶尔还会看到衣着体面的男人躲在图片专卖店外，手指在燕尾服下摆动——可能是在招揽同性恋。这个小贴士来自威廉·达格代尔的《乡巴佬指南》，这本在伦敦寻找同性对象的指导手册，被伪装成“乡巴佬”进城指南。

在风口浪尖上，商店橱窗里应该不太会有明目张胆的陈列，取而代之的可能是更暧昧的标题和画面（我们也可称之为软色情）。你可以找一家店进去看看，但先别出声。

店里散发着一股霉味。店主用怀疑的目光审视着你，以确定你不是会带来麻烦的便衣警察。店里有不少年轻人正埋头品书，他们的上嘴唇上已出现一层细密的汗珠，闪着微光。小贩不时进进出出，兜售东西，但没有人会打扰你，大可放心地逛一逛。

一大片大胆的标题如钢管舞女一样撩人：《欢愉少女》《引诱主教》《好色的土耳其人》。走进店铺深处，你会看到《上尉的抚摸——必读口袋书！》《纽约女同》，以及《鞭下的诱惑》（这是一种维多利亚时期的爱好，如果你打算参观一下提供鞭打服务的妓院，这可是本必读书）。再往里还有《外科医生的性爱经验》，旁边放着《凯特·汉考克》和《快乐女人回忆录》。短篇小说《寻欢！作乐！！》（1867 年由达格代尔首次出版）的封面尤为荒淫——两名手持桦树条的裸女正在抽打一对丰臀。

以上书名都出自《禁书目录》，这本书由色情爱好者亨利·斯宾塞·阿什比创作，并以皮萨纳斯·弗拉克西为笔名出版。书中包含了大量关于禁书的摘要、书评，还有带冗长注脚的分析，营造出类似学术研究的氛围，并以此掩盖大量色情内容。这是迄今出版过的最丰富的色情作品目录。

若想得到最新、最具冒险性的作品，就要用措辞谨慎的行话跟店主交流，还得看他跟行业大佬“卡梅隆”关系是否良好。有些书很难找到，比方说1880年私人印制的《伪阴茎秘事！》，里面有露骨的插图（你可以想象），还限量150本，大多数读者靠手手相传才得以一窥究竟，其稀有程度简直能媲美中世纪的泥金手抄本。还有些书即使在这些专营店里也只能被藏在柜台后面，例如《兰狄安娜，刺激故事；一个性哲学家的经历》(1884)，其中包含滥交、教士鸡奸、女同性恋等色情画面。

维多利亚时期的伦敦社会认为淫书是邪恶的化身，会渗入社会肌体并腐蚀整个社会。当时的刑事调查局探长摩瑟认为，应该把霍利韦尔街那些“邪恶的供应商”“抓起来，将耳朵钉在门柱上”，类似十六七世纪对清教徒施加的刑罚。不过，如果你鼓起勇气，打开上面提到的任意一本书，很快就会发现其文风通常十分滑稽（有时也很刺激），讲述的更像是冒险和流浪故事。常见于维多利亚时期的小说和新闻中的现实主义写作态度与道德说教，在性幻想的世界里显然不存在。当然，与我们在21世纪的互联网和书店中看到的内容相比，当时的大部分内容只能算寡淡。

请记住，你来自一个比维多利亚时期的伦敦自由得多且更认可性的社会（即使你对色情持反对态度）。如果你是男性，那么你可以试着把自己的身体想象为一种拥有“可用品”的生理资源（“可用品”是当时最常用的“射精”的代名词）。在这个时代，你接受的教育是沉溺性爱会影响年轻人的身心发育，任何形式的不节制都很危险，其中最可怕的就是手淫，它会造成皮肤黄疸、粉刺爆发、性格内向，甚至会让你不敢直视别人的眼睛。手淫成瘾者最终会变成一个口齿不清的傻子，或终日歇斯底里、疑神疑鬼。即使身处幸福的婚姻中，你也将被困在节欲和满足之间，进退两难——缺乏性爱会毁掉你，过多性爱也会让你陷入消沉的泥沼，有“滑精”（对于大量消耗精液所致的疾病的委婉说法）的危险，最终可能导致心脏疾病和死亡。

如果你是女性，境况会更糟。请把自己想象成一台性冷淡的生育机器。你寡欲清心，在怀孕期间心力已全部被孩子吸收，偶尔会因为丈夫的欲望委身承欢。和男人一样，你会认为性交的目的非常现实，就是为了繁衍人口，除此之外都是危险的欲望，节欲是唯一的出路。性生活就像一场酸涩的考验。

从 21 世纪的角度看，这些迂腐的观点令人不快，它们选自（有的还是逐字逐句地摘录）威廉·阿克顿医生所著的《生殖器官的功能和紊乱》(1857)，是当时的主流医学观念。任何有悖于阿克顿医生中肯劝诫（一个历史学家称其“一部分是狂想，一部分是噩梦，一部分是幻觉”）的行为都是对自己健康的不负责任，或者根本就是下流。然而，色情业不仅创造了一片色情沃土，还破坏了阿克顿医生的信仰体系。在历史学家斯蒂文·马库斯笔下，这片土地上的女人们无所不能，男人们“‘精’力无穷，毫发无损”。这正是威廉·达格代尔之辈应该被投入苦役营接受严惩的原因。

你周围的这些书虽然有逃避现实的意义，但还是暴露了人们对性普遍的愚昧认知。《我的秘密生活》（1888，私人印制）的作者、化名“沃尔特”的人这样写道：“我渐渐觉得这样的事无可非议，虽然社会为之侧目，世俗对男欢女爱的狭隘偏见让我倍感荒谬。”他那部奥德赛式的回忆录长达 11 卷、逾 4000 页，揭示了并非人人都遵从中产阶级性观念的现实。这部书写得极为直白，以至于它的印刷商为此被判入狱两年。即使放在 21 世纪看，这部写于 1869 年的作品也让人瞠目结舌。

渐渐地，阿克顿医生的观点受到了冲击。男人可以整日逐爱，他们不会惹上什么麻烦，除非染上性病——“沃尔特”们很可能饱受其扰。女人也不再被动，不必对男人的性要求逆来顺受，而且事实证明，女人也可以享受性爱。与阿克顿医生的观点相反，在这个纵情声色的世界中，男人并非总是性爱机器。《我的秘密生活》提到了“阳痿”这个禁忌话题，“沃尔特”曾有一次恐惧地发现自己的阴茎缩得好像“被吸干汁液的醋栗，变成了小小的一截皱巴巴的软骨”。毫无疑问，“沃尔特”在当时绝对是个特立独行分子，他的回忆录是对维多利亚时期禁绝人欲思想的奋力反击。

为了拿到小黄图，你可能还得开口向店主索要，这有时会招来怀疑。1880 年，便衣警察调查了一家家庭经营的邮购公司。这家公司把“那些”图片放在写着“艺术研究”的信封里，寄给在校学生，诱导他们订阅。调查结果直指霍利韦尔街的一家商店。普通的小黄画很容易买到，但如果想要“精选版本”，便衣警察首先要赢得店主的信任，才会被带到楼上“肮脏的小空间，那里一半是卧室，一半是作坊……就像一个污秽的洞穴”。在那儿，他买了一些昂贵的裸体画册（2基尼[①]），之后又留下1先令给“那可怜的小东西”——店主的小孩。第二天，这家店就被警察查抄了，逾5000幅淫画被收缴，店主被捕。他被判处两年监禁，这让他那“可怜的小东西”从此无所倚靠。

现在，把手里的书放下，冲店主点点头，回到街上吧。

临街的住宅有扇打开的窗，楼上的洗衣妇正把衣服晾到窗外。窗下，小狗们在撒欢儿，小贩们头顶着花篮、果篮，来来往往。越过街道上的重重山墙，可以看到河岸街圣母教堂的尖顶。走到霍利韦尔街尽头后右转，便折入了维奇街，这条街跟霍利韦尔街很像，肮脏、狭窄，街边建筑的飘窗和粗陋的山墙也不太雅观，而且到处是妓院。

一直以来，人们都在讨论拆除这两条藏污纳垢的街道以拓宽河岸街，从而缓解丹麦圣克莱门特教堂和圣母教堂一带的可怕拥堵，并消除威斯敏斯特与金融城之间财富和权力的空间阻隔。不过，在此后的15年中，什么都没有改变。19世纪末一幅阴郁的画作描绘了残阳西下时维奇街的凄凉景色——雨后水汽迷蒙，几个孤独的身影踉跄着融入暮色之中。又过了几年，霍利韦尔街和维奇街才终于消失，取而代之的是平凡无奇的奥德维奇。

我们的下一站是白教堂。请从丹麦圣克莱门特教堂走上河岸街，在人行道上耐心等候。我们要等一辆公共马车，然后坐上它向东去。

①旧时英国货币单位，1基尼价值21先令，约为现在的1.05英镑。

驶向白教堂的公共马车

马车是绿色的，侧面涂绘着广告，还写着“贝斯沃特到白教堂”。你不用等太久，跟21世纪一样，这趟车每8分钟一列，从早8点运营到半夜。别担心找不到公车站，因为根本没有公车站。它们招手即停，总是靠左行驶，赶车人对乘客非常殷勤，不惜挤到其他车前为你停下。售票员站在车后方一个小小的角落，一发现有乘客就吹口哨提醒赶车人。买票的事也不用担心，可以上车后再买，你搭乘的这趟车要付3便士（不过大家都知道售票员有时候会擅自涨价，《笨拙》杂志曾评论说，“太奇怪了，管车的倒不知道怎么管住自己”）。

每天至少有20万人乘坐公共马车，主要都是中产阶级。约5万匹马维持着伦敦公共交通的日常运转，它们每天会在城里产生1000吨马粪。伦敦的城市卫生已经大为改善，但因为公共马车产生的马粪，城中依然臭气熏天。

一辆公共马车大概能挤进14名乘客，车厢地面铺有稻草，窗户很小，车上广告很多。别期待乘客之间会产生有意思的交谈，大家彼此更多的只是漠视，就像19世纪30年代查尔斯·狄更斯在《博兹特写集》[①]中写的，“说也奇怪，那些已经待在公共马车里的人总要望着刚上车的乘客，那样子就像他们隐约认为这些人根本无权上车似的”。小心跳蚤和扒手。男士要为女士让座，必要时还得坐到车顶上去。

---

①又作《博兹札记》。

即使不为让座，爬到车顶去看看风景也不错。你会发现车顶同样有座位，而且可能已经坐有10多名乘客了，他们要么面面相觑，要么背靠背坐在“磨刀板”形状的长凳上。我们会经过英格兰银行，从利德贺街穿过阿尔德门，最后进入白教堂区。对初来乍到的你而言，坐在马车顶层是个绝佳的选择。公共马车不会太快，时速为三英里到四英里半，还经常被困在河岸区和英格兰银行这些交通瓶颈处。因此，你有大把时间靠在椅背上，优哉游哉地欣赏沿途风光。

走过河岸街就进入了舰队街，一座龙雕像从街口基柱顶端腾起，标记着这座城市的入口。作为伦敦的交通枢纽之一，舰队街也是信息枢纽，各地来往的消息通过电报汇集于此再发往全世界。你可以清楚地看到，街边许多三层建筑的门头上标着各种报刊的名字，不少建筑还带有阳台。“每周18万份……《人民期刊》……《人民之友》……《世界新闻》……《每日新闻》……《音乐评论》……”街上售卖的报纸杂志数量多得惊人。以1883年为例，伦敦有15份晨报、9份晚报，还有至少380种周刊，其中50种是在城郊的急速发展下应运而生但质量低劣的地方性周刊。这些数字说明这是第一个真正意义上的大众传媒时代，与之相比，在17世纪，由于当局对纸张、印刷和广告征税名目众多，报纸还只局限于上流社会。18世纪中叶“知识税”的废除正好伴随着轮转印刷机的出现，售价1便士或1.5便士的报纸呈现出爆发性增长，新兴的受教育工人阶层由此开始从报纸中接受知识或误导。新闻报道从未如此鲜活。《伦敦新闻画报》（还不便宜）一周最多能卖出75 000份，而《画报》每年还会出两期彩色版。大量报业机构在舰队街扎堆出现，这一时期舰队街的工作环境令人眼花缭乱。

粉刷或张贴在建筑物上的广告、抛弃插图只留文字的商店招牌，都说明这个城市里能读会写的人越来越多。到了1871年，80%的新郎和75%的新娘在教堂登记结婚时能够书写自己的名字（而不是随便画个押），强制性的基础教育还会进一步推动这一趋势。坐在公共马车上观看这座城市，你会发现其他方面也都有明显进步。到处都有警察（伦敦警察厅于55年前成立）和燃气路灯，而电报线多到足以“让你相信有一只巨大的蜘蛛在城市上空吐丝结网”。

街景从你身旁滑过，无穷无尽的联排房屋被远远地甩在身后。这座城市的变化之快让人难以置信，在中世纪和17世纪的伦敦，人们还与自然那么接近，城市边缘和广阔田野的交会处就在咫尺之外的那个街角。而维多利亚时期的伦敦，就像1844年《伦敦世界》的作者所写的那样，阈限感被“无边无际的世界”取代。作者随后形容伦敦“将其巨大的肢体伸向四面八方……它们攫住四周的村庄，把乡村之神赶下古老的神座，志在建立一个由砖泥砌成的普世帝国”。在他人眼中，维多利亚时期的伦敦就是座“超级城市”“庞然大物”，甚至是“上帝在人间创造的令人敬畏的奇迹”。

如果你怀疑上面的说法太夸张，那就让数据来说话吧。1665年，伦敦人口约40万，而此时这一数字约为450万，超过了希腊和瑞士，甚至比苏格兰和威尔士的人口总和还多。到了1911年，伦敦人口达到了700万，继续领跑全球。人口迅速增长的一部分原因就在前方。请往圣保罗大教堂圆顶的方向看，在拉德门交叉口的另一边，隐约有一座高架桥。伸长脖子，还可以看到它跨过了泰晤士河，与黑衣修士桥（建于1769年）平行，那就是伦敦查塔姆和多佛铁路桥。或许你还能望见在桥上（拉德门山站）等候火车的乘客。这条铁路将伦敦南部和金融城连在一起，穿过雪丘隧道，可以到达法灵顿、国王十字等都市交通枢纽。这样，在金融城工作的伦敦人便可以住到更有益健康的市郊了。

多亏铁路和有轨电车带来的便捷交通，泰晤士河畔的金斯顿、哈罗、西灵顿、布罗姆利、贝克斯利等偏远地区即使还不算真正意义上的伦敦，也跟伦敦连接到了一起。帕特尼、旺兹沃思、巴特西、波普拉、弓区、刘易舍姆、哈克尼和格林尼治等位置并不偏远但曾独立自治的卫星城和村庄，也被划入了已组建30年的大都市区工作委员会的管辖范围之内。城市的演变也通过死亡统计表体现出来。无论在莎士比亚时期，还是大瘟疫时期，整个伦敦都笼罩在死亡的阴影下，而现在人们则更多地将伦敦和进步、现代化联系在一起，这么想想很有启发性。大都市区工作委员会名副其实，主持建造了大批基础设施，以配合飞速发展的城市。古老的金融城正慢慢挣脱剥落的城墙躯壳，你曾参观过的隐士小屋、漫步过的布商花园，如今只是这座大都会中的沧海一粟。自17世纪末开始，有头脑的中产阶级已经在肯辛顿、切尔西、肯宁顿、圣约翰伍德、骑士桥和贝斯沃特等地区不断壮大。这些地方因其雪白的阳台、坚实的石柱而被英国历史学家罗伊·波特诙谐地称为“灰泥之路”。这些地方不在我们今天的行程之中，若你想去参观，21世纪的它们仍保有曾经的风采，绝不会令你失望。

仅仅在19世纪80年代这10年间，伦敦人口就增加了87万，迅疾城市化的必然结果就是大量暂住人口的出现。社会失去了纽带，甚至滋生出对城市的厌恶情绪。有些人认为，伦敦成了一个面目可憎的地方。意大利小说家埃迪蒙托·德·亚米契斯就曾在1878年写道:“伦敦有着骇人的一面，你仿佛迷失在巨大的墓园之中，呼吸着那里阴沉的气息。”他视伦敦为一架有害的装置，能吸走每个进城者的生命，使他们统统成为“巨型机器上的小小齿轮”。而这架机器停止工作的场面也同样可怕。一个法国人在19世纪60年代写道:“这是一个阴雨的星期天，商铺关门闭户，街上空空荡荡，广场和街道一片荒凉，寥寥数人撑伞走过，行色匆匆，如同不安的鬼魂……”白天的伦敦活力充沛，一入夜就陷入一片死寂。据社会统计学家查尔斯·布斯统计，1871年，城市中约有11.9万名职员、会计师和银行家，但在此后的20年，城市居民人口下降了5.4万—7.5万，而且还在继续下降。这是因为商人和金融家都搬到了郊区，一座冷清乏味的城市渐渐呈现。21世纪，每个在周末到访过伦敦的人对此都不陌生。

马车离康希尔越来越近，你能看到针线街上的英格兰银行。这座在19世纪早期重建的新古典风格建筑被围在高墙之中，像一座不可侵犯的经济堡垒，当然，那里确定储存着大量的真金白银。当马车走向利德贺街，你会看到男士们清一色包裹在肃穆的黑衣黑帽中，一时颇有误入马格利特的画作之感。

但这个城市并非只有一片灰色。维多利亚时期的中产阶级热衷于保持身心健康，注重新鲜空气和户外活动，并非常浪漫地认为自然是神圣的代表。1833年，一名特别委员表达了对城市发展不受控的忧虑，认为这造成了工人阶层跟自然环境的疏离，健康的运动已被非法的斗鼠、拳击和酗酒取代。修建公园成为解决这个问题的方法之一，1844年，维多利亚公园落成了，顺便提一句，它就在我们此行的目的地附近。

马车逐渐靠近阿尔德门（它是罗马时期的城门，不过损毁已久），你会看到街边的大楼、酒馆和商号逐渐被寒酸的服装店取代，店员多半是来自东欧和俄国的犹太移民。你正进入伦敦东区，这里弥漫着令人痛心的贫穷气息，《被遗忘的伦敦在悲泣》里这样写道：“阳光难以透入这里的庭院，清新的空气也望而却步……跟你一样，数以千计的穷人聚集在此，耶稣正是为他们牺牲。”

深渊里的人们

对于探索伦敦的人而言，有一个固有问题——在伦敦随处可见极度的富裕毗邻极度的贫穷，暴露在眼前的贫富差距很容易燃起仇富情绪。这个问题存在于每个时代，而非仅显现在 21 世纪。然而，走在白教堂区黑暗的街巷迷宫中，你几乎找不到富裕的痕迹。你所经过的贫民窟也许不像伦敦某些区域那么黑暗、恶臭和拥挤（比如斯皮塔佛德的花与迪恩街，或是萨瑟克区一些更糟的地方），但仍然是一片赤贫的世界。衣衫褴褛的孩子光着脚在门廊里瑟瑟发抖；脸颊通红的男人一手攀着窗台，一手拿着酒瓶跌跌撞撞地走着；楼上窗户中一脸厌世的女人一边撕着面包扔进鸟笼，一边用空洞的眼神看着前方。处处了无生机，人人穷困潦倒，廉价客栈、酒馆、教堂和下三烂剧院默默地散布在其间。

跟从前相比，住在伦敦西区的中上阶层对穷人的困境有了更深入的了解。19 世纪早期曾爆发过霍乱，随后被称为英国公共卫生之父的埃德温 · 查德威克在《劳工人口的生存状况》（1842）一书中，将贫民窟和这种致命的疾病直接联系在了一起。在对疾病蔓延的恐惧和相关调查文献的影响下，中上阶层对贫民的关注度大大提高。多亏有约瑟夫·巴扎尔吉特设计的下水道系统、清洁的水源供应，以及医疗和科学的发展，霍乱才被最终压制下来。事实上，到1901年，英格兰人的平均寿命与19世纪早期相比延长了50%，但人们对贫民窟（也被称为“乌鸦窝”，因为那里常有大群乌鸦停在枝头）的高度关注仍未削减。从某种程度上说，社会对此之所以会产生高度关注，是因为贫穷被视为一种传染病，它会影响城市的血液流通，滋生不道德的行为，甚至造成犯罪的蔓延。同时，人们对贫民窟也怀有猎奇之心。

大多数人对伦敦穷人和贫民窟的主要印象来自媒体报道，而非有意义的实地体验，毕竟，维多利亚时期的伦敦是一个阶级分明的城市。一些关于贫民窟的描述在近代新闻中得到了确凿的证明。例如《笨拙》杂志的创始人（之一）亨利·梅修的“伦敦的劳工与穷人”(1851)，这篇刻画穷人的系列报道，用法医报告般直白详尽的细节描绘了穷人的生活条件。然而，报刊中也不乏一些毫无必要地夸大穷人困境的报道，它们骇人听闻，哗众取宠，极尽刺激和骇人之事，甚至有要形成一种新兴的穷人文学的迹象。这并非在否认真心实意想帮助贫民的人群的存在——肯定会有这样的好人，但正如某位作者所言，伦敦处于“深渊中的人”带给富人们的幻想甚至痴迷或许会让你感到厌恶和不安，但现在，你也已经是一丘之貉了。

车轮在卵石路上咕噜作响，一辆公共马车进入了你的视线，跟这些死胡同格格不入。马车慢吞吞地走了一会儿，最终停在一个跑牙男人面前，男人正拉着一台手摇风琴，一群衣衫褴褛的赤足儿童围着他，手拉着手跳舞。马车里的乘客们竞相把脸挤到车窗上，睁大眼睛观看这种自发表演的小贩文化，彼此愉快地进行着眼神交流，有的人甚至还在匆匆记录着什么。这里的居民对这些游客熟视无睹，过了一会儿，赶车人拉起缰绳，公共马车退出小巷，赶往另一处“奇观”那里。

这就是21世纪的“穷人色情”[①]在维多利亚时代的版本，穷人的生活被实况转播（这也常常意味着有利可图），成了商业娱乐，被充满“同情”地记录或利用，到底是前者还是后者取决于你的立场。维多利亚时期的伦敦没有电视，苦日子都是通过一手资料展现。这种参观贫民区的方式被称作“贫民窟之旅”，在伦敦有悠久的历史，且在这个时期愈演愈烈。18世纪，圣詹姆斯堂区的纨绔子弟热衷于脱下天鹅绒外套和假发，换上劳工的破衣烂衫，去沃平坑坑洼洼的码头或圣贾尔斯的贫民区，以围观穷人生活为乐。到了19世纪80年代，伦敦东区的极速扩张使人们对它的兴趣空前高涨，付费乘坐公共马车前往贫民区成为一种时尚。《伦敦指南手册》——这种书一度非常畅销——已经开始建议游客们不要只去圣保罗大教堂、威斯敏斯教堂和水晶宫这类著名景点，还要去白教堂、斯皮塔佛德和斯特普尼那些蜚声在外的慈善机构。这强化了人们对贫民窟之旅的需求，伦敦人纷纷想来看看，情况是否真如听说的那样糟糕。

对一些人来说，剥落的墙面，到处是煤烟的房屋，像老鼠一样在垃圾堆中觅食的孩子，深受酒精毒害而被送去急诊的人……一幕

①指用穷人来取悦富人。

幕连续的场景会激发他们对同胞的深切同情，和想做点什么的迫切欲望。但对另一些人来说，这不过是一场夜间娱乐、一场惊悚剧目，跟 21 世纪的人们看恐怖电影没什么两样。不可否认，即使是最热心的慈善家，也会对上述场景抱持一种病态的偷窥心态，这也是贫民窟之旅会在某些地方成为笑料和谈资的原因。新闻记者亨利·伍德将这种令人无法抗拒的感受解释为“由排斥感产生的吸引力”，社会研究者毕翠克丝·波特也承认自己对贫民窟有一种“确定无疑的诡异浪漫之感”。还有人将这样的旅行看作上层阶级应当经历的修行，反省他们的散漫和剥削之罪。把观看贫困景象说成是对资产阶级的一种惩罚，这真是无稽之谈。

参观贫民窟的甚至还有皇室成员。两年前，威尔士亲王把自己包裹得严严实实，乘坐着配有警卫的马车，前去视察霍尔本和克拉肯威尔情况最糟糕的地区。他在视察过程中发现，“一个浑身发抖、饿得半死的女人和三个衣衫褴褛、奄奄一息的孩子，就躺在空旷房间里的一堆破毯子上”。他想施舍一些金币却被劝了下来，因为这些金币可能会为这个女人招来邻居的野蛮劫掠。在《深渊里的人们》一书中，美国新闻记者杰克·伦敦（真名约翰·格利菲斯·钱尼）在贫民窟生活了几个月，住过济贫院，也曾露宿街头，融入了伦敦东区的生活，他的笔触深深影响了乔治·奥威尔的《巴黎伦敦落魄记》(1933)。他回忆道：“现在我的两轮马车正驶入一片无尽的落魄，街头尽是不同种族的人，他们刚到此地，没有社会地位，看起来境况堪忧，还有人酗酒严重。我们的车轮滚过了数英里的污泥烂砖。”他还写道，东区的孩子将成为“毫无英武之气、意志薄弱、心胸狭窄、冷漠萎靡的堕落之徒”。他最后感慨，这个深渊“千真万确是台巨大的杀人机器”。

你看到的那些楼房没有几栋是为无产阶级准备的，这些房子有地下室、厨房、用人房和好几间卧室，对工人们来说太大了。铁路的发展让生活较宽裕的工人得以搬往山地和郊区居住，而底层劳工阶层受到人口膨胀的威胁，挤占了前者留下的空屋，有时一栋房子里要住六个家庭。

此时大规模的房屋建设迫在眉睫，以缓解穷人住房拥挤的问题，但追逐利益的土地主和建造商们更关心中产阶级的住房，有些地区的房建甚至已经供过于求。5 年前，东杜尔维治地区为商人和公司职员准备的 4800 栋房屋中有四成空置，在其他高级住宅区，如布卢姆茨伯里和贝斯沃特，情况也是如此。如果白教堂区的穷人来到这里，将备受打击，但事实是他们根本不可能涉足这些地方。铁路的修建进一步加剧了这个问题，超过 10 万人被迫撤离家园，搬入已拥挤不堪的廉价房屋中，其中大部分是穷人，因为铁路线穿过富人区会更费钱。

一栋无名楼房外，一个穿着黑色外衣，戴着黑色手套的高个子男人正在敲门。他衣着体面，显然和这里的其他人不同，也因此受到了冷落。终于，楼上吱吱呀呀地打开了一扇窗，一个穿着油腻白围裙的女人探出头来瞪着他。黑衣男人声称自己是分租房管理人，要进去。女人冷静地点了点头，就消失了。片刻后，瓶子、烛台、靴子，可能还有更糟糕的东西飞出窗子，砸在了男人头上。男人嚷嚷着要报复，女人早已“啪”一声甩上了窗子。男人掸掉身上的脏东西，走向下一栋房子。周围顽皮的孩子们嘎嘎笑着，冲着这个被捉弄的异类指指点点。

赶快走到坎农街路[1]，以防孩子们把衣冠楚楚的你作为下一个目标。一直向南走，穿过卡伯街，可以走到圣乔治街。

大约 30 年前，这里还被称为拉特克利夫大道，狄更斯对此有各种描述，比如"垃圾、醉汉和邋遢女人的聚集地""社会渣滓堆积"的地方。你会在这里看到水手们出入妓院，装着木头假腿的退伍军人滞留在小客栈中，形形色色的黑帮分子在酒馆里喝得烂醉。"Ratcliffe"（拉特克利夫）这个名字源自撒克逊语的"red cliff"（红色悬崖），最早可能是指这里的红色土壤，而此时则被解释为红土浸满鲜血。1811 年 12 月，这里发生了两起命案，其中一名死者是一个 14 周大的婴儿，惨遭割喉。两起命案看起来都是临时起意的无动机犯罪，好像是这个地区野蛮本性的爆发，整个街区至今无法摆脱这两桩案子留下的死亡阴影，就算更名也不能改变人们的印象。到了 21 世纪，这里更名为"The Highway"（大道），但还是有一种阴森骇人的感觉。

这里是伦敦最糟糕的街区，在此逗留可不是个好主意。不过你还是可以到附近的雅姆拉赫宠物店看看，店主夸张地称之为"动物大卖场"，它就位于圣乔治街 179-180 号，在一栋阴暗联排房屋的一楼。这可不是如今售卖鹦鹉或金鱼等小宠物的商店，你可以在店里看到老虎、狮子、短吻鳄、红猩猩。这是一家家族经营的宠物店，过去 40 年一直由查尔斯·雅姆拉赫主理，这个男人自诩拥有庞大的海外代理网络，再罕见的动物他也能为你找来。他在不远的贝茨街上还有一家动物展览馆，用来展出他的珍奇异兽。你可以花大约 300

① Cannon Street Road，名字中既有"街"也有"路"，另外还有一条 Cannon Street，坎农街。

英镑（约合现在的 3 万英镑）选一头大象。如果你真的决定要买，可得严加看管，因为关野兽的牢笼不一定坚固，野兽们可能会逃跑。

1857 年，一头成年孟加拉虎从店里逃出来，在大街上闲逛，还叼住了一个 9 岁的男孩。男孩被吓得直瞪瞪地、傻傻地注视着老虎。雅姆拉赫先生第一时间冲上街，想要赤手空拳救下男孩，直到他的一个伙计用铁棍打碎了老虎的眼眶，男孩才从虎口中脱险（至少，雅姆拉赫是这样向《男孩日报》讲述的，这个故事发表于事发 22 年后）。雅姆拉赫不得不为此赔偿男孩的父亲 300 英镑，不过他后来把这只逃跑的老虎卖给了自己的竞争对手，对方发挥艺术的想象，宣称那是一只“吞下孩子的老虎”。

雅姆拉赫先生的异国商品均购自在港口停留的海员。港口就是我们的下一站，让我们一起去看看运转中的大英帝国。

“世界在此聚集”：伦敦港

离开雅姆拉赫宠物店后请向右走，经过圣乔治街上的教堂，再右转进入老砾石巷。空气中满是浓浓的烟草味。走过一座桥，你会路过沃平高街上参差不齐的烟草仓库和出租屋，从建筑间隙中可以看到泰晤士河边的码头和台阶。再穿过一条小巷，行刑码头就在你面前。中世纪时，海盗就在这儿被吊上绞架，要经过三次潮水的冲刷，他们的罪恶才能被洗去，这种说法符合当时人们对理想和正义的追求。英国第一个有组织的警察局——泰晤士河警察局——的总部也在这条街上。

泰晤士河警察局成立于 1798 年，比伦敦警察厅早 31 年。这是因为 18 世纪时海外贸易蓬勃发展，常有无数船只在伦敦池一带排队苦等数月，只为到上游的海关码头处用驳船卸货。人们戏称，把船只甲板当作浮桥走去河对岸简直如履平地。当时，盗窃行为十分猖獗，货船和海关都无法幸免，因为货物可能会长时间堆积在某处疏于看管。据说，偷窃会造成每年 50 万英镑的损失（约合现在的 5000 万英镑）。大约有 8000 艘船停在河上等待通关，面对这样的困境，也只有河上警察局能有效解决问题。另外还有一种解决方法，它将在伦敦东区的转变中起到决定性作用。几分钟后，当你到达伦敦码头的门户沃平流域时，就会了解。

走到一座桥边，找个视野不错的位置停下来，你的眼前是一座巨大的湿漉漉的码头，在船闸的作用下与潮水隔开，周围聚集着小码头、吊车和仓库，外围还有一堵 30 英尺高的加固墙，它将码头变成了坚不可摧的堡垒，但其本质上是为经济服务而非防御性的。这里停满了船只，如果没有伦敦码头公司总部的手写许可，就不能上岸，所幸我们有亨利·梅修绘声绘色的描述。他在 1849 年 10 月的某个早晨来到这里，为《纪事晨报》写了一篇报道。在桅杆、码头和工棚构成的背景中，他看到：

> 高高的烟囱喷着滚滚黑烟，男人们脸上蓝一块、青一块……一群有着亚麻金发的水手走来，说着德语，喋喋不休，他们身后是个黑人水手，用土耳其式头巾裹着头……不多时又来了一个人，手上提着木笼鹦哥。

空气中弥漫着烟草、朗姆酒和皮革的味道，还有咖啡和辛辣香料的醇香，混合着一种“奇怪的、类似腐木的菌类味道”。他还捕捉到了层次丰富的海上交响乐：

> 在刚刚进港的美国佬的船上，大咧咧响起了黑人歌谣，桶匠在码头上敲打木桶，卸下货物的吊臂吱呀呀再次升空；绳索入河，水花四溅；船长双手合围，大声下达指令；某些船里传出山羊的咩咩哀叫；空木桶在石板上滚动，咚咚隆隆犹如鼓声。

据贝德克尔[①]的《伦敦指南》（1889）记载，当时的伦敦码头能停泊 300 艘大船、不计其数的驳船，仓库里能存放 22 万吨货物，地下室还有 7 万桶葡萄酒。

伦敦码头只是从泰晤士河两岸的泥滩中挖凿出来的十几个人工河道之一，类似的人工河道遍布圣凯瑟琳、沃平、罗瑟希德、西汉姆、东汉姆及狗岛，以配合蓬勃发展的海上贸易。大不列颠此时正领跑世界经济，首都伦敦理所应当地成了承接全球贸易的帝国支柱。曾经饱受码头偷盗之苦的西印度公司在 1799 年首开先河，建造了一处专有码头。此后的 90 多年间，其他的合资公司也纷纷效仿。各码头进口的物资种类明显不同：西印度码头主要运入朗姆酒和硬木；东印度公司有茶叶和香料两个码头（都在狗岛）；伦敦码头停卸象牙、咖啡和烟草；橡胶、糖，还有活海龟——用来做海龟汤，你可得尝尝这道维多利亚时期的佳肴——则在伦敦塔旁的圣凯瑟琳码头上岸。贸易带来的丰富物资、奇珍异宝在这些码头上打包停当，源

① Baedeker，著名的国际旅行指南品牌，由德国出版商卡尔·贝德克尔推出。

源不断地涌入帝国的血脉。

看看泰晤士河对面的腌鲱鱼码头，它就在伦敦塔对面；还有樱桃园码头，位于罗瑟希德区一片缆绳工坊和饼干工厂之中，现在那里早已不再是去往佩皮斯度假乐园的必经之路；再看看狗岛上浓烟滚滚的工厂——目之所及，桅杆林立、舳舻千里。与巴黎、维也纳、罗马不同，伦敦从公元47年建成开始，就一直是一个港口城市，并在长盛不衰的商业大潮中愈发繁荣昌盛、地位超然，尤其是在这个自由贸易的时代，大英帝国的国力正处于巅峰。

对于法国批评家和历史学家伊波利特·丹纳来说，伦敦港是“我们星球上景象最壮观的地方之一”。他在《英格兰笔记》(1872) 中写道，从格林尼治公园的制高点望去，“千帆竞起，桅立桁平……无穷无尽的物资堆在港口，背后是烟囱和仓库的滑车，大量劳工正日复一日不知疲倦地工作”。阳光穿透浓雾，“金光之雨”洒在“浑浊而半青半紫”的河面上，世界各地的船只聚集于此，显得纤长优雅，“令人惊叹的奇妙身影”映在水上。在丹纳眼中，此情此景堪称“世界在此汇集”。

而对那些在码头上工作的人来说，现实并没有那么浪漫。只要在工作日早上7点半去各码头看看，就能直观感受到人们每日劳作时的绝望和生活的潦倒。你会看到数千人为了四五便士的时薪争先恐后地揽活儿，仿佛饿狗抢食。劳工们不一定每天都有活儿干，而即使每天都有，挣的钱也租不起一间像样的房子，他们大多住在破旧的群租房里。大约三分之一的码头工人是熟练工，能找到更长期的工作，即使对他们而言，稳定的收入也是一种奢望。在梅修的记录中，码头领班一出现，“人群就骚动起来，劳工们推推搡搡，无数只手举到空中，拼命争取新的活计……还有人会跳起来吸引领班的注意……大家你争我嚷，闹成一片”。无论是缺乏经验的人，还是生活窘迫、沉迷酒精的人，都要抢口饭吃。很遗憾，结局永远是僧多粥少，很多人只得空手而归，“那些饥饿的面孔让见者永生难忘”。

码头上的贫与富相隔咫尺，却鸿沟难越。仓库里琳琅满目的货物堆积成山，仓库外一贫如洗的劳工却在苦苦争夺几便士报酬的脏活、累活。梅修曾在傍晚时分参观下等出租屋，发现那里竟有“至少二三十个可怜人，惨状前所未见”：有的没有鞋穿，有的衣不蔽体，全都通身发臭。他们喝着豌豆汤和装在盆里的麦芽酒，那些东西看上去简直就像呕吐物，劳工的饮食似乎自中世纪以来就没有任何改善。

原路折回，让我们继续往北面的白教堂路走。

这里无处不在的贫穷发人深省，也促使一些慈善家做出意义深远的举动。18 世纪 60 年代，美国银行家乔治·皮博迪在斯皮塔佛德为需要救济的穷人修建了第一处住房；1885 年，享有盛名的金融家内森·罗斯柴尔德成立了名为“百分之四”的工业住宅公司，为伦敦东区越来越多的犹太人提供他们能负担起的居所；堪称英国最富有的女性安吉拉·伯德特-库茨也是为大众提供廉价住房的先驱之一，她筹建了位于海格特的霍利洛奇小屋。

不过，托马斯·巴纳多才是这个时代慈善领域的领袖。这位盎格鲁-爱尔兰人曾在白教堂的皇家伦敦医院学习，他原打算去中国做医疗传教工作，但在遇到一个名叫吉姆·贾维斯的 10 岁男孩以后，改变了理想。吉姆在巴纳多一间用驴棚改建的贫困儿童免费学校就读。学习结束以后，这个面容早熟的男孩不愿离开，非要留在炉火边取暖。巴纳多听说男孩是个孤儿，平时就睡在一辆干草车上，就给男孩煮了一杯提神的咖啡（巴纳多很喜欢咖啡，1872 年他把莱姆豪斯的一间超大的酒馆改成了咖啡馆，“吧台”上写满了《圣经》里的句子），并让男孩带他去看看其他流浪儿的居所。光着脚的吉姆带他去了衬裙巷的一间破屋子。两个人一起爬上顶棚，看到那里住着一群破衣烂衫、没鞋穿的孩子，他们挤成一堆，脚伸在排水槽里，头抵在屋顶的边上。一个个冷得瑟瑟发抖，连条毯子也没有。

从那一刻起，巴纳多决定将余生都用来帮助贫困脆弱、无家可归的孩子，他所建的救助站的标语是“任何贫困儿童均可入内”。1870 年，他在斯特普尼长堤 18-26 号开设了第一家针对贫困男孩的救助站，其后不久，又在埃平森林外的巴尔金赛德为可怜的女孩们也开了一家。

他的想法很简单，每个孩子都应该拥有尽善尽美的人生起点。当时的人们普遍相信，个人贫穷的根源在于懒惰的性格，无关社会或成长环境。在这样的大环境下，巴纳多的想法显得相当激进，而他的做法更为勇敢。他把脆弱的孩子从酗酒、不负责任的父母身边带走（如果有需要，还会进行“慈善绑架”，他曾因此被多次告上法庭，但每次都能胜诉），教会他们必要的技能，发掘他们的潜力，甚至把前途渺茫的孩子送到加拿大或澳大利亚更适合成长的家庭中。巴纳多医生并不是一个真正的医生，他制作了上千份“之前”和“之后”的对比图卡，着重体现善行所带来的巨大改变，卡片上写有诸如“从前是一个小乞丐……现在变成小工人”之类的文字。卡片售价 6 便士一张、5 先令一套，是他帮助儿童的一种重要筹款手段。他还会在必要时篡改一些照片以增强前后对比效果，为什么不呢？这毕竟是为了将前途无望的孩子从深渊中拯救出来。

无论慈善活动多么伟大，都不可避免其局限性。在托马斯街和查尔斯街的交会处，有一片朴素的楼群，靠后的楼房有六层高。楼群入口位于托马斯街上，一群戴鸭舌帽的男人在那里排着队，其中很多人有气无力地靠在墙上。欢迎来到白教堂联合济贫院。楼群从空中俯瞰呈“H”形，底层是男女宿舍，中央两层是办公区，高层则是餐厅、教堂和更多的宿舍，以及低能者病房和救济办公室。

济贫院是维多利亚时期伦敦解决贫困问题的主要办法，它取代了都铎王朝和斯图亚特王朝时的济贫法。这些阴郁的建筑看起来是一种实现目的的手段——让懒惰但健全的人重新开始工作。建筑内部被有意设计成监狱或集中营的样子。不错，有人给你吃、给你穿、给你住，但除此之外，任何微末的个人价值都会被枯燥乏味的管理体制消磨殆尽，与你为伴的只有日复一日单调的工作、严格的纪律、苛刻的规矩、难以下咽的食物、居高临下的布道，交谊与欢乐更是无从谈起。穿上济贫院的衣服，离开家人，跟陌生人一起挤在寒冷宿舍中的草垫上，无怪乎里面的人们一旦看到外面世界的任何机会，无论多么渺茫、多么屈辱，都会欣然接受。

象人约瑟夫·梅里克和其他“怪物”

白教堂路像个繁忙的蚁丘，街边的小贩用晦涩的行话叫卖着，警察指挥着行人，其中包括一些酒鬼，身穿白大褂的医学院学生则站在路边吞云吐雾。

皇家伦敦医院的外墙泛着病态的米白色，墙上嵌着一面圆形大钟，医院就像希腊神话中的独眼巨人，俯视着白教堂路。这是伦敦大约 20 家综合医院中的一家，这些医院全都体现了维多利亚时期社会对慈善事业的关注。作为慈善机构，它们为需要帮助的穷人提供医疗服务。白教堂区可以说是伦敦最贫穷肮脏的地区，在人口急剧增长的情况下，对医院的需求无比迫切。

医院里，一位 30 岁出头、雄心勃勃的大夫正在给身体羸弱的穷人动手术。他的名字是弗雷德里克·特里夫斯，人们之所以一直记得他，是因为一位曾被他称为“我所见过的长得最恶心的人”。他曾接手治疗和帮助过这个人，并把他的故事（至少是特里夫斯版本的故事）分享给全世界——这个人就是象人约瑟夫·梅里克。在你造访此地时，梅里克仍在白教堂路上的一家商店里供人围观。特里夫斯插手前，梅里克是这个城市最热门的怪物秀主角。

那家商店位于一家当铺和一家蔬果店之间，门牌是 123 号。大概有 20 人聚在商店外，有的穿着白大褂，有的头戴高帽、身着破旧西装，还有几个被父母领着的男孩女孩。店门口挂着一块帆布，上面写着花 2 便士入场费就可以看到象人（建筑工人一天可以挣 4 先令，所以这并不算贵，花同样的价钱，你可以“在白教堂泡个二流温水浴”），还草草画着一个可笑的人类与大象的混合体。人们面露疑惑，难以想象这样一个庞然大物竟能被塞进眼前这家小店。

一个男孩走到了店门口，身上穿着嵌有黄铜纽扣、已经褪色的红马甲。人群爆发出各种问题，他一边回答着“我不知道，我不知道”，一边开了店门。大家一拥而入，你也一块儿跟着进去看看吧。

店里潮湿阴暗，空气中有淡淡的蜡烛气味。一块红色的幕布挂在房间深处，吸引了人们的目光。每过一会儿，里面就传出一点微不可察的织物摩擦声，同时还会响起清亮的笑声。年轻的主持人汤姆·诺曼戴着卷边帽子，戒指套在白手套外，马甲花里胡哨的，上面还缀着银币。他首先确认了一下观众中是否有不宜受惊的女士（比方说孕妇）。没有？非常好。收好观众的钱之后，他让一个十几岁的助手去看着店门，自己则开始了准备好的浮夸演出，想要突出表现奇迹，而非畸形的一面。

“女士们先生们，谢谢你们的厚爱，我很荣幸地向你们介绍象人约瑟夫·梅里克先生。请你们准备好，一睹这位最非凡、最让人惊叹的人类的风采。”

他倏地拂开幕布，一个畸形的身影披着褐色的毯子，在台上缩成一团，靠在一块被煤气喷灯烤热的墙砖上微微发抖。在阴森森的蓝色灯光下，人们面面相觑。诺曼接着说：“请不要因为约瑟夫的外表鄙视或咒骂他。别忘了我们都不是自己创造的，如果你扎他、割他，他也会流血，他流出的血也和我们的一样鲜红。”

说着，诺曼命令象人站起来。毯子落在地板上的那一刻，空气仿佛被抽走了。有些人向后躲闪，好像要避开一条毒蛇，有些人抓紧了彼此的胳膊，还有人甚至尖叫起来。不过，大部分人只是站在那儿瞠目结舌，伸着脖子上下打量和研究他，疑惑上帝怎么允许这样一个生物来到人间。

约瑟夫·梅里克的外形的确极其怪异。他的头超乎寻常的大（周长36英寸，约91厘米），额头上长着一块长条面包状的、嶙峋的突起。他的右脸扭曲，十分狰狞，像一个孩子打算用黏土做个魔鬼，但做到一半就放弃了。用弗雷德里克·特里夫斯的话说，他的脑后耷拉着“一包像是发了霉的海绵状的皮肤”“上颌部……是一大块骨头……像一截突出的粉色残肢，上嘴唇外翻，嘴巴变成了一个只会流口水的洞”。他的皮肤大多松松垮垮，就像花椰菜，更糟糕的是，还散发着恶臭，即使以维多利亚时代并不宜人的城市气味为参照标准，这味道也让人难以忍耐。他光着上身，也没穿鞋子，只套了一条不太合身的裤子。他的脖子几乎无法支撑硕大头部的重量，这导致他的头长时间垂着，就像夏末的向日葵。他的左手出人意料的修长优雅，右手却肿胀得吓人，粗壮程度几乎是左手的四倍，仿佛魔鬼的爪子。他的脸“做不出什么表情，像是一块疙疙瘩瘩的木头”。“我从没见过这样退化、扭曲的人类，他真是太罕见了。”作为皇家医院的外科医生，特里夫斯如此描述他见到这个抓人眼球的怪物时的想法。

幸亏诺曼先收了观众的钱，在店外的广告上，象人就像一只在丛林里横行的巨大怪兽，而不是眼前这团孤苦伶仃、靠在煤气喷灯旁的“孤独的化身”。虽然他的皮肤又灰暗又粗糙，但称他为“象人”还是有些牵强。不过，他上颌的突出部分倒可能会被人形容为象鼻。对来自 21 世纪的你来说，他更像个外星人，或是受到强酸性化学物质伤害的人。把他塑造为象人可谓一种天才的宣传手段，汤姆·诺曼甚至还有一套与之配合的背景故事。

据诺曼说，象人出生在莱斯特，他妈妈在怀他时曾去参观巡回动物园，结果在拥挤的人群中倒在了大象脚下。正站在店内的你如果回过头，可以透过门上方的玻璃看到皇家伦敦医院的壁柱和拱门。从“燕灵水”“小狗金水”的时代至今，医学已经有了长足的发展；四体液说已经被大众抛弃，细菌理论逐渐被广泛接受，麻醉和外科手术也取得了惊人的进步。但此时，店内的观众似乎对关于象人“病因”的简单粗暴的解释相当满意。

诺曼说，约瑟夫的症状在他满5岁后才开始显现，在他十一二岁时，他的母亲去世了，父亲续娶了一位坏心肠的后妈，约瑟夫成了家庭的负担并被扫地出门。最后，他意识到想要过上好日子，唯一的办法就是把自己变成一件展品。找到诺曼这位愿意提供膳食的好老板之后，他的想法终于成了现实。现在，约瑟夫已经21岁了，从前的坎坷曲折变成了今天的安稳顺遂。观众们倘若不相信听到的故事，还可以买一份由象人亲手写的（应该是用左手写的）、三页纸的小册子细读。

观众们有些不知所措，有人开始抽烟，有人买了小册子，还有人走上前去捅了捅那个怪异的生物。

如果象人勾起了你的偷窥欲，那么当你得知在维多利亚时期的伦敦还有大量这样的怪物在展出，应该会暗自高兴。这是伦敦的悠久传统之一，《笨拙》杂志称之为“畸形狂热”。随着人们财富的增加和周六半天假日的出台，在以巴塞罗缪市场为首的多个地方出现了越来越多的怪物展览。1847年，《笨拙》曾提到，“随着大量以活物为噱头的畸形生物展的出现，可怜的杜莎夫人蜡像馆已经淡出了众人的视线”。怪物展出地点可以是大厅、水族馆、画廊甚至寒酸的商店橱窗。到了19世纪中叶，皮卡迪利广场的埃及厅成为大家观赏怪物常去的地方。怪物展览产业在那时发展到了顶峰。

如果你在三年前参观伦敦，还能看到非洲猎豹男孩，这是一个12岁的黑人孩子，身上带着白色斑点，就像斑点狗的翻版。据宣传，他是“两种不同肤色的人生出的混血儿”。两年前，伦敦人还可以在威斯敏斯特水族馆看到克劳，一个来自遥远的“印度支那”、身上长满毛发、猿猴般的七岁女孩。回溯到更早的1865年，《柳叶刀》有篇报道称，一个葡萄牙年轻人“并排长着两个发育完全、形状良好的生殖器”，引起了一场骚动。即使在21世纪，伦敦西区的畸形狂热也未完全消失，直到现在，莱斯特广场的一家俱乐部仍然会雇佣一对侏儒在聚光灯下表演乒乓球，以此娱乐观众。

人们拥入商店参观象人的景象和维多利亚时期畸形人展览的普遍化和商业化，可能让你觉得恶心或残忍。我无意为这一现象辩解，很多人的确是出于低级趣味、好奇甚至无聊前去参观，但也还有一些隐匿在人心深处的感应和共鸣，这或许能在一定程度上解释人们为何对怪物展如此痴迷。

1859年，查尔斯·达尔文的《物种起源》出版，书中极有说服力的进化论观点风靡一时。伦敦展出的很多怪物——尤其是象人——被诠释为某种自然发展的脱轨、未完成进化的倒退现象，甚至是类人猿向人类进化的过程中缺失的一环。有一本小册子介绍了年轻的“猿人姑娘”克劳，书名就叫《克劳，缺失的一环，达尔文人类起源理论的活证》。那本书认为她的存在充满启发性，有力地驳斥了那些认为人类与猿猴无关的“反达尔文”理论。书中说，“每一个人都应该看看她”。同样，汤姆·诺曼也会告诉你，象人不是用来吓人的，而是为了给人启迪。

历史学家纳蒂亚·德巴赫的看法非常令人信服，她认为在帝国主义时代，维多利亚时期的怪物展能折射出大英帝国的一些社会思想。介绍克劳的小册子里写道，她是在老挝被发现的，那是一个远在大英帝国仁爱和文明光辉之外的“荒蛮之地”，伦敦展出克劳一事如明镜般反映出开化的文明背后的残忍天性。种族间通婚存在着道德问题，如果有人质疑这一点，那突变的猎豹男孩就是一个力证。怪物展仿佛是一种衬托，让维多利亚时期的男女老少都安于严格的种族体系之中。最重要的是，他们把“非我种族”的异类放到了聚光灯下。

顺便说一句，死亡也不一定意味着展览的停止。土生土长的墨西哥人茱莉亚·帕斯特拉娜——大家更熟悉的称呼应该是狒狒女士（尤其在 1859 年达尔文的著作出版后）。她患有一种罕见的遗传病（多毛症），因此有浓密的胡须、眉毛和长满毛发的前额。这种基因缺陷也被称为狼人综合征，不过人们还是认为她看起来更像大猩猩。她在皮卡迪利的摄政画廊被展出，直到去世。在她死后，她的丈夫兼经理放不下这棵摇钱树，决定对她的尸体（还包括她死去的孩子）进行防腐处理。她被处理成标本，存放在皮卡迪利的伯灵顿画廊中，“她的皮肤……很有生命力，她的身体……跟她活着时一样丰腴”。

到了 1884 年，公众受舆论和媒体的影响，开始反对对畸形人的商业利用，此类表演在伦敦金融城中已被完全禁止，但在东区仍很盛行。牛津街附近的米德尔赛克斯医院的年轻医生约翰·布兰德-萨顿（他还研究过连体婴儿）就最喜欢在无所事事的周六晚上闲逛到迈尔安德，“观看那些怪物展上的侏儒、巨人、胖女人和畸形人”。就在某个周六晚上，他看到了皇家医院对面“被称为象人、让人反感的人类”。你眼前那个瑟瑟发抖的生物在当时的畸形秀狂潮中曾炙手可热。

历史上关于约瑟夫·梅里克的说法主要有两种。弗雷德里克·特里夫斯爵士在《象人约瑟夫·梅里克和其他畸形人》（1923）一书中描绘的形象就是其中之一。这个被表演商剥削的可怜生物，“像麻风病人一样被嫌弃，像野兽一样被关押……而在黑暗中把自己隐藏起来才是他唯一的慰藉，是他的快乐之源”，直到他被善良的医生（也就是特里夫斯本人）发现。1886—1890 年，在医疗机构的庇护下，他才得以进入文明世界，在这个世界中，甚至还有些善良的女子更注重他人性中的闪光点而非外貌上的畸形。在书中的某个章节，作者将在自己的照料下变得快乐合群的梅里克和一个在利物浦街车站的耳房中“奄奄一息的悲惨之人”做了有力的对比。特里夫斯于 1886 年发现了梅里克，在那之前，梅里克正因另一个表演商（不是汤姆·诺曼）的一次失败的欧洲展演饱受折磨。

特里夫斯的记录非常简洁，可能有的人会觉得太简单了没什么看点。梅里克在书中历经磨难，但还是以超乎常人的忍耐力冲破了重重困境，收获了友谊、名声和无数快乐，直到 1890 年的一个下午，他与世长辞，令人扼腕。当时，梅里克想要“像普通人那样”把自己硕大的头颅放在枕头上，结果却造成颈椎错位。

尽管把特里夫斯的叙述当作纯粹的虚构并不太妥当，但文中的确有些事实上的谬误，比方说，将迈尔安德路错记为白教堂路，弄错了展出梅里克的商店，写错了一些关键的生物学细节等（当然梅里克自己也可能撒过谎或是没说清楚）。特里夫斯甚至连梅里克的名字都弄错了，把约瑟夫写成了约翰。关于梅里克可怜的跛脚妈妈，书中称其“一无是处、没有人性”，而且“无耻地抛弃了他”，但实际上她是在梅里克快满 11 岁时因支气管炎去世的。我们不禁要问，特里夫斯对梅里克的监护到底为他自己赢得了多少赞誉？毕竟他有足够的动机为梅里克在医院中的经历加套一层美好的滤镜。

汤姆·诺曼的故事版本与此截然不同。在投身特里夫斯所说的“绝望的深渊”、接受展览之前，梅里克早已对展览生涯敞开了怀抱。他一生都因畸形遭受嘲笑、欺凌和嫌弃：人们拒绝给他一份莱斯特男装店推销员的工作（当他出现在别人门前时，人们总是尖叫着把门摔上）；说他是家庭的负担；眼看着他在济贫院度过地狱般的四年，其间唯一能期待的就是籍籍无名而死，然后被埋在乱葬岗。当听说欢乐剧院想找点新奇事物展出时，梅里克迅速抓住了机会，也让他在白教堂区跟汤姆·诺曼产生了交集。

至于谴责表演商残忍剥削的说法，那纯粹是胡扯。维多利亚时期的畸形人都是自由身，他们通常比表演商挣得还多，因为除五五分成外，畸形人还能通过出售自传性的小册子赚额外的钱，表演商却要为演出管理和日常开支烦忧。像象人这样的奇人并不是奴隶，他们既不便宜，也不是消耗品，欺压他们又有什么意义？

“到底是谁在剥削可怜的约瑟夫？”诺曼质问道，“我，一个表演商，得到的是辱骂。特里夫斯医生，地位显赫的外科大夫（你得承认他也是一名表演商，只不过社会地位更高），却收获了知名度和赞美。”事实上，在特里夫斯那里，梅里克成了医院地下室小隔间中的囚犯，还要忍受“纷至沓来的外科大夫、医生和特里夫斯医生的朋友”的“探访”。梅里克失去了以前挣钱的生计，同时还要满足他们的好奇。难道那间地下室真的比从前的济贫院更舒适吗？对于造成自身境况的原因，或最终恢复成正常人的概率，梅里克真的一无所知吗？

毫无疑问，特里夫斯为梅里克打开了通往新世界的大门，从此象人能够去剧院看剧，读书，与女明星会面，甚至还有一次面见了剑桥公爵。据说，公爵后来评价道："没想象的那么讨厌，因为他是个非常温柔、善良的人，真是可怜！"然而，诺曼仍然坚持认为，梅里克发现要摆脱那个被美化了的医院，自杀是唯一的出路。毕竟，他比其他人都要清楚，他躺下的姿势会让自己窒息身亡。

现在，让我们看看他——约瑟夫·梅里克，他曾追求光明；他曾梦想住进一处黑暗的庇护所，在那里，人们只看得到他的灵魂而非他硕大的头部；他曾在第一次握住女性的手时情难自抑、跪地痛哭；他曾在夜里用膝盖支撑头部，双臂紧紧抱住双腿，蜷成胎儿的姿势方能入眠。现在问问你自己，他究竟是无法自保的牺牲品，还是自身命运的主宰？如果愿意，你也可以问问他——如果你能听懂他"笛音一般难以辨认的声音"，不过汤姆·诺曼绝不会轻易让你接近他。

不管我们对特里夫斯的自述有多少保留意见，至少在最后，他献给这位病人的悼词十分真诚恳切："生而为人，梅里克微如草芥、备受冷眼，但可以想见，若他的精神能化为人形，将是一个正直英勇的男子，他有着光洁的额头和健全的四肢，眼中闪烁着无所畏惧的光芒。"

让我们离开商店，走入白教堂的暮色中吧。

"那是灯塔，我的伙计！"

在维多利亚时期的伦敦徜徉，你是否留意到"在深灰的砖石中高高耸立着一大片与世隔绝的建筑，就像是铅灰色大海上的一个砖块岛屿"？也许没有，因为那样的景象在 21 世纪的伦敦随处可见。不过，在 19 世纪 80 年代，这些有着高高山墙、凸出的窗户、斜面屋顶和塔楼的三层红砖建筑，正预示着未来教育的革命性发展。“那是灯塔，我的伙计！”夏洛克·福尔摩斯对华生说道：“未来的灯塔！每一座灯塔里都装满了光辉灿烂的小种子，他们这一代的英国将更加文明富强。”[①]

那些是小学，我亲爱的华生。虽然其中有一些和伦敦很多重要的新兴公共建筑（如圣潘克拉斯火车站）一样，为流行的新哥特式风格，但在新建的公立学校中，最受欢迎的还是前面提到的再度流行起来的安妮女王风格。这种风格非常壮观，能彰显品位，最重要的是，跟中世纪的宗教教条毫无关联。正如首位被学校董事会指定的建筑设计师所言，“建造公立学校的目的在于公民而非教会”。

巴克斯罗附近就有一座这样的学校。它是一栋四层建筑，装有高大优雅的窗户，立在一片迷宫般混乱拥挤的贫民窟中。为了尽可能利用空间，屋顶上还建有一个操场。快去看一看吧。

19 世纪上半叶，受到经济自由发展的影响，国家对国民教育的干预和管理被视为一纸空谈。从前，伦敦民众的教育——我们在这里谈的只是初等教育——由宗教组织一手操控，全国协会面向英国国教徒，不列颠和外国协会则面向非国教徒，有时这种教育协会和一周去一次的主日学校并无差别。此外，还有 250 多所慈善学校，专门面向查尔斯·狄更斯所说的“卑贱、肮脏又凄凉”的孩子。而慈善学校的目的也不是教育，而是“施以同情，伸出援手，代替法律的铁腕不让他们误入歧途”。

但到了 1870 年，人们开始重新审视整个教育体系，社会生活受

---

①摘自柯南道尔的《海军协定》。

到了前所未有的干预，在自由党政治家威廉·福斯特的倡导下，政府出台了《初等教育法》，要求伦敦教育委员会负责基础教育。雷厉风行的议会规定，10 岁及 10 岁以下的儿童必须接受基础教育。推动这次重大变革的是政治，而非慈善。1870 年，福斯特警告说："在全世界范围内，所有的文明社会都在聚集力量，大家都要凭实力说话。"不过，问题是不列颠是一个小国家，在工业生产方面难以匹敌德国这样教育体系更完善的国家。"如果我们想在世界上站稳脚跟，就必须提高个体的智识和能力来弥补人口的不足。"否则，人们要如何应对日益增多的犯罪、贫困、罢工和骚乱？在你造访伦敦的这个时候，法案已经有了显著成效，到了 19 世纪 90 年代末，伦敦教育委员会将为伦敦市民提供 20 多所学校、逾 40 万个受教育机会。

但委婉地说，伦敦现在仍面临着一些起始阶段的问题。一开始，学生甚至家长会向"外国来的老师"扔石块、出言侮辱，这类情况屡见不鲜。很多孩子不习惯被约束，学校老师则发现自己更像训导者，而非教育者。一名伦敦医生甚至提出了一种新的病症——"公立学校喉炎"，这种症状会随着班级规模的扩大而恶化。当时，每个班可能会有 70 甚至 80 个学生（到 1891 年降到了 50 人），并会按性别分班。

逃学是最大的问题，1902 年针对这个问题产生的诉讼有 2 万起，充分说明政府对待这个问题的严肃态度。在贫困家庭中，孩子是宝贵的劳力资源，可以帮家里做买卖、干杂活。每到家庭洗衣日，逃学问题就尤为严重。教育委员会的工作人员需要到劳工阶层家庭进行家访，查问学生逃学的原因。这种吃力不讨好的工作有时还很危险，比如被扔石块。

然而，改革卓有成效。查尔斯·布斯或许提过，一些公立学校早期的学生“下流、肮脏……看起来双眼干涩、萎靡不振”，还有几个孩子“迟钝得令人绝望、仿佛神游物外”。但到了19世纪末，包括他在内的改革者都认为，多亏这些输送文明的教育“工厂”，伦敦的穷人身上已经开始出现文明的迹象。

离开这些公立学校，向西走回城中。借用T. S. 艾略特的诗句，“你身后那黄色的迷雾正蹭着窗格玻璃的背”[①]，不过这雾其实也带有几分黑色。一只黑猫蹑手蹑脚地走过来看着你，好像你是一件家具，随后它很快消失在了雾中。再走几分钟，你将路过一处案发之地，四年后人们在那儿发现了开膛手杰克案的第一个受害者，她的喉咙被割，腹部被剖开，场面悲惨。继续向前走，便回到了白教堂路。

穿过地狱的旅行：地铁

即使笼罩在浓雾之中，伦敦的白天也仍然热情洋溢，不过只有到了夜晚，当路灯穿透烟雾放出光芒，寻欢作乐的人群拥进大街小巷，维多利亚时代的伦敦才真正鲜活起来。人们渴望摆脱白天工作中的枯燥乏味，想要灯红酒绿，想要非凡刺激，想要尽情倾诉，想要肉与灵的一夜邂逅。还有什么比音乐厅更好的地方呢？我们不妨也随大流，去参观一下伦敦的第一家专业音乐厅——位于兰贝斯的坎特伯雷音乐厅。

---

① T. S. 艾略特的《J. 阿尔弗雷德·普鲁佛洛克的情歌》(*The Love Song of J. Alfred Prufrock*)中的一句，“The yellow fog that rubs its back upon the window-panes”。

想再叫一辆公共马车吗？还是别了吧，不然你可能会错过表演的开场。看到一辆双轮或四轮马车？算了吧，你荷包里可没那么多钱。其实，你还另有选择，它已有 20 年运营历史，是当之无愧的世间首创，更是凝结了现代工程技术的惊世之作。没错，它就是新兴的伦敦地铁，此时每天有 800 多趟列车运行。

跟伦敦的其他交通方式比起来（可能得把汽船排除在外），地铁真是风驰电掣，它允许劳动阶层居住在离工作地点更远、环境更宜人的郊区，而郊区也因此迅速膨胀、发展。1863 年，大都会铁路（从 20 世纪起被称为大都会线）建成，两年后，一个工人告诉亨利·梅修，便宜的车票（早上 5 点 30 分或 5 点 40 分发车的往返票价是 3 便士）让他可以住在比较偏远的诺丁山地区一栋大得多的房子里（他在伦敦中心可住不起那么大的房子），还能让他每天少走 6 英里路。

你很幸运，白教堂正好位于从新十字到利物浦路之间的东伦敦铁路线上，当这条线跟大都会铁路（即 21 世纪地铁图上的绿色线路）连接起来，就有了白教堂站。从 10 月开始，区域铁路和大都会铁路这对亦敌亦友的组织就共同开始运行围绕城市中心地区的环线。这条闭合环线后来在地图上被标为黄色，称为内环，并成了都市传说之源，比如，幽灵会一圈一圈永不止歇地乘坐地铁，有人把这里当作廉价的办公室。未来还会有人建议每年举办一次环线鸡尾酒会，这只是时间早晚的问题。

在白教堂路主路上的伦敦皇家医院附近左拐，走上大约 5 分钟，就会到达白教堂和迈尔安德地铁站（21 世纪更名为白教堂站）。地铁站的入口和出口是两个拱门，出入口还立有一块巨大的公告牌，引导东伦敦居民进入新交通体系的神秘世界，这套新系统为人们提供了便捷的交通、便宜的单程票和季度票。内环线可以把你带到远至诺丁山门和肯辛顿（高街）的伦敦西区，但今晚，我们坐到威斯敏斯特桥就行。走进拱门，在售票处买一张二等座的车票。

先说几个注意事项。虽然维多利亚时期的地铁与 21 世纪的有一些相似点——尤其是广告海报，但也存在一些重要的不同之处，如果你想毫发无损地回来，请牢记在心。列车约 10 分钟一班，环线行驶一圈差不多要 70 分钟。有的站内设有小吧台，供你提神醒脑。站台用木头而非水泥修建，通道里回响着乘客们的脚步声。照明大多靠煤气灯（不过电灯也正在引入），列车进站时它们会小幅晃动，灯影摇曳。

到了站台，你会发现地面上并没画出候车的黄色禁戒线。这其实没有听起来那么危险，因为带电轨道要在六年后才出现。但由于人们习惯在火车还没完全停稳时就上下车，被轧到的可能性还是相当大。这样一想，煤气灯、木车厢、木站台和随意吸烟的人，凡此种种对 21 世纪的人而言，可以说是健康和安全的噩梦。

如果你找人问哪边是东行线、哪边是西行线，对方可能会含糊地敷衍几句就匆匆走开。毕竟这时还没有东西线，只有“上行”（去往金融城方向）和“下行”（去往西区方向）。同样，“管道线”这条线路也还未出现，贸然提起只会让人一头雾水。你今晚乘坐的地铁所经过的隧道是用“随挖随填土方”的方式修建的，顶部离地面只有几英尺。第一条深挖电力路线——也就是后来的管道线——六年后才出现。

和维多利亚时期伦敦的很多场合一样，地铁里也阶级分明。你可以在站台上看到写有“一等座在此候车”“二等座在此候车”的标牌。可以想见，一等座一定非常豪华，1887 年的朱比利线一等车厢中有“镀金镜子，皮革门板，绳网行李架和许多文字符号”；二等座车厢的内部相对朴素，照明条件也没那么好；三等座吸烟车厢就比较恶心了，里面痰渍斑斑，又臭又拥挤。相比之下，19 世纪 90 年代引入的电气化的管道线则将在一片争议声中实现了人人平等。

这时的确已经有了地铁图，但通常又大又不实用。不过，卡尔·贝德克尔在 1878 年出版了《伦敦旅行指南手册》，封底的伦敦地铁图已足够准确（当然它的比例还是不及 1931 年的哈利·贝克版，这一版本一直沿用至 21 世纪）。地铁每到一站，警卫就会喊出站名，站台上的方形布告栏也写有相应站名，但别指望能看到伦敦地铁标志性的小红圈标识——它们到 1908 年才出现。

那乘坐地铁到底感觉如何？此时的列车用蒸汽机车牵引，整个旅程颇有几分在微缩的古典小城中穿行的意味，可惜到处充斥着烟雾，地铁犹如地狱。小说家乔治·吉辛回忆起国王十字站里的场景，说那儿“噪音混杂，车门开闭粗暴，车轮吱吱作响；广告海报、蒸汽、烟尘、焦油在站内搅成一团”。此时，流放政策已被取消，死刑也已减少，为了缓解过度拥挤的监狱，《蓓尔美街报》提出了一个极具建设性的建议——让犯人坐上地铁兜圈子。

美国记者 R. D. 布鲁门萨尔报道了自己在 1887 年 6 月乘地铁从贝克街到摩尔门的经历。他这样下笔：“我第一次见到现实中的地狱，如果地狱真是这样，我就再也不干任何坏事了。”紧接着，他继续写道：“我坐的卡座里挤满了吸烟的乘客……引擎产生的烟雾和硫黄味充斥着整个隧道，还不能打开窗户。”这些让人难受的硫黄、煤屑和异味混作一团，让他在到达摩尔门时“几乎要窒息而亡”。而有人甚至失去了“几乎”的机会，报纸上常有乘客死在地铁上的新闻。如果你毫无准备，就先在白教堂站随便哪个小摊上买条围巾吧，拿它罩住口鼻，我可不希望你也窒息而亡。如果你觉得恶心想吐或者感觉更糟，请在重回地面后去西区高尔街的药店买点“大都会综合剂”，那是专为在地铁里呼吸困难的乘客准备的咳嗽药。

列车还会发生爆炸。1864 年，《早报》报道，“帕丁顿（主教路）站”（现在该站名为“帕丁顿站”）内，一趟列车在“上行”站台停靠时，锅炉发生爆炸，车站部分顶部损坏。无论此时还是将来，地铁都是恐怖分子袭击的主要目标。此时的地铁站一直处于爱尔兰共和党人的威胁下。就在一年多前，帕丁顿附近的大都会地铁发生了爆炸，造成 72 名挤在三等车厢中的乘客受伤。

尽管有爆炸、有毒气，但伦敦地铁并不失败，相反，它是一项了不起的成就。每年约有 3 亿人次乘坐地铁，其中三等车厢承载了超过三分之二的乘客。

最后一件事：请查看你的票。上面印的是“O”还是“I”？记住，环线是由两家公司联合运营的，大都会铁路运营顺时针方向的外环铁道，区域铁路则负责逆时针方向的内环。按理说你得到的应该是一张行程最短的票，不过出于竞争关系，这两家公司常常斗得你死我活，因此基于售票站所属公司的不同，乘客拿到的票会印着“O”（外环）或“I”（内环）。假设你进入的车站属于区域铁路，如果你手里是“O”票，就会很快到达目的地；但如果是“I”票，就要花上 50 分钟——内环线上的列车时速只有 20 英里（21 世纪是 60 英里）。

最后，希望你没有哮喘之类的疾病。

坎特伯雷音乐厅

让我们走过威斯敏斯特桥，去往兰贝斯的威斯敏斯特路。

在 1665 年的旅程中，你已在伦敦的渡船上看到过兰贝斯荒凉的沼泽。那时，除了坎特伯雷大主教的兰贝斯宅等几栋房子，那里别无他物。200 多年过去了，兰贝斯跟哈克尼、霍洛威和坎伯维尔一样，被四面扩张的大都市吞并，颜色由绿转灰，很快就成为主要为工人阶级准备的“城内郊区”。现在你站在威斯敏斯特路上，身边是简陋的联排房屋，房屋只有小小的飘窗和用砖隔断的门廊，你还能看到尘土覆盖的工厂和轻轨线，远眺泰晤士河对岸，可以看到议会大厦的新哥特式尖顶。

坎特伯雷音乐厅在 1876 年经过翻修重新开业，并更名为坎特伯雷综合剧院，但人们还是习惯用以前的名字称呼它。这名字源于曾经开在这里的坎特伯雷啤酒屋，据说，朝圣者去朝拜托马斯·贝克特大主教的圣祠时会在这家啤酒屋落脚。音乐厅有近 3 万平方英尺，四层楼高，还有一面石砌立面和曲线形的窗户，双斜面屋顶上立着古典人物雕像。音乐厅入口处飘着一面白色大旗，被两盏巨大的煤气灯照亮。二楼有白色的“坎特伯雷”大写字样，而顶层的圆形背光则映照着“每晚七点半开场”的字样。

尽管有争议，但大多数人都认为，在体现维多利亚时期人们对新奇事物、综艺表演热情高涨的近 400 个娱乐场馆中，1852 年在九柱戏场的旧址上建起的坎特伯雷是第一家开放的音乐厅。这儿汇集了小酒馆的地道风味、娱乐场的欢歌曼舞、剧院中的众人同乐、咖啡馆的觥筹交错、酒吧里的纸醉金迷、饭店里的珍馐美馔，堪称伦敦文化的典范。你可以将音乐厅视作城市里的马戏团，最激动人心、最生机勃勃的大都会文化就在这里躁动。1843 年剧院法规放宽后，人们收入的提高、工作时间的缩减、政府对杜松子酒课以重税的举措（间接导致了沙龙酒吧的兴盛），以及精明商人对商机的敏锐捕捉，无不加速了音乐厅产业的欣欣向荣。

希望你此刻正兴致勃勃地想观看一场表演。已经七点半了，快入场吧。

你好像进入了一个光辉闪烁的奇幻世界。《观察家》杂志写道："观众会发觉自己进入了一条宽阔的铺着石板的走廊，两边都是水族箱，石块上长着蕨类植物，细流涓涓，水瀑潺潺。走廊一直通向好些洞穴，整个空间流光溢彩。"虽然在开往滑铁卢方向的列车经过高架桥时头顶上方会隆隆作响，使得这入口处的美妙意境略打折扣，但并无碍于《星期日泰晤士报》称其为"最诗情画意的入口"。穿过洞穴，后方拱廊里的石砌楼梯会引领你到售票处。

拿上你的小吃券——音乐厅已为你精心准备好了，接着往前走，你会穿过被《观察家》称赞的"优美的种植园"：在这片玻璃穹顶下的小小天地，"岩石上垂下蔓蔓绿植，淙淙清水沿着步道向前流淌"，到处都是镜子，营造出一个无边的空间。为了与那些既不够壮丽、名誉又不好的东区音乐厅有所区别，坎特伯雷音乐厅开辟出了这一片都市田园，将未受破坏的自然之美引入了堕落腐化、矫揉造作的城市，并以此吸引中产阶级甚至上流社会的人们（不过关于后者只是一种设想，他们并不会真的纡尊降贵造访此地）。

再往前走是一座大厅，大厅中有玛瑙（大理石的高级替代品）

装饰的五彩吧台、铺有紫色软垫的座椅、饰以艳丽琥珀色绸缎的墙面，这里略显浮夸的风格或许会令你惊讶。到吧台要杯烈酒吧，为欣赏演出助助兴。你可以凭小吃券挑选烤土豆、牡蛎、羊排、水煮蛋等食物，并配一杯免费的酒，比如葡萄酒、威士忌、杜松子酒、热白兰地或黑啤。演出过程中你还可以出来多买一些，只可惜有侍者服务的日子已一去不返。不过，和那些更大、更正式的音乐厅不同，你至少可以在观众席上享用美食。吧台上还有花 3 便士就能买到的淡蓝色的节目单，上面的文字是亮粉色，还配有小号手、小精灵、小仙子和成队的舞女的插图，不过不看节目单、留点惊喜也不错。在你买小吃的时候，侍者可能会说"请您记好服务员"，这意味着他们想要点小费。

入席时可能有花枝招展、浑身幽香的姑娘直勾勾地看着你，或者故意碰你的大腿——那是妓女。管理方曾尝试过禁绝这种职业，但剧场、后台和色情产业之间的历史渊源使其一直无法根除。

一块带有紫色调的琥珀色绸缎幕布轻柔地落在木造舞台上，如梦似幻。剧场里的味道闻起来颇似烟囱，但这无损它的宽敞豪华。你前面一排排的座椅属于池座区和乐队席。跟环球剧院不一样，这里的池座比较贵，每人 1 先令，如果你想坐到乐队席，则需要 3 先令。上层楼座最便宜，矮长凳的座位只卖 6 便士。我们可以这样来看，当时建筑工人每天的平均工资是 4 先令，那么最便宜的 6 便士的票价大约是他们日薪的八分之一，对那些日薪 6 先令的建筑技工，这个票价就更容易接受了。再往上，还有 5 先令的软垫扶手椅区，以及 2 基尼（2 英镑 2 先令）的私人包厢。

大厅顶部有圆顶拱门环绕，还有兰贝斯的奇观——"天眼"。

1876 年坎特伯雷音乐厅重新开业时，屋顶装上了可以滑动打开的天棚。一份名为《朱迪》的报纸写道："坎特伯雷是伦敦唯一一家可以真正看到星星的娱乐场所。"

观众席间的柱子被雕刻成棕榈树的模样并涂成金色，煤气灯像果实一般缀在"枝头"，大厅内装饰有绿植、小天使和女神的石膏像。四下一片金碧辉煌：金灿灿的拱廊，舞台两侧金灿灿的棕榈树，金灿灿的观众席，软椅则选用了另一种皇室色彩——紫色。显而易见，音乐厅主人并不低调，这里体现的是一种逃避现实的审美倾向。

有些奇怪的是，这家富丽堂皇的音乐厅和伦敦其他的很多音乐厅一样，源于一个紧邻坎特伯雷下辖地区的闷热酒吧，主人是出生于哈克尼的查尔斯·莫顿。酒吧此前的发展也较为随性（常有嘈杂的钢琴伴奏歌会），直到 1852 年，查尔斯·莫顿创立了首个专门的音乐厅，每周四和周六晚举行晚餐音乐会，并且很快变成了晚间固定节目。这个项目的发展速度远超预期，莫顿审时度势，很快在旁边开辟了一个更大的空间，像俄罗斯套娃那样，把音乐厅包在其中。之后又在 1854 年打通了新旧场地之间的墙壁，旧场地就此完美地融入了新场地。此时你所在的建筑经过了翻新、扩建，正由乔治·维利尔斯管理。

这里艳丽铺张的装潢或许会让你感到奢靡，其实它跟当时观众的社会背景也不甚相符。按照 19 世纪 90 年代伦敦郡议会观察员的说法，约有两千名观众主要是"技术工匠，商人及其妻子，工人和年轻男女"。跟伦敦东区那些音乐厅不同，这里既没有社会底层人士，也没有专业人才和绅士阶层。不过，与肖尔迪奇地区的剑桥音乐厅、东汉姆厅和坎宁镇的皇家剧院相比，它还是具有绝对的优势。

乐声响起，观众就座。抬头向上望，天花板被描绘成了天空，就像是意大利教堂中的天顶。

帷幕徐徐升起。

一个满脸涂成黑色、身着红白条纹西装的男人出现在舞台上，倒立着唱起一首滑稽的歌，他的八字须倒垂下来，拂到了舞台上的尘土。观众都被逗乐了，纷纷大笑着喝彩。还没等你看清楚，这个头朝下脚朝上的歌者就消失在了舞台一侧。紧接着出场的是一个头戴礼帽的男子，领着一队跳舞的小狗，小狗们用后腿站立，跟着乐队的鼓点吠叫。与此同时，舞台前方上来七个骑自行车的演员，他们共同演奏着约 50 种乐器，一时之间热闹非凡。最后演员们纷纷退场，乐队奏起一首轻快活泼的曲子。一位面无表情的工作人员拿着梯子走上台，在舞台两侧的两棵棕榈树之间绑上了绳子。音乐停了下来，一个“牙技”演员出场了，他将表演一种你不熟悉但很特别的杂技。他爬上了梯子，面对观众。乐队在此时演奏起紧凑、低沉的音乐。

他爬上梯子，探出身去，用牙咬住了绳子，整个人就挂在绳子上，像骷髅一样露齿而笑。他保持这个姿势吊了几分钟，双脚在空中不停抽动，就像泰伯恩刑场上的死囚。配合他的表演，悠扬的小提琴声缓缓响起。最后，乐队激昂的演奏戛然而止，表演者松开绳子，纵身一跃跳到台上，霎时间观众席上掌声雷动。表演者朝台下鞠了一躬便很快退场了（一辆马车正在音乐厅外等着他，今晚他还要在伦敦其他音乐厅进行另外六场同样的表演）。在这之后上场的是了不起的女演员维多利娜·特鲁普，她能吞下短剑。

精通十八般武艺对音乐厅表演的重要性由此可见一斑。在接下来的三个小时，你会看到十几、二十种五花八门的娱乐表演，包括口技、“跳舞的贵格人”、超级记忆人、著名战役的场景复刻、标本剥制、芭蕾，甚至还有“会说话的鸭子菲利克斯”、青蛙模仿者和魔术师。

杂技总是很受欢迎，有时空中飞人演员会在不设安全网的状态下，仅靠一条绳子表演，在吃零食的观众头顶飞来荡去。19 世纪 50—60 年代，法国杂技演员查尔斯·布隆丹曾 17 次走钢索穿越尼亚加拉大瀑布，并且采用了翻筋斗、戴眼罩、背上驮人甚至脚踩高跷等不同方式，掀起了一股走钢丝的热潮。1861 年，他曾在坎特伯雷音乐厅表演过一次，在观众席上空穿行。另有一次表演选在了伦敦最好的音乐厅之一——莱斯特广场的摩尔阿尔罕布拉音乐厅，多花 5 英镑还能让他把你背在身上。不过，这些都不能与在利物浦的一次表演相比，当时他把一只小狮子装在推车里推过了钢索。同一年在水晶宫，他更是把炉子拉到了钢索上，边做煎蛋卷边拉小提琴，重新定义了高级烹饪艺术，让观众们（但不包括查尔斯·狄更斯）激动不已。但那并不是他的首选表演计划。他本打算把 5 岁的女儿放在推车中推过绳索，半空中让女儿将玫瑰花瓣撒向观众，但遭到了内政大臣的干预，修改了演出计划。内政大臣担心小女孩从 180 英尺高的地方摔下来，变成一只“煎蛋卷”。

此时，被称为“黑鬼”或“焦木塞”的游吟歌手备受观众欢迎，但人们对黑人的偏见尚待纠正。这种观众喜闻乐见的表演来自美国，到了 19 世纪 70 年代，伦敦大约已有 150 名这样的演员。他们是白人，只是把脸涂成了黑色，扮演无知的姑娘、落魄的纨绔子弟和直言不讳的人。表演中充斥着大量关于种族的刻板成见，例如“俺是个坏黑鬼，俺老带着剃刀和枪”。

维多利亚时期最重要的特征之一是日新月异的技术革新，音乐厅也不例外。八年前，观众开始对挂在舞台上、像鼓一样发出低沉声音的神秘设备大感兴趣。那是一种早期的电话系统，被称为“克伦威尔瓦利”，有了它，坎特伯雷音乐厅就能利用高架线缆与朗埃克的女王剧院联系。伦敦第一条被电灯点亮的街道则会在几年后出现，它位于布里克斯顿地区，是名副其实的“电力大街”。紧接着，出现了一群电力魔术表演者，比如“北方巫师”。当电火花在他们身边亮起，不明就里、志愿配合表演的观众就会惊声尖叫；当表演者利用指尖的静电点燃手帕时，观众都伸长了脖子，大为震惊。

另外，利用磁力现象设计的节目也在音乐厅大获成功。1848 年，法国魔术师让-欧仁·罗伯特-胡丁在英国进行巡回表演。他在固定的金属板上放了一个只有几磅重但已磁化的小盒子，然后邀请身强力壮的观众上台尝试拿起它，结果他们都失败了，而魔术师则在消磁后轻而易举地拿起了盒子。一个名叫埃里奇·维斯的观众由此大受启发，将自己的名字改成了胡迪尼，并在 1900 年举行了处女秀，他因为惊险的逃脱表演一炮而红，成为业界传奇。

现在是欣赏歌曲的时间了。虽然观众喜欢看各种猎奇、古怪的杂耍，但真正能把他们点燃、让他们无所顾忌、一同狂欢的还是音乐。就像 20 世纪 70 年代大卫·鲍伊装扮成虚拟人物“齐格·星尘”“瘦白公爵”出场一样，音乐厅的表演者也会以某个角色或歌曲叙述者的身份亮相，这实际上是一种戏剧表演。观众热情高涨，所幸，比起 19 世纪三四十年代的音乐晚餐俱乐部，观众的举止已大为改观，早期的服务员得用链子固定好托盘上的瓶子，以免恣意妄为的食客随手拿起瓶子扔到倒霉的表演者头上。

或许你对音乐厅多少有一些了解，期待着听到一些流传到数字时代的经典歌曲，能附和着低声呢喃“黛西，黛西，给我你的回答……”，或是感受一下《让我们都下河岸去》大调小调之间变奏的忧郁（后面再跟一句“来一根香蕉”[①]），抑或是辨认出《他是那个在蒙特卡洛打破银行的人》中的断奏。不过，你恐怕会大失所望了，这些歌曲此时还没写出来呢，有的甚至要等几十年才会出现，比如《让我们都下河岸去》是 1909 年的歌，而那时音乐厅的全盛时期已成为历史。当时还在表演的“著名”歌曲只有《香槟查理》和《我爱的男孩在上方的楼座》，这是女演员玛丽·罗伊德在 1885 年从同行内莉·鲍尔那里剽窃的。你或许对歌曲的呈现形式并不熟悉，但一定能品出它不变的精髓。

一位打扮齐整的男士大步走上舞台，身穿一件不甚合身的亮黄色上衣、一条黑白条纹裤和一双考究的便鞋。他打着领带，握着手杖，骄傲地用它敲着一瓶香槟。种种迹象表明，他就是喜剧男主角，一位时髦人士（或者说花花公子），本质上是个人畜无害的家伙。如果你愿意，可以把他想象成哈里·恩菲节目中善良又糊涂的蒂姆[②]。他开始唱了：

我肯定不知道世界会如何

---

① 《让我们都下河岸去》中的歌词。

② Tim Nice-But-Dim，是英国喜剧演员哈里·恩菲主演的电视节目中曾出现过的角色。

这时代真是慢得可怜
谁知道一个人应该做什么
谁知道一个人该去哪儿啊
我的脑子嗡嗡响，抓狂挠假发
直到头发一根都不剩下
却还想不出什么
这真是可怕

喜剧男主角唱出了自己的心声，与工薪阶层和社会中低层的民众分享不属于他们的、慵懒放纵的奢华生活，那也是种短暂、甜蜜的风情。不过，音乐厅里的大多数流行音乐还是对观众日常生活的描写和反映。人们亲身经历的劳累、心碎、满足和凄惨，都在舞台上的声色光影中展现出来。马里波恩的一个出租车管理员的女儿詹妮·希尔以扮演流浪儿和无家可归的人著称，她的角色有着与其社会地位形成鲜明对照的高贵品质。在《城市流浪儿》（1889）这首歌中，她唱道：

这冰冷的世界怎会在意
我这可怜的小东西
刚起床没走两步
警察就来把我搜捕
天地之大我却无安身处
唯有在伦敦城里风餐露宿

几年以后，查尔斯·布斯估算出有三分之一的伦敦人生活在贫困之中或挣扎在贫困边缘，今晚的观众也会很快发现，自己就处在城市流浪儿那种艰难的处境之中。

总之，音乐厅受到极大的欢迎，它很可能是伦敦有史以来最具包容性的剧场形式。到19世纪90年代，音乐厅每年大约能售出1400万张票。你可能会好奇为什么其中没什么极端或色情歌曲。19世纪40年代，在国王街的伊万斯晚间俱乐部和梅登巷的苹果酒窖等高级俱乐部中，歌曲在无休止地唱如何“摩擦”女人并“刺破她们的凹陷处”（说明考文特花园中的性冲动丝毫未减）。与它们相比，音乐厅的主人们，尤其是坎特伯雷这样受人尊重的音乐厅的主人，更希望向社会提供适宜家庭共赏的娱乐（即适合女性观看），同时也能跟相关部门的法规步调一致。不过，事实上有些歌曲仍带有色情意味，可能你只听出了甜蜜纯真，但只要看看旁边观众的反应，就知道有人听出了隐藏的含义。比方说维斯塔·维多利亚的歌曲《我们的房客是个好小伙儿》，乍一听并无大碍，但字里行间充满暗示——“他亲了妈妈和我们，因为爸爸不在家”，还有“晚上他铺了床，还干了剩下的杂活儿”。像维斯塔·维多利亚或玛丽·罗伊德这样的绝佳演员，一颦一笑、举手投足都能传递万语千言。

不过，以政治的眼光看有一点确定无疑：与市井歌谣和小道媒体采取的猛烈抨击不同，音乐厅的歌曲总体还是坚定地站在保守主义和爱国主义一边，即使这有时不太合激进观众的胃口。音乐厅的大明星小蒂奇就说：“我兄弟声称自己是做燃气贸易的，但其实他在为另一项事业奔走，他是个激进的演说家。”社会顽疾和底层生活的悲剧常常是歌曲灵感的源泉，但歌曲基调也仅停留在悲伤层面，并不走极端。它们接受社会的现状，认为快乐的根源不在宪章运动中，而在神秘美好的旧日时光里。音乐厅日趋商业化，其拥有者和经营者都是资本家，不太可能支持激进的歌曲。还有政府——最高的监管权力机关，从理论上说他们完全可以将音乐厅这种场所关停，当局从 1852 年音乐厅出现起就将其视作威胁，那时距离横扫欧洲的革命热潮的到来只有四年时间。当权者急于将所有非议政局的声音从音乐厅中清除，希望娱乐能在成为政治麻醉剂的同时激发人们的爱国情怀，他们希望音乐厅歌舞升平。

音乐厅最著名的曲目之一就是查尔斯·麦克德莫特的《我们不想要战争（但是天哪如果我们要……）》，其创作目的是鼓动英国民众在 1887—1888 年的沙皇俄国与奥斯曼土耳其帝国的战争中支持英国对俄宣战。不少观众听得有滋有味，还会上街呐喊其中的歌词，政府甚至派募兵官员到音乐厅，招揽积极的爱国分子上前线。与此同时，另一首歌也很流行，名叫《我不想要战争，上了战场我会死》。这首歌的说法与前者大相径庭，它哀叹一将功成万骨枯，普通人不过是权力游戏中的牺牲品，批评舰队街掀起的反俄情绪。政府对此也没有过多苛责，因为批评战争的声音和潜在的反抗冲动能在令人恍惚的音乐厅中消磨殆尽。

19 世纪末维多利亚音乐厅中的场景，在粗糙的黑白电影片段中得以保存，但往往质量堪忧。11 年后，在巴黎一个黑暗的房间里，观众们将会惊恐地看到一列蒸汽火车向他们直冲过去，那是一段影片，时长只有 50 秒，由卢米埃尔兄弟制作（这部电影一年前就进行了首演，据说还有观众因为害怕被火车碾压而逃到房间后面）。19 世纪 90 年代后期，莱斯特广场的帝国剧院把电影作为自己的保留节目，但也正是这些可以动的画面让音乐厅日渐式微，随后电影和电视相继出现。

离开音乐厅时，你会看到那位刚说过“这真是可怕”的喜剧男主角，他正一边痛饮香槟，一边爬上马车。马车载着他形单影只地融入夜色。在这个时期，表演艺人供不应求，有些人收入不菲，但盛名之下，许多人都感觉内心孤独，只有酒是他们天赐的良伴。《香槟查理》的演唱者乔治·利伯恩就被经理人劝说要像歌中的角色那样生活。经理人让他每天坐着马车在城中巡游，穿得像个俗气的花花公子，毫无节制地灌下酒商免费供应的香槟。后来，这个在坎特伯雷名噪一时的明星事业日渐低迷，陷入了抑郁的深渊，44 岁时穷困潦倒地死于酒精中毒。

即使是黄金时代最出名的女星玛丽·罗伊德——称赞她“风情万种、引人注目、纤细苗条、恰合时宜、解语之花、柔情似水、诱人仰慕、秀色可餐、出类拔萃、冰雪聪明、顾盼生姿、俏皮活泼、名动一时、风华绝代”，都不算过誉——晚年也未见风光。1885 年她在老鹰音乐厅初次亮相，由此开启了长达 32 年的舞台生涯，有时一晚要在四个音乐厅表演。但最后，她在 52 岁时死于醉酒，她生前充满感染力的笑容和舞台上光彩照人的形象掩盖了家庭的不幸（她曾遭受前后几任丈夫的虐待）。弗吉尼亚·伍尔夫形容去世前的罗伊德“行路艰难，步履蹒跚，垂垂老矣，却无自知”。至少有 5 万人参加了她的葬礼，T. S. 艾略特说：“再没有哪个喜剧明星能像她一样成功地表现观众的生活。”

演出结束，我们本次旅行的时间也已所剩无几。走回威斯敏斯特桥，再好好看看眼前这座铺展开来的维多利亚时期的大都会吧，此刻它正在迷蒙的夜色中熠熠生辉。73 年后当你们再次相会，眼前的荣华都将化为灰烬。

尾声：维多利亚时期伦敦的回响

回到 21 世纪，我们仍能在伦敦看到大部分维多利亚时期的旧景，但霍利韦尔街和维奇街已不复存在。这两条街早在 20 世纪初就被铲平，为奥德维奇的建筑腾出空间。奥德维奇是一条单行道，一直延伸到盎格鲁–撒克逊人曾经聚居的隆登威克东端。那个在维奇街 37 号外高悬了数个世纪的金色弯月招牌已被收入伦敦博物馆保存。

在东区，曾经展出过象人约瑟夫 · 梅里克的单调灰色建筑还留在白教堂路上，它的门牌号已重编为 259 号，几乎正对着皇家伦敦医院，两者中间隔着花岗岩造的饮水处。现在，这里是优凯国际纱丽中心，也是很多孟加拉人的家，证明白教堂区的多元文化并未消失。

据弗雷德里克 · 特里夫斯的一名学生说，梅里克常常设想自己死后被放在一个大瓶子里，想知道那看起来会是什么样。我们也无法给他答案，因为他的骨骼已经不再公开展出（还有被保存起来的头部），而成了伦敦玛丽女王大学医学和牙科系的私家馆藏。不过，皇家伦敦博物馆（又名伦敦皇家医院博物馆）有一具梅里克骨骼的复制品，就在纽瓦克街老医院后面，这里以前是圣菲利普教堂的地下室，随它一起展出的还有一些照片，以及梅里克住在医院时精心制作的一个教堂模型。弗雷德里克 · 特里夫斯在回忆录中写过梅里克的着装，“一顶巨大的斗篷式帽子，黑色，顶部很宽……一块灰色法兰绒挡在面前，上面横开着一道口子，戴上帽子的梅里克能从里向外看”。这顶帽子现在也陈列在皇家伦敦博物馆中，帮助参观者想象梅里克是如何笨拙地走在白教堂街上，想方设法避免他人注意。这家博物馆每周二到周五开放。

1870—1904 年，伦敦教育委员会和其后的伦敦郡议会陆续开办了大约 630 所小学，散布在 12 个内伦敦行政区以及旺兹沃思和刘易舍姆地区，其中很多都是安妮女王风格的建筑。在伦敦维多利亚学校（缩写为 VSIL）的网站上，有一个数据库，详尽记录了萨瑟克、刘易舍姆和格林尼治地区的学校。其他很多学校则可在“伦敦调查”（可通过不列颠历史在线[1]查询）和尼古拉斯·佩夫斯纳的《英格兰建筑》中找到。

1905 年，巴纳多医生去世时，他所创立的慈善救助机构已在近百个地区帮助了 8500 多名儿童，他自己亲自监督过 6 万个孩子的救济和培养工作。与他同时代的慈善家查尔斯·布斯说，巴纳多无疑创造了“伦敦最好的慈善机构，甚至，我要说是全世界最好的”。时至今日，他的救助站还是英国国内领先的儿童慈善团体。

白教堂地铁站当然还在，不过地上线[2]在经过那一站时走的其实是地下轨道。大都会线和区域线依然很重要，它们已经在哈利·贝克的经典地铁图上分别以红褐色和绿色标示出来。环线不再是一个闭合圆圈，也就是说，比起旧日的“美好时光”，如今想在那里无声无息地窒息而死已经不那么容易了。想要观看维多利亚时期的地铁，最好还是参观考文特花园的伦敦交通博物馆，在那儿你还能看到大都会线的机车和 1900 年生产的木造车厢，另外还有一辆 1875 年前

① British History Online。

② Overground，2007 年新建成的一条地铁线。

后制造的绿色公共马车，可搭乘 26 人，曾归托马斯·蒂林所有和运营。

望向码头方向，在烟草码头上的雅姆拉赫宠物店附近，一尊铜像重现了当年雅姆拉赫的老虎把巨爪伸向男孩、差点把他变成盘中餐的一幕。烟草码头建于 1811 年，是个巨大的仓库，主要用于存放烟草和葡萄酒。20 世纪 90 年代，人们曾花费数百万英镑，希望将此地改造成“东部的考文特花园”，但这个偶尔被当作会议和活动场地的地方，大部分时间里仍是空空荡荡，整个码头都因此带着几分阴郁衰败的气息。

在兰贝斯，坎特伯雷音乐厅已荡然无存。1914 年，坎特伯雷音乐厅曾引入电影，作为其演出项目之一，而到了 20 世纪 20 年代，它已彻底变成一家影院。1942 年，这里经历了德军轰炸，只剩残垣断壁，1955 年又被彻底夷为平地。目前，大英图书馆声音档案库还保存着 20 世纪初一些音乐厅演员精彩演出的录音，其中就包括玛丽·罗伊德。

威尔顿音乐厅位于沙德韦尔地区的卡伯街，是幸存下来的典型的维多利亚中期的音乐厅。那里起初是个音乐沙龙酒吧，1859 年成为一家真正的音乐厅，1888 年被卫理公会派[①]接管。1960 年这里差点被拆，人们为此发起了一场声势浩大的反对活动，音乐厅最终得以保存，现在重新成为集酒吧、剧院和音乐厅于一体的娱乐场所。

啊，对了，还记得那部长 11 卷、匿名写成的艳情回忆录吗？《我的秘密生活》第一卷被复制到了网上，有了自己的网站。

---

①新教派别之一，由英国基督教神学家约翰·卫斯理（John Wesley）创立。

人们排队进入商店参观象人。

第五章

1957 年　伦敦崛起：闪电战后的城市之旅

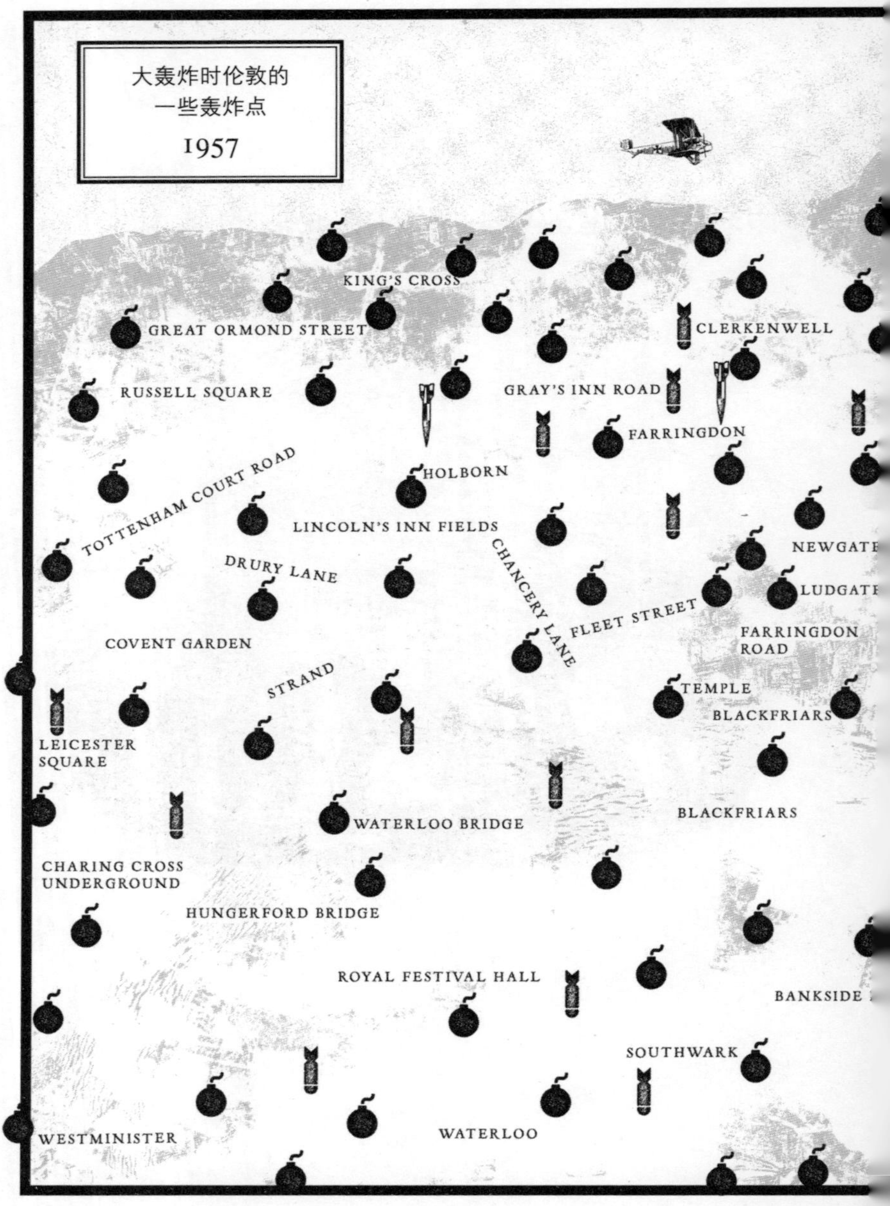

大轰炸时伦敦的
一些轰炸点
1957

KING'S CROSS
GREAT ORMOND STREET
CLERKENWELL
RUSSELL SQUARE
GRAY'S INN ROAD
FARRINGDON
TOTTENHAM COURT ROAD
HOLBORN
LINCOLN'S INN FIELDS
NEWGATE
DRURY LANE
CHANCERY LANE
LUDGATE
FLEET STREET
FARRINGDON
ROAD
COVENT GARDEN
STRAND
TEMPLE
BLACKFRIARS
LEICESTER
SQUARE
WATERLOO BRIDGE
BLACKFRIARS
CHARING CROSS
UNDERGROUND
HUNGERFORD BRIDGE
ROYAL FESTIVAL HALL
BANKSIDE
SOUTHWARK
WESTMINISTER
WATERLOO

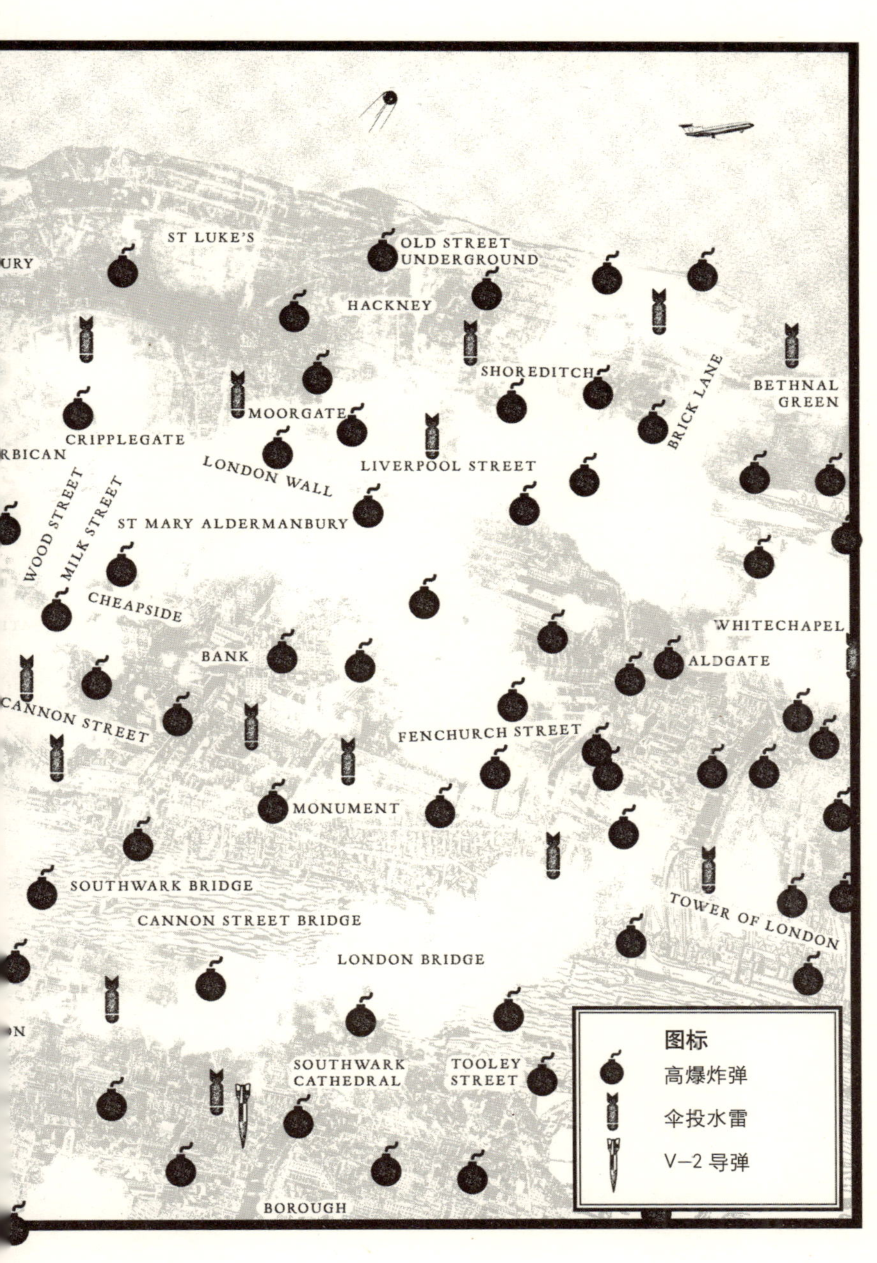
ST LUKE'S
OLD STREET UNDERGROUND
URY
HACKNEY
SHOREDITCH
BRICK LANE
BETHNAL GREEN
MOORGATE
CRIPPLEGATE
RBICAN
LONDON WALL
LIVERPOOL STREET
WOOD STREET
MILK STREET
ST MARY ALDERMANBURY
CHEAPSIDE
WHITECHAPEL
BANK
ALDGATE
CANNON STREET
FENCHURCH STREET
MONUMENT
SOUTHWARK BRIDGE
CANNON STREET BRIDGE
TOWER OF LONDON
LONDON BRIDGE
N
SOUTHWARK CATHEDRAL
TOOLEY STREET
BOROUGH
图标
高爆炸弹
伞投水雷
V–2 导弹

从齐普赛街到伦敦墙，无论是沿伍德街、牛奶街还是哥特尔巷走，都不难注意到这一带建筑明显缺乏历史感。当然也有例外，比如格雷沙姆街上重修过的中世纪市政厅，还有爱情巷附近兀自挺立的圣阿尔本塔，它曾属于一座罕见的哥特式雷恩教堂。不过，在一片钢筋、水泥和玻璃的汪洋之上，这些建筑不过是些微浮沫。

爱情巷东头曾有一片吱嘎作响的破旧房屋，中世纪时妓女们就在此揽客，现在那一带是圣玛丽亚德曼伯里花园。那是片难得的清净之地，比街面低几英尺，坐落在伦敦市警察总部的楼宇之间。里面的建筑采用了低调的银色波特兰石，1969 年还修起了一座绿色的玻璃喷泉，整体格调高雅。花园草地上的两棵树枝叶蔓生，像两个不规则的十字架。

沿着水泥台阶向上走几步，会看到一个结纹园，其间建有蜂巢状小屋，中间还有金字塔状树篱，一片佳景出人意料地呼应着都铎王朝时期的伦敦。更远处是为约翰·赫明斯和亨利·康德尔两位堂区居民建造的纪念花园，他们编制了第一本对开本的莎士比亚戏剧集，将莎翁的诸多剧作留给了后人。当然，花园中还有流芳百世的莎士比亚的半身像。

坐在石墙上，享受这沉思的氛围。除了身后警察总局马厩中偶尔响起的马儿嘶鸣，这里静默无声。

突然，尖利的警报声划破了寂静。待你转过头去，眼前的警察局已消失不见，只有轰炸留下的废墟。

你会发现自己身处爱情巷的废墟之上，它与不远处的亚德曼伯里广场交会。上一秒还在的呆板办公楼已被一个停满五颜六色汽车的大型停车场取代。双门的福特波普勒有着独特的圆弧状引擎盖和突起的前车灯，简洁的奥斯汀 7 型形似拖拉机，小莫里斯空间虽小但线条优美。另外，还有一些比较炫酷的车，比如亨伯、沃尔斯利和胜利牌，它们有的用两种色调装饰，有的是敞篷设计。

这是 1957 年的一个晴好的夏天。

纪念花园的所在地现在矗立着一座教堂，用“矗立”这个词可能不太准确，因为它只剩一堵墙了。起初你可能会以为这里正在修建中，但走近一点细看就会发现它已被破坏得惨不忍睹。杂草疯长、荆棘丛生，风从破碎的窗户中灌进来。教堂中殿的屋顶已经没了，整个建筑仿佛随时都会倒塌。除了教堂后残存的一排米色和灰色办公楼，这一片废墟尽显颓败，似无尽头。

你曾目睹几百年来医学、科技、教育和政治等方面的诸多进步，自然期待着在新世纪看到新的社会面貌，但事与愿违，第二次世界大战给伦敦烙下的创伤将彻底掐灭你天真的想象。走过东区或伯蒙德西——其实正是你此刻所在之处，你会看到支离破碎的建筑，伤痕累累的路面，还有被伞投炸弹、燃烧弹，以及威力强大的 V-1、V-2 导弹炸出的巨大弹坑。历史学家诺曼·戴维斯曾说：“20 世纪的欧洲笼罩在野蛮的阴影下，最暴虐的野蛮人都会自叹弗如。”

诚然，这个城市最终并未像汉堡或德勒斯顿那样被夷为平地，事实上伦敦的大部分标志性建筑，比如伦敦塔、议会大厦和萨瑟克教堂等，都幸存了下来。据官方统计，在 1940—1945 年的空袭中，约有 3 万名伦敦市民丧生（与之相比，在 1943 年，仅一周内，同盟国对汉堡的轰炸就造成了 4 万多人死亡）。当时，人们都认为伦敦会被彻底毁灭。军事理论家 J. F. C. 富勒少将预言，“伦敦将陷入巨大的混乱，医院人满为患，交通瘫痪，无家可归者急需帮助，整个城市乱哄哄的”，当政府“被雪崩般的恐怖情绪横扫”之后，伦敦将屈从于希特勒的领导。伦敦政府高度紧张，提供了数百万具硬板棺材和大量生石灰，以便迅速埋葬死者，那阵势就仿佛大瘟疫再次降临。据一份官方报告推测，轰炸行动的前 6 个月会有超过 50 万人死去。战事让伦敦付出了沉重的代价。看看从你身边闪过的一张张坚毅面孔，其中那些头发灰白、满脸皱纹的人大多已经历过两次战争。百代新闻警告说，也许又一次战争正在降临，在有核武器装备的苏联面前，闪电战如同儿戏。对 25 岁以下的年轻人来说，一个被炸弹毁坏的灰暗城市就是他们眼中关于伦敦的全部。不过，此时还说不准，毕竟没人能保证这座城市能在战事中幸存到最后。

只有走过齐普赛街和巴比肯之间的区域，目睹凄凉的断壁残垣，闪电战在你头脑中的抽象印象才会具象化为可怕的现实，即使此时距离最后一批炸弹落下已有 12 年之久，那景象也依然骇人。

请向格雷沙姆街走，它就在被炸弹破坏的市政厅附近。

“你会真切地感受到眼珠快要被震出来”

你很可能看过这样一张照片，圆顶被浓烟笼罩的圣保罗大教堂毫发无损地矗立在一片余烬未熄的城市废墟之上。在最黑暗的时刻，它就是伦敦和伦敦人浴火重生的伟大图腾。但就在拍照当晚，即

1940 年 12 月 29 日夜，燃烧弹把巴比肯南部 35 英亩的土地焚烧殆尽，这也被称为第二次伦敦大火。从摩尔门到阿尔德门街（它位于圣马丁大教堂的正北边，我们在中世纪的伦敦参观过）的街道全都被炸毁。到了 1945 年，破坏蔓延到格雷沙姆街，甚至走上几分钟都看不到一栋完好的建筑。12 年过去了，虽然伦敦市议会曾提出各种大胆且富有创造力的重建计划，但这片区域总体上仍然很荒凉。

旅行作家 H. V. 莫顿在出版于 1951 年的《寻找伦敦》一书中，描绘过这个地区阴郁哀伤的景象。从牛奶街望向摩尔门，看着被毁的地下室、瓦砾和杂草，他哀叹道："到处都是断壁残垣，颓然立在瓦砾中，孤零零的城门从灌木丛中冒出来，还有几座教堂的尖顶，像墓碑般耸立在一片被人遗忘的墓园中。"砖墙包围着废墟。如果不是伦敦市政部门将纪念标志设置在那些损毁的建筑和街道上，人们在这里就完全找不到中世纪时期的城市痕迹。莫顿写道："伦敦废墟中的野蛮、愤怒和邪恶——柏林也是如此——让人心生凉意。"克里普门外的圣贾尔斯教堂毁于一旦，男装店、蜡烛店、马车厂和理发店都不复存在。那些存在了数个世纪、为人熟知的地方，如今面目全非。莫顿曾指着一片废墟，问一个恰巧经过的邮递员："你收到过寄往这个地方的邮件吗？"邮递员回答："每天都有，每天都有来自世界各地的信件寄到这里。"可"这里"已荡然无存。

在格雷沙姆街被轰炸的区域，新建筑正缓慢地取代之前留下的残骸，但除此之外，重建几乎没有什么进展，这些地方看起来仍如当初莫顿所见，只是一片没有围墙的遗迹。

你可以一边继续这次悲痛的漫步，一边努力想象当时的惨状。一条条街道燃起熊熊火焰，房屋接连坍塌，将住在里面的人生生活埋，砖石瓦砾炸得满街都是。人们蜷缩在后院中用波形铁皮打造的家庭防空洞里。夜深人静时，高射炮瞄准德军的飞机呼啸着开炮。小房子的墙面像沙丁鱼罐头似的被揭开，一家人正在喝着早茶，墙却被炸飞了，楼梯也不复存在。有人从死者手上摘下戒指藏起来，有人被闪电战吓傻，在灾难面前目瞪口呆。建筑物上到处是巨大的缺口，仿佛遭遇了怪物哥斯拉的蹂躏。

不过，骚乱中也有一些轶闻。当炸弹横扫贝克街上的杜莎夫人蜡像馆时，希特勒和墨索里尼的蜡像却毫发无损。电影院遇到空袭时，荧幕上闪现出指引文字："走到出口，不要跑。不要惊慌。记住，你是英国人。"谢珀顿的一家理发店橱窗上写着"死里逃生，照常营业"，那里差点儿跟旁边的房屋一样被炸弹削平。而在蓓尔美街的卡尔顿女士俱乐部，惨遭轰炸的游泳池变成了一个巨大的猪圈。

伦敦闪电战始于1940年9月7日——"黑色星期六"，目标是伍尔维奇兵工厂、码头和东区。"狂暴、残酷、龌龊的闪电战向伦敦袭来"，《标准晚报》如是说："战争这只疯狗被松开了绳索，狂吠着逢人便咬，不加分辨。"轰炸持续了57个夜晚。18岁的莱恩·琼斯住在波普拉区的国王街，那是遭受轰炸最严重的地区之一。他回忆了冲击波在他毫无防备的状态下带来的强烈影响。"你会真切地感受到眼珠快要被震出来，我捂住了眼睛，以防眼珠掉出去。"他这样描写附近爆炸带来的剧烈气流。后来，他看到瓦砾堆中钻出了两颗脑袋，那里刚才还是他父亲的工坊。"我认出了其中一颗，是那个来自中国的佘先生，正闭着一只眼睛。"他不停地颤抖，甚至还点燃了一根火柴烧了烧自己的手指，看看自己是否还活着。那一天，伦敦东区有 430 人死去，1600 人受重伤，整个地区就像经历了一场大屠杀，尸横遍野，胡椒、朗姆酒和橡胶味的烟尘弥漫在空气中，成群的老鼠从燃烧的仓库中钻出来四散奔逃。

闪电战刚开始时，伦敦南部也有一些地方被摧毁了——在后来可怕的 V-2 导弹袭击时期也是如此，但受打击最严重的还是人口稠密、穷苦不堪的伦敦东区。记者沃尔特·布恩写道：“污秽、悲惨、肮脏却了不起的伦敦东区，这是一个集中了码头、仓库、工厂、沟渠、铁轨和燃气工程的地方。”在白金汉宫遭受轰炸后，英国女王说：“我们终于直接感受到了东区的惨状。”

布恩感受到一股难以遏制的冲动，想要拿出打字机记录下他所在的闪电战中的伦敦。在《地狱降临伦敦》（1941）中，他转述了伦敦东区一家酒馆中常客们的交谈，那里的窗户都被震碎了，风从外面呼呼地灌进来。

文中既有对流血伤亡的哀悼，也透着默默忍受的坚韧，它是这样开始的：“一个男人‘砰’的把杯子蹾在伤痕累累的橡木吧台上，‘兄弟我话先撂这儿，如果我抓到该死的希特勒，得把他的胳膊腿儿都拧下来。’另一个人回答：‘我们会抓到那畜生的，哥们儿你别担心。’然后大家都嚷嚷起来，‘对，我们会抓到他的……让他生不如死，他会的’‘他以为他拿住我们了，他杀了我们的女人和孩子，但他敢再来一次试试’。”在此之后，6 点钟的新闻通过无线电波传来，就像“来自另一个世界的声音”。

如果你问街上的伦敦人，如何看待政府对大轰炸的应对措施，可能听不到什么正面评价，伦敦人不得不自己想办法，涌进地铁站寻求庇护，尽管这是明令禁止的（以防有人穴居在地下）。只要一说起地方政府部门，人们就会不屑地翻白眼，或是耻辱地垂头叹气。在闪电战开始的第一周，西汉姆市政部门引导几百号人——其中包括不少居所被毁的母亲和孩子——躲到坎宁镇霍尔斯维尔南路的学校地下室，完全不考虑那里根本没有防空设施。后来，政府派车去接在那里避难的人群，但因为指挥线路串线，汽车被误导到了卡姆登镇。当他们终于到达坎宁镇时，学校已经化作一片砖块瓦砾，伞投炸弹在地上炸出了一个 20 英尺深的弹坑，坍塌的学校主楼埋住了地下室，里面的人全部遇难——据政府说有 77 人，但很多目击者认为这只是信息部门为了维持颜面的闪烁之辞（我们之后会拜访这个满嘴谎话的部门所在地）。更令人愤怒的是，这里因为靠近工厂，早已经被列为高危地区。

还有些地方政府——尤其是受损最严重的地区之一斯特普尼——本有权征用空置房屋，却极不情愿安置无家可归的人，轰炸持续两个月后，这些地区仍然没有人负责分配或安置住宿。看起来，即便是接连不断的轰炸也无法撼动不容侵犯的私有财产。有些地方政府的行动倒是可圈可点，比如，兰贝斯和伯蒙德西在其地界内设立了一些新的公众福利项目，尽管这受到了工党和保守党等其他权力派系的谴责。

许多弹坑并不是被炸弹炸出来的，而是源自德军飞机投掷的伞投水雷。这些有着钢制外壳的水雷能缓慢而安静地落向目标，其爆炸威力能把一个人炸到四分之一英里开外，就像扔孩子的玩具一样，甚至能将公共汽车、火车车厢抛到空中。水雷并不总是马上爆炸，有时它们因落入之前的弹坑或地下室不为人知，有时它们会延迟爆炸，成为潜在的威胁。威斯敏斯特公学地下 30 英尺处就有这样一枚水雷，它离圣保罗大教堂西南侧的高塔很近，如果不是技术过硬的皇家陆军工程兵在 1940 年 9 月花了三天时间挖掘和拆除引信，雷恩的杰作——圣保罗大教堂的穹顶——很可能因此毁于一旦，进而打击全英国的士气。最终，这枚水雷在远处的哈克尼沼泽中被引爆，留下一个直径几百英尺的弹坑。引爆之前，一位名叫约翰·林赛·托马斯的先生正坐在洒满阳光的长椅上嚼着三明治，享受午餐时光。他回忆道："我突然看到一名警察快速走向我。"

"'先生，您在这儿干吗？'他问，'你没看到警戒线吗？'

"'看到了，'我承认道，'不过没发生什么事啊，我以为那是以前留下的。'

"'好吧，'他说，'您这么说也没错，但这儿有一个重达 2000 磅、还没有爆炸的炸弹，您几乎就坐在上面。如果它爆炸了，就能带着教堂的主体升天，连同您一起。'"

托马斯最后说："还用说吗，我郑重地谢过他，道了歉，起身离开。"非常英式的全套作风。

排雷非常恐怖，士兵们得抽签决定谁先下到弹坑里去。负责排雷的皇家陆军工程兵伯特·伍尔豪斯写道："最常找到的便是穿着惠灵顿长靴的一部分腿。"在一次不慎的排雷行动中，他被炸出去数码远，瓦砾盖满全身，头部还被倒塌的烟囱砸了一下。

1940 年的圣诞节，教堂周围成了一片荒地，人们仓皇躲进了附近的地铁站——圣保罗、摩尔门、英格兰银行和利物浦街站。想象一下，站台上挤满了睡觉的人，就像都铎王朝时期铺在地上的草席。还有人在铁轨上方系上吊床，希望能睡个好觉（地铁在晚上十点半断电，不过第二天起得晚的人还是会被开始运营的地铁吓一跳）。隧道被当成厕所，成群的蚊虫叮咬着人们汗津津的身体，新生儿的哭声在隧道中回荡。但这一切都无损英国人的集体精神，大家依偎在一起，唱着歌，喝着茶。

西印度群岛人、犹太人、妓女和其他“外来人口”的情况更糟糕，他们被分配至斯特普尼的蒂尔伯里避难所，睡在散发着恶臭的地下货场中，遍地是发霉的人造黄油和被踩踏过的粪便。一个大众观察学会的成员将这样的居住环境比作加尔各答黑洞[①]。

东西区的阶级矛盾一触即发，曾有上百名东区人走到萨沃伊酒店，要求进入酒店豪华的地下避难所，但酒店很走运，不久空袭警报就解除了。

踮起脚，越过墙头看看被炸区域——那些墙都不太高，你还可能看到一些流浪儿翻过墙，去废墟里搜寻值钱的东西。残存的墙体四下散立，孤零零的，而大部分碎石瓦砾已经被移走。走近一点，一片青绿草丛中撒着星星点点的粉色。那是柳兰，一种开着粉红色花朵的植物，常在大火烧过的贫瘠土地上——比如山火过后的森林里——抢先开放，开花结籽，迅速蔓延。1941 年和 1944 年的夏天，伦敦人惊奇地发现这种植物在弹坑上迅速繁盛起来，为荒芜的土地染上了一层粉雾，有人说它弥合了这个城市的伤口。如果说城市是人主宰自然的明证，那么野草和花朵重新占领都市中心，恰恰说明人类的胜利只是暂时的。有时候，城市也欢迎这种大自然的回归。走回格雷沙姆街，你会在金史密斯大厅对面看到一处下沉花园，它

①指一个位于加尔各答、曾用于监禁英国俘虏的洞穴，因为通气性差、阴暗潮湿导致百余名俘虏窒息而死。

是火灾警戒员们在1941年建的，位于一处被炸区域内，在伦敦大火前，那里是圣约翰·扎克里教堂。

无情的炸弹

有些大弹坑并不是伞投炸弹或燃烧弹造成的，而是新型武器——V型导弹留下的。

到1944年6月中旬，伦敦已被轰炸近三年。6月6日诺曼底登陆后，欧洲大陆的形势向有利于盟军的方向发展，伦敦人对此充满信心。然而，最后的重创也随之而来，那就是V型导弹，德语为“Vergeltungswaffen”，意为报复性武器。德军使用这类武器并非出于军事目的，而是为了报复盟军的进攻和轰炸，事实上这的确极大地打击了伦敦人民的士气。

从英吉利海峡对岸发射的V-1是一种无人驾驶的飞行器，或许称之为无人机更恰当。在携带着威力强大的炸药飞行一段时间后，飞行器引擎会定时停转，使导弹坠落并引爆。到6月末，每天都有导弹像雨点般落下，总量超过2000枚。人们可能正在铺床、送孩子上学、围坐在收音机旁、在杂货店买东西……突然，传来一阵由远及近的嗡嗡声，随后变成越来越响的轰鸣。大家都希望那声音持续下去，消失在远方。若声音戛然而止，就意味着引擎停摆，此处就将被炸飞。人人恐惧万分，只能卧倒隐蔽，自求多福。到那年夏末，已有将近5000人死于V-1导弹轰炸袭击。那些不长眼睛的导弹好像更倾向于轰炸医院里的病幼，有100多家医院遭到了袭击。在郊区眼看着V-1导弹飞过头顶、去往伦敦中心大肆屠杀，那场景实在令人心悸。

不过，至少V-1导弹还看得见，可以用高射炮将其在空中引爆或击碎。第二代导弹V-2就变狡猾了，它能携带重1吨的烈性炸药，以每小时2000英里的速度飞行，隐而不显，随后从60英里高的空中俯冲到地面，防不胜防，人们只能坐以待毙。纳粹宣传部长戈培尔谈起这种导弹"呼啸着冲向伦敦"时滔滔不绝。虽然一开始伦敦的信息部拼命隐瞒细节，但当人们看到整个郊区都被炸得面目全非、一片荒芜时，很快便意识到自己将面临更加致命的威胁。你先会听到砰砰两声，看见一道血红的闪光，然后是巨大的光晕，乌黑的浓烟随即在空中升起。

1944年11月25日，聚集在新十字的伍尔沃斯进行周六大采购的人群受到V-2导弹袭击，160人丧生。一个当时年仅13岁的目击者说，他一辈子也忘不了当时的情景，"一道耀眼的闪光，一声急促的呼啸……在一辆被挤压成一团的婴儿车中，露出一只套着羊毛袖子的婴儿小手"。伍尔沃斯变成了"一条被尘烟笼罩的巨大壕沟"。

有500多枚V-2导弹被投掷到伦敦，造成2500多人死亡。V-2导弹留下的弹坑宽可达50英尺、深可达10英尺，伦敦东区、东南部和德特福德的部分地区看起来就像坑坑洼洼的月球表面。V-1和V-2导弹共摧毁了125万栋房屋——差不多占伦敦房屋总量的一半——其中约11.6万栋无法修复，还有28.8万栋严重受损。这里将成为20世纪五六十年代建筑大实验的基地，给人深刻印象的巴比肯粗野主义建筑就是在这些灰烬中诞生的。

建筑大实验始于布卢姆茨伯里的一条街，也就是我们的下一站。你已经乘坐过并了解了维多利亚时期的地铁，20世纪50年代的地铁对你来说就是小菜一碟。在这个时代的地铁站里，你已经可以见到21世纪人们熟知的、由哈里·贝克设计的标志性地铁图。走向奥尔德斯门，找到地铁站。你要乘坐大都会西行线（这个时候不再说“上行”或“下行”了），在国王十字车站换乘皮卡迪利线，向南驶达罗素广场。

高楼大厦之梦

在罗素广场出站右转，你会经过一些被毁坏的联排房屋和布伦斯维克广场花园，走到吉尔福德街口，左边就是科拉姆游乐场。它得名于航海慈善家托马斯·科拉姆，1745年他在这里创办了育婴院，其间绿草环绕，空气清新。当初看到弃婴在城市街道上挨饿受冻、满身污秽地死去，他极受震动。后来育婴院搬到了伯克汉姆斯特德，又过了10年，原址上建起了伦敦第一座公共儿童乐园。

右转进入兰姆康迪特街（Lamb’s Conduit Street）。如果你正想象着一群羊羔走向史密斯菲尔德的屠宰场、走向被屠宰的命运，那我得告诉你这条街的名字其实来自慈善家威廉·兰姆，他在1577年捐了一大笔钱重修霍尔本水管，以便能从舰队河中抽水。在那些修葺过的房屋之间，可以看到一条乔治王朝时期的街道，它在战争中也受到了损坏，但大部分得以保留。整条街平和宁静，街两侧是酒吧和精品店，位于漂亮的四层联排房屋的底层。远处，线条柔和的红色双层巴士驶过通往牛津圆环的西奥博德路，焦急的父母正推着儿童车，送生病的孩子去大奥蒙德街的医院。

走过29号后右转进入董贝街。这条雅致的街道上满是18世纪早期的建筑，它们有着白色大理石柱廊、深酒红色墙砖和黑色铁栅栏。像你这样来自21世纪的人可能根本注意不到这条街上还有什么，因为21世纪的每个街角几乎都有它的身影，但对穿着铅笔裙和西装、戴着太阳镜、生活在这个时代的人来说，它简直令人震惊。它可能是伦敦战后复兴的标志、是时代奇迹的新高度、是社会主义的力量，也可能是苍白可怕的怪胎，这取决于你的立场。它就是市建公屋。

走近一点，你会看到一大片水泥构架、砖块墙面的单元房，装有长方形的五格窗户，单元之间用带黑色铁栅栏的阳台隔开。单元的正门跟对面那些联排房屋的门相对，既严整又得体，与周围的乔治亚风格建筑和谐相融。这里是布莱芒斯伯里小区，属于二战后第一批在伦敦市中心建起的高楼，也是第一座高达十层的建筑。它于1949年投入使用，当时的政府正急速推进新房建设，以满足市民的迫切需要。

到此时，建房工程还在稳步推进，二战结束以来，伦敦已建成250万套新房和公寓，其中的摩天楼尤其引人注目。在这股摩天楼热潮逐渐冷却并在70年代消失之前，约有6.9万套十层以上的公寓建成。在你造访的这个时间，这股热潮还在持续发酵中，摩天楼既有商用又有民用，人们对摩天楼的追捧将改变伦敦的天际线，就像朗蒂尼亚姆时期的神殿、17世纪克里斯托弗·雷恩设计的尖顶和圆顶、维多利亚时期的医院和学校，以及20世纪80年代后出现在现代资本主义大熔炉中的“小黄瓜”“奶酪刨”“对讲机”[①]和碎片大厦。

在20世纪50年代人的概念里，摩天楼究竟是什么样的？最开

---

①这是三座摩天大厦的昵称，皆来自其独特的外观造型，它们分别位于伦敦圣玛丽斧街30号、利德贺街122号和芬丘奇街20号。

始，“skycraper”（摩天楼）这个词指的是装配有三角形风帆、直指天空的船。到了维多利亚时期，这个词还可以用来指代那些个子高得出奇的人——“我说，摩天楼老弟，上面的空气冷吗？”这是1847 年一种很有意思的说法。一个美国人为二战中驻英的军人写了一本《不列颠简明指南》，里面写道，“伦敦没有摩天楼”。关于这一说法尚有争议，因为当时在百老汇 55 号已有十层高的装饰主义风格的建筑，耸立于圣詹姆斯公园地铁站外；在河岸街 80 号，也有一些商业和学术大楼（如壳牌大楼）；在布卢姆茨伯里，还有高大的伦敦大学学院总部大楼，我们之后也会造访那里。但总的来说，伦敦的确不是高楼大厦的沃土，那些不可一世、傲慢高调的大楼与英伦风格格不入，反而更符合美国的大都会气质。考虑到地质影响，以上说法就有更充分的依据了[①]——曼哈顿建在坚实的花岗岩上，而伦敦则是在泰晤士河冲积平原松散的淤积层上向外蔓延诞生的，其根基是黏土、淤泥和沙石。20 世纪上半叶，人们一度担心高楼会消失，然而事实并非如此。麦克米伦政府出台政策，规定由政府出资修建的建筑必须高得可以“触及星辰”，大厦建得越高，得到的资金就越多。

是什么促成了这场建筑大转变呢？首要原因是轰炸。纳粹德国空军的狂轰滥炸加上无情的 V-1、V-2 导弹，导致伦敦 11.6 万栋房屋被炸毁，还有 10 倍于此的房屋亟待修复。即使在轰炸中未遭破坏的贫民窟，很多也已空置良久。战争在加剧人们住房紧张问题的同时，也加强了解决问题的力度。1951 年，温斯顿 · 丘吉尔领导的保

①原文是“And there is the ground”，有“这就是根据”和“还有土地”的双关之意。

守党政府承诺每年修建至少 30 万套住房。伦敦城市面貌的变化体现了国家的重大转变。此时的政府终于意识到了《被遗忘的伦敦的悲泣》（1883）早就提出的问题，开始考虑为市民提供像样的居住条件。早在第一次世界大战结束后，自由党首相劳埃德·乔治就提出过“给英雄一个家”的政策（毕竟他不希望从战场上回来却无家可归的英雄被“逼上梁山”）。到第二次世界大战前夕，英国十分之一的房屋都由政府持有。直到克莱门特·艾德礼领导的工党政府执政时期，人们才开始将公共房产视作一种权利，而非一种优待。住房部长、英国国家医疗服务体系的缔造者安奈林·比万是一个充满热情和理想的社会主义倡导者，他坚信工人应该与医生、政治家（这里特指工党内阁成员）一样住在舒适的房子中。在他的推动下，房屋建造项目成为这个新生福利社会必不可少的一部分。

1947 年，政府将伦敦规划的职责交给了伦敦郡议会，后者的建筑部门成为世界上规模最大、在建筑实践工作中最具创新精神的部门，他们热衷于住宅建筑可能给社会带来的革命性影响。这个部门最初由罗伯特·马修领导，比较专注于现代主义建筑理想。拥有瑞士、法国双重国籍的建筑设计师兼作家查尔斯-爱德华·让雷内-格里斯就在那个时候脱颖而出。他更为人熟知的名字是勒·柯布西耶，在这位现代主义建筑巨匠的理念中，他设计的建筑如同机器。他希望人们通过住式样一致的住宅——他称之为“机器家园”——不再跟邻里攀比，并摆脱社会地位带来的焦虑。他希望借由外部形式体现的平均主义，带来内在道德方面的提升，将个人对自我的关注升华为对社会集体进步的追求，最终摧毁建立在利己主义和个人利益基础上的资本主义社会。

也许，最让人惊讶的是在1951年和1955年大选中重新执政的保守党政府竟默许了建造摩天楼的计划（1959年麦克米伦再次当选后也是如此）[①]。不过，这也是合理的决定，建造水泥大楼非常迅速，建筑材料可以预制，也不需要特别的技术。显而易见，高楼可以安置更多人口，能更快实现每年30万套住宅的建设目标。对市政府而言，摩天楼计划是他们解决住房问题最快速高效且能带来声望的方法。贝特洛·莱伯金设计的造型新潮的斯巴格林地产项目在罗斯伯里大道破土动工时，安奈林·比万亲手铺下了奠基石，芬斯伯里市政的股份也水涨船高。建筑设计师也由此受益颇多，他们有了展示自己高超技术的机会，可以一砖一瓦地改变这个世界。

随着高楼大厦拔地而起，建筑师和政治家们也都梦想成真。比较一下20世纪50年代和21世纪的市政公屋，可以发现最令人感叹的差异在于人们对摩天楼的认知。琳西·汉利在其充满激情的《房地产：一段秘史》（2007）一书中叹息说，无论媒体报道还是日常交谈，“房地产”这个词已经过多地跟一些贬义词联系在了一起，比如艰苦、粗糙、卑鄙、尖锐、诱导犯罪或毒品泛滥，而且也并非全都言过其实。不过，回到20世纪50年代，人们对于布莱芒斯伯雷这样的市建住房区并没什么偏见。相反，离开那些我们曾在维多利亚时期路过的老鼠遍地、摇摇欲坠的陋舍，入住崭新的小区，才是很多人的幸事。一位新住户为搬入伍德伯里的唐斯地产大楼欢欣鼓舞：“打开大门时好兴奋啊，那是我们自己的门，还有一个漂亮的客厅，卧室带有衣柜和五斗橱……还有独立的卫生间，在可爱的厨房里，橱柜、

①建高楼的计划最初是由英国工党提出的。

闪闪发光的不锈钢水槽和滤水板应有尽有。我们还有什么要求？感觉就像国王和王后！”

但不久，摩天楼之梦就变味了。问题出在哪儿？

社会狂热追求建筑数量，而质量——在比万心目中至高无上的房屋质量——却被牺牲掉了。投机建筑商开始得势，偷工减料。到了20世纪60年代中期，已经开始出现针对摩天楼的批评之声，1968年坎宁镇的一起悲剧让人们最害怕的事成了现实。贫困的东区市民为了能住进全新小区已经等了近20年，终于等到了一栋新大楼竣工。它就是克莱夫路的罗南角地产大楼，高22层，地基却只有80英尺长、60英尺宽——正是这种高效率、高密度的住宅，最讨政府和地方权力机构的欢心。

欣喜若狂的新住户中有一位56岁的蛋糕装裱师——艾薇·霍奇，但她的乔迁之乐很快就结束了。某天早上，5点45分，她起床沏了杯早餐茶，阳光正好洒在沃尔瑟姆的工厂和空地上。当她划了一根火柴，想点燃炉子烧水时，发生了爆炸。她的公寓东南面的两堵墙被炸飞，她被冲击波推到了另外一个房间（还好没被抛出房子）。更可怕的是，爆炸的威力接连不断地冲垮了厨房那一侧的层层承重板，一户户的墙板像多米诺骨牌一样迅速倾倒。这次事故造成四人死亡，所幸事发时大多数人还在卧室睡觉，没有被厨房这一面的爆炸伤到。房屋修复后，住户们还被警告别再用火柴点炉子——仿佛这样的事还有可能再次发生（1986年这栋房子被拆除时，工作人员发现其内部设计存在失误）。

即使没有罗南角事件，这种高高耸立的试验品也无法让住户高枕无忧。在当时，摩天楼区已经成了社会问题聚集地，深受犯罪和毒品的困扰。很多住户感到自己被排除在当地社区之外，被迫成为家的囚徒。人们抱怨这样的楼群就像没有人情味的冷漠社区、高耸入云的贫民窟，它剥夺了工人阶层过去生机勃勃的街头生活，只是徒有其表的乌托邦。

不过那是后来的事了。现在，让我们左转进入哈珀街，你会看到街角处有一栋乔治王朝早期的建筑。回头最后看一眼布莱芒斯伯雷住宅区，你身后那片汹涌的水泥之森也正虎视眈眈地看着你，想用混凝土的海浪将你淹没。

你需要休整一下了。跳上霍尔本站的地铁，坐两站就能到皮卡迪利线的莱斯特广场站。走出地铁站，迎接你的是西区明亮的灯光。我们要去沙夫茨伯里大道短暂一游。走到弗里斯街后右转，你将被卷入苏荷区熙熙攘攘的涡流之中。

苏荷区在 17 世纪 70 年代被规划为发展中的伦敦西区的一部分，它的名字很可能来自以前打猎时的呼喊“嗖——嚯”①，那时的苏荷区还是皇家猎场的一部分，一片动物奔跑的原野。苏荷区从未像圣詹姆斯、梅菲尔或马里波恩那样，在时尚奢华方面登峰造极。这里的小巷纵横交错，小酒馆和妓院鳞次栉比，是个“高档却不尊贵之地”，浸淫在多元文化之中，自成一派、放荡不羁。也许在 1685 年法国爆发宗教冲突后，一些移居至此的法国人也给这里带来了一些只可意会不可言传的味道。苏荷广场 9 号还保留着一座维多利亚-哥特风格的褐红色胡格诺派教堂。就连轰炸留下的满地弹坑也无损这里蓬勃的生命力。苏荷区的兴起正如伦敦战后焦土上盛放的绚丽之

①苏荷区英文为 Soho，与打猎时的呼喊声“So-Ho”发音相近。

花，在这个单调乏味的世界里闪烁着缤纷色彩。人们在这儿卸下谨小慎微的假面，不再提心吊胆，活得纵情恣意。在战事的间歇中移居至此的意大利人则为苏荷区带来了醇香微涩的浓黑“强心剂”——没错，就是浓缩咖啡，这可不是从法国传入的。随着英国家庭用人的减少，市民们开始外出就餐，多数意大利人随之成为苏荷区的厨师或侍者。从那时起，苏荷区的各式佳肴跨越了近百年，飘香至今。

摇滚意式浓缩咖啡吧

前方有家吉他店，阳光正打在它隔壁的玻璃店门上。门上是白晃晃的招牌，龙飞凤舞的加粗金色手写体店名十分醒目：摩卡吧。推开门，自动点唱机正在播放的摇滚乐旋即扑出来冲上大街。店内十分明亮，顾客们坐在一排简洁的金属高脚凳上，背靠流线型、有防火板贴面的吧台。咖啡吧中央有个金属制的“大块头”，对于来自 21 世纪的你来说司空见惯，但对当时的顾客来说还相当新奇，那是“一个冒着泡泡、呼哧呼哧响的大怪物，极不情愿地挤出一些苦涩的浓缩咖啡”。机器上的标牌写着“GAGGIA”（加吉亚，意大利咖啡机品牌）。男招待冷静地避开机器喷出的蒸汽，把一小玻璃杯水汽袅袅的黑色液体端到一个头上戴着花的姑娘面前。姑娘喝了一小口，装模作样地点起一支烟，四下环顾，搜寻着“泰迪男孩”[①]。欢迎来到伦敦的第一家意式浓缩咖啡吧，它是一位来自意大利、名叫皮诺·里瑟瓦托的牙科医疗用品推销员在 1953 年开的。

①穿紧身裤、长上衣、尖皮鞋，热衷摇滚乐的男孩。

皮诺·里瑟瓦托先生有个梦想，拯救品质堪忧的英国咖啡。在这个国家四处推销牙科医疗用品期间，他对英国所谓的咖啡馆，尤其是伦敦咖啡馆简直深恶痛绝。无独有偶，乔治·奥威尔在写于20世纪30年代的《巴黎伦敦落魄记》一书中提到，“一般的伦敦咖啡馆”就是一个“小小的闷热的房间，放着黑色高背椅”，提供寡淡的小吃，菜单用肥皂写在镜子上，咖啡相当差劲。还好，后来里瑟瓦托先生和加吉亚家族有了姻亲关系，他开始尝试将高压萃取、喷射蒸汽的浓缩咖啡机卖给英国的咖啡馆，但英国人并不买账，于是这位推销员决定亲自上阵。1953年，他盘下一家遭遇过轰炸的洗衣店进行修缮，换成明亮的现代风格，装上了加吉亚浓缩咖啡机，还请了一位意大利女演员为开业助兴，然后静观其变。伦敦人被这间位于苏荷区边缘、充满异国情调的新奇咖啡吧吸引，蜂拥而至，摩卡吧的咖啡日销售量很快就突破了1000杯。自301年前伦敦的第一家咖啡馆在康希尔的圣米迦勒巷开业以来，咖啡文化再次受到关注，为这个士气低落、饱受创伤的城市带来了新的活力。

沿着弗里斯街一直走到老康普顿街，就走过了苏荷区的主动脉。向左转，在更远一点的迪恩街，有另外两家意式浓缩咖啡吧——“天堂地狱”和“2i’s”。它们是在摩卡吧带领下兴起的“500强”中的两家，大部分此类咖啡馆都实验性地装修成了波西米亚风格，放有竹子和塑料植物，装饰着奇奇怪怪的艺术品和挂画，砖块暴露在墙上，天花板漆成全黑，还有临时拼凑的桌椅。这种地方既不闷热，也不华丽。正如一档电视节目所说，除了那台可能价值400英镑的加吉亚咖啡机外，开一家咖啡吧只需“找间屋顶脏兮兮的房子、几个大桶、一块木板，点燃瓶子里的蜡烛，就开业大吉啦。”（所有优秀的讽刺作品都说出了不少事实。）这种东拼西凑、酷似地下黑店的审美正是咖啡吧的灵魂，让人感到新鲜、时髦和酷（这个词最早只有美国黑人爵士音乐人使用，现在已被公众广泛接受）。21 世纪的伦敦房租高上了天，相比之下，20 世纪 50 年代的租金简直让人振奋，当然也有可能让人受伤抓狂，当时的年轻人可以在伦敦市中心以相当低廉的价格租到房子。

站在天堂地狱咖啡吧外，门上的红色霓虹招牌正一闪一闪。青少年和发广告的人四散街头，抽着烟，聊着天。你或许会感到奇怪，居然没人喝酒，虽然咖啡吧可能会营业至午夜甚至更晚，但它们没有酒类执照，完全不卖酒精饮料。恰如其名，它们就是单纯喝咖啡的地方。天堂地狱的二楼宛如天堂，室内光线充足，墙上画着天使，还放着轻柔的音乐，而楼下则是地狱，嘈杂混乱，罩在一片红光中，音乐声震耳欲聋。

2i's 则是一个摇滚乐的大熔炉。这里最早属于三个伊朗兄弟，很快三兄弟就只剩下两个，所以起了这个名字[①]。1956 年，这里被一个外貌可怕的澳大利亚摔跤手接手，他叫保罗·林肯，却更希望别人称呼他死亡博士。如果你很年轻且自认为是音乐人，不妨走进这间炼狱般的地下室，加入"明日音乐之星"的行列，看能不能引起某些音乐制作人、音乐公司经理或经纪人的注意，他们每晚都会来物色音乐天才。或许你也曾听人饶有兴致地说过，凯特·史蒂文斯和克里夫·理查德就是在伦敦咖啡吧的地下室里崭露头角的。这些摇滚乐殿堂可不适合脆弱的心脏，有时室内热得连墙都直冒汗，晕倒的人

① "i" 指的是 Iranian，伊朗人。

只能被抬到街上，靠新鲜空气和一杯强劲的浓缩咖啡提神。

其他的咖啡吧也是多姿多彩，风格独特。在查令十字街的“A&A”，你会看到出租车司机趁着换班间隙朗诵诗歌；在苏荷区更远处，有老布兰普顿路的“行吟诗人”，吸引着不少摇滚爱好者；考文特花园的“细胞核”是爵士乐手的聚集地；在利奇菲尔德街满是大麻味的“邦吉斯”，民谣歌手正在表演。音乐已经融入咖啡吧的骨血，就像汇集和打听消息是十七八世纪咖啡屋的标志。在冒着蒸汽的意式浓缩咖啡机后面，往往还有一台自动点唱机，它是咖啡吧另一道必不可少的“主菜”。

在老康普顿街尽头右转、再右转，就是米尔德街。伦敦一度有很多乔治亚风格的建筑被拆毁或被标上拆除标志，但米尔德街很幸运，没有被列入其中。这条街建于1732年，罕见的古街标志（就在你的右上方）可以为此作证。街边是醒目的赭色联排房屋，均装有上下推拉窗和直接与街道相连的白色前门柱廊。不过，米尔德街23号是个例外，室内毫无乔治亚风格的痕迹。

走上23号门口的台阶，把阳光抛在身后，在低沉的管风琴乐曲中走入地下室。一股哥特气息立刻将你包围，自动点唱机里播放的音乐令人想起《歌剧魅影》。客人们坐在闪闪发光的黑色棺材上啜饮着咖啡，漫不经心地拨弄几下吉他，把烟灰弹在骷髅烛台里。“棺材外的咖啡”就是这间“死亡之怖”咖啡馆的宣言。

墙上布满骷髅骨架——你一定希望它们是假的——还画着蜘蛛网，焦油色的墙壁显得它们愈加真实。带情节的壁画吸引了你。其中一幅画着一个放荡的骷髅，搂着一个裸女走向墓地。在骷髅乐队的伴奏下，他们在月光中翩翩起舞。骷髅把手中的红酒杯放在棺材盖上，好像要开始杀戮。最后他们头枕墓碑，肢体纠缠，女子散下的乌黑长发穿过他的肋骨，两人似乎享受着墓碑上的“枕边细语”。

点一杯咖啡——可以是玻璃杯装的意式浓缩咖啡，也可以是白杯子装的卡布奇诺，它们跟你在21世纪尝到的味道没有太大差别——然后在棺材盖上坐下来，沉浸在这里的氛围中。

店里可能坐着一些满脸惊讶的游客，或是迷了路的购物者，但顾客群主体还是青少年。身穿白T恤、皮夹克的男孩头发油亮，女孩则穿着红蓝相间的鲜亮裙子，颇有中世纪的韵味，有人从头到脚都是黑色，有人戴着墨镜，那正是80年代哥特风的前奏。虽然乐手、广告人和单身女子都喜欢出入咖啡吧，但这些地方还是最吸引青少年，特别是到了晚上。紧缩的财政在战后得到放松，青少年成了一个手头宽裕的群体。他们太年轻还不能喝酒，利昂转角屋的熟食店、美发沙龙和那里古板的资产阶级顾客群对他们也毫无吸引力，相比之下，咖啡吧简直是完美的去处。他们可以耍酷、调情、唱歌、抽烟、点评艺术，在父母过时的眼光之外追求自己独特的个性。1958年，一部名叫《青涩年纪》的短片为这股受世人侧目的时代思潮正名，并发出呐喊：“看啊，这就是我们，我们就是现在。如果你不想理解，就跟那些应声虫一起走开。”

不过，当棺材座椅坐久了开始不舒服，玩吉他的男孩也越唱越大声时，“死亡之怖”的魔力就会减弱。年轻人的风潮变化太快，过不了多久，咖啡吧就会过时、不够酷了。是时候离开伦敦最早的哥特风咖啡吧了。事实上，我们要离开整个苏荷区，踏上托特纳姆法院路，穿过美丽的、浓荫覆盖的布卢姆茨伯里广场，走到罗素广场东侧。

“真理部”

罗素广场的树木沐浴在阳光下，像一片壮丽的瀑布。野餐的人们躺在草坪上，有的在抽烟，有的在吃三明治，大家都把午餐时间留给了这座被喧嚣街道包围的绿茵孤岛。

这是伦敦的第二大广场，仅次于林肯律师学院广场，跟莫斯科的同类广场没有什么区别。路边是一排排乔治王朝后期的房屋，下层涂着奶白色的粗糙灰泥，上层的垂直推拉窗上映着绿色的树影。广场的北角是费伯 & 费伯出版社（Faber & Faber），T. S. 艾略特正担任主编，让满怀希望的诗人们美梦成真。他曾在《荒原》一诗中描绘了虚幻、堕落的 20 世纪 20 年代的伦敦，令人震撼。他已故的妻子、精神失常的薇薇安，生前常常出现在办公室外，身上套着一个夹板广告牌，写着“我是被 T. S. 艾略特抛弃的妻子”，他总是为此苦恼地将双手插进打过发蜡的头发里。据说，她还曾将一大碗巧克力灌进艾略特的办公室信箱，他们就住在附近的贝德福德郡，可以猜测巧克力当时还热着，至少是温的。艾略特刚刚新娶了一位性格稳定的妻子——比他小近 40 岁的瓦莱丽，之前是他的办公室秘书。

在罗素广场西边，联排房屋的高度几乎与花园中心一致，其间有一条狭窄的街道，街道尽头伫立着伦敦最非凡的建筑之一。让我们过去一探究竟吧。

一座巨大的阶梯式金字塔形建筑耸立在那里，庄严、崭新、雄伟，矩形窗户排列严整，从上至下布满整个建筑，建筑顶部有一面旗迎风招展。面对此情此景，你可能会对乔治·奥威尔在《1984》中的描述感同身受：“太阳已经偏斜……无数窗口因为没有阳光照射，看上去就像堡垒上的枪眼一样阴森可怕。在这庞大的金字塔般的建筑面前，他感到一阵畏缩。”乔治·奥威尔描写的是以篡改历史为核心工作的可怕的“真理部”，其原型就是伦敦大学的中枢议会大楼，也就是你眼前的这栋建筑。如果把伦敦大学看作一所由 30 多家教育研究机构组成的联邦制大学，那么议会大楼就是这个联邦的白宫，这里负责制定学术政策，还设有教学场地和一座改建过的大型图书馆。

中枢议会大楼高 210 英尺，仅次于圣保罗大教堂。揭幕时它被称为“哑巴大厦”，因为伦敦对建筑的规定很严格，这么高的楼禁止住人，这让路过的曼哈顿人感到好笑。二战时这里被政府信息部征用来审查和发布信息、将消息传送到舰队街。乔治·奥威尔的第一任妻子艾琳曾在这里跟行政官员和二流文人一起工作，她一定向奥威尔透露过一两个发生在信息部的小故事，为他的反乌托邦杰作添砖加瓦。

伦敦大学坚定地走着世俗化路线，将信奉和鼓吹功利主义的杰里米·边沁（1748—1832）作为自己的“精神之父”。作为第一所以同等条件录取男性和女性学生的英国大学，伦敦大学以自己的进步主义思想为傲。与牛津、剑桥不同，自 1828 年建立起，伦敦大学就不把“服从于英国教会”作为录取学生的先决条件，其教学大纲也不含宗教内容，它因此饱受诟病，还被称作“高尔街的无神机构”和“撒旦一会”。此后不久，其竞争对手伦敦国王学院成立了，成为一所以“将年轻人的思想禁锢在基督教教条和责任中”为目标的学校（最终这两所大学合并为伦敦大学）。

福利国家的理论构建者之一威廉·贝弗里奇在 1926 年成了伦敦大学的副校长，他也是奠定了你眼前的布卢姆茨伯里城市景观的重要人物。之前，伦敦大学总部设在肯辛顿的帝国研究院，那是一座新文艺复兴风格、宫殿般富丽堂皇的建筑。但是，贝弗里奇等人想要通过更具现代感的建筑设计体现他们的思想。他在1928年的一次演讲中说，伦敦大学不应“像是从天堂落下的两个僧侣式的中世纪小城那样降临人间”（这里并没有指出那两个小城的名字，但明眼人都能看出来他在说牛津和剑桥），而是要成为一所“为英国和全世界服务的大学”，吸引世界各地的学生。它的建筑风格也应反映这一特色。贝弗里奇认为，中枢议会大楼和它相邻的建筑不应模仿别的大学，也不应回溯过时的建筑风格，它“应该由当代人设计、体现当代人的风貌，且只能建在伦敦中心”，它应该是“一座车水马龙中的学术岛屿，一个纷繁尘世中的智慧之所”，而不是与世隔绝的象牙塔。

建筑师查尔斯·霍尔登因设计了百老汇55号的十二层建筑声名鹊起，那是当时伦敦最高的建筑。他还设计过皮卡迪利线上一些位于城郊的地铁站。他受邀设计伦敦大学，目标是使其附属的双翼延伸到布卢姆茨伯里的边界，两边有高塔护卫。然而，由于战争爆发，建设资金只够建造中枢议会大楼和图书馆。霍尔登选择用砖块和灰泥作为建筑材料，用波特兰石加以装饰，使用钢铁框架并非出于结构上的考虑，而是为了支撑书籍的重量。霍尔登的资助人希望这些建筑“线条明快但不僵硬，庄重但不沉闷，优美但不浮夸”。他对结果非常满意，对庄严、优雅、现代化的设计赞不绝口，但更多人则发出了批评之声。伊夫林·沃在小说《升起更多的旗帜》（1942）中称之为“一大堆粗劣的砖石”“庞然大物……对秋日长空的一种羞辱”。同时代的格雷厄姆·格林说它是“高大冰冷的建筑”。杰出的建筑评论家尼古拉斯·佩夫斯纳本是霍尔登的拥趸，但连他也无法欣赏这栋现代主义和乔治亚风格混搭的建筑，认为那是个混乱的架构。

但无论褒贬，这栋建筑高傲的气质——甚至有些狂妄自大——得到了认可，恰巧适合战时驻扎在那里的信息部（它正是奥威尔创造真理部的灵感源泉）。按理说这个部门的存在是个秘密，不过只要乘客说去议会大楼，出租车司机都知道他们的目的地并不是那座鼎鼎有名的议会大楼图书馆。二战时在信息部工作过的记者诺曼·莱利这样形容烟雾缭绕的贝弗里奇大厅："日日夜夜充斥着咔嗒咔嗒的打字声和南腔北调的对话……房间周围的一圈高台上有五六十个电话间，大多直接连往舰队街。"高峰时期，上百名新闻记者挤在这个大厅里工作。地下室是审查官（类似《1984》中的温斯顿·史密斯）待的地方，楼上则是资料库，"铺着地毯的通道就像迷宫，通道两侧全是房间。这些房间是各种专家的办公室，他们精通印度事务、宗教、广播、电影、公共集会、宣传、政治，或虽无专长但涉猎甚广"。

虽说奥威尔笔下的真理部是个坚不可摧的堡垒，但它的现实版却数次在闪电战中遭受打击，确切地说，在1940年的秋天遭受了9次袭击。信息部议会副部长杜夫·库珀在1940年11月7日和8日给妻子的信中对其中一次轰炸有过生动的描述（信中语气轻松，也许是为了减轻她的担忧）。他说，当时他正蜷缩在橡胶床垫上，被一阵"啪！砰！铛！"的声音吵醒，随后便发现自己已经跌在了地上。他爬起来，发现过道里都是"红色烟尘，头戴铁盔的防空队员四处奔走""我们真是被纳粹德国空军火烧眉毛了"。炸弹造成的破坏极其严重，"一颗炸弹……穿过了地板，直接在下一层爆炸。那是大学图书馆。我们面向庭院的窗子被炸得粉碎，院子里全是碎石，但没人受伤，想想还真是好玩"。

图书馆被炸得所剩无几，但总的来说，中枢议会大楼还是熬过了大轰炸，其缘由至今众说纷纭。有人说因为这栋“哑巴大厦”就像海上灯塔，给德国纳粹空军指明了国王十字和圣潘克拉斯车站的位置；还有一种说法更为异想天开：希特勒本人垂涎它已久，把它想象为德军占领大不列颠后完美的纳粹总部（据说，20 世纪 30 年代，奥斯瓦尔德·莫斯利也曾想把这里变成法西斯的议会大楼）。

不管战后的伦敦如何乏味、伤痕累累，伤痕上都在慢慢开出花朵。我们在苏荷区邂逅的这些生动景象会在下一个目的地——切尔西——与我们再次相逢。

现在回到罗素广场站，坐上西行地铁到斯隆广场，别忘了途中得换两次车。

切尔西制造

一出斯隆广场地铁站，就能呼吸到国王路的新鲜空气。这条路起初是国王查理二世从汉普顿宫到威斯敏斯特的私家马车道，穿过了一片“宫殿村庄”——切尔西。这个盎格鲁-撒克逊名字有各种各样引人遐想的翻译，比如“白垩码头”“沙子陆架”“泊船地”等。据说，切尔西沐浴在伦敦最好的阳光之中，清澈、洁白、纯净且无可取代。托马斯·莫尔爵士、伊丽莎白一世等许多声名赫赫的人物都曾在此居住，他们享受过宁静的河岸风景，远离威斯敏斯特的险恶权力场。河滨的钱尼路历来是受人尊重的艺术家们的聚集地，如约瑟夫·特纳、詹姆斯·麦克尼尔·惠斯勒和但丁·加百利·罗塞蒂。作家们也发现这里有助于激发灵感。1830 年，国王路成为一条公共马路，可惜很多老房子，比如摩尔的波弗特大厦，为了给斯隆和卡多根家族的地产业让路而被拆毁。没过多久，国王路上又建起了很多小而精致的砖房和商店。尽管如此，这里若隐若现的波西米亚气息从未散去。

也许你还没察觉到这里的反主流文化特质，但它就潜藏在路上，幽幽萦绕在肉店、鱼铺、蔬果店、裱画店和花店之间，给国王路平添了一种小镇风味。

走上八分钟左右，你会经过120号托马斯·克雷伯的卫浴用品店，它的广告是“次次冲刷都有激情”，再多走几步就到了波西米亚的热力源泉“梦幻咖啡吧”，这是伦敦的第二家咖啡吧，开业于1955年，属于气质不羁的生意人阿奇·麦克奈尔，他同时也是一位由律师转行的摄影师。这里还有一家昏暗的酒吧“玛卡姆纹章”，有着红褐色的门面、金色的店标和一位略耳背的女店主。人们拿着红酒侃侃而谈，或是呷着意式浓缩咖啡，盯着新冲洗的照片，或是加入街头的议论，制造流言蜚语。在这里，你可能会发现被八卦报纸戏称为“切尔西圈子”里的人。

通过外表，你能一眼认出他们——鲜艳夺目、色彩缤纷，他们渴望得到关注，穿着打扮跟其他人单一、庄重的风格形成了鲜明对比。这个“切尔西圈子”是贵族中的一群标新立异、崇尚波西米亚风的人。其中有的人从事媒体、公关和时尚摄影方面的工作，大多能靠丰厚的信托基金衣食无忧。很多本地人对他们态度轻蔑，认为他们不过是好吃懒做、挥霍无度的有钱人，他们却将自己的行为视作一场自觉的、与时俱进的运动，对抗50年代伦敦的千篇一律和战后的乏味生活。他们想抛弃社会认可的价值观，拥抱更快、更富争议、更有激情的生活方式。他们的武器是让人震惊，他们的专长是惹人愤怒，他们爱在苏荷区的夜店里大办睡衣晚会，恣意狂欢。他们也是伦敦一项不朽传统——地铁环线鸡尾酒会——的发起人。参加酒会要盛装打扮，纵情畅饮，起舞奏乐，要让其他乘客害怕或一头雾水。他们白天在国王路闲逛，晚上则沉迷于苏荷区的派对和感官欢愉。此外，他们中有些人宁死也不愿去斯隆广场东部冒险。

暂不论他们的反主流倾向，你或许会觉得他们就像是布灵顿俱乐部（Bullingdon Club）的纨绔子弟与《切尔西制造》中的"Rah"[①]一族的结合体。这并不是针对他们的衣着时尚。"切尔西圈子"的人最喜欢用服饰激怒旁人，并以此闻名。如果你看到有人穿着浮夸，打扮得像个非洲部落首领或印第安酋长，佩戴着鲜亮的羽毛，或是穿着昔日贵族夸张可笑的上衣、紧身裤和轻薄的敞胸浅色衬衫，抑或是套着令人惊讶的蓝色牛仔裤（效仿工人），那一定是位"切尔西圈子"中的人。上前打个招呼，你们可能很快就能一起喝一杯（让人兴奋的是，梦幻咖啡吧的咖啡有时会掺有伏特加）。

前面有家叫作"亚历山大"的意大利餐厅，在餐厅地下室，你可能会看到一个正与顾客交谈的年轻人。他叫亚历山大·普伦基特·格林，朋友们叫他普伦基特。有人说他"青少年时期恣意而为、自由生长"，是一个放荡不羁的阔少和工业时期的懒汉。普伦基特是"切尔西圈子"的典型代表，母亲去别处度假养生，他就住在母亲留下的空房子里，下午 4 点才起床。他在位于新十字的金史密斯艺术学院读书，胳膊底下永远夹着一沓纸，写着"电影剧本"。夜晚是他

①俗语，指英国年轻而富裕的阶层，喜欢晚会和奢侈生活。

的主场，他会在爵士吧里狂喝滥饮，但每天只吃一顿意大利面或烘肉卷。他从不收拾房间，还跟被母亲派来打扫的清洁工上床。16 岁时，他在金史密斯艺术学院爱上了一位“娇小玲珑但直率、坚定的学生”——玛丽·匡特（1966 年创立了同名品牌，也译作玛丽官）。匡特是一对威尔士教师夫妇的孩子，父母期望她从事稳定的工作（匡特对此嗤之以鼻，她想要做服装设计师）。

跟普伦基特不同，匡特每天都会早早出现在学校。坠入普伦基特用甜言蜜语编织的情网后，她开始跟他一起在切尔西和苏荷区游荡，开一些夸张的玩笑（比方说在火车行李间扮成死尸），跟一群浪子在富勒姆路的芬奇酒吧喝威士忌。只要普伦基特一掏钱，必有一场贵得惊人的香槟晚宴。最重要的是，普伦基特有着非凡的（对另一部分人来说则相当没品位）时尚感。他会穿着不合身的母亲的睡衣去学校，或是穿俗气的无尾礼服去晚会，还有一次他穿着西服外套去了圣詹姆斯的一家餐厅，但外套里面没穿衬衫，只在胸膛上画了一排扣子。尽管玛丽有自己的时尚直觉，但普伦基特的风格仍对她产生了潜移默化的影响，她同样想要设计标新立异的女装。这两个年轻人当时并不知道，他们会在时尚界掀起轩然大波，而玛丽·匡特本人也将成为迷你裙和波波头女王。

这场时尚巨变的“震中”就位于国王路，与玛卡姆纹章酒吧相邻的一家房屋中介隔壁。只要找到玻璃橱窗上带阴影的白色大写字母“BAZAAR”（芭莎，意为集市）即可，那便是我们的下一站。

闪电战期间有一张让人印象深刻的照片，画面上两个警察在一片瓦砾玻璃的废墟中抬着半裸的人体。乍一看，好像是在控诉人类愚蠢的大破坏，但仔细观察你会发现这两个警察面带笑容，他们抬着的也不是真人，而是无性别的白色人体模特，警察正把它从牛津街一家被炸毁的服装店里拖出来。那可能是照片记录下的最早的一批人体模特，它们在当时还属于新鲜事物。

玛丽·匡特的“芭莎”开业于一年半之前，以橱窗设计著称，每周六会更换新的橱窗布景。这是吸引公众视线的绝妙方法，收获了两极评价，给切尔西的晚餐聚会提供了无穷谈资。你可以对古怪的橱窗布景畅所欲言，但别指望店主会把负面评论放在心上。匡特和丈夫喜欢藏在通风栅栏后偷听顾客的评价，他们说，越是受人嘲笑的衣服卖得越火。很多人对此表示不屑，其中有不少是“切尔西社团”的成员，这个组织成立于20世纪20年代，他们希望按照自己的方式保持切尔西的传统风貌，会对着堕落的新贵挥拳抗议。

匡特在20世纪50年代和60年代早期的静态场景设计包括如下几个：一个摄影师模样的模特半悬在空中，手持一架相机，以大卫·贝利的姿态对着一个女模特，后者也悬在空中，姿态随意活泼（“我们希望给人这样一种印象，这件衣服是如此精良，无论怎么穿，都值得好好欣赏”）；一个穿着厚粗花呢衣服的女模特拿着一根巨大的鱼竿在鱼缸里钓鱼，鱼缸里还有一条活金鱼在游；亮白的模特们拨弄着雪白的乐器——吉他、萨克斯、小号，戴着防风镜式样的圆墨镜；一个英俊男子用金链子拖着一只大龙虾（这回是死的）在散步，就像是19世纪法国浪漫诗人钱拉·德·奈瓦尔，据说他曾经在巴黎的皇宫花园用一条蓝色丝带遛他的宠物龙虾提波特。

玛丽·匡特最不愿看到人们“像是从一个模子里刻出来似的”，她在遛龙虾的奈瓦尔身上找到了灵感。你不妨进店看看。不过，可能得先等上一会儿，店铺前院里排着的队可不是一般的长。

店里不太宽敞，很拥挤，但很明亮。店铺楼下的餐馆不时飘来意大利肉酱的香味。店里的商品并不多，这时的芭莎规模还比较小、经营节奏紧凑。匡特得把当天的货卖完，才有钱在第二天一早去哈洛德店里购进布料。随后她就用白天的大部分时间疯狂赶制衣服，争取在下午 6 点前完工——那是一天中最好的购物时间。在店里你会看到亮丽、大胆、性感的衣服，波尔卡圆点裙、短裙、不收腰的简洁修身服装、五颜六色的软帽和“切尔西女孩”或“多利女孩”的标配——黑长袜和白皮靴。此外，还有各种特立独行的成衣和饰品，都用缤纷的色彩宣示着青春、性感和叛逆。20 世纪 60 年代，匡特本人曾说：“我听过很多说法，说我的衣服诱人、难看、酷炫、古怪、新潮……人们要么喜欢得不得了，要么反感得要死。”她的顾客一般都很年轻，女性居多，通常会自己来或跟男朋友一起来，什么口音的人都有。衣服很抢手，但店里的氛围轻松闲散，和伦敦那些有人服侍的服装店不同，这里没有挥舞着软尺的助手跟在你身后。

一个留着棕色短发、下颌骨棱角分明、颧骨突出的小个子女人，站在柜台后给自己倒了一杯喝的，给你也来了一杯。这就是玛丽·匡特，芭莎的创造力。虽然忙得不得了，但她还是很喜欢跟顾客聊天，与很多人亲密地以名字互相称呼，店里就像在举行一场永不结束的鸡尾酒会。匡特缺乏睡眠，但精力充沛——她昨晚喝酒喝到半夜，今天又早早起床准备货物——显然她为小店的蒸蒸日上感到高兴，也有满腹的故事和心里话可以讲述。

“最近的天气真是糟糕。”她对你说，所以模特要穿色彩炫目的衣服，这样才能让顾客难以抗拒。你算了一下，她的店差不多是两年前开张的。当时在伦敦甚至纽约和巴黎都找不到第二家这样的店。开店之前，她在梅菲尔的一家女帽店工作，就在克拉里奇酒店旁边。有一天，她和普伦基特共同的朋友阿奇·麦克奈尔建议，他们三个人一起做点事一定很有意思。靠着一笔贷款和两个男人出的启动基金，他们买下了一栋楼，计划一楼给普伦基特经营爵士乐酒吧，匡特则面向波西米亚风爱好者，开一家精品店，卖自己设计的各种东西。据匡特描述，小店就像一道衣物与饰品的大杂烩，毛衣、围巾、帽子、珠宝、小饰品……应有尽有。最初她对自己的定位是买手，为年轻女顾客采购前卫亮眼的服饰，但她很快发现不是所有顾客需要的东西都能买到。一位美国客人从她那里买走了一套夸张的睡衣，付款时说她想在美国大量生产这种睡衣，投放市场。匡特听了，醍醐灌顶，她应该开始自己的服装设计之路了。

她的卧室兼起居室就像一个小型工坊。真是要疯了，她说。晚上她得剪裁、做纸版，根本没时间睡觉。她的两只暹罗猫常常撕咬纸版，拖累进度——听说纸版的纸是用鱼骨之类的原料制成的。她极度关注事业中可能出现的问题，事情太容易出岔子了，但她从小就知道自己会成为一个著名的服装设计师。买下那栋楼后，他们学建筑的同学高高兴兴地拆掉了楼前的铁栅栏，改装了宽敞的橱窗。结果他们忘了先取得改装许可，被政府要求改回原样。这会让他们的心血付诸东流，在伦敦郡议会的建筑官员面前，他们泪如雨下，连连保证加固房屋，这才逃过一劫。然而，如果匡特不能做出马上可以售出的商品，他们还是会很快破产。当然，她成功了，简直太成功了。有一次，一个女人在街上抓住她，挑中一条裙子，当即付了款，甚至没有试穿！现在，切尔西的姑娘们一天会来店里好几次，看看有什么新货。如果心情不错，她每天都能做出新东西。

有的顾客相当吓人。“那时就要用到酒了。”说着，她又给自己倒了一杯威士忌，她没有那么喜欢酒，但酒能缓解压力。记得有一次特别惊险，一个身穿俗气马甲的男人带着他的金发女友来到店里。“他让她随便买，自己退到后面抽一支很贵的雪茄。女友在店里扫荡，看上的货物在地上堆成一堆。就在那时，阿奇的一个朋友走了进来，看到抽雪茄的男人后脸色有些发白。”他把普伦基特拉到一边，低声告诉他那是有名的国际罪犯，最爱买一大堆东西，用支票结账。最后支票会被拒收，但那时他早已不知所踪。“我们有点担心，”她继续说道，“很担心。过了仿佛几个小时，他的女友已经选了近 400 英镑的衣服（要知道，那差不多相当于 2015 年的 8000 英镑），连那个男人都有点不高兴了。我们想要报警，但忘了缴费电话被停了。已经晚上 7 点了，我们绞尽脑汁不让他用支票结账。没有别的办法，我们只能不停地给他们上酒。然后，突然，那个男人把手伸进衣兜，拿出了——不是枪，也不是支票簿——一大把钞票。”他从里面抽出一沓面值 5 英镑面值的纸币，付了款。从那以后匡特变得特别热情，他是经常来光顾的罪犯之一。

一个熟客来到柜台前。匡特对你不再有兴趣，她给新来的人倒了一杯酒，然后和对方聊了起来。

渐渐地，在伦敦的其他地方，也有了类似芭莎这样别具时代精神的商店，它们引领的狂野时尚定义了摇摆的 60 年代。在玛丽·匡特和芭莎出现之前，没有人专为年轻人设计服装。女孩们离开学校后就要穿得像她们的妈妈一样。“变成大人太可怕了，”匡特回忆道，“得梳棉花糖一样的头发，穿细高跟鞋，还要穿束腰紧身衣挤出丰满的胸脯。”为了塑造贞洁和体面的形象，人们把青春包裹在白手套、大珠宝、古板的连衣裙和配套的鞋包之中。爵士乐手和批评家乔治·梅里说，在20世纪50年代之前，“只有妓女和同性恋的衣服能反映出衣服主人的本质”。玛丽·匡特将年轻女性从对母亲的模仿中解放出来，给她们力量用服饰表达自我，迷你裙（随着时间推移只会越来越短）、鲜艳的颜色、贴身的剪裁和低胸的设计，让女性服装更加大胆和性感。她在自传中阐释了自己的服装美学。她的服饰表明：“我很性感，我也享受性；我无比诱人，但得到我并非易事。你得引起我的兴趣，你得超凡脱俗才能得我垂青。我不会被收买，但如果我想要你，你就会是我的。”

“曾经有一段时间，服装就是女人地位和收入的标志。”匡特写道。你已体验过维多利亚时期的伦敦，禁奢法决定了谁可以穿什么，因此匡特的看法颇有说服力。她继续写道：“现在不同了，势利的眼光已经被摒弃，在我们店里，你会看到公爵夫人和打字员在抢同一条裙子。”（在1966年写这段话时，她在骑士桥又开了一家分店。）

这画面被绝妙地夸大了，但它传递出一个事实——与伦敦过去800年不同，如今的时尚风潮不再由精英阶层独领。虽然进入主流并非一蹴而就，但是从芭莎的柜台开始，一天一天，匡特逐渐掀起了女性时尚的民主风潮。她说：“抓住当下的时代精神，用服装展现它，在其他设计师为此头疼之前……我设计的服装碰巧很合青少年的胃口，跟流行音乐、咖啡吧和爵士乐酒吧一样。”

现在该大吃一顿了！到芭莎楼下的“亚历山大”吧。也许是碍于保守的切尔西社团的反对，普伦基特开爵士乐酒吧的想法被搁置了。于是，他开了一家营地式的意大利餐厅，“营地”是指餐厅轻松活泼的氛围，与一本正经的寻常饭馆截然不同。在这里你能品尝出自意大利厨师之手的肉酱面，享受欢乐的气氛（也许还有餐厅赠送的一杯酒），有时服务员还会男扮女装。这些揽客的制胜法宝吸引了很多名人前来就餐，其中包括碧姬·芭铎，看到她出现，服务员惊喜得目瞪口呆。

结束晚餐，走出餐厅，店铺前院的长队已经消失，国王路上有许多遛小型贵宾犬的菲佣，还有衣着得体的购物者。你转过身，看到芭莎已经被一家毫不起眼的咖啡馆代替，玛卡姆纹章酒馆则变成了桑坦德银行。这个地区在 20 世纪 50 年代晚期展现出的风情已经消失殆尽，回到 21 世纪的你，脚下只是一片没有灵魂的超级富人区。

尾声：20 世纪 50 年代伦敦的回响

幸运的是，伦敦自二战后就没有再遭受过空袭，这一章中提到的大部分建筑——董贝街的布莱芒斯伯里小区、米尔德街的乔治亚风格房屋、罗素广场 24 号的费伯 & 费伯出版社总部旧址，以及附近的中枢议会大楼——都等着你去探索。

“bombsight.org”这个网站有一张引人入胜的闪电战爆炸点互动地图。缩小地图看全景（1940 年 10 月—1941 年 6 月），效果图非常骇人，就像 M25 外环高速公路环绕着一颗突变的鲜红心脏（这是一张现代地图）。地图没有标出所有的破坏点，比如二战末期遭受导弹袭击的地方。不过要找到导弹轰炸点的大概位置并不难，因为 V-2 导弹能把整个街区扫荡一空，所以曾受到 V-2 导弹轰炸的地区现在一般都变成了停车场或是修建于 20 世纪 60 年代的住宅区。缺少高大树木，就是这些地区被导弹伤害的明证。

偶尔还能找到小的弹坑，雷顿湿地就有一处。在托特纳姆法院路的希尔百货商店对面，孤零零地立着一栋三层建筑，建筑四周环绕着一片空地。建筑一楼是尼路咖啡。这里是惠特菲尔德礼拜堂原址，礼拜堂于 1945 年 3 月 25 日被 V-2 导弹摧毁，9 人死亡，周围建筑受损，事实上那是最后一颗落在伦敦的导弹。这里没有被重新开发，倒成了人们闲坐和吃午餐的好去处，可能他们对此处发生过的悲剧一无所知。皇家战争博物馆陈列着 V-1 和 V-2 导弹供人参观，在伦敦人的印象中，它们鬼鬼祟祟、无影无踪，杀伤力极强。

我们在 20 世纪 50 年代伦敦之行的第一站是圣玛丽亚德曼伯里花园，那里残留的石头于 1966 年被运到了美国密苏里州的富尔顿。人们用这些石头在威斯敏斯特学院为温斯顿 · 丘吉尔修了一座纪念碑，1946 年他曾在那里发表著名的“铁幕演说”。

在伦敦墙的另一侧、哥特风格的克里普门外，1940 年 8 月遭到德军炸毁的圣贾尔斯教堂又被煞费苦心地重建起来，矗立在美得不同寻常、又有些黯淡灰暗的巴比肯建筑群中央。巴比肯建筑群自 1976 年建成以后，便成了粗野主义建筑中为数不多的人气兴旺的一处。一开始，这里被设想为一种乌托邦式住房观念的大胆试验，或许它还是在柯布西耶启发下的伦敦社会公共住房发展的巅峰（不过到了 80 年代，那里的公寓身价飞涨，大部分人难以负担，到了 2000 年，八成房屋已成为私有房产）。巴比肯的意思是“加固的前哨”，可能源于 13 世纪一处被推翻的市外瞭望塔。现在有 4000 多人居住在这里，成了一座由住在这里的人构建的堡垒。

到了 20 世纪 70 年代，摩天楼之梦开始变味，批量建设的市政公屋也不再多见。不过，1972 年北肯辛顿依然建成了粗野主义风格的揣猎克公寓楼，它由厄诺·戈德芬格设计，熬过了 70 年代的犯罪潮，作为当时的标志性建筑得以保留。

20 世纪 50 年代，苏荷区的咖啡吧很受欢迎，1953 年，首家意式浓缩咖啡吧——摩卡吧开业，但 10 年后，它们就不再是风潮引领者了，取而代之的是呈爆发性增加的夜店和现场音乐秀。当年曾为成长挣扎、想要找到立足之地的青少年们现在已经脱下皮衣，换上体面的外套，开始在郊区建立自己的家庭。到了 20 世纪 60 年代中期，老旧的咖啡吧因为过时全都消失了。位于弗里斯街 29 号的摩卡吧现在属于一位珠宝商和当铺老板（蓝色门牌也没有了），老康普顿街 59 号的 2i's 现在是一家餐厅和鸡尾酒吧（这儿倒有一块牌子，"谦虚地"称此处是摇滚乐的发源地），米尔德街 23 号的死亡之怖咖啡吧如今被一栋毫无特色的办公楼取代。苏荷区最老的咖啡馆"意大利吧"在 1949 年开业，至今仍由原来的意大利家族经营。他们早在咖啡吧兴起之前就开始做生意，且始终对咖啡吧那种形式抱着敬而远之的态度。它的营业时间是早上 7 点到次日凌晨 5 点。在过去 10 年，苏荷又出现了一些小型的独立咖啡馆，挑战无处不在的连锁店霸权。伯维克街上的"平白咖啡馆"、巴特曼街上的"牛奶吧"，还有苏荷广场的"纯浓缩咖啡馆"都酷到了极致（平白咖啡简直是人间极品）。再走远一点，你也许愿意再试一下大奥蒙德街的"浓缩咖啡屋"、摄政运河边的"纤路咖啡"，还有西伯恩公园的"懒汉学院"。

高档社区的代表国王路仍然与时尚有着紧密联系，街上满是高端服装店。玛丽·匡特（生于 1934 年）已经 80 多岁了。切尔西的芭莎大获成功后，她又在骑士桥开了第二家店，与哈洛德百货隔着一条街。根据《被引用的时装设计：时尚的历史、语言和实践图解》(2013) 所述，这里曾经香槟流淌，爵士乐欢唱，橱窗里的模特夹着马克思、恩格斯的书籍俯视人群。匡特还开了自己的化妆品公司，后来她的设计卖到了日本，也很受欢迎。在切尔西的约克公爵广场37 号，还有一家玛丽·匡特伦敦店，主要经营护肤品和化妆品。亚历山大·普伦基特，“切尔西圈子”的元老，玛丽的伴侣，已于 1990 年去世。

玛丽·匡特的芭莎是当时伦敦最时尚的时装屋，掀起了新的时尚风潮。

第六章

1716 年　达德利·赖德的伦敦四日游

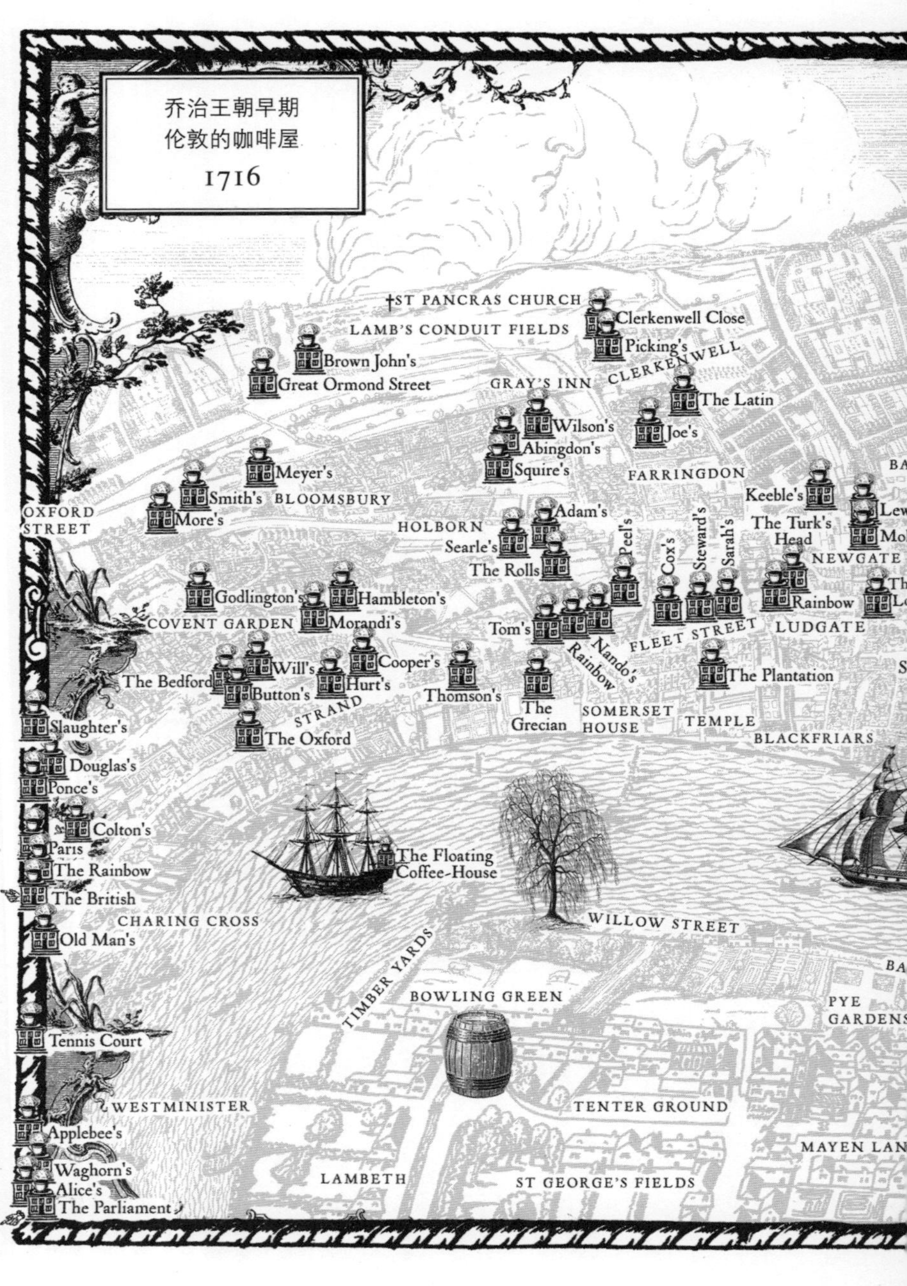
乔治王朝早期
伦敦的咖啡屋
1716
ST PANCRAS CHURCH
LAMB'S CONDUIT FIELDS
Clerkenwell Close
Picking's
CLERKENWELL
Brown John's
Great Ormond Street
GRAY'S INN
The Latin
Wilson's
Joe's
Abingdon's
Squire's
Meyer's
FARRINGDON
Smith's
BLOOMSBURY
Keeble's
OXFORD STREET
More's
Adam's
HOLBORN
The Turk's Head
Searle's
Peel's
Cox's
Steward's
Sarah's
NEWGATE
The Rolls
Godlington's
Hambleton's
Rainbow
COVENT GARDEN
Morandi's
Tom's
Nando's
Rainbow
FLEET STREET
LUDGATE
Cooper's
Will's
The Bedford
Hurt's
Thomson's
The Plantation
Button's
STRAND
The Grecian
SOMERSET HOUSE
TEMPLE
BLACKFRIARS
Slaughter's
The Oxford
Douglas's
Ponce's
Colton's
Paris
The Floating Coffee-House
The Rainbow
The British
CHARING CROSS
WILLOW STREET
Old Man's
TIMBER YARDS
BOWLING GREEN
PYE GARDENS
Tennis Court
WESTMINISTER
TENTER GROUND
Applebee's
Waghorn's
LAMBETH
ST GEORGE'S FIELDS
Alice's
The Parliament

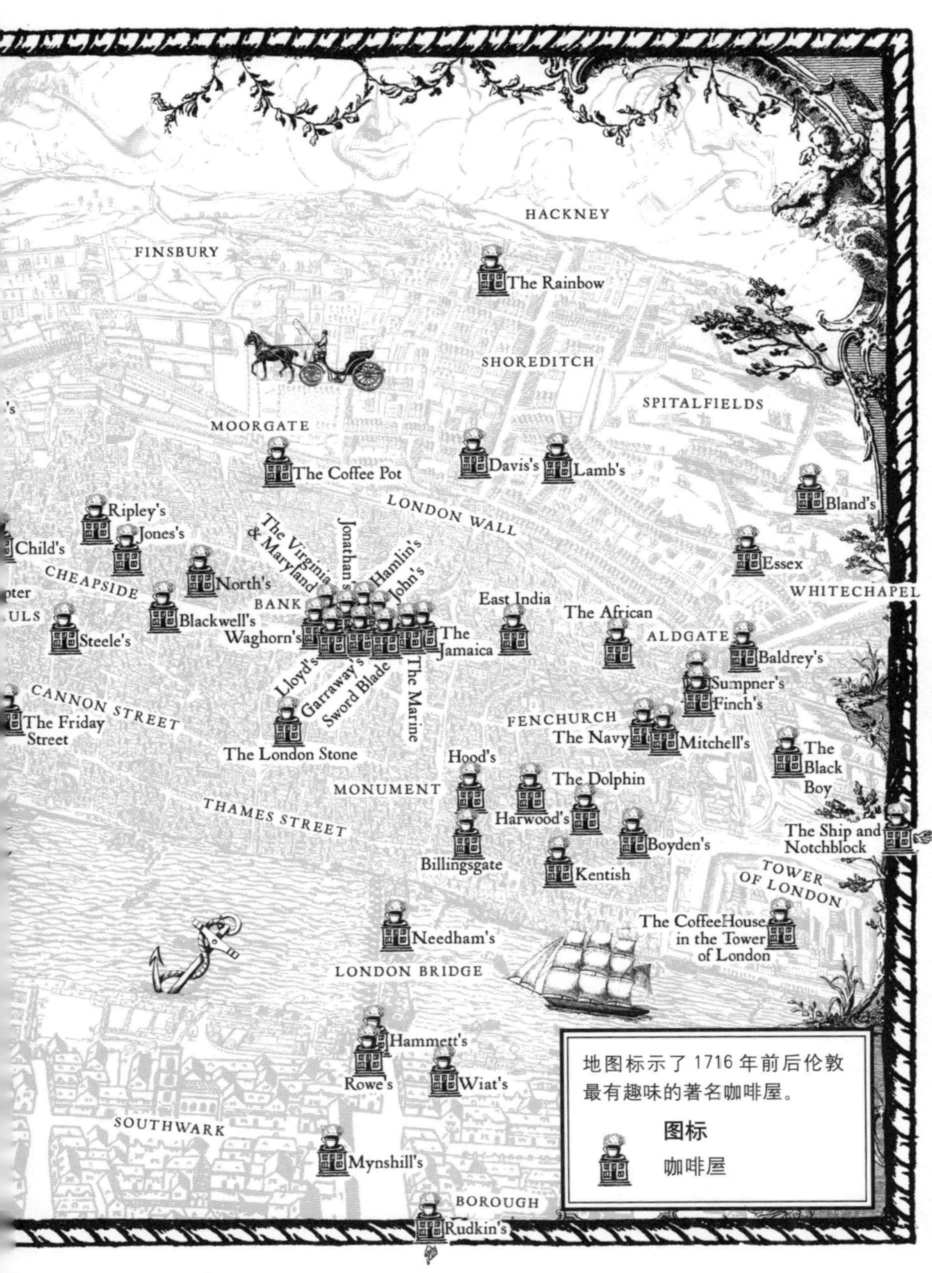
HACKNEY
FINSBURY
The Rainbow
SHOREDITCH
SPITALFIELDS
MOORGATE
The Coffee Pot
Davis's
Lamb's
Bland's
LONDON WALL
Ripley's
Jones's
Child's
The Virginia & Maryland
Jonathan's
Hamlin's
John's
Essex
North's
CHEAPSIDE
BANK
East India
The African
WHITECHAPEL
Steele's
Blackwell's
Waghorn's
The Jamaica
ALDGATE
Baldrey's
Sumpner's
Finch's
Lloyd's
Garraway's
Sword Blade
The Marine
CANNON STREET
The Friday Street
FENCHURCH
The Navy
Mitchell's
The Black Boy
The London Stone
Hood's
The Dolphin
MONUMENT
Harwood's
THAMES STREET
The Ship and Notchblock
Boyden's
Billingsgate
Kentish
TOWER OF LONDON
The CoffeeHouse in the Tower of London
Needham's
LONDON BRIDGE
Hammett's
Rowe's
Wiat's
SOUTHWARK
Mynshill's
BOROUGH
Rudkin's
地图标示了1716年前后伦敦最有趣味的著名咖啡屋。
图标
咖啡屋

在一个寒冷的冬日，下午6点，走上舰队街，你会发现自己身处交通洪流之中。车窗上蒙着水汽的红色巴士像史前巨兽一样，朝河岸区的方向缓缓前进，怒气冲冲的摩托则像鱼雷一样穿梭其间。在舰队街汇入河岸街的地方，也就是伦敦金融城的西部边界，有一条黑漆漆的德弗罗小道，这条路建于17世纪后期，一不小心就会错过。路的左前方是川宁茶总部的窄小门面，门前有两个中国人雕像和一头金狮雕像。远处是不招人喜欢的约翰逊博士的塑像，上面落满了鸽子粪便。

走上德弗罗小道，也就进入了另一个世界。繁忙的交通蒸发无影，尖利的鸣笛声彻底消失，路的两侧是高大优雅的乔治亚风格建筑，它们今天大多被律师事务所租用。一位在18世纪造访过伦敦的苏格兰人说，在这里"你可以摆脱舰队街或河岸区的喧嚣，蓦然发现自己进入了一片令人愉悦的学术乐园"。卵石小路弯弯曲曲，昏暗的路上亮着街灯。远处是中殿律师学院的花园，曲径通幽，林木肃立，还有喷泉在低语。偶有律师或法官助理匆匆走过，脚步声回荡在楼宇之间，打破了宁静。

一枚德弗罗纹章将你的视线引向了一家维多利亚时期的酒馆，酒馆正面是淡米黄色的灰泥墙，墙上有白框窗户和看起来不太牢靠的棱纹状隅石，跟其他有着棕红色砖墙的乔治亚风格建筑式样迥异。涡旋状的基座上立着第三代埃塞克斯伯爵的红褐色半身像，他名叫罗伯特·德弗罗，与父亲同名。他的父亲，即第二代埃塞克斯伯爵，曾是伊丽莎白一世的宠臣。然而，1601 年，他以自己的住所为聚集点，发动了一场完全被误导的政变，随后很快被捕并斩首处决。酒馆的一根柱子上刻着一行模糊的字——“这里是德弗罗小道，1676”，这是伦敦幸存下来的最古老的路牌之一。酒馆一楼有个牌子——不是带有英格兰遗产委员会标志的绿松石色标牌，而是内敛的黑色，上面用米白色文字写着：这里曾是“希腊咖啡屋”，也是过去皇家学会的自然哲学家们喜爱的聚会之地，其中包括艾萨克·牛顿爵士和天文学家埃德蒙·哈雷。

伸手摸摸那块牌子，对它呼一口气，那块牌子就笼罩在冰凉的哈气中消失不见了。

人们来往如梭，谈话声、叫嚷声不绝于耳。路灯已经消失了，很难看清人们的脸。不过，没一会儿就跑来了一个机敏的小孩，粗糙的脸脏兮兮的，手里举着一支圆锥形火把，为人们照路。再回头看一眼原先酒馆所在的地方，灰泥墙门面和白色窗户都不见了，取而代之的是暖色调的红砖墙和典雅的大理石门廊，那是典型的 17 世纪晚期建筑。悬挂在走廊上的德弗罗纹章已经变成了一块嘎吱作响的巨大木招牌，招牌挂在一根牢固的铁杆上，冰冷的雨水从杆上滴落，溅到了你的脖子里。

一楼的窗户上蒙着一层雾气，不过你还是可以透过它看到跳动的黄点，那是阴影中闪烁的烛光。埃塞克斯伯爵的半身像还在那儿，但不再俯视进入德弗罗纹章酒馆的人们，而是守在通往更令人兴奋的希腊咖啡屋的入口处，那里是知识和智慧的熔炉。

准备好，我们这就进去。

女性要注意，以女性形象进入咖啡屋可不是个好主意，别人可能会把你当作妓女。最好先找一家服装店，穿上天鹅绒外衣、马甲、马裤，系上丝绸阔领带，再戴上假发。咖啡屋自诩充满了理性的思维和智慧的碰撞，但可悲的是，即使在启蒙运动时期，人们也保留着关于性别的成见，认为女性不适合从事科学研究。除非是继承了丈夫遗产的孀妇，否则女性——还是得有丰满胸部和姣好面容的女性——在这里唯一能做的就是从吧台端出热气腾腾的饮料。

1716 年 2 月 21 日，星期二

一盘穆罕默德的苦粥

屋里很黑。你抓着粗糙的扶手，摸索着走上一架歪歪扭扭的楼梯。上楼后你差点儿撞到一个男人，他正绝望地抓着自己的假发。咖啡屋是个论辩的民主舞台，推崇敏捷的智慧与雄辩之才，而这个可怜虫正是法语中所说的“l’ésprit d’éscalier”（梯上智慧，指从沙龙出来下楼时才想到问题的答案），意思是如果你的应答不够快速和完美，就会沦为众人的笑柄，声誉扫地。下一次你再出现时，人们都还记得之前的情形并会会心地交换眼神。现在我们进去吧。只要花一点钱买份可以无限续杯的难喝的咖啡，你就可以留在这儿跟伦敦的精英政治家和哲学家交谈。

门“啪”的一声打开了，一阵热浪迎面冲过来，你被一团混着汗味的蒸汽裹挟着，好像走进了一间土耳其浴室。屋内烛光摇曳，木地板吱嘎作响，鹦鹉聒噪不已。出版过《伦敦密探》杂志的内德·沃德形容咖啡屋是一个布满烟尘的可怕巢穴，挤满了“乱七八糟的蛆虫……忙得就像奶酪工坊里的老鼠……整个房间充斥着烟草味”。当然其中有夸大的成分，不过与18世纪巴黎的沙龙和20世纪维也纳精美的咖啡馆相比，伦敦的咖啡屋的确大相径庭。除了西区圣詹姆斯广场附近的高级场所，以及金融城交易巷里金融巨头们聚会的咖啡馆之外，大部分咖啡屋都很简陋，里面蛛网密布，窗户肮脏，地面散落着木屑，墙上钉着发霉的告示和纸条，没有像样的家具。炉子上，大大小小的水壶尖叫着、沸腾着。当然，你是来寻求启发的，不是来享乐的。门外是冷雨滴答的小巷，门内这浑浊的世界就是你得到的温暖欢迎。

你会看到一排戴着假发的男人围坐在一张木头长桌前，喝酒、写作、抽烟、谈天、辩论、吸鼻烟，他们探讨着文学和科学，直到深夜。室内大概有40人，多数都在抽烟，身边放着长剑。每过一会儿，就有人因为反胃低头冲着桌边的痰盂呕吐。一个沮丧的学者把纸揉成一团，扔向屋里那只饱经沧桑的猫，他已经想好要在这间沸腾的咖啡熔炉里花一点钱了。有人讽刺这儿的咖啡是“穆罕默德的苦粥”“愚蠢的泥汤”“政治家的糊糊”，不管称它什么，它的口味确实应该改进一下了。透过窗户，可以看到月光笼罩下的律师学院花园和更远处的泰晤士河。在你身边，年迈的店主康斯坦丁先生正深深地弯下腰，整理顾客们的各种信件材料。这位老先生就是咖啡能延年益寿的证明，11年后，他还会被评选为基督教国家最年长的咖啡师（但之后又过了一年他就过世了）。

一些顾客注意到了你，其中一个用烟斗指着你，大声说：“该你了，先生！的黎波里有什么新闻吗？”没等你开口，他又接着问：

“你有什么新消息吗？”半个咖啡屋都安静下来，人们充满期待地看着你，渴望有点新鲜事供他们咀嚼、消化和反刍。世上发生的任何事都可以，有一首打油诗这样写道：“上至君王下至鼠，万千事皆无；日夜论辩停不住，尽在咖啡屋。”随便编点什么就行，很多人都是这么做的。

把你在皇家交易所听到的“可靠”消息告诉他们吧，消息来自一位刚经过哥德堡的船长：据说，法国摄政王那混蛋准备入侵英国，不过上帝保佑，希望舰队一离开加来（法国重要港口）就沉到海底。

人们赞同地点点头，给你挪出一个位置。一坐下，他们身上的柠檬味香水直刺鼻子。面前的桌子上堆满了你能想到的各种信息——报纸、满是大写字母的论辩小册子、字体优美的简讯、标着音符的叙事诗歌、政治党派印发的扑克牌、当时的宣传手册。一些日记作者以及未来的历史学家们对18世纪咖啡屋所谓的“平等主义”推崇备至，在咖啡屋的哲学辩论中，鱼贩可以比贵族睿智，屠户也能胜过男爵。《咖啡屋规则与秩序》（1674）一书称：“这里没人在乎座位好坏，只要有座，坐下即可。”

不过，这也不能全信。在这座欧洲最大、发展最快的城市中，为了摆脱孑然一身、籍籍无名的状态，伦敦人很乐意聚在咖啡屋，寻找意气相投的人。总在追寻新消息的社交爱好者的确会在几家甚至十几家咖啡屋之间串来串去，和陌生人高谈阔论，显示自己的真知灼见，但鱼贩、屠户其实更愿意待在自己家里，而不是凑到梅菲尔或圣詹姆斯的高档咖啡屋去。

很多咖啡屋气味难闻，时不时还有人吐痰，除此之外，亟须习惯的是交谈的方式。你可以随时打断别人，随时提出见解。因此，如果你听到什么有意思的话题，不要害羞，直接插话即可。这里的话题千变万化，从政治到哲学、从科学到性、从口技到活体解剖、从园艺到坟墓挖掘，交谈话题切换得很快。1729 年，一个曼彻斯特诗人说："我无法在咖啡屋中讨论基督教教义，那是一件宁静的事，而这里的人们却总是匆匆忙忙。"一个话题延伸出的讨论五花八门。据一个日记作者回忆，有一次，关于"最近死刑处决"的谈话变成了讨论"砍头这种死法的舒适性"，随后有人谈起他在自己位于伊斯灵顿的花园里把一条蝰蛇切成两半的事，他发现两截蛇身体朝着不同方向游动，于是大家开始推测，这不正好证明了"两种意识"的存在吗？

我们很快就会发现，伦敦最早的咖啡屋与 21 世纪街头巷尾的咖啡连锁店毫无共同点。想象一下，在星巴克，如果你问旁边的陌生人最近有什么新闻，人家只会觉得你疯了，但在早期的咖啡馆，这样的举动就很正常，人们视其为一种礼貌而非鲁莽。

三年前去世的哲学家沙夫茨伯里勋爵生前总说，有理想的人可以通过跟其他有品位的人"友善的碰撞"消除自己的无知和笨拙，收获成熟、美德和智慧，为人处世更加老道。人们正是通过这样的社交变得更加优雅，更有礼貌。"polite"这个英文单词来自拉丁文的"politus"，意思是使人从容。咖啡屋能给人们带来无数交际和争辩的机会，因而多次被誉为"文明的学校"（除了受众极广的《观察家》和《闲谈者》杂志，其他媒体也如此赞誉）。面对面的交流也更有质量，人们争论之前会先三思，不像 21 世纪互联网上尖酸刻薄的无意义谩骂，"键盘侠"们说话肆无忌惮。1762 年，经过两小时的文学辩论，苏格兰文学家詹姆斯·鲍斯韦尔在考文特花园的"汤姆咖啡屋”写道：“与陌生人的近距离不允许我滥用荒唐的废话和过分的嬉笑，我非常理智、沉着，同时不乏活泼、风趣。”

现在该高声叫侍者要一只烟斗、一些烟草和一份咖啡了。一个戴着柔顺假发和丝绸领巾的纯真男孩会很快出现，高举咖啡壶为你倒上一杯。只要付了钱，你能喝多少就可以喝多少。这里说“能”，是因为18世纪的咖啡绝对会让你的肚子翻江倒海，尤其当你的胃已经习惯了21世纪独立咖啡馆中被精确烹煮的丝滑的馥芮白。就咖啡豆而言，新鲜的十分少见，煮的时间又太长，结果就变成了一种类似梅干的样子。并非我们的味蕾挑剔，最早尝试喝咖啡的人也觉得那味道相当恶心，而且常常把咖啡跟油、墨、煤烟、泥浆甚至粪便相提并论，有人形容它是“用煤烟和旧鞋提炼而成的”。然而，正是这种“提炼物”让伦敦人成群结队地进到咖啡屋，沉迷在它振奋精神、活跃思维的社交催化功效里。

希腊咖啡屋开业于17世纪70年代中期，主人是希腊移民乔治·康斯坦丁，曾做过水手，你早前已经见过他了。店主的国籍和咖啡屋毗邻中殿律师学院的优越位置，很快吸引了无数喜欢谈论贺拉斯、维吉尔、荷马等名人大家的学者。1709年，在新潮杂志《闲谈者》中，编辑理查德·斯梯尔写道，“博学的希腊人”致力于对《伊利亚特》和《奥德赛》进行编年整理，再改编成日记。不过，和咖啡屋关联最长久的还是科学。自从1710年皇家学会将总部搬到舰队街附近的克莱恩大院后，希腊咖啡屋就成了自然哲学家们非正式的聚会场所和辩论的论坛。在皇家学院观摩过实验后，他们喜欢到这儿来抽抽烟、喝喝咖啡。有一次，他们刚刚观摩完当着艾萨克·牛顿的面进行的海豚解剖，就马上跑到了咖啡屋（这只海豚因为误游进泰晤士河而付出了惨痛的代价）。

在大瘟疫爆发的 1665 年，我们已经见识过皇家学会经验主义的价值观，这种价值观在希腊咖啡屋中依旧存在。要想一鸣惊人，还有什么地方比咖啡屋更好呢？你可以面对一屋子求知若渴、清醒健谈的学者畅所欲言。

在更鲁莽好斗的时代，男人们出现意见不合的解决办法就是刀剑相向。现在，多亏了希腊咖啡屋，唇枪舌剑替代了刀光剑影，社会向着文明的方向迈进了一大步。当然，传统不会一夜消失，有时咖啡屋里学究气的交谈也会变得非常野蛮。曾经有一对老友毫不客气地争论着某个希腊词的发音，结果争论太过激烈，他们扔下了基本礼节，认为解决问题的唯一办法就是在德弗罗小道来一场古老的决斗。最后这一幕真的发生了，一方被捅死，场景堪比《奥德赛》。

你拿起一张报纸——《飞行邮报》，看到今天的日期是 1716 年 2 月 21 日，星期二。翻翻报纸（呃，也不用怎么翻，它只是一张两面都印着字的纸而已），听听周围人的议论，可以了解到，大约两周前，有六个人在威斯敏斯特大厅被判处死刑。他们在伦敦北部和苏格兰领导了一场叛乱，反对刚刚上台、讲一口德语的新教徒国王——汉诺威王朝的乔治一世，这次叛乱被称为詹姆斯党人叛乱。詹姆斯党宣誓效忠“僭王”——信仰天主教的詹姆斯·斯图亚特（他自称詹姆斯三世），即被放逐的詹姆斯二世之子。叛乱的主谋之一是 26 岁的德温特沃特伯爵詹姆斯·莱德克利夫，他的妻子曾在圣詹姆斯宫跪着祈求乔治一世撤免他的死刑，不过国王拒绝见她。

与此同时，随着报道，流言四起，“没有什么是板上钉钉的……各种报道互相矛盾”。希腊咖啡屋里到处是叛军首领可能在最后一刻被赦免的消息。这里是咖啡屋，无论立场，所有人都能畅所欲言。从传统来看，有理有据的政治辩论是社会精英们的特权，但在咖啡屋里，人人皆可参与，只要花上微不足道的1便士入场费即可（约占伦敦人一天收入的35%）。这种政治辩论文化是当时的时代特色，但并不代表政治体制就更加民主了。咖啡屋的妙处就在于，你会觉得自己的想法很重要，即使它根本无法上达天听。

冰上乐园集市的变色龙作家

一个穿着时髦的年轻人快步走进来，带着一点虚张声势的自信。他把帽子和剑放在一边，要了一斗烟草，在众人身后徘徊。他充满希望地扫视屋内，好像希望能被某个认识他的人看到，但并没人向他致意。在对别人说了什么消息后——具体的你听不清楚——他才踱回来，带着夸张的满足感重重坐下。他聚精会神地听着，欲言又止。这就是达德利·赖德[1]，一个23岁的法律专业学生，来自哈克尼一个富裕的亚麻布商家庭，他对宗教持异见，常常辗转于十多家咖啡屋中，渴望融入上流社会。达德利梦想成为父亲的骄傲，早日出人头地，坐拥巨额财富，再娶一个聪明、顺从的太太。不过他非常害羞，对自己充满怀疑，无法确信自己能否成功。

每天晚上，在幽幽的烛光下，他都会把自己最黑暗的想法、最狂野的梦想、最原始的欲望以及对人性最残酷、深刻的剖析（包括让他深深失望的自身性格）写在一本有密码锁的日记本里，每隔一

---

① Dudley Ryder（1691—1756），英国律师、日记作者和政治家，曾任英国下议院议员和王座法庭大法官，1715—1716年曾通过日记记录伦敦生活。

些时日就重读一下，本着启蒙精神希望实现自我塑造和自我提升。赖德认为，自己既无不可改造之处，也非天赋异禀。他与17世纪的清教徒作者不同，后者一日三省，希望离上帝更近，而赖德则希望塑造更理想的自己，他把自己见过、崇拜之人的品行作为都记录了下来，鼓励自己集众人之长，更好地成长。

跟塞缪尔·佩皮斯鲜有修饰的记录不同，赖德认为在日记中隐瞒自己的天性并无不妥。在一个春天的早晨，他牵着马向哈克尼走去，当时他懒洋洋的，思维迟钝，却假装出一副“勤奋思考的样子”，以便在碰巧遇到认识的人时，“给他们一个我是伟大思想家的印象”。这只是他在各种社交场合戴的面具之一，另外他还会扮演其他角色：智者、勇士、孝子、长兄、书痴和哲学家，有时他还会兴致勃勃地扮演单相思的情人，即使那毫无必要。这是一个虚饰伪装的好时代，他就是野心勃勃的伦敦中产阶级的典型代表，一个谨言慎行的多面人。

赖德还是个了不起的咖啡屋政治家，他还在日记中收集新闻、流言和各方观点，为他塑造通晓时事的形象。今晚他会在日记中这样写（由此你可以知道他刚刚和别人聊了些什么）：“晚上6点到了希腊咖啡屋，屋里有不少颇值得一谈的人物。我跟他们坐在一起，听他们谈话。六个可恨的叛徒会在周五被处决。”他也打听到一个令他反感的消息，明天早上德温特沃特夫人要去议会大厦敦促议员们请国王撤销对叛军首领的处罚。赖德是一个坚定的辉格党人，坚决支持汉诺威王朝，最痛恨詹姆斯叛党，他热切地盼望德温特沃特伯爵和他的朋友们统统被处死。

赖德承认自己对法律不感兴趣，他更喜欢投入到红酒和哲学中，在新河上滑冰，跟姑娘们一起走阴森恐怖的小路穿过哈克尼沼泽，观看死刑处决，读古罗马教育家昆体良的书，在伊斯灵顿水疗中心游泳，在咖啡屋里大谈政治和哲学。尽管不善言辞，但赖德仍然极尽所能，在世界的洪流中奋力向前。此时的伦敦即将叩响现代社会的大门，赖德这样的人值得到此一游的我们去了解。到他对面坐下，要一份“愚蠢的泥汤”，燃一斗烟草，那在18世纪仍然很流行，就和伊丽莎白一世和詹姆斯一世时期一样。

赖德在上个月的日记中生动地描述了一次千载难逢的体验——在结冰的泰晤士河上行走。在1862年修建堤岸之前，泰晤士河要宽得多，因此水流非常缓慢。同时，伦敦桥的19个桥洞很容易堵塞，进一步限制了水流的速度。一到寒冷的冬天，泰晤士河就很容易结冰。1391—1831年，它至少封冻过23次。可惜现在冰已经融化，你错失了感受在泰晤士河上行走的机会，但赖德对这种感受记忆犹新，他一定很乐意为你讲述那段经历。咖啡屋里的多数客人都记得，1715年11月末，一场严寒降临伦敦，巨大的冰块堵在伦敦桥的桥洞中，减缓了泰晤士河在查令十字拐点处的水势。船夫们不得不在冰块间航行，顽强地将船运贸易坚持到了12月初，此后河流完全冻结，好奇的人们蜂拥而至，直接从冰上渡河。赖德回忆道：“我被那景象完全迷住了，就好像猛烈的风暴趁争先恐后的浪头相互拍打时将它们冻住，它们在浪尖翻起的瞬间结为坚冰。”这些描述仿佛预示着詹姆斯·鲍斯韦尔关于1763年冻结的泰晤士河那“愉悦之怖”和“狂暴之景”的记录。冰河上洋溢着嘉年华的气氛。赖德继续写道：“人们扎起了很多帐篷，在里面卖咖啡、红酒、麦芽酒等，应有尽有。我穿过冰面时，路已被踩得崎岖不平。”

他的故事渐入高潮，你周围的客人眼里闪耀着对“冰上乐园集市”的怀念，也想分享自己的经历。你会听到大家谈论用很多船桨撑起的帐篷，把人灌得酩酊大醉的日内瓦酒屋，出售价格不菲、热气腾腾的姜汁饼干的小摊。有人在玩九柱保龄球，有人在亨格福德台阶附近围成一圈烤一头公牛。一对雄心勃勃的夫妇开了一座诗歌帐篷；一家烤羊肉铺用笼子里的活老鼠做招牌；一个利欲熏心的船夫在冰河中间凿出了一条水道，又铺上木板，向过路人收钱，而去集市的人们已经付过入场费了。

咖啡屋的顾客中，一定有几位买过冰上乐园的小纪念品，那是一个装饰盒子，上面有“冰上印制”的字样，下方还印有主人的名字。这种东西从伊丽莎白一世时期起就是冰雪节的标志，用冰雪的短暂对比印刷的永久，纪念河流变成陆地的超现实情景以及由此产生的超乎想象的自由。有人回忆道：“曾经被浪花冲击的河岸、曾经坐船才能到达的地方，现在搭满了小摊和帐篷，冰上的宝藏为那么多人带来了那么多快乐时光。”

但冰雪带来的并非全是愉悦与快乐，也有一些悲伤的故事。约翰·盖伊的英雄体诗《琐事，或行走于伦敦街头的艺术》（1716）写道，一个“漂亮的卖苹果女人”在冰上滑了一跤，“破裂晶体”的锋利碎片“把她的头从肩上切掉”，那头颅还“咚、咚、咚”地在冰上跳；有四个小伙子在被人们踩碎的路上走丢了，从此再也没出现过；穷人因为买不起涨价的煤炭和肉类，饥寒交迫而死，成为冷漠的供需政策的牺牲品。

1831 年，有五个桥拱的伦敦桥建成，堤岸也经过了修缮，泰晤士河变窄、变深，水流变快，因而不容易堵塞，遇到更寒冷的冬天也不会封冻。最后一场浪漫梦幻的冰雪节举办于1814年，华丽的谢幕让人印象深刻。据报道，“一头非常漂亮的大象被牵着在黑衣修士桥下走了一会儿”，但随后冰层忽然开裂、漂移，冰面上还满是小摊、印刷机和惊恐的人群，冰块撞击着河上的船只一路前行，如陨石雨一般直冲到伦敦桥下。

是时候离开了。

如果你很享受在希腊咖啡屋里度过的时光，那么你有必要知道，伦敦当时至少有550家咖啡屋，也可能多达几千家，希腊咖啡屋只是其中的一家。与21世纪千篇一律的连锁咖啡店不同，每家咖啡屋都有独特的气氛，这取决于它们的店址和目标顾客群。年轻的瑞士名流凯撒·德·索绪尔到访过伦敦后写道：“有的咖啡馆为学者而开，有的意在吸引纨绔子弟或政客，有的专注于招揽职业新闻人，另外还有不少地方聚集着很多年轻姑娘。”

在唐·索特罗的切尔西咖啡屋，墙面上装饰着鳄鱼、乌龟、响尾蛇等可怕的动物标本，艾萨克·牛顿爵士和汉斯·斯隆爵士这样的绅士科学家会一边喝咖啡，一边欣赏。在城市的另一边，霍克斯顿广场咖啡屋以审判精神失常的人著称，在那里，顾客可以观察、刺激疑似的精神病患者并与之交谈，还能投票决定这个人是否应被关进当地的疯人院。劳埃德、盖乐威、乔纳森这些咖啡屋都集中在皇家交易所附近，是保险业、拍卖行人士和股票交易者的圣地。圣詹姆斯的咖啡屋和巧克力店则挤满了好赌之人。圣保罗大教堂庭院的章节咖啡屋是作家的好去处，他们会在那里把自己的新灵感介绍给出版人，囊中羞涩的助理牧师也常在这里代写布道词。在克拉肯威尔修道院的门房里，曾有一家拉丁咖啡屋（但它经营的时间很短），由画家荷加斯的父亲经营，鼓励顾客们用拉丁语交谈。几十年后，在考文特花园的一家咖啡屋中，人们可以评论戏剧，给它们分级打分，让不少剧作家叫苦不迭。在另一家名叫摩尔金的咖啡屋里，彻夜痛饮的好色之徒可以稍稍醒醒神，翻阅一下妓女名册，然后再被带回妓院中。泰晤士河的南北两岸都开有咖啡屋，河上也曾开过一家。1704 年之前，这家水上咖啡馆一直停靠在萨默塞特宫附近，花花公子们在那儿彻夜跳舞，在甲板上仰望星空，这里也被称为"泰晤士河上的荒唐"。

这些咖啡屋呈现出城市互动的新方式，烟雾缭绕，烛光摇曳，为人们交流信息、争论观点和处理商务提供了舞台，还能帮助达德利先生这样的人重塑个性。《经济学人》曾经把咖啡屋称作"杯中互联网"，只不过这个"互联网"存在于真实世界，人与人通过面对面的交流，走向双赢的未来。

凤凰之城

受过了咖啡屋的熏陶，精神愉悦，你在柜台上留下一个便士，离开了这个烛光闪烁的熔炉。向前进发，进入埃塞克斯街，再右转就到了河岸区。欢迎来到达德利·赖德的伦敦，它宛如一只浴火重生的凤凰。这里的建筑富丽堂皇，广场精致典雅，思想和智慧的羽翼在这里自如伸展，但同时，这里也充斥着野蛮和罪恶，黑暗的街道里藏污纳垢，考文特花园里声色犬马，活脱脱一个野蛮的正义世界。

伦敦的人口已接近 63 万，成为欧洲最大的城市，在未来的 100

年内它还将成为世界上最大的城市。这个城市饥肠辘辘，死亡率仍然高于出生率，但每年都有数万人从乡村或更远的地方前来，投入超级都市的洪流，或者说飞蛾扑火。统治者几乎就要放弃对城市规模增长的管控了，“看看这庞然大物”。英格兰有600万人，绝大多数分布在人口不足500的小社区，而第二大城市布里斯托——比起伦敦，它真是小巫见大巫——直到1750年居民人数才达到5万。一个来到伦敦的美国游客写道：“我发现自己身处陌生人的丛林之中，被噪音、尘土、巨大的城市和繁忙的商务包围。”而对1762年来到伦敦的詹姆斯·鲍斯韦尔来说，舰队街就是一个陌生的漩涡，“人群嘈杂、灯牌闪烁……让我欣欣然又迷糊不已”。对于外来者而言——其实在任何人眼里都是这样——在这座永不停息的城市堡垒中，希腊咖啡屋就是小小的乌托邦。

伦敦在持续扩张，从塔夫顿街起，南至威斯敏斯特教堂，西到牛津街旁的汉诺威广场，东接莱姆豪斯的港口码头，从北边的霍克斯顿广场和皮特菲尔德街延伸到南边萨瑟克的布莱克曼街。不过伦敦在横向上的拓展比纵向上快得多，从纵向看，只要走过泰晤士河，步行大约三小时，就能到达最南部的旷野地区。尽管徒步既不容易，也不舒服。

1713年，英国结束了它与法国及其盟国历时11年的战争，在贵族地主和投机建造商的携手合作下，伦敦开始大兴土木。布卢姆茨伯里、苏荷区和圣詹姆斯地区已经非常繁荣，皮卡迪利紧随其后，最新落成的是汉诺威广场。两年前，为推进梅菲尔的发展，市政府把更多的土地交给了格罗夫纳公司开发（这时的马里波恩还是泰伯恩路另一侧的小村庄）。西区被一座座广场连在一起，新古典主义建筑林立其间，街道宽阔整齐，大马车、音乐厅、假发店、热巧克力屋……一派车水马龙、歌舞升平的景象，只可惜我们没时间去参观。

伦敦还伸出了章鱼一样的触手，将城市范围扩展到东部边界的绿地和牧场。在丹尼尔·笛福小时候，斯皮塔佛德还是一片旷野，而到了18世纪20年代早期、他写《大不列颠环岛游记》的时候，那里已经“修建起房屋，居民不计其数”。砖巷以前是一条“肮脏的幽深小路”，从砖窑去往白教堂的运砖车总会在路上留下清晰的车辙。现在它摇身一变，成了“一条修葺一新的街道”。笛福关于整个东区的记述则更泛泛，他估计约有20万人“居住在伦敦的这个地区，而50年前这里还荒无人烟”。

再来说说你所在的河岸区。太阳早已落下，这里仍然生机勃勃，人们或是在酒馆中畅饮，或是在辉煌一时的萨默塞特宫附近闲逛，又或是乘坐马车去往考文特花园和林肯律师学院的剧场。对大多数人来说，宵禁仅仅是个遥远的印象，或是一个中世纪的概念。在黑暗中，目之所及都是民居中点亮的油灯。摇曳的灯影或许让你觉得昏暗，但在当时那可是将商务和社交延续到夜色中、征服黑暗的星火。在过去的10年中，从傍晚6点到深夜11点，油灯点亮了威斯敏斯特和金融城的无数个朦胧之夜。再过20年，路灯才会彻夜点亮。在照明方面，这些带有油灯灯芯和凸面反射玻璃的路灯，与过去只有微弱烛光的灯笼相比，已有了长足的进步。对18世纪的伦敦人来说，半明半暗的街道也意味着革命性的进步，路灯改写了日落而息的历史，维持着城市夜晚的活力。到18世纪末期，几乎整个伦敦都被点亮，一位俄国人不住赞叹：“不管你望向何处，都会看到远方一连串的灯光，如同火线延伸到天际。”

你得找一家旅馆，不需要多豪华，舒适、干净、友好就行。河岸区的旅馆都有点贵，不妨试试考文特花园弓街的黑马酒店。这家酒店有理由得到你的信任，它曾被收入《伦敦新景致或关于这座城市的翔实叙述》(1708) 一书，这本书是当时最全面的游客指南。走到黑马酒店只要 15 分钟，不过不太好找。街上的门牌号并不完整，路牌也常有缺失，不过，在一些建筑物的长方形石块上有时会刻有街道名。当然也有伦敦地图，但当时的地图又大又笨重，更适合放在客厅里喝茶时观赏，而不是随身携带。另外，在街上研究地图看起来很外行，还可能引来抓小偷的警察。

你可以花点钱雇个男孩引路，他们会在伦敦迷宫般的小街窄巷中规划出最佳路线，举着火把为你引路（你曾在德弗罗小道上见过一个）。也有人会强烈建议你别这样做，因为那些引路男孩以后很可能会成为年轻的男妓。他们手举的火把也带有生殖崇拜的意味。复辟时期的罗切斯特勋爵是个好色之徒，他和情妇都觊觎过他们的引路男孩。他在一首诗歌中写到，谁的亲吻最让男孩满意，“那男孩就会跟谁”。人们也怀疑引路男孩跟伦敦的不法之徒有关，他们可能会把生客直接领到骗子、劫匪或妓女的门前。

如果担心，就躲开他们。

那怎么认路呢？抬头去找答案吧，一大片商店招牌正和路灯一起闪着光，在风中嘎吱作响。

“理查德・库西先生，地图制作者，地日店”

那一块块商店招牌是财力（以 21 世纪的标准来看）和地位的象

征，据说有的要花 100 英镑（在 1748 年，买一辆马车都花不了那么多钱）。它们就挂在从墙壁中伸出的粗铁棍上，有的用铜或锡雕刻而成，有的俗丽地画在带有精致边框的木板上（有时还镀金），还有的刻进了墙上的石头里。这些拼命吸引路人注意的招牌就是未来的商标。

18 世纪初期，街道上招牌的密集度堪称空前绝后。查理一世鼓励他的人民在商店或住宅外挂上牌子，“以便在没有障碍、没有骚扰、不麻烦他人的情况下，更轻松地找到住所、商店，以及消遣场所等”。以前，原则上只有公共房产才有这种特权（但是没有人管，就像你在莎士比亚时期伦敦的卖书角看到的）。伦敦人会制作周边地区的金属地图，用好记的地标建筑来定位自己。统一的街道门牌号系统还要等上 50 年才会出现。这期间招牌上的地址表述很有意思，比方说“理查德 · 库西先生，地图制作者，圣登士丹教堂和大法庭巷之间的地日店”，或者“理查德 · 洛克，牙科酊剂供应商，黑衣修士台阶旁的‘手和脸’店”，又或者“巴兹里尔 · 克里克，日耳曼街（杰明街）的‘圣经和墨水瓶’店，圣詹姆斯附近”。听起来，最后这位店商似乎属于“750 强伦敦犹太社团”。犹太人被驱逐 300 年后，奥利弗 · 克伦威尔允许他们在英国自由生活（也许只是不被攻击），后来这个社团便于 1650 年成立并发展起来。招牌被要求挂在离地至少 9 英尺高的地方，这样做很明智，赶车和骑马的人不会撞到头，马车的顶棚也不会被蹭坏。

除非你想闹笑话，否则就不要逐字逐句地解读招牌，多多联想才能明白其中的含义，这时候猜谜的功夫就用上了。亚当和夏娃的图案是指苹果（而不是一些天真游客想象的蛇）；独角兽通常代表药剂店，这种神秘生物会让人联想到药品的神奇疗效，不过必须指出，这些药的效果往往和只存在于传说中的生物一样玄秘莫测；艾萨克·牛顿爵士的头像代表科学器械制造商；金羊毛代表呢绒商；斑点猫则代表香水店。如果猫和香水的联系让你摸不着头脑，就想想当时最流行的麝猫手帕味香氛。这种香氛的主要成分是麝香，一种从非洲麝猫肛门香腺中提取的刺鼻膏状物。1692 年，丹尼尔·笛福买了 70 只麝猫，想在斯托克纽因顿建一座香氛工厂，然而这最终成了他诸多注定失败的财富冒险之一（那种口鼻前突、有点像獴的动物最后全被债务人带走了）。

感觉自己摸准了解读招牌的门道？那可未必。除了离地 9 英尺的要求，关于招牌没有别的限制，店主和居民在制作招牌时可以尽情发挥想象。比方说，蜂巢图案当然常用于蜂蜡蜡烛店，但亚麻布商、制袜商甚至板球拍制造商也常常用这个标志，而令人费解的是，真正卖蜂蜜的商店却不用；殡仪馆和药店都会用同样的骷髅标志，让人毛骨悚然。和其他街道不同，舰队街上手中握笔的图案并不代表代笔人，而是指秘密结婚的地方（如果你在旅途中邂逅了命定之人，可以去那里私订终身）。还有些招牌要么隐晦难懂，要么牵强附会。为什么罐子里的小狗会出现在一家马裤店的招牌上？为什么糖果店的标志是三条青鱼？很多店主只想吸引顾客眼球，旅店、酒馆和啤酒屋纷纷用狮子、巨龙、美人鱼、穿靴子的山羊、飞天猪、铠甲猪做招牌。甚至还有人在木板上画了丰满的内尔·格温的肖像（她去世后 30 年依然十分有名），或是给月亮添上噘嘴、难过的表情，就像你在维多利亚时期的霍利韦尔街见过的那样。还有些招牌或许会让你难以接受。比如，“白费功夫”酒馆的招牌上画着两个女奴，她们正给浴缸里的裸体男子揉脸、打肥皂。这充分显示了根深蒂固的种族优越感，在这个时代，伦敦的繁荣兴旺很大程度上来源于奴隶贸易。

《观察家》杂志的一名记者认为，房屋的标志应该反映主人的性情，性情暴躁的人可以用熊表示，性格温和的人则用羔羊。这一说法的真实性无从考证，不过招牌的确是人们自我展示的一种途径。

有些时候，城市的地理特征也会对招牌产生影响。一栋地处城市和乡村交界处的房屋会被称为“世界的尽头”，它的招牌上可能是一个飘浮在黑暗宇宙之中的星球，浓烟正从星球的裂缝中喷出，也可能是一个人正骑马越过黑暗的深渊。不过，自从 1716 年伦敦开始扩张，“世界的尽头”有时会被搁浅到“内陆”，给繁华的西区广场带来一丝世界末日的味道，也反映了城市边界的快速变化。

伦敦人口的流动性很强，这都要归因于瘟疫、大火和唯利是图的房主。有些商铺需要跟别家共用店面，于是就出现了很多有些超现实主义的混合招牌，比如狐狸和七颗星星、狼和羊毛捆、绵羊和海豚、天使和水果酒碗，游客会因此觉得自己行走在梦境中。

小心！有的招牌会咬人，你还会看到活的招牌。请留意那些篮子里的猫、笼子里的鸟、圆筒里的小松鼠，它们的脖子上一般都系着铃铛，以吸引路人注意。活招牌很有趣，但也很不人道。上一代伦敦人或许还记得康希尔的一家葡萄酒店，店门前有一只吵吵嚷嚷的被拴住的秃鹫。活招牌死后，通常会被做成标本，放回原处保证招牌形象的延续性。

最后再说几点。虽然非常少见，但如果招牌上有刺猬，那它的刺上一定会扎着苹果，没人知道为什么。猫和小提琴随处可见，人们认为它们来自16世纪的一首歌谣，不过也可能源自著名的骑士卡顿·勒·菲德尔[1]。他在14世纪的百年战争中战胜了法国人，但英国人好像永远记不清他的名字。金色的球体招牌容易制作，也很受欢迎，因为它在月色中非常美丽，不过起风时可别在附近逗留。两年后，在靠近舰队街的布莱德街上，有一颗巨大的圆球掉下来，扯掉一块墙皮，砸死了四个人。

绕到丹麦圣克莱门特教堂庭院的后面，在一个有天使标志（代表旅馆）的地方左转，就进入了维奇街。走到德鲁里巷口，你会发现它的南端跟更糟、更窄的小德鲁里巷交会。再左转十几次，就到了新布洛德路，它跟弓街的北头相连（如果迷路了请找人问问）。就在这里，你会看到一块画着黑马的招牌在风中摇晃。进去好好睡一觉，明天的行程会有些惊心动魄。

1716年2月22日，星期三

“维纳斯广场”

吃过一顿丰盛的早餐（以你的标准来看，它的酒精含量可能太高了），走出旅馆，你已为新一天的行程铆足了精神。天阴阴的，坠着铅灰色的雨云。如果你不太喜欢和其他人一起挤在骑楼下避雨——现在仍保存着很多这样的房屋——干吗不奢侈一下，来趟时髦的轿子旅行呢？当你在街上与泥泞缠斗时，它们却像神奇的飞毯一样来回穿梭。你可以像拦出租车那样拦一台轿子，但此时下雨了，我们

① Caton le Fidèle，容易被误记作 Cat the Fiddle，即猫（cat）和小提琴（fiddle）。

最好还是去离此最近的轿子站找一台，轿子站就在查令十字。到那儿去最近的路是穿过露天市场到达河岸区，途中会经过巴顿咖啡屋。那里由大师约瑟夫·艾迪生主理，有很多作家时常出入。咖啡屋里有一个张着大口的狮子头像，作家们可将自己的作品投放在里面，其中的佳作会刊登在《卫报》[①]的“狮子文摘”特刊中。

如今的考文特花园与你50年前造访时相比已经判若两地，变得更加破旧。穿过市场，你会看到卖蔬菜的小贩、青春不再的妓女、穷困潦倒的演员，还有四处翻找食物的走丢的猪。21世纪的市场边上有人踩着高跷吸引游客注意，而在此时人们则靠如火如荼的斗鸡游戏和拳击比赛达到这一目的。醉汉打着饱嗝，步履趔趄地继续寻找美食美酒。对他们来说，夜晚永不结束。在市场北边和东边污渍斑斑的联排房屋中，上层窗户里不时闪过长发飘飘的身影，她们会偶尔偷偷掀起窗帘，随后又迅速退回雾光之中（昨晚在弓街和德鲁里巷，你也看到过类似的情景）。那是伦敦要价最高的妓女，她们大多聚集在维纳斯广场。这里是罪恶的深渊，盲人提琴手非常吃香，因为他们不会看见顾客的脸、指责客人放荡，因而非常适合在肆意狂欢之所工作。1776年，一个男人租下了贝德福德的一间房举行放纵聚会，有四名妓女参加，宴饮结束后，他立刻给自己的脑袋来了一枪。从1757年开始，一种每年重新汇编一次的小册子出现了，名为《哈里斯考文特花园女士清单》，记录了这一地区妓女的姓名、地址和外貌特征，还附有简短的评价。这本书被称为“绅士的寻欢作乐行动指南”。果冻店是寻找妓女的最佳地点之一。风尘女子在这样

①不是现在的《卫报》，二者同名。

的地方独坐，拨弄高脚杯中充满异域情调的果冻，就和在中世纪穿条纹斗篷、在莎士比亚时期戴硬挺的蓝色拉夫领有一样的效果，能让人立刻辨别出她们的身份。

原先住在这里的达官显贵大多搬到了布卢姆茨伯里、圣詹姆斯、莱斯特广场、苏荷区和梅菲尔等高级住宅区，此时的考文特花园被咖啡屋、酒馆、妓院、澡堂和赌场占据，发展成了社会学家维克·盖特雷尔所说的“世上首个富有创造性的波西米亚”。虽然这里极具诱惑，但你千万不要停留。“莫霍克”（Mohocks，年轻贵族流氓）常在此地出没，除了在夜里划破路人的脸，这些上层社会的匪徒还喜欢攻击老妇人，把她们塞进木桶滚到大街上。对手无缚鸡之力的老妪尚无怜悯，不难想象他们会对你做些什么。

“劳驾，先生，让让路！”：轿子旋风

出了考文特花园，右转就进入了河岸区，请往查令十字方向走。这里的风格也有所变化：权贵们向西搬离后，房屋开发商便将泰晤士河畔大部分曾经辉煌一时的宅邸租给了商户。不过，查理二世的私生子诺森伯兰公爵还住在建于詹姆斯一世时期的带角楼的豪宅中，也就是这条街西头的诺森伯兰府。

轿子站在查令十字的骑马人雕像附近，这座雕像一直保存到了21世纪。私人轿子是上流社会和富裕人士的专属交通工具，可以在莱斯特广场的奢侈轿商处定制，是社会地位的完美象征。轿厢的窗子鎏金绘彩，有的轿顶上还饰有冠冕，轿身的曲线勾勒出漂亮的腰线。有了轿子，权贵们在穿戴整齐、夜间出行时，完全不必担心泥

泞的道路或外界的干扰。轿夫会换上较短的轿杆，把轿子抬到主人家里，再把他们纤尘不染地送到宴会或是情妇的床上。

你要坐的是比较普通的公共轿子，虽不奢华却很实用，通常像是一只软皮箱，前面和两侧装有窗子。皮革是统一的黑色，就像21世纪整齐划一的黑色的士一样。伦敦约有300台这样的轿子。

不要拦下已经有人或已被预定的轿子，否则要挨骂的。认出空轿子并不难，只要找到一对一边越过肩膀看路一边倒回停轿队列的轿夫即可。18世纪的这种倒行动作就像21世纪出租车亮起的“空车”灯一样。你可以记下轿子后的执照号，如果轿夫拒载、多要钱，或者喝醉了乱骂，可以向哈克尼车马办公室投诉，轿夫的执照会被吊销，但要注意，你也可能会因为质疑距离和收费但又缺乏证据而被罚款。（古法语中的哈克尼“Haquenée”意思是马或骡子，通常指可租用。在17世纪马车出现后它又有了新的含义，哈克尼车马办公室跟哈克尼这个地方没有任何关系。）轿夫一般都是孔武有力、声音洪亮的爱尔兰人，以自己的速度为豪。“我不相信在欧洲还能找到比他们更敏捷的轿夫。”凯撒·德·索绪尔写道，他初到伦敦时曾很不幸地被轿夫挤到了路边。接下来，告诉车夫你的目的地是穆尔菲尔德，然后递上车费（扣除通货膨胀等因素，跟现代伦敦的出租车费用相差无几），轿夫们会解开他们肩上的背带，放下10英尺长的轿杆，掀开微微突起、带有铰链的轿顶，你不用爬上去，也不用低头钻，可以以一种文明体面的方式进轿落座。

深呼吸，冷静一下。轿子“咔嗒”一响，你会顿觉五脏六腑差点移位，轿夫吆喝一声，猛地将你抬了起来。

出发。

旅途可能比你想象的更为颠簸，长长的轿杆很有韧性，坐在轿子里堪比经历一次受气流影响的飞行。轿夫们很暴躁，他们不作停留，全速奔跑。不管是大街还是人行道，他们总是边喊“小心”“劳驾，先生，让让路”，边疾步前行，受惊的行人只得忙不迭地跳到路边避让。劳驾是“请”的意思，但在这里，与其说是句客气话，倒不如说是一种命令。一开始，这样在伦敦的大街小巷中飞驰而过或许会让你有些不自在，好像在强迫他人为你的特权让路——这也的确是事实——不过，当你敞开窗子，靠后坐好，感受城市的光影声色随风涌入，那种不安很快就会消散。

路边传来抑扬顿挫的民谣歌声，混合着教堂的当当钟声和商人们的大声揽客声——“要点什么？缺点什么？”它们就像伦敦 21 世纪的霓虹招牌一样无处不在。轿子经过齐普赛街时，你会看到巡守人正拿着白色的棍子敲打各家的前门，高声报时，同时也报告天气；老妇人骑着小马，兜售皱巴巴的报纸；流浪者饥肠辘辘地趴在泥泞的路上；年少的学徒们在大街上踢着足球，让路过的马车夫心惊肉跳。我们在针线街左转，随后会经过皇家交易所的后门，交易所开放的门廊中传出一阵沉闷的嗡嗡声，飘向匹格街。

你想起自己在匆忙中忘了告诉轿夫具体的落轿地点，于是从窗子伸出头去（如果你是位男士，记得按住你的假发防止它被吹走），冲着前面的轿夫喊道：“劳驾，伙计，去疯人院！”（贝特莱姆医院常被称作疯人院）你可能认为，在到达 18 世纪伦敦的第一个早上就去看那些被监禁的精神病人有失体面，但要知道，参观精神病院可是这个年代的传统，即便是最精明世故的人，聊起这事也会双眼放光。地位超然的文化精英约翰·伊夫林曾经承认，自己在跟哈顿大人用过晚餐后“走进了疯人院”，“在那儿我看到好几个被链子锁起来的可怜虫，其中一个因为”在每天精力充沛地开始工作前“一定要写诗而发疯”。还有比这更好的提神方法吗？

和马车不同，轿子既上得了宽敞的大街，又能穿过狭窄的小巷。即便略显走马观花，你也能看看周围的建筑。伦敦大火烧毁了13 200栋房屋，之后只重建了9000栋。不过这些新房子更加坚固、庄严、优雅，也用了更多的砖块。从火灾中复苏后，设计师和建筑商摈弃了杂乱无章、极易燃烧的木框架房屋，在新的审美规则下，不再有山墙从街上探出遮挡阳光，也不再有大量木料。

优雅的新建筑通常是三层或四层高的新古典风格联排房屋，有约两间屋子的进深，两扇或三扇窗户宽。它们和街道保持着一定的距离，带有大理石柱廊和扶壁柱，嵌入屋顶轮廓线中的阁楼通常都带有防护栏杆。因为深受古典建筑简洁、平直线条和对称观念的影响，新建筑整体呈现出秩序井然、和谐文雅之态。如果你熟悉现代伦敦，就能在唐宁街、斯皮塔佛德、苏荷区和伊斯灵顿等地发现这类留存至今的建筑。从颜色上看，它们可能比你想象的偏红一点。生活在21世纪的我们或许会认为18世纪的建筑是令人沮丧的灰褐色甚至是烟尘一般的黑色，其实建筑商近些年才开始使用灰色和棕色的砖块，在此之前柔和的红与粉才是流行色调。

城市中还散布着一些木造建筑群，约有5000栋木造建筑从伦敦大火中幸存下来。大火蔓延至伦敦东北部的布洛德街时被控制住，街道得以幸免，因此走过这条街时你会看到涂着灰泥的木屋群一下子取代了临街的新式砖房。并非所有的木造房屋都已摇摇欲坠，它们中有些仍然宏伟庄严，其历史亦可追溯至都铎王朝时期，但突然之间它们的时代就落幕了，新的建筑风格闪亮登台。一些建筑嵌入了乔治亚风格的立面，看起来颇为现代，就像达德利·赖德的装束风格。

看到小摩尔门斑驳的罗马城墙时，就到达了此行的目的地，还搭乘了最时髦的交通工具。下轿穿过城门，再回头时，轿子已经消失不见。

贝特莱姆："失去心智之人的住所"

此前100年，穆尔菲尔德一直是人们避世的乐园，那里散布着树丛和小径，市民们可以"在美景中得到熏陶……尽享馥郁群芳、鸟儿欢唱"。可惜眼下还是2月，这里沼泽遍地，车马和行人都困于泥泞中疲于挣扎。街上零星地散布着几个书摊，达德利·赖德就喜欢在这类地方买些有趣的小册子——比如约翰·洛克提出的减少国家负债的倡议，或对洗礼仪式的批评——当他漫步在霍克斯顿和哈克尼的射箭场、酿醋园和弯弯曲曲的小巷中时，这些小册子能帮他消磨时光。

这里最引人注目的是一栋"有着两扇大门的巨型建筑"，据测量员约翰·斯特莱普说，"这栋宏伟壮丽的建筑为伦敦增添了光彩"。这栋"伦敦最蔚为壮观的建筑"占据着穆尔菲尔德的南区。它并不是《伦敦密探》天真推论中市长大人的住宅，也不是法国旅游指南中提到的一处皇家宫殿，它是贝特莱姆医院——"失去心智之人的住所"，世界上最引人关注的精神病院。

有时人们也会称它为"新疯人院"，这个名字暗示了它还有前身，那就是14世纪修建于主教门的伯利恒圣玛丽修道院，它曾被用作精神病院，后在伦敦大火中烧毁（你可能还记得，在那之前，皇家马厩附近还有一座小型精神病院）。这座旧疯人院位于后来的利物浦街火车站附近，是一栋有着方塔教堂、围有山墙、带有花园的朴实建筑。新疯人院则于1675—1676年由文艺复兴科学家罗伯特·胡克主持修建，它是对法国杜伊勒里宫的模仿和放大（但也有人误认为其原型是卢浮宫），筑有坚实的高柱、新古典风格的门廊、狭窄的圆顶塔和步道，以及长达700英尺的厚厚砖墙。用约翰·伊夫林的话说，这栋建筑“美轮美奂，坐落于穆尔菲尔德再合适不过”。

但伊夫林并未提到，新疯人院其实是建在古代城市的沟渠之上。你已亲身体验过中世纪的伦敦，再宏伟的建筑外观也无法掩饰这里的阴郁气氛。从现代人的角度出发，建筑外观的华美程度和它作为精神病院的功能性似乎不太相称，但当时的设计是为了迎合大人物们尽善尽美的追求，他们慷慨筹措了17 000英镑支持这项慈善事业。至少这栋建筑看上去就像一家博物馆或美术馆，是个适合向世人展示精神病人的场所。这里不是地牢，而是疯狂破坏力的“纪念碑”，是权威可以驯服并掌控精神疾病、不让它们伤及城市的有力保证。这也是允许大众参观的部分原因，疯人院向公众开放，并不仅仅是为了满足冷酷的窥探者。

走到台阶前，请留意一下大门两侧用波特兰石雕刻而成的巨大雕像——“无脑兄弟”。右边那尊的双手被捆绑着，脸和身体因绝望而扭曲，代表着极度癫狂，左边那尊则较为体面文雅，摆出一副思考的姿势，它代表着忧郁。疯人院当时关押着两类病人：“不可治愈型”要被关押一生，“可治愈型”则可能重获自由。

穿过院子，走上几级台阶，就到了大楼的入口处，这里又有一对精神病人石像，一男一女，他们捧着钱箱，似乎在说“请记住这些可怜的精神病患，亲手放入你的捐款”。入场费只需2便士，和去剧院或咖啡屋没多大区别，同时你还为疯人院每年“照顾”其囚徒所花费的400英镑奉献了一份力量。因此，你不必在进入疯人院时心怀愧疚，无论参观者如何麻木不仁、窥视成癖，让更多人进来参观都是出于对病人实际利益的考虑。

入场后，走进一层大厅。一边是医生和药剂师检查病人的地方，另一边宽敞一些，是管理人员每周六审议病人病情、考量新入院申请的场所。在18世纪，如果要让某人入院治疗，需要向由七位管理人员组成的委员会提交报告，报告还必须包括有名望的人的联署签名，比如教会委员或律师。

大厅尽头的两边是两道阴郁的铁门，分别通向两道长廊。你想看看发疯的男男女女吗？

上楼后又是一道铁门，里面传来可怕的合唱声，“铁链地上拖，门被捶打着，咒骂啊、高呼啊、歌唱啊”，《伦敦密探》说这声音仿佛是恶魔从地狱来到了人间。凯撒·德·索绪尔则写道：“你置身于一条又长又宽的走廊，两边的许多隔间里关着各种各样的疯子，你能通过门上的小窗看见这些可怜的东西。”大部分病人有独立的隔间，就像21世纪美国为恐怖分子准备的戒备森严的监狱。凯撒说，“无害的疯子”被允许在走廊里活动，也能跟参观者待在一起。铁栅栏将走廊分为两半，把不同性别的精神病人隔开。三楼跟二楼看起来差不多，只是“关押着更为危险的病人，他们大多都被铁链锁着，看起来非常可怕”。

胡克设计的建筑原本只能容纳120名病人，但这里有时会关押200名“标准”患者，高层还关有另外80名“发狂”的患者。

被关押的人是什么样子？前来参观的许多人都记录了他们的所见所闻，情景颇为戏剧化。《伦敦密探》（无可否认他们有装腔作势之嫌）的一位作者碰到了“一个戴着月光冠的男人”——这简直是胡说八道——说要指挥自己的雄鹰部队在天空发动一场星辰之战，除非太阳每天都为他送来“满载葡萄酒的云梯”，因为月亮上的人喝光了他所有的酒。

在莎士比亚的戏剧中，只有小丑才会在一群溜须拍马的人中间说出真相，与此类似，内德·沃德也遇到过一些洞察世事的精神病人。其中一位是热血的共和主义者，极力反对他称之为“邪恶”的君主制，因此受到了抨击，人们说应当判处他煽动罪，把他绞死。“在这里我能告诉大人们他们不愿听的事实，还能免受鞭笞。”他没说错。在18世纪，对伦敦的各家报纸、咖啡屋和异见者们来说，言论自由仍存在清晰的界限。疯人院和绞刑架才是伦敦人得以自由发表意见、免受惩罚的公共场所。

一个俄国游客曾看见一些女病人，其中包括“一名大约40岁的女人，她就坐在那儿盯着地板”。每到一天结束时，这个可怜人就会以为自己将在第二天一早被烧死。“明天，明天，”她喊着，“他们会把我活活烧死！”他还碰到过一个觉得自己是加农炮的男人。

观众们又是什么样呢？你会在这里看到形形色色、三教九流的人——从时髦男女到普通工匠。疯人院是去伦敦旅行时的必游景点。在1710年12月“史上雨水最多的一天”，伟大的爱尔兰讽刺作家乔纳森·斯威夫特参观了这座城市。他早上10点出发，先观看了伦敦塔的狮子，然后去往疯人院，结束后在皇家交易所后面的牛排屋吃了顿美味晚餐，最后看了场木偶剧作为余兴节目。如果在公共节日期间参观疯人院，你还会被卷入狂欢节般的氛围之中：小贩们卖着水果、坚果和啤酒，妓女们在走廊里走来走去，残忍的参观者们“不加节制地戏弄悲惨的病患”。病人们的“疯狂行动”、刺耳尖叫和荒唐举止甚至让一些观众兴致勃勃，仿佛社会上的法律和道德约束对此都鞭长莫及。这里充斥着打架斗殴、污言秽语、贪念淫欲。内德·沃德写道：“我们发现，任何阶层的人都能拥有情妇，每个金童都想配个玉女……新来的人很快就会堕入爱河，只身而来，成对而去。”一句话，这里就是疯人院。

精神病人的疯癫言行为他们带来最多的还是嘲笑。凯撒·德·索绪尔在1725年写道：“到了假日，无以计数的男男女女……将观看这些悲惨之人的可笑言行视为娱乐。”一名访客在1753年留下的记录里描述说：“我看到他们对着那些病人的无状言行放声大笑。”不过，看看这些观众，看看他们在第一次见到精神病人约束衣时的眼神，你也许能意识到这不仅仅是一种幸灾乐祸。他们的笑声中还埋藏着对18世纪伦敦生活的紧张、焦虑和恐惧。虽然现代化已经萌芽，但此时的伦敦仍是一个危机重重、世事难料的地方：婴儿的死亡率居高不下（在18世纪30年代中期，每五个婴儿中就会有一个在两岁之前死去），新门监狱的死亡咒语就像悬在每个商人头上的达摩克利斯之剑，被强征入伍的人在街头横行，婚姻不幸的女性饱受不公待遇，而对致命瘟疫卷土重来的担忧更是使伦敦人心惶惶。如此种种足以让一个正常的灵魂变得疯狂，此时将精神病人的不幸当成幽默的调剂，或许是伦敦人的一种感情宣泄。

若想为到访画上圆满句号，在离开之前，你可以选择参观关在顶层的“不可治愈的病人”，那里是大都会最黑暗腐坏的角落。跟随兴奋的游客穿过铁栏、上到顶楼，就会看到一排编有号码的小隔间，有的空着，有的关着病人，他们身上拴有铁链，就躺在草垫上。小隔间的门上有舷窗，快像旁边的人那样把脸凑上去一探究竟吧。一些不那么危险的“不可治愈的病人”也许正在走廊里转悠，建造着他们的空中城堡，或者正双目空洞地茫然神游。护工会守在附近，你不会有什么危险。

这里的气氛与荷加斯《浪子生涯》组画中的第八幅，也就是最后一幅，别无二致。在画中，可以看到曾经有着天使面庞的汤姆·雷克维尔[①]此时已发疯，变得跟疯人院门口的无脑兄弟雕像一样。他双脚被铐着，面露傻笑，在饱受折磨中渐渐憔悴。同在疯人院中的还有一位头戴乐谱、想要用棍子演奏小提琴的疯狂音乐家，一个因为爱上了妓女而心碎欲绝的男人，一位把纸卷当成望远镜的疯癫天文学家，一个误将日光视为上帝存在证明的狂热分子，一个正把软尺当作友善的蛇的呆裁缝，还有一个认为自己是大主教的疯子。两个穿着考究的女士在一旁观赏，面对眼前的混乱，她们兴奋地窥视、低语、窃笑，夸张的大裙子与痛苦中的半裸病人形成了强烈的对比。其中一位女士手握一把漂亮的折扇，好像是要把自己和癫狂的气氛隔开似的。

走出疯人院，即刻如释重负。现在请走回城中再雇一顶轿子，你将赶往舰队街，到恶魔酒馆去。

---

① 《浪子生涯》是一系列画作，汤姆·雷克维尔是其主人公。

墨水街:《流鼻涕杂志》之家

到恶魔酒馆需要15分钟左右。看到画有登士丹挥舞钳子扭着恶魔鼻子的招牌，你就可以下车了。墨水街熙来攘往，人声鼎沸，《伦敦密探》里写道:“马车车轮声就像尼罗河的激流一样震耳欲聋，四周乱糟糟的，我仿佛置身于一群围观纵狗咬牛的乡下人之中。”这条街独有的嘈杂喧嚣全拜叫卖的小贩所赐。他们有的是穷小子，有的已饱经风霜，抱着厚厚一沓报纸在街上奔走、分发。“哀悼，你们的英雄，战场上的勇士，你们那可怖伤疤的伟大宣示。”这是1708年为纪念一个文盲小贩而写的仿英雄体诗歌。

1695年，出版前审查制度出人意料地被草草废除，此后伦敦的新闻报纸开启了全速发展的时代。《发牢骚》是一份短命的说教性报纸，它的一位主笔此前曾发牢骚说:“现在连最笨的工匠都自认为有资格对一切评头论足。”对凯撒·德·索绪尔来说，最有趣的就是看到几个擦鞋匠和“其他同属一个阶层的人”凑在一起，买一份报纸，为时事政治操碎了心，“你常会看到一个英国人对一项和平协议比对自己的切身之事更加上心”。这种说法有些夸大其词，如你之前所见，伦敦的大众传播产业要等到维多利亚女王时期才真正开始欣欣向荣，不过，此时的报纸也的确供大于求。这一年有不下36种报刊在伦敦街头售卖（当然不是所有的都符合现代报纸的概念），每周的流通数量达到66 000份，到18世纪40年代，这个数字甚至上升至10万份(1740年的法国只能望尘莫及，全法国的报纸流通量仅15 000份)。一些早期报纸偶尔会取个十分吸睛的名字或标题，比如，1679年伦敦人可以看到《流鼻涕杂志》；1696年是《夜行者》或《寻找荡妇的夜间游行》；这一年年末，还有《死亡新闻》。少有人对公正、理智的报道感兴趣。与21世纪一样，大部分报纸都有党派之争，它们喜欢巩固人们的成见，将各种事件归咎于敌对的世界观，深化人们业已存在的偏见。1715年的一个夏日，正在咖啡屋打发时间的达德利·赖德突然对托利党的报纸产生了一种病态的好奇，托利党的政治倾向与他的看法存在激烈冲突。读完报纸后他写道："我这辈子从没碰到过这样罔顾事实、厚颜无耻的作者，但如果托利党人想要反驳针对他们的责难和指控，这份报纸肯定是个猪队友。"毫无疑问，今天《卫报》的读者读过《每日邮报》后也会有同感[①]。

在拉德门和圣保罗这些历史上著名的印刷出版地——甚至更远一些的北部和东部——也有不少报社，但舰队街才是新兴新闻行业的代名词。它是联结着律师学会和圣保罗大教堂这两个文化集聚地的纽带，且位于金融城和威斯敏斯特这两个主要新闻发源地之间，即使在各家国际媒体齐驻伦敦的21世纪，其重要地位也是不可撼动的。

向东走，你会看到萨尔蒙德夫人蜡像馆，也就是后来贝克街上为人熟知的杜莎夫人蜡像馆的原型。萨尔蒙德夫人是个古怪的玩具制作者，喜欢裹着寿衣睡觉。五年前她搬到了这里，跟丈夫一起经营这家蜡像馆，门票只要6便士。馆内的蜡像有布狄卡女王、挂在绞刑架上瘦骨嶙峋的查理一世，还有一个正从时间之神身旁逃开的老妪，时间之神非常恼怒，他手中挥舞着计时器，而老妪拒绝服从他下达的死亡命令。继续向前走，到达费达巷之前你会看到西侧的圣登士丹教堂，教堂正面有一面黑底金字的大钟，这是伦敦第一个

① 《卫报》支持工党，而《每日邮报》则支持保守党，二者政治立场相对。

有分针的公共大钟，由英国的传奇勇士巨人歌革和玛各“掌管”，他们除了金色内裤外不着寸缕，每到整点就会用结实的棍棒敲响大钟。

娼妓，马格屋与污秽之河：现代新闻的摇篮

你正在穿过一些黑暗的拱门，拱门那头是几条狭窄弯曲的小巷，有的小巷会带你走进某个潮湿的庭院，比如只有两座小房子的“母鸡小鸡庭院”，有的小巷通向柴郡奶酪酒馆，还有些小巷看不到尽头。这些地方危机四伏，时刻准备着吞噬过路者的纯真。有天晚上，达德利·赖德跟朋友喝得酩酊大醉并突发奇想，“沿着舰队街散步时，我忽然想找个妓女，然后我就这么干了。我跟着她走了好一段路，尽量聊了会儿天，最后弃她而去”。除了聊天，他很少会干别的。另一次，他写道：“我想在妓女身上花钱，我上街去就是为了这个，但这样做的同时还要保名声无虞，还真是不易。”在这些糟心时刻，他通常会灰溜溜地回到位于圣殿附近的家中“自省”，翌日又在懊恼中醒来。

再往前走就是索尔兹伯里庭院，塞缪尔·佩皮斯曾经在这里摘除了一颗膀胱结石，而且奇迹般地活了下来。你能听到庭院里的人们在大声歌唱。走近一点，可以看到有人走进去、有人踉踉跄跄走出来，那里看上去像是一家窗户上布满烟尘的酒馆。不一会儿，歌声停了，响起一片祝酒声，还可以听到清脆的叮当声和开怀的笑声。

这里既不是酒馆，也不是啤酒屋，它是马格屋，这样的马格屋在伦敦只有七家。“Mug”（马格）是个俚语，意思是“脸”。这些地方吵吵嚷嚷，每个人都有自己喝酒的容器，上面装饰着（或是形似）

乔治一世或他的某个大臣的脸。人们用这些杯子大口喝酒，高喊着向英王效忠，同时跳舞、欢呼、唱颂歌、拍手，有时还会上街跟托利党人或詹姆斯党徒打架，甚至以流血事件告终。与咖啡屋里的文明交谈或理性讨论相比，在马格屋里表达对汉诺威王室支持的方式是直接付诸酒精的激情。马格屋比咖啡屋更主张人人平等，这里的顾客有绅士、职业人士（比方说赖德）、商人和学徒，这些人在灌饱啤酒后会手拉手跳起舞来，把社会阶层抛到脑后。“在那里我们都是平等的，大家唯一关注的是谁最会唱歌、最能活跃气氛。”达德利·赖德去过一次后对此印象深刻。他喜欢那种能让昏昏欲睡的马匹惊得跳起来的歌声和舞蹈。不过，马格屋与政治的紧密联系注定了它不会长存。

两个衣衫褴褛的人跌跌撞撞走出马格屋，又手挽着手向舰队街走去。其中一个停下来对着墙撒尿，另一个开始大声咒骂上议院。你能听出个大概：经过长时间的辩论和演讲，上议院通过投票向国王表态——他们站在被判死刑的詹姆斯党首领德温特沃特伯爵一边。马格屋的人们对此非常愤怒，因为在这种情况下如果坚持执行死刑，很容易引起公愤，让人们怨恨国王。他俩东倒西歪地没入夜色之中，渴望看到德温特沃特伯爵血流一地。

回到舰队街，雷恩设计的圣布莱德教堂映入眼帘。教堂高四层，呈八角形，自下而上面积逐层缩小，最终聚成一个尖顶，直冲入舰队街上碧蓝的天空。老钟酒馆或面包山酒馆里的伙计会告诉你，很久以前（他们也不知是多久以前），一个从拉德门山来的面包店学徒爱上了老板的女儿。在父亲的支持下，他鼓起勇气求了婚。他想让婚礼更特别，于是发誓要做一个无与伦比的婚礼蛋糕来证明自己。

可惜缪斯女神迟迟不来，他找不到一丝灵感。突然有一天，他望着圣布莱德尖塔，突然有了一个想法：做一个逐层缩小的多层婚礼蛋糕，就像高塔那样。英式婚礼从此变得不同以往。

走到舰队河边，会闻到难闻的臭味。曾经，满载牡蛎和青鱼的船只在舰队河清澈的水波中穿梭往来，而现在，这里却好像散发着恶臭的下水道，水里时常会有死狗甚至自杀的人，有时北边的史密斯菲尔德市场宰杀牲畜的血水也会流过来。啊，就在你眼前的这片地方，在这些淤泥之中，新闻产业即将破土而生。

回头想想，舰队河曾经是伦敦的第二大河，也是罗马时期朗蒂尼亚姆的西部边界。它发源于汉普斯特德的两条小河，一路流经肯特镇、圣潘克拉斯、霍尔本和克拉肯威尔，最后在黑衣修士桥汇入泰晤士河。但为了给舰队市场腾出空地，位于霍尔本和拉德门广场之间的河段被埋入地下，而从舰队桥到泰晤士河的南部河段后来则被称作舰队沟渠，并且最终在 1769 年被彻底掩埋和遗忘。散布在舰队一带的小巷——米尔园、天鹅巷、竖琴巷、双弯巷——都是伦敦最肮脏贫穷的地区。那里臭气熏天，男男女女聚集在河流东岸，为制作靴子和马鞍鞣制皮革。

走过一座石桥，臭烘烘的河水泛着泡沫，一群正在小破屋中劳作的人目光追随着你（只要他们能看到你）。内德·沃德在《伦敦密探》中回忆道：“我们一路走到舰队桥，那儿的流动小摊正在售卖坚果、姜饼、橙子和牡蛎，摊主们面目奇怪，有的只有一只眼睛，有的甚至没有鼻子。”最好跟他们保持距离。现在，请往壮丽的拉德门山方向走。

你会经过舰队监狱，这是伦敦最古老的专门建造的监狱，可以追溯到 12 世纪。此时，这里关押着一些欠债的人，但只要给看守塞点钱，他们就可以住在名字有些讽刺的“舰队自由区”的任何地方。那是一个围在拉德门山、老贝利、舰队巷和舰队河之间的长方形区域，还是热门的秘密结婚地，只要给穷困的牧师一点钱，再买上一瓶葡萄酒，你就能在 40 多个“婚姻处”中选一处完成仪式。舰队街的一切似乎都带着点见不得人的味道。

走到拉德门，“这儿有一条宽敞整洁的大街……两边全是商店”。其中有一栋可被称作现代新闻摇篮的房子，它离 50 年前约翰 · 图恩的头颅被示众的地方只有一箭之遥。图恩曾出版过一本 32 页的册子，呼吁“人们对邪恶的国王履行神圣的法律”。那并不是他最好的著作，却是他最后的著作。虽然现在出版煽动性的言论仍然谈不上明智，但新闻界还是得到了更多自由，也更善于创新。在你右边有一栋修建于伦敦大火之后的优雅建筑，它旁边则是可以俯瞰舰队沟渠的国王纹章酒馆。1702 年 3 月，正是在这里，一位名叫伊丽莎白 · 马利特的出版商出版了英国第一份日报——《每日新闻》。

伊丽莎白 · 马利特是一位胆大心细、事业心强的女人，正是她把握住了舰队街的商业脉搏。1683 年她的丈夫去世后，她全身心投入到了丈夫的印刷事业中。她让儿子戴维做帮手，还在通往舰队街的黑马巷开了一家印刷厂，厂里有两台印刷机。在后来的 23 年间，她曾在多个不同的地方工作，但作为一个地道的舰队街居民，她从未远离过泥泞的河岸区。她对能在读者中掀起风浪的个人故事独具慧眼，那些故事几乎没有快乐的结局。她喜欢发表关于男男女女被判死刑后作何反应的文章，尤其是他们在泰伯恩刑场的断头台、史密斯菲尔德的火刑架、沃平的死刑码头上即将服刑前的最后几小时、几分钟甚至几秒钟的故事。比如，因偷盗仓库布料被判死刑的威廉·查理，“在行刑前他变得极度悲伤，不再奢望任何慈悲降临”；还有安·斯科特，因在圣登士丹教堂附近的房子里偷窃印有花卉图案的裙子和丝绸衬裙被判砍头，她“绞着双手叹息，说自己是最不幸的女人，希望从未来过人世”。直到21世纪，这些能让窥探者们从他人的不幸中充分感受到负罪魅力的小故事仍然是舰队街的法宝。

伊丽莎白一度是《老贝利诉讼》的官方出版人，在18世纪初，她还出版过新门监狱教士的说教文章，内容有关人生、忏悔，以及泰伯恩刑场死刑犯的临终遗言。我们能想象到，她跟作者们保持着密切的工作关系，并通过加工文章内容使商业利益最大化。她的出版物中还会不时出现《圣经》中的至理名言，通常采用虔诚的审判式语调，很少显露对罪犯的同情。在爱丽丝·米利金的故事中，女主角和伊丽莎白一样，也是一位单亲母亲，来到伦敦追求更好的生活，却在贫穷的驱使下参与制造假币。在18世纪，这被视为严重的叛国罪。爱丽丝被判在史密斯菲尔德接受火刑，和16世纪被“血腥玛丽”迫害的新教徒一样。在作者笔下，爱丽丝绝对罪有应得，她的行为“邪恶”“可憎”，磨人的贫穷不是借口，只有史密斯菲尔德的烈焰才能“满足她罪恶一生中的欲望”。

在18世纪末19世纪初，有迹象表明伊丽莎白有意将自己的出版事业向更高端的方向推进。当报纸日益成为时代的宠儿时，她产生这样的想法也不奇怪。在几次短期试验后，1702年3月，她破天荒地发行了一份刊载政治新闻的日报（当然不包括安息日①）。当时

①基督教的安息日是星期天。

的报纸市场竞争激烈、日趋饱和，这无疑是兵行险招，不过她自有对策。《每日新闻》会刊登从欧洲（包括苏格兰和爱尔兰）各大媒体报道中翻译过来的文章，比如《巴黎报》《阿姆斯特丹报》《莱顿报》等，如果能照搬欧洲新闻，为什么还要花大价钱去聘请记者呢？在创刊号中，她宣称自己的文章比同行的更精辟、更犀利、更准确，能让读者们更及时地了解欧洲战争舞台上的最新情况。不过伊丽莎白运营这份日报的时间非常短暂，发行 10 期之后，她就将报纸交给了塞缪尔·巴克利，自己转向了别的事务，报纸在塞缪尔的经营下开始赢利。到你参观的时候，这份报纸已经大获成功，发展成双面印刷的刊物。

但也别只听我说，你可以自己去看看。

经过拉德门时，可以看到路德王和伊丽莎白一世的雕像，前者是传说中的伦敦缔造者。请仔细看看约翰·图恩那被煮得半熟的头颅是否还挂在那里。

在你前方，沐浴在阳光之中、仿佛自带引力的，正是伦敦城市景观的新标志——重修后美轮美奂、极具张力的圣保罗大教堂的穹顶，此时距它最终建成仅过了七年。深呼吸，凝神静视片刻，你会沉醉其中。接下来，请左拐穿过公鸡巷。走过文具店广场时可以欣赏一下旁边文具店公司华丽的新门厅，然后走过阿门角。《每日新闻》的印刷厂就在教堂另一边，靠近沃里克路。是时候去看看舰队街上热火朝天的印刷工业了。

眼前是一间低矮的小屋，屋里黑暗潮湿，地板嘎吱作响，空气中弥漫着油墨味、潮湿的纸张味和人体的汗味。没人注意到你，大家都在忙着处理堆积如山的工作。你的视线被两架木制手动印刷机吸引，它们高 6 英尺，立在一群穿着油腻白色工服、睡眼惺忪的印刷工和排版员之中。

这是一项繁重的工作。由蒸汽驱动的印刷机要到下个世纪才出现，此时的木造手动印刷机的生产上限是每小时 200 页单面印刷。这意味着这样一个事实：虽然像《手艺人》和后来约翰·威尔克创办的观点极端的《北大不列颠报》等反政府报纸能卖上千份，令人肃然起敬，但大部分报纸，尤其是日报和每周发行三期的报纸，发行量其实非常有限（当然，人们普遍认为每份报纸都会在咖啡屋之类的地方被 20 多人传阅，因此报纸的读者数量理应远超冷冰冰的发行数据）。有些报纸的出版纯粹是出于理想主义，有些则是由政府出资支持的宣传资料。想想托尼·布莱尔多么重视媒体对政府形象的塑造，就不难理解为什么罗伯特·沃波尔爵士——1735 年首位居住在唐宁街 10 号的英国首相——会在 10 年间斥资 5 万英镑扶持政府媒体了。要知道，这笔费用大约相当于 2015 年的 1100 万英镑。还有些报纸属于书商委员会，他们希望通过发行报纸抵消 200 英镑的启动资金。到了 1716 年，《每日新闻》的主人变成了理查德·伯利，他是一位高产作家，曾出版过书籍、辩论术、政治诗、布道词和行刑演说，这一年他创作了 50 多篇文章。

职员和学徒工们拼命想要赶完第二天《每日新闻》的新闻版块，排版印刷好以后，才能适时地将报纸送去酒馆。一个排版工人站在高高的书桌前，视线在一份潦草的手写稿和立在桌上的金属活字板之间扫来扫去。字符有几百种不同样式：字母、数字、标点符号、意大利字、希腊字……每个又有不同的大小和字体。如果之前整理时把它们放错了地方，排版工作就会变成一场噩梦，咒骂声会响彻印刷车间。

排版工人将排好的金属字块送到印刷机边，小心地将它们放进被称为“印版”的木框中，再将其推进印刷机下方。一块排好所有字符的印版可能会和一个成人一样重。

《每日新闻》的第一页分成两栏，附有华丽的大标题。这一页排好以后，第二个排版工人或者小工会拿过来一对蘑菇形状的皮革球，球表面涂满了如夜空般漆黑的油墨——一种用灰黑、褐黄色物质混合亚麻籽油调成的黏稠物质。工人得谨慎地在金属印版上滚动皮革球，既要确保它们能印出清楚的文字，又不能让油墨填满“B”“e”或者“&”这些字符里的小空隙。几分钟后，很可能错误百出的第一版印出来了，与此同时，一个印刷工人会把一张对开纸固定在压印盘中薄薄的金属框架（夹纸框）上，这张纸将会被铺在涂好油墨的印版上。

印刷是一种微妙的艺术，“一场化工、压力、排序和时机互相作用的大混战”。现在知道了吧，坐在家中轻轻点击鼠标就能看到电脑屏幕上出现各种字体的你，是多么身在福中不知福。

《每日新闻》畅销时每天能卖到700份，销路不好时卖不到500份，勉强平衡收支。报刊销量通常只有在政治局势紧张或危机发生时才会猛增，就像这一周，关于詹姆斯党人悬而未决的死刑，流言正满天飞。尽管如此，报纸的销量还是很难预测，因此对报社来说广告收入必不可少（很多报纸超过一半的收入都来自广告，但《每日新闻》不在其列）。艾迪生在《闲谈者》中这样写道，大众读者不仅会浏览分类广告，还喜欢将它们当成“来自小世界的新闻，就像报纸上来自真实世界的内容那样”来阅读。

一间屋子里挤着许多想要刊登启事或广告的人，最里面还坐着一个戴假发的男人，面前的桌子上堆满了非英文杂志。他正凝视着一堆写满字的纸稿，满脸愁容。这位就是报社的主人理查德·伯利，他对报纸的内容非常关心。每过一会儿，他就会从一个大肚壶里喝上一大口葡萄酒。在这里，写作和编辑过程都伴随着酒精作用下逐渐高涨的激情，这个根深蒂固的传统在舰队街一直保留到了 20 世纪 80 年代。一首中世纪的诗歌写道：“那条醉醺醺的街，名字就叫弗利特（街名‘Fleet’的音译），酒馆招牌何其多，多过威敏战功册。”

一位愁眉不展、满脸皱纹的老太太走了进来，说起一个悲伤的故事。她那腿脚不太灵便的侄子离开老贝德莱姆的一家长袜工坊出走了，如果有人把他送回她在阿尔德门的家，她愿意付 10 先令作为酬劳。另一位穿着体面的伯德先生则要为自己的干邑白兰地做广告，他把店面开在了声名狼藉的布丁巷，酒的售价为每加仑 10 先令 6 便士。还有一位是舰队街的书商伯纳德·林托特，他希望自己的《从大宪章到 1715 年法规总表》能够大卖，这本书列出了所有颁布法令的君主（也许这就是研究历史上统治者的先驱之作）。

想登广告的人正试图争取伯利先生的注意，一个印刷工走过来，把第二天的新闻校样重重地放到了桌上。伯利立刻停下手里的工作，拿出一支笔开始校对，每发现一个错误都会啧啧几下。几分钟后他把校样放到一边，继续跟那三个挥着纸张的广告客户交谈。同时，刚刚送来校样的印刷工已经开始协助印刷另一份出版物——《自由保有者》，计划要在几天内完工。这下你正好逮住了空当，可以偷看一眼明天的新闻。

开篇是阿尔及尔地震的抢眼报道，然后是一条发自维也纳、让人担忧的新闻——大量土耳其军队正驻扎在欧洲东部边境，再有就是德国选举的新闻……诸如此类。看18世纪早期的新闻有点像乘坐热气球飞过欧洲战场。版面的最后，还有一点伦敦当地新闻，关于最近的股票市值。除此之外，我们只能在《苏格兰新闻》上看到英国的国内新闻，它报道了詹姆斯党叛乱在苏格兰高地的一些余波。你大概还记得在希腊咖啡屋听说过的其他伦敦报纸——《飞行邮报》《男孩邮报》《投递员》《圣詹姆斯晚报》，与21世纪英国的新闻文化不同，这些报纸都更偏爱国外新闻。这是因为国内新闻已经在星罗棋布的咖啡屋里以惊人的速度传播开，而国外新闻相对较难获取，自然也就显得更珍贵了。随笔性的报纸和小册子则刊有很多对严肃时政的诙谐探讨。除此之外，伦敦人还很喜欢在尚未有结论的事件上花时间甚至花钱。在皇家交易所，商人们会拿外国新闻来打赌，这一旦被抓到就会被处以两倍于赌注的罚款，但即便如此，他们也依然我行我素。不过，最重要的是，阅读外国新闻能使读者窥见外面的世界，并以此为对照，反省自己的社会生活，犹如你在时光旅行中的所思所感一般。

伯利先生抬起头来，与你四目相对。问你为何浏览他的校样。冷静，告诉他你想在明天的《每日新闻》上登一则启事。你知道报纸上空间有限，不过你愿意出3先令6便士买一个醒目的位置。他嘟囔了一句同意了，然后抓起一支笔。告诉他你丢了什么贵重的东西，比方说手表、钱包或者你的妻子。启事里要有具体细节，还要无条件提供一笔报酬。结束后你就可以马上离开报社，回到黑马旅馆，端上一杯白兰地坐回到火炉边。

1716 年 2 月 23 日，**星期四**

伦敦暴乱之夜

在温和的上午时光中，你向圣殿酒吧走去。由克里斯托弗·雷恩设计的、优雅的波特兰石拱廊上装饰着小型龙雕像，有时还挂着叛国者的头颅。

请进入希尔巷，再转到它的姊妹巷——小希尔巷，一路向西走，直到看见一条不显眼的巷道，在它的尽头就是塞尔莱街，你能看到街边林肯律师学院广场的绿树和漆过的木栅栏。走进这条不显眼的巷道，请留心崎岖不平的卵石路，但也别忘了享受一下城市一角的宁静。藏在巷子右侧的一栋两层红砖楼赫然出现在你面前，气势超然。这栋建筑有着石板屋顶，高高的台阶通向一个小小的柱廊，柱廊两侧是平开窗。

欢迎来到詹姆斯·伍德的长老会集会屋。在伦敦及其郊区，有大约 80 个这样不信奉国教的教堂，它们象征着社会更加包容和成熟。不信奉国教的是新教徒，不彻底的宗教改革和罗马天主教的残余影响使这些人受到排挤，在法律的保护下，他们成立了独立于国教之外的教会，进行宗教活动。最有名的当属长老会——以前被称为清教徒，另外还有独立派、贵格派和浸信会，他们都有自己的信仰和集会地点。然而，这些教派仍然为大众、市政及牛津、剑桥大学所不容。达德利·赖德自己就不信奉国教，他曾痛斥大学里全是书呆子和同性恋。

让我们悄声走进教堂，在后排长椅上坐下。这里正在进行布道，人们都沉浸于深思冥想之中，并没有人察觉到你的加入。屋内只有木长椅、护墙板和讲道坛，朴素得让人吃惊，讲道坛上的丝绒刺绣垫子是房间里唯一的色彩。国教圣公会的人刻薄地称其为“邋遢异教徒的集会”。

长老会认为任何形式的装饰——圣母玛利亚的塑像、彩色玻璃窗、祭坛布等——都会分散注意力，也是盲目崇拜。座位、声效和光线的设计目的只有一个——使“上帝之道”的效果最大化。日光穿透圆窗，洒在《圣经》上，护墙板上装有共振板。赞美诗常常不用管风琴伴奏，只是清唱（可能会用六弦琴来辅助低音），诗歌也并不那么扣人心弦，每一句都先由牧师大声念出，然后再歌唱。

低头祈祷的人们看起来十分安详，不过，今天聚集在此的很多礼拜者都认为，大多数人注定要永生永世承受地狱的煎熬，只有少数人（他们希望是自己）会在死后进入永恒的乐园。这些人被称为“神选之人”，其他人则是“被摈弃者”。延续这种思路，长老会中的流派之一加尔文派的教徒得出了更加极端的结论，他们相信一个人的道德品行无关紧要，对他最终的命运也不起作用。但事实上，大部分非国教信徒还是相信福音书中教诲的“好木不结恶果”，他们将生活的有序和美好视作自己“神选之人”的身份标志，与无政府主义者和虚无主义者有着天壤之别。

但对于长老会中的年青一代来说，这些说法显得古板乏味。很多人开始反对高高在上的加尔文教派的无望假想，并更倾向于相信人类普遍的救赎，这也正是20年后卫理公会的约翰·卫斯理所宣扬的。达德利·赖德曾是一个经验主义“思想家”（除了在他顽固的党派偏见上），一天晚上，他在位于哈克尼的家中向惊恐的父亲直言，长老会的教条“与福音书的设定和要旨——承诺救赎所有信徒——

有直接冲突”。赖德认为，国教圣公会和非国教信徒之间的区别“微不足道”，他可以今天在简朴的哈克尼集会屋祈祷，明天再去宏伟壮丽的圣保罗大教堂。18 世纪的伦敦可以孕育出自由包容的宗教思想，但也能滋生狂热。

伦敦很多非国教信徒的集会屋都藏在巷子深处，以免被斜眼的托利党暴徒砸烂窗子。托利党人极端憎恶非国教信徒，给他们烙上了宗教虚无主义和大逆不道之名。17 世纪 40—50 年代，以清教徒为主的议会促成了查理一世的死刑，并建立起共和制英联邦，平等主义者和第五王国派等激进团体也就此蓬勃发展。高教会派的托利党人决心不惜任何代价，保护圣公会的神圣，假如有人冲到圣保罗大教堂的讲坛上，大谈教会正处于内部敌人的威胁之中，那托利党人一定会欣喜若狂，而且这也确有其事。1709 年，极端的高教会派成员、急需关注的煽动家、喜欢用地狱之火吓唬家中用人的亨利·萨切费尔博士就这么做了。那天是“火药阴谋”[①]纪念日，他进行了一场颇有火药味的、长达 90 分钟的布道，名为“假教友的危害”。布道中他痛斥那些“在正午散布瘟疫的毒蛇”——正午是非国教信徒进行宗教活动的时间——严重危害了圣公会。他的布道词被非法印刷出来，并迅速成为畅销读物，发行了数万份。第二年，他就在威斯敏斯特大厅接受了审判。支持非国教信徒的辉格派政府指控他的宣传是对 1688 年光荣革命的背离。随后这件事发展为一场可怕的运动。

萨切费尔博士的审判为期三周，发生在 1710 年初。博士每天都会乘坐一辆精致的马车，从他在中殿的住处出发前往威斯敏斯特的

① 1605 年，英国天主教徒在国会地下室放置炸药，企图炸死国王詹姆斯一世。

新宫庭院。他会向在路上迎接他的3000多人伸出手，像国王一样接受他们亲吻。3月29日，庭审后的晚上6点半左右，人群“就像蜂群一样”跟随他的马车回到他的住处，拥挤在中殿律师学院。夜幕降临后，他的支持者们跟着一支“全副武装、如赴战场”的先头部队，拿着撬棍、斧头、利剑、棍棒、大锤和砖头发起了一场有预谋的暴动。他们的目标是丹尼尔·伯吉斯博士（詹姆斯·伍德的前辈）的长老会集会屋，前一天他们已经用砖头砸碎了一楼的全部窗户。人群沿着你刚才走过的路线，由希尔巷穿过舰队街，又迅速占领了庭院，吓得那里的住户躲在屋里瑟瑟发抖。

尽管头一天国务大臣已经向丹尼尔·伯吉斯的儿子保证过安全问题，但对暴徒来说这里毫无设防。集会屋一楼的窗户已经用木板钉上了，但一个暴徒爬上了柱廊，打碎了楼上的窗户，更多人随之蜂拥而上。一小时后，一个作为卧底的非国教信徒痛心地看着30来个暴徒用斧头砍向屋顶、用锤子砸烂窗户、用撬棍撬起长椅，口中还高喊着派系斗争口号“为了高教会派和萨切费尔！”也许是担心火灾殃及无辜，他们把集会屋里的长椅、地板、护墙板、门板、窗框和桌子都拖到了塞尔莱街并由此一路拉到林肯律师学院，在那里将它们付之一炬。8点刚过，大火就点了起来。暴动在焚烧伯吉斯博士的圆形讲坛时达到高潮——唉，可惜他不在讲坛上。据说，博士那天翻出了后窗，骑马逃走，跟大家一起躲进了一处天主教堂。

在接下来的三个小时里，火光直冲向伦敦的天空，吸引了数百不想错过这场大事件的人观看。一个典当商甚至穿着睡衣，一路从萨瑟克赶来看热闹。由于人数众多，加上本应守护街道的守夜人和警察也没有出面阻挠（不知为何），9点30分时暴徒们开始四散，去其他地方寻找新目标，那场面仿佛 2011 年伦敦骚乱事件的一次预演。夜里 10 点，霍尔本的费达巷尽头也燃起了一场大火，这次遭殃的是独立派的布拉德伯里先生位于新街的集会屋，长椅和讲坛燃起的火焰随着进出新门的轿子摇曳飘散。很快，德鲁里巷、皮革巷、克拉肯威尔绿地和黑衣修士等地都燃起了火堆。马厩园里泰勒的集会屋已经在哈顿花园里被烧成了三堆残骸，火焰还未灭。集会屋的创建者也险些遭受同样的厄运。暴徒们将他从床上拖起来，把他的脑袋摁向火焰，不过最终只烧掉了他的睡帽。在克拉肯威尔圣约翰广场的汉密尔顿集会屋中，一个被抓到的非国教信徒就没有那么幸运了。他的头被铁锹劈成了两半，脑浆横流，暴徒围着他的尸体跳舞，高喊着："高教会派和萨切费尔！高教会派和萨切费尔！"

直到听说暴徒计划袭击英格兰银行和西区政要们的宅邸，国务大臣才有所行动。他乘坐轿子前往圣詹姆斯宫觐见了安妮女王，而她"面容苍白""浑身颤抖"着同意派出皇家近卫骑兵和步兵，同时也被迫身处潜在的危险中。事实证明，这次干预行动非常果断，一夜之间平息了大部分暴乱。第二天，聚集的人群散开，暴动主谋被围捕。最后的审判却很宽容。萨切费尔博士被处以轻之又轻的惩罚——三年不许布道，大部分暴徒只被处以极少的罚金，毕竟再承受一次暴乱才是当局最不乐见之事。

伦敦的这次暴乱与大火之夜，以及托利党人别出心裁的自我辩解方式，都令非国教信徒永生难忘。达德利·赖德为他"颠倒是非曲直"的托利党人叔叔和阿姨深深痛惜，却又将萨切费尔暴乱归咎于因为修补窗户而大发横财的玻璃工人！

走出教堂前，请再看一眼这栋和谐的新古典风格建筑，记住，

1716 年，在伦敦社会文明有序的表面之下，永远涌动着暴力的暗流。

英国司法之锤

走在霍尔本山崎岖不平的山路上，当你的鲸须裙箍像水母一样撑开或是带裙缘的天鹅绒外衣溅满泥水时，你一定很希望自己能坐在轿子里透过小窗悠哉赏景吧。可惜周围一台轿子也没有。在这样的日子里，你才会理解为什么狄更斯在《荒凉山庄》的开篇为大斑龙选择这样潮湿的出场环境，“像大型蜥蜴一样蹒跚着爬上霍尔本山”。向山下望去，霍尔本桥是伦敦大火摧毁区域的西北边界，你可以看到很多优雅的新古典风格的砖房，它们取代了这一带都铎王朝和詹姆斯一世时期的建筑。而当你登上雪丘时，向右望就能看到新金融城的中心，那就犹如一片由克里斯托弗·雷恩式的尖顶——共有近 50 个——构成的森林 . 这些建筑的尖顶由银灰色的波特兰石建造，此时已不再锃亮如新，仿佛正遭受着海运产生的煤烟的污染。

现在，你走到了丑陋的新门监狱，此时的它比它的前身惠特监狱更庞大，阴森程度丝毫不减。1702 年被监禁于此的丹尼尔·笛福曾说:“那里象征着地狱，也是地狱之门”。这里的囚犯或已经或将要在与其相邻的中央刑事法庭——也被称为“老贝利”——接受审判，那里也是我们的下一站。右转沿监狱围墙走向老贝利，它距离拉德门只有一分钟路程。今天是法律界的大日子，是国王刑事听审委任状委员会的八个工作日之一，关押在新门监狱的囚犯将迎来最终裁决，他们也许会被释放、被处死或被惩罚。老贝利是伦敦金融城和米德尔赛克斯郡的重罪犯们接受审判的地方，他们的罪行包括谋杀、强奸、鸡奸和制造假币，但重点是盗窃、抢劫等与财产相关的罪行，还有欺骗、造假和诽谤等与道德相关的罪行。整个庭审过程会让你看到罪犯们如何被英国的司法之锤砸得稀烂。

在历史学家约翰·斯特莱普的描述中，中央刑事法庭“宏伟宽敞，两边有用于观看庭审的长廊”。它是一栋三层高的砖石建筑，修长的多立克立柱体现出意式建筑的威严。对很多人来说，这里是他们见到的最后一栋文明世界的建筑，临上法庭之前，被告会在受审小屋中紧张地踱步，忐忑地等待。法庭四面的围墙上都装有黑色尖刺，但最惊人的是从室外可以直接看到法庭内部。17 世纪 70 年代初设计新的法庭时，为了通风，减少恶性伤寒在法庭内传播的可能，外墙被取消了——毕竟囚犯们刚从新门监狱那个肮脏的地方过来。后来的事实证明拆除外墙是正确的，1737 年围墙被再次修建起来，结果在 13 年后那次声名狼藉的“黑色庭审”中，包括市长大人和两名法官在内的 60 人皆因感染伤寒去世。

活生生的悲剧将在法庭上演。围观人群就像拥进剧院看戏一样进入法庭的外部庭院，一些社会人士则入座观众席。他们欢呼、嘲讽，在“表演”的每个阶段都不吝啬展露自己的感情，有时还要威胁陪审团改变裁决。

你在观众席上也有一个座位，快过去坐下。

从这个角度看，法庭看起来相当眼熟。被告（或者说犯人，因为大部分重罪嫌疑人被抓后，都被直接投入了新门监狱）站在被告席上，从庭院吹来的风凉飕飕地擦过他们的脖子。一排面色凝重的法官与他们相对而坐，法官们头上是巨大的窗户和装饰着正义之剑、皇家纹章的大理石柱廊。在场的还有书记员和证人。如果犯人的经济条件较好，他还需要一个可靠的辩护证人，花钱可以雇到职业的辩护证人，这样的人就聚集在法庭外，鞋子里插着几根稻草，很容易辨认，就像你在中世纪伦敦的威斯敏斯特大厅见过的那样。

被告席四周围有尖利的铁刺，上方挂着一面长方形的镜子，明亮的反光恰好打在被告的脸上，正好让陪审团能看清楚犯人，以便判断他是否有罪。陪审员并不坐在一起，而是分开坐在法庭两侧，仿佛他们裁判的是一场网球比赛。

交头接耳、窃窃私语的人群逐渐安静下来。一个脸色苍白、浑身颤抖的瘦弱女人步履沉重地走了进来，她的名字叫玛丽·汤姆林斯，来自丹麦圣克莱门特堂区。她扫视了一下法庭，但没找到任何亲友，她的双眼垂了下来。和其他犯人一样，她戴着手铐和脚镣，那都是有罪的象征。这正是问题所在，在18世纪的法律体系中，让人恐惧的特点之一就是，在一个人被证实有罪以前，并没有无罪推定。直到18世纪末，无罪推定这个概念才在进步的法律人士威廉·加罗的努力下引起了世人关注。汤姆林斯面临两项偷钱包的指控，这是死罪，虽然她声称自己偷到的东西价值不过2英镑10便士——相当于当时一个建筑工人年薪的六分之一，可以支付一个月的舞蹈课，相当于现代的500英镑。被问到是否认为自己有罪时，她回答说“无罪”。承认有罪实在毫无意义，只有在极少的情况下承认有罪才会得到从轻发落，而她当然也不想被判死刑，因此保持沉默根本不在讨论之列。

玛丽·汤姆林斯案的第一位原告是商店老板玛莎·理查森，她走到证人席上，声称在盗窃发生那天，犯人尾随她的一位房客走进店里，想偷一块金表，但没能得逞，于是偷了她的钱包。理查森说自己拦住了汤姆林斯，在其他客人面前清点了失窃的钱，并强迫汤姆林斯拿出钱包里的钱，金额跟她丢失的恰好一致。原告随后叫来几个证人，证人们都信誓旦旦地为她作证了。情况对玛丽非常不利。

辩护的任务完全由被告自己承担。那时还没有辩护律师的用武之地，法官们认为律师只会妨碍审判的进行，即兴的审讯才更有可能得到诚实的回答（直到 18 世纪末，受雇佣的辩护律师们才会出场）。玛丽得拿出让人信服的说辞才行，可现下她无精打采，语气犹豫，说话也结结巴巴，让人简直想冲上去问她，到底有没有搞清楚当前的状况。但是，要知道她被捕后一直被关在新门监狱（上一次庭审在五个星期以前），那里环境恶劣，犯人饱受屈辱，正如塞缪尔·佩皮斯笔下记录的那般可怕。另外，她虽然知道自己被捕的原因，但并不知道起诉书的具体内容。

她辩称钱包里的钱是她自己的，当时店里还有 40 个顾客，真正的小偷在他们中间。正襟危坐在法庭两侧的陪审员们蹙眉凝视着她。

她的第二件案子情况也不容乐观。走上证人席的是屠户缇比太太，说玛丽趁她在割羊肉时偷了她 9 先令 6 便士。其中有 3 先令非常破旧，很容易辨认，缇比太太假装说有一块更适合做晚餐的肉，把玛丽骗回了店里，很快认出了自己被偷的钱。玛丽·汤姆林斯断然否认了一切，却没有可以证明自己拥有良好品德和名誉的证人，不幸的是，人证在审判过程中具有相当大的作用。也许玛丽没法找人作证，同时，既无法律要求、又无得利之处，那些原本可以为她作证的人也不愿出庭。审讯一眨眼就结束了，玛丽的命运要等到周六才会揭晓。

随后，法院还要审理其余的86个案件。在18世纪，法院每天都要匆匆进行20场审判。可别认为那些人命关天的案件会比重婚罪之类的占用更多时间。当然，陪审团也会卖力尽职，留下详细记录，不会有人打盹、走神什么的。

审讯结束后，会有一位法官总结案件。在宣告被告有罪或无罪的时候，他偶尔会眨眨眼、点点头。在1670年审判贵格派教徒、宾夕法尼亚殖民地的创建者威廉·佩恩时，陪审团无法得出让人满意的结论，法官们大吼："我要一个肯定的判决，否则你们都得饿着！"所以，陪审团的决定并不是在理想环境下做出的，凯撒·德·索绪尔写道："陪审团只得回到室内，没有灯，没有食物，他们必须待在这里，直到就嫌疑人有罪或无罪达成一致意见。"

看完判决后，书记员略一沉吟便斩钉截铁地宣判了。刑罚要么简短利落、残酷至极，要么折磨人心，绵绵无期。当时的刑罚主要有三种：绞刑、当众鞭刑和用烧红的烙铁在手上烙印。谋杀、抢劫、入室抢劫、制造假币等危害生命或经济稳定的犯人几乎人手一张泰伯恩刑场的单程票。一些强奸、鸡奸等道德罪犯也会被判绞刑，不过数量较前者要少得多。有些人的审判毫无生还希望：马修·切斯特偷了一匹价值8英镑的母马，靠它在公路上抢劫了两次，抢得一枚金戒指和另一匹马。哦，你已经可以把他当成一个死人了。还有几个入室盗贼，夜闯一栋房屋，偷走了价值50英镑的帽子，他们也必死无疑。如果你犯的是诸如重婚或诽谤等道德罪，可能会被罚款，或戴着颈手枷在感化院里关上一段时间，不过就像之前说的，这类罪名很少。

"轻叛逆罪"，即杀死你的主人——将受到血腥玛丽统治时期对新教教徒施行的惩罚——火刑。在你参观完老贝利不久之后，凯瑟琳·海耶斯就把她的丈夫灌醉并杀死了他，随后又找来两个情人帮忙肢解尸体，扔到了马里波恩的池塘里。丈夫的脑袋被踢进了泰晤士河，却在第二天浮了起来。当局手段高明，把头颅安置在圣玛格丽特教堂庭院的木桩上，这样总会有人认出受害者。海耶斯随后被捕并被判刑，成了英国最后一个被活活烧死的女人。制造假币也会被判处同样炽烈的刑罚。就偷窃来说，如果窃得物品价值超过 40 先令（大约是现代的 440 英镑），也就等于站在了绞刑架前。如果盗窃价值接近 40 先令，从理论上说也可以判处罪犯死刑。让人震惊的是，真的有人因此被处死，但幸好还有一条至关重要、可以挽救生命的规定——这类判决可以对神职人员网开一面。

这是中世纪留下来的传统，神职人员可以要求由基督教法庭进行审判（他们的审判一般比较轻），只要朗诵《诗篇》第 51 篇的“免罪诗”证明自己识字即可减轻罪行：“主啊，求你以你的慈爱恩待我，以你丰盛的怜悯涂抹我过往的罪。”到了 18 世纪，这种“神职福利”范围扩大，任何人——无论是否是神职人员——只要大声朗读“免罪诗”或一篇哥特字体的《新约》诗歌，就可以得到轻判。如果他们读得不错，死刑会被减为用烙铁在手掌上烙一个“F”（felon，意为重罪）。女性到 1697 年才跟男性一样享有这项福利。

什么样的朗读才算不错，很大程度上取决于法官的判断。一个心怀慈悲的法官可能会把勉为其难的嘟囔看作是识字的证明，也会选择忽视犯人身上已有的烙印（从原则上说，“神职福利”只能享受一次），而一个嗜虐成性的法官可能会从《圣经》里随机选取几段，要求犯人发音标准、准确传达含义，做不到的话，这些半文盲或文盲犯人就只有死路一条，尽管他们的罪状可能不过是偷了一件刺绣马甲。

最后一种主要的刑罚是当众鞭刑，适用于情节较轻的盗窃罪（偷盗物品的价值低于 1 先令，大约相当于 21 世纪的 10 英镑），这些罪犯一般不在老贝利受刑，地方法官倾向于将他们送到布莱德威尔感化院。有时，为了挽救罪犯的生命，善良的陪审员会将被盗物品“降价”到 1 先令，这样最后的判决就是鞭刑，而不是死刑。

在这个时代，成为被告是一件非常悲惨的事，在此前的 20 年间，刑事司法系统变得越加残暴严酷。1690 年以后，法典中加入了更多死罪，会被判处绞刑的罪行包括白日抢劫和入室抢劫（1691）、制造假币（1697）、偷盗商店内价值超过 5 先令的物品（1699）、偷盗主人家价值 40 先令的物品。更糟糕的是，除了商店盗窃法令之外，上述罪行都不能享受“神职福利”，被抓到的下场很可能就是被绞死。在一个缺乏集权统治、缺乏统一有效的警察部门的国家，这种残酷的刑事司法系统完全是为了保护有产阶层的利益，1660 年前后，他们的财产随着经济的发展大大增加，而所有的地方法官和陪审团的主体也都出自这个阶层。

在此后的几十年中，法律会变得更加严酷。1723 年之后，非法砍倒一棵树或偷了一只羊就可能被判处死刑。在某些方面，此时的刑罚比中世纪还要严酷。14 世纪，参与骚乱可能会被判处一年零一天监禁，而在 1741 年，《取缔暴动法》颁布后，同样的情况则会被判处死刑，且没有“神职福利”。

是什么造成了这样的变化？在很大程度上，正是伊丽莎白·马利特这类人和新闻媒体促成了犯罪报道的变化。关于犯罪事件的早期报道常以歌谣和手册的形式传播，大多是浪漫、哗众取宠、近乎虚构的。但是，从 17 世纪后期开始，随着新闻产业的蓬勃发展，报道变得更为真实、准确，虽然部分报道仍然有夸大之嫌。老贝利的详细报道令人悲伤，新门监狱死刑犯们带有说教性质的自述也纷纷被刊出。有一些教士相当冷酷无情。18 世纪 70 年代，新门监狱的教士约翰·维利特将一个年轻男孩送往泰伯恩刑场。就在死刑执行前，有人自首认罪，给了这个男孩生的希望，但维利特却说没时间在意这些细节，最重要的是杀鸡儆猴，男孩是否无辜无关紧要。幸亏执行死刑的副官不同意他的看法，可怜的男孩才幸免于难。

与犯罪报道结伴而来的还有贫民移民潮，它拉高了伦敦的死亡率，在伦敦人心里烙下了罪案攀升、世风日下的印象。这激起了加重刑罚的呼声，1701 年出版的一本小册子就被定名为《绞刑远远不够》，由此可见一斑。在 18 世纪的社会精英眼里，犯罪行为不是由恶劣的社会和经济环境造成的，而是与孱弱的道德感、自甘堕落的个体和劣民本性有关。另外，那时也没有像巴纳多医生这样的人提出异议、施以援手，社会对犯罪的极端情绪日益激烈。

几天以后再回来听审判结果，你会看到伦敦城和米德尔赛克斯郡的陪审团离开法庭去讨论，回来后分两批宣布了判决。在这 86 名被告中，有 18 人被判处死刑，他们跌坐在镣铐之间，满眼噙泪地望向亲友；有 20 人得到了神职福利，一名法庭工作人员将烧红的烙铁摁在了他们的手掌上；21 人被判在伦敦的街道上接受当众鞭刑；4 人要交罚金、戴颈手枷并被监禁一段时间；其余的 23 人大松了一口气，他们被判无罪，马上就能得到释放。陪审团低估了一些物品的价值——被偷的是粥盆而非高级帽子、是价值 10 先令而非 60 先令的假发、是几块培根而非几码长的平纹细布和亚麻布、是一个马鞍而非 8 英斗的白玉米——犯人才侥幸捡回性命。你会发现，在这个飞速发展的消费主义社会中，物的价值远远超过了人。

偷钱包的玛丽·汤姆林斯怎么样了？有罪。通常情况下，她会被判处死刑，但她称自己已经怀孕，希望能借此逃过一劫。陪审团中有一名妇人证明她的确怀孕了。慈悲的英国刑事司法系统已将这种情况考虑在内，她可以活到孩子出生，再执行死刑。

对于玛丽这样戴着镣铐回到牢房、等待圣墓教堂钟声响起的人而言，皇家赦免是他们最后的希望。没有前科且其罪行未对他人生命造成威胁的罪犯有很大希望被内阁委员会撤销死刑。委员会一旦得出结论，一张“死亡令状”就会被送到新门监狱，那些由受绞刑改为其他刑罚或得到赦免的罪犯，名字旁边潦草地标记着黑色的“H”。这种内阁赦免是当时残酷司法体系的一剂解药，1714—1767 年，约有一半的死刑判决被撤销。不过从 1717 年起，很多得到赦免的犯人结果并不比死刑好多少——或者说更糟，他们都被改为了流放。

“铲除国内的犯罪分子”

如果在 1717 年参观老贝利，你会发现烙印、鞭打这类刑罚在当局者眼里已经不够有威慑力，取而代之的是流放至美洲殖民地。1731 年出版的一本手册坦率地写道，精英阶层不想看到太多人在泰伯恩刑场被处死，他们认为天主教风格的独裁主义不符合英国的自由思想，而流放则是一种“铲除国内的犯罪分子，但不必杀死他们”

的好办法。在此后的50年中，很少有人被判处死刑，但有上万名伦敦人——即三分之二以上的重罪犯——被迫离开家园，跨越大西洋，成为美洲种植园里的奴隶，在那儿劳作7年、14年，甚至终身。从我们现在的角度看，很多人的罪行都是微不足道的，最多在警察局被打打手腕，或是交些罚款。

在流放制度下，关于伦敦的最后记忆总是令人心酸。有时从接到通知到离开只隔一个晚上，犯人们还来不及跟也许要永别的家人告别，就被锁链锁在一起，“像被捆在一起的动物或奴隶”，两两并排从新门监狱走到黑衣修士桥的驳船上，再被送到下游的远洋船去。看到这样的场景，路上的马车和轿子纷纷停下，上班途中的人们则会一时兴起，嘲笑着向被流放的犯人丢石块，从中获取片刻自娱。

偶尔，黑衣修士区也会出现别的场面。一次，罪犯队伍中的一个伦敦人惊讶地发现自己的老房东在黑衣修士台阶上等着自己。“看到你被流放，我很遗憾。”房东说。戴着镣铐的犯人努力伸出手去，渴望触碰一丝人性的温暖，毕竟七年的奴役正等着他。“我们还没有那么熟！”房东却恶狠狠地说，“想到你没被绞死，我还要遗憾一万倍！”结果他的前房客不假思索地把一个酒瓶砸到了他脸上。

尽管老贝利曾上演过无数残酷行径，但还是有许多非英国作家对其不吝赞美。很多法国哲学家，尤其是伏尔泰和孟德斯鸠，都极力赞颂英国的法律系统，认为它是公正的典范。谁会否认呢？它以人身保护法为核心，这意味着每一个人都有权得到审判，由公开选出的陪审团决定他们是否有罪。而在法国，要再过70多年才出现类似的制度（虽然人身保护法此时正由于詹姆斯党叛乱而暂时被搁置）。

当你回到黑马旅店吃晚饭时，会看到桌上放着一份《每日新闻》。

翻到广告页，你会看到第三条启事：

> 周五晚8点整在市政厅丢失钱包一个，银表一只，表盘上有制表人的名字（怀特曼），配有银链及三角钢印。如能送回面包街斯蒂尔咖啡屋，鄙人将毫不犹豫奉上40先令致谢。

写得不错。吃饭时，有住客说国王很不高兴见到上议院对叛党施与怜悯，不过也有很多人认为那只是一种策略，他们迟早会被赦免的。

1716年2月24日，星期五

“世界的缩影”：皇家交易所

好好睡个懒觉，在城市重新喧闹起来之后，你应该去一趟伦敦城最主要的商业街之一——康希尔，感受一下大不列颠怦怦跳动的经济心脏。沿着河岸街、舰队街和齐普赛街走走吧，凯撒·德·索绪尔在这里发现了欧洲最佳的橱窗风景。

走到交易巷的路口，就会看到在阳光中隐现的鸿图华构，高大的拱廊、柯林斯式立柱，以及三层钟塔（能与雷恩的尖顶媲美）——看啊，那就是宏伟壮丽的皇家交易所。它的建造灵感源于安特卫普交易所，在都铎时期的金融家托马斯·格雷沙姆的倡导下于1569年开放，创建初衷是为了“让交易更快捷”。交易所坐落在伦敦的一个制高点，从钟楼顶上凝望大厅圆顶，可以看到上面的风向标——一只金色铜铸的蚱蜢，它是格雷沙姆家族的象征。你右边的栏杆后面是一个球体，其四角也有蚱蜢雕塑。

交易所的钟声每天敲响两次，以示交易开始：正午一次，晚上6点一次。严格的规定是为了督促人们专注严肃、增强商谈的建设性，促成交易，杜绝夸夸其谈和无所事事（虽然这样的人也有不少）。

正午交易快要开始了，准备进去吧。

根据内德·沃德的记载，交易所大门周边围满了人，兜售“给盲人的假眼、给缺牙的人的假牙、给视力差的人的放大镜”。无须理会他们，径直走向大拱门即可。此时，里面传来“无休止的嗡嗡声，仿佛远处大海的阵阵涛声”，随后喧闹声越来越大，你也将随之踏入全球贸易的中心——大英帝国那颗强有力的商贸心脏。

准备好了吗？

步入交易大厅，你会看到藏在一笔笔惊人的商贸交易中的“世界的缩影”。商人们穿戴各异，一手拿着摘录簿，一手拿着烟斗，挤在柱子之间走来走去，伸长脖子读着各类广告和显示物资、商品、股票价格的市价表。在这个人声鼎沸的交易万花筒中，他们如雷达般搜寻着潜在的牵线贵人，纵使步伐焦躁，仍不忘牵好手中的小狗，他们时而向友人点头致意，时而高声召唤公证人，时而凝神细听别人的谈话，时而拿着交易单在人群间游走。交易所广场中央有一座查理二世骑马的雕像，它的四周是商业的海洋，是国家和商人之间互惠互利的象征。英国历代国王和王后的雕像从高处的壁龛上俯视着大厅，但其中一些雕像的保存状况并不理想，还有一些空着的壁龛正静候未来的主人入驻，当时正共同统治英国的威廉三世和玛丽二世也将挤进一个壁龛中。

交易大厅是个用卵石精心铺就的开放式交易场所，围着一条由近30个圆拱组成的柱廊，柱廊的地面铺着黑白相间的瓷砖，就像一个每时每刻都有人在下赌注的棋盘。在这里，每天都有大笔财富进出。人们手中的烟斗喷出的烟雾从大厅悠悠飘往上层的奢侈品店，又从奢侈品店悠悠飘上天空。如果你去过罗马，这里也许会让你想起万神殿，不过在这儿，人们供奉的神明只有一位——财富。

在亲英派启蒙哲学家伏尔泰看来，对财富的追求反映了更大的包容度和人性的力量。18世纪20年代，被流放到伦敦的他这样描述皇家交易所："犹太人、穆斯林和基督教徒在同一个屋檐下交易，仿佛他们信奉的是同一种宗教，唯一的异教徒就是破产的人。"一位观察者写道，"没有什么地方能像皇家交易所那样吸引我"，它让大都会成了"全世界的百货公司……通过一项共同的事务将世界各地的人们紧密联结……自然的馈赠得以流通，潦倒的贫民找到了生计，富人财源滚滚，伟人名誉更盛"。在交易所，名誉就是一切。最好不要穿戴华丽浮夸的服饰，那会削弱与商业成功密不可分的诚实感和冷静感，而交易的成功在很大程度上取决于一个人的信用和名誉（这和崇尚男子气概、极端个人主义的华尔街有所不同）。

柱廊里的立柱划分出了不同区域，形成一条条小道，标明不同商品的商人和批发商所在的位置。只要几分钟，你就可以把全球贸易探访个遍。在小道两侧，商人们正和供应商协商，公证员埋头起草合同（如需翻译还要额外准备一份），船长们忙着提供运输服务，时时有掮客从中斡旋、助力。在大厅西南侧，大量商人汇集在东印度小道和弗吉尼亚小道上谈着香料和烟草生意。请大胆走到交易所中央的加那利小道（名字源于加那利群岛，那里也是加那利葡萄酒的原产地），你身边会挤满葡萄酒商人，一旁还有高声交谈着的杂货铺和药店老板，以及密切留意着四周状况的中间商。

1697 年，一项惩罚性法规出台，将经纪人的人数限定在 100 人以内，并要求他们缴纳行为检点保证金，同时还将他们的佣金压低至成交额的八百分之一，低得可笑。很多经纪人因此放弃了皇家交易所，转战交易巷里的咖啡屋。有一些人留了下来，不过他们的信誉还是令人质疑，有人甚至为了操纵货物价格散播假消息。

此外，这里还有一些非法活动。我们已经说过，人们喜欢就海外战事打赌，尤其是在战争期间贸易大幅衰退时，其产生的恶劣影响也会波及选区。据说，在安妮女王当政时期，经纪人曾在皇家交易所把“腐败选区”[①]拍给出价最高的人，此后每次普选，“腐败选区”的购得者就可以在下议院拥有两个议员席位。

不要在巴巴多斯和牙买加小道多作停留，据内德·沃德说，这里是“绑架者小道”，药剂商小道恰好与它们紧邻。同时还要小心别被带去附近的酒馆，否则你可能会被灌醉，在夜深人静时被劫到美洲的种植园去（随着欧洲国家的北美殖民地的发展，“秘密转移”[②]这个词也进入了英语词汇）。

内德·沃德对外国人的偏见并不比大多数英格兰人更严重，他带着极大的热情拥抱了交易所的多元文化。在一次正午交易时，他来到了这里——

> 一帮意大利人……像是嘟嘟囔囔的怪物……长相粗鲁，腰身很娘，屁股就像弗兰德母马一样……朋友告诉我这是荷兰人，

①人口不足，但仍有两个下议院议员名额的选区。

② spirited away，原文有“喝醉以后被带走”的意思。

欧洲的水上老鼠……还有几个直发的形式主义者，戴着扁帽子，穿着短斗篷，步伐沉重得就像白菜叶上爬着的蜗牛……我的朋友说这些是西班牙人……他们身上蒜味浓重，就像博洛尼亚大红肠……（英格兰的）小丑邻居（法国人），他们说话的时候不大张嘴，喜欢摇头摆手……那些像骑在鞍上一样端坐在交易所的长椅上、头发略红、满脸雀斑、瘦削邋遢的人，特别喜欢抓挠和耸肩……他们是苏格兰和爱尔兰人，应该是来寻找生意，而不是给别人带来生意的。

感觉内德·沃德可能也爬过巴别塔。

钟声响起，标志着正午交易结束。我们接下来的计划是去交易巷的盖乐威咖啡屋看一场烛光拍卖。不过有个小问题——你可能进不去。汹涌的人潮从巷口涌出，浩浩荡荡奔塔山而去。看样子，德温特沃特伯爵和另一个詹姆斯党叛乱分子将在今天下午被处决。

一定会有一场好戏。

死亡区域

塔山上人山人海，人群像秃鹫一样围着栅栏里的方形绞刑架。一大队皇家骑兵包围着这片死亡区域。绞刑架对面，庄严的伦敦塔隐现于护城河后，海鸥在诺曼风格的角楼上聚集、盘旋。不少人争先恐后地拥上附近建筑的高层阳台，只为找个好角度一睹为快。小商贩们叫卖着小册子和苹果，小狗在人群中窜来窜去。兴奋的观众们拼命往前挤，想看得更清楚些。小孩子在父母的肩头上睁大了惊恐的双眼——这是很多小孩第一次观看死刑，那场景会一直留在他们脑海中，留一辈子。

达德利·赖德也挤在人群中，汗流浃背、气喘吁吁。今天早些时候，在中殿，他从女仆那儿听到一则流言，说国王已决定将叛党处决暂缓 40 天。后来他写道："我一点都不信，我知道托利党人就喜欢传播他们愿意相信的消息自欺欺人，于是我决定马上进城寻找事情的真相。"他从住在主教门的兄弟那儿得知，处决仍会进行，而且是马上执行！他感到如释重负，最终如愿以偿地观看了行刑，目睹詹姆斯党恶棍受死。他已迫不及待要去希腊咖啡屋参加博学之士的晚间讨论。这可是大事件，上一次公开执行死刑还是 31 年前。

在这片浸透了鲜血的绿地上，第一个被处死的人是农民革命时期的罗伯特·海尔斯爵士——百姓深恶痛绝的人头税的官方责任人。在此后的一百多年间，还有更多人——托马斯·莫尔爵士、安妮·博林的兄弟乔治·博林、萨默塞特公爵爱德华·西摩尔（萨默赛特宫的修建者）、劳德大主教，以及现在这位年轻的德温特沃特伯爵——不是被狂暴的农民，而是被政府屠杀于此。的确有几次是字面意义上的"屠杀"。德温特沃特伯爵詹姆斯·莱德克利夫被带出马车时，默默希望自己不要重蹈蒙茅斯公爵的覆辙。1685 年这位公爵被执行死刑时，醉醺醺的皇家行刑者杰克·凯奇干活儿很不利落，砍了五次才把公爵的头砍掉（中途他失去兴致还想放弃，最后不得不放弃斧头、用刀把活儿干完）。1683 年杰克·凯奇要处死罗素勋爵之前，从勋爵那儿收了 10 基尼，凯利·格罗威尔称之为"砍头费"。但也没有什么好结果，罗素被砍了很多下，血流成河。洛瓦特勋爵是最后一个在这里被执行死刑的人，那时已是 1747 年。在去往冥界的卡戎之船[①]上，他将意外地发现自己并不是孤身一人，因为在行刑现场有一排承载了上千人的观刑架发生倒塌，造成12人死亡。

一辆出租马车行至绞刑架前。年轻的德温特沃特伯爵走了出来，他身体健壮，眼中却充满悲伤。他被带上绞架台，几个官员向他致意。然后他跪下祈祷。被处死之后，他的头和身体将会被包裹在黑布之中，放进马车运回伦敦塔，跟他来这里时几乎一样。

他是查理二世和情妇摩尔·戴维斯的外孙，在法国圣日耳曼区的流放地长大，是被称为“老僭王”的詹姆斯二世之子爱德华的密友，詹姆斯二世同样逃往了法国。作为不愿妥协的天主教詹姆斯党人，他身上流淌着斯图亚特王朝的血脉，正是新当权者最想除掉的人。由于信奉天主教，他临死的时候身边没有神父，只有一位伦敦治安官、几位其他官员，还有拿着斧头的行刑者。

他发表了一段简短的演说，观众中有人迅速、潦草地记录了下来，送去报社发表，其中含有记录者们自己的评述，虽然有的人根本没听清楚。

他宣称自己是无辜的，将昂着头走向死亡，他没有罪，除了效忠真正的、神圣的统治者詹姆斯三世。愿上帝保佑他的灵魂。

他跪倒在木台上，头枕着冰冷的架子，闭上眼睛，张开了双臂。行刑人两腿张开站在他身后，举起斧头。人群中，男女老幼兴奋地交换着眼神，激动地期待着利斧落下的那一刻。斧头被刽子手高高举过头顶，在阳光下闪着寒光。人群安静了下来。

斧头猛然落下，切过年轻人的血肉、颈椎和咽喉，就像切过一

①卡戎（Charon），希腊神话中冥河上的摆渡人。

块黄油。那头颅像树上的苹果一样“扑通”掉了下来，从身躯边滚过，宛如一滴泪珠。刽子手抓起头颅的双颊：

“这就是叛国者的头！上帝保佑乔治国王！”

尾声：达德利·赖德的伦敦回响

18 世纪的伦敦已然可感受到现代气息，尽管这座城市在 20 世纪经历了希特勒的轰炸和大规模重建，但还是留下了不少 18 世纪的建筑。尤其在西区，那里仍是高档社区，梅菲尔的房价更是跻身全球最贵之列。布卢姆茨伯里的贝德福德广场也许是乔治王朝时期最好的广场，就在托特纳姆法院路附近。不过圣詹姆斯广场、马里波恩的曼彻斯特广场和霍尔本的格雷律师学院广场也很值得一看。一场精彩旅行的最佳起点就是约翰逊博士那保存完好的连排别墅，它位于高夫广场 17 号，是舰队街边迷宫般小巷中的建筑宝藏。不过，达德利·赖德日记里写到的乔治王朝早期的建筑却不那么容易见到了。

苏荷区的米尔德路是我个人的最爱，它在 18 世纪 20 年代开始规划，又在 1732 年新添了一块嵌入式白色街牌。这条街上的房子用的砖颜色更红，这是伦敦大火之后、安妮女王时代早期的建筑特色。令人陶醉的福尼尔街位于斯皮塔佛德，街上有全英国最迷人的乔治亚联排别墅，其中一些房屋的修建时间可以追溯到 18 世纪 20 年代，后来这里由信奉胡格诺教的纺织工居住。圣詹姆斯的皮克林广场是伦敦最小的公共广场，也是为数不多的还点着煤气灯的地方。这里的建筑规划于 18 世纪 30 年代，部分房屋现已归著名的葡萄酒商“贝瑞兄弟与路德”所有。有个古老的说法认为，这里是伦敦最后一场公开决斗的事发地，但这条传言有些可疑，因为选在这里看上去很危险（当然是对这里的住户来说）。

贝特莱姆医院的对外开放展出活动直到 1770 年才被叫停。但讽刺的是，事实证明禁止参观对很多病人来说更为糟糕，因为在完全与世隔绝后，他们更容易被虐待和忽视。1814 年，贵格派的人道主义者爱德华 · 维克菲尔德提出应对这所精神病院进行系统改革，并发表了一份关于当时医院状况的令人痛心的报告。报告中讲述了半裸的男女病人被铁链监禁在“狗窝”里，其中有名美国水手甚至已被拴在同一个地方达十多年之久。后来，萨瑟克的圣乔治园地建起了一家新的精神病院，其伦理准则亦有了很大提高。它留存到了 21 世纪，目前位于伦敦南部的贝肯汉姆，精神疾病患者在此受到了严格保护，远离公众视线。

至于其他地方，有的已然消失，有的留存至今。18 世纪的酒馆还散布在伦敦各处，可惜的是，随着时间流逝，原来的咖啡屋已经不复存在。很多咖啡屋在 18 世纪后期变成了俱乐部、旅馆和酒馆，有的则湮没无闻。河岸街 213 号的乔治酒馆内倒还跟当年聚满智者、律师的乔治咖啡屋一模一样，不过后来它又在酒馆外加了一个仿都铎风格的门面。希腊咖啡屋在 1843 年被改造成了一家酒吧。考文特花园的巴顿咖啡屋现在是一家星巴克。这些地方连一块标志历史建筑的蓝色标牌都没有，不过你还是能找到朗伯德街上的劳埃德咖啡屋、交易巷的盖乐威和乔纳森咖啡屋，以及德弗罗小道上的希腊咖啡屋等的原址。如果想体验乔治王朝时期布满灰尘、烛光昏暗的咖啡屋气氛，可以试试克拉肯威尔的“耶路撒冷酒馆”，或是位于康希尔的“乔治和秃鹰”。

一些原始的街牌幸存了下来，比如威斯敏斯特的史密斯广场（1726）、考利街（1722），沃平的奇格韦尔街（1678）和考文特花园里现已更名为塔维斯托克街的原约克街（1636）。刻在建筑物凹陷处的石质街牌时不时还会出现，但更早那些装饰着画或雕刻的商店招牌大都很难再找到。在金融城的朗伯德街你还能看到些历史的标记，比如爱德华时期复制的格雷沙姆金色蚱蜢，引人注意的猫和小提琴标志等。可惜考文特花园里可以喝东西的小馆子一个都找不到了，烟花之所也是如此（据我所知）。在伦敦交通博物馆中，你还能看到一套1780年前后制造的轿子座椅和轿杆，伦敦博物馆也收藏了一套，年代更早一些，在1700年前后。它们看起来比想象中更结实、更光滑。

舰队街已经失去了往日的荣光，这里的报刊编辑室和印刷厂变成了律师事务所、连锁餐厅和投资银行。不过，一些散发着霉味的橡木桶留存下了早年间那些酒馆的痕迹。没有到访过柴郡奶酪酒馆的舰队街游览活动是不完整的，约翰逊博士可是当年酒馆的常客。老钟楼也依然矗立在拉德门对面，歌革和玛各还在西边的圣登士丹教堂掌管着时间。街另一头优美的圣布莱德教堂仍是新闻从业者的精神家园，社会上层精英们也会回到这里结婚、让孩子受洗或举行葬礼。当然了，现在的舰队河已经转入地下，法灵顿街和法灵顿路沿着河道延伸。趴在雷伊街的“马车与马”酒吧外的下水道边，还是能听到下方河流的潺潺水声。在伊丽莎白·马利特创办《每日新闻》的大致位置有一块牌子，不过它被放错了，应该在街道的另一侧。更远处的一块牌子标明了拉德门的位置，而当初的“伦敦咖啡屋”现在变成了一家诡异的酒吧——“古老伦敦”。林肯律师学院广场中的长老会集会屋已被一栋巨大的钢筋水泥建筑取代，但其他非国教信徒集会地还可以在斯托克纽因顿和哈克尼找到。

在重建的老贝利，你还是可以站在长廊里观看审判——依然免费，现在的这栋建筑建于20世纪早期。皇家交易所仍然位于康希尔，第二次重建后于1844年开放，屋顶上立着蚱蜢风向标。不过这栋建筑的朝向改变了，它现在面对着齐普赛街，而不是交易巷的巷口。如今，比起其内部的活动，这栋古典式建筑的外观实在太过庄严。楼内已经没有什么贸易了，这里变成了富有的金融人士逛街购物、吃牡蛎、喝香槟的地方。最后是塔山，原来的绞刑架所在地竖着一块浅绿色的石碑，“用以纪念那段悲剧的历史，很多殉难者为了信仰、国家和理想付出了生命的代价”（我不确定达德利·赖德是否会同意这番赞词）。石碑提到了一些著名的殉难者，其中包括詹姆斯·莱德克利夫，第三代德温特沃特伯爵。

自从 1710 年皇家学会将总部搬到舰队街附近的克莱恩大院后，希腊咖啡屋就成了自然哲学家们非正式的聚会场所和辩论的论坛。在皇家学院观摩过实验后，他们喜欢到这儿来抽抽烟、喝喝咖啡。

回到今天

现在该回到你自己的世界了。时间机器待你不薄，否则你很有可能降落在一些危急的时间或地点，比如闪电战时期的伯蒙德西，9世纪维京海盗肆虐的隆登威克，5世纪罗马人撤离后野兽出没的荒城，或是布狄卡女王将一切焚为灰烬的那年，甚至是不远的将来、伦敦沉入水下的那天。

虽然没看到某一年代的全景有些遗憾，但你所经历的片段亦光辉闪闪。如果我们有时间，还有很多地方该去看看，比如罗马时期的伦敦，约翰逊博士和他的黑猫霍奇所在的伦敦，还有那“摇摆的60年代”。

你经历过伦敦历史上六个不同的年份——1390年、1603年、1665年、1716年、1884年和1957年——每一年都别有意味。我们首先去了莎士比亚时期的戏剧之城，它血气方刚，迫切希望展现人类对自然和弱者的支配，有着精致花园、烟草卖店和金鹿号博物馆。同时它还是座好奇心之城，每天下午木造剧院中都会上演发人深省的戏剧。莎士比亚时期的伦敦可谓一座支配之城、探索之城。随后我们来到了充满暴力和不安的中世纪，这时的伦敦被束缚在教堂的说教和对死后世界的关注中，它与莎士比亚时期形成的强烈对比，一如席卷欧洲的文艺复兴和宗教改革所引起的巨变，令我们刻骨铭心。接下来是1665年的伦敦，景象如同博斯画笔下的噩梦，一个遭受瘟疫和大火双重打击的城市，开始伸展开触手，将临近的郊区纳入怀中并开始“驱逐乡村之神”。

之后我们到了维多利亚时期的伦敦！这时的帝国大都会矛盾重重：自以为是的道德领袖和令人沉迷的色情文化共生；科学蓬勃发展，但人们对怪物展的痴迷也不见消退；社会还大规模地制造各种商品化娱乐内容，供大众消遣。20世纪50年代后期，伦敦终于从闪电战后的满目疮痍中重生，自此，伦敦高楼渐起，即使尚属单调简陋的地方，也开始逐渐有了自己的缤纷色彩，比如苏荷区和切尔西。社会开始摇摆，为向60年代进发铺平了大道。最后，我们又跳回了现代社会痕迹初现的大熔炉——乔治王朝时期气氛轻松的商业化伦敦。那里咖啡屋遍地，作为国际贸易中心一片繁荣，大众媒体也已萌芽。伦敦的现代化建设正如火如荼，但城市的黑暗面仍然随处可见。社会“文明”的表面之下涌动着原始的张力，帝国开始成型，部分得益于奴隶制。人命低贱的现实旷日持久，活生生的人命甚至不如一条裙子或丝绸手帕值钱。

现在你回到了21世纪的伦敦，经历了这场冒险之后，你对伦敦有了什么新看法？历史学家对历史的感知常常受到他们当下生活的经验和考量影响，不过对你来说，或许可以因果对调一下，用你在历史长河中游历的经历，去影响你对当下城市的看法。或许，你会以全新的视角看待市政公屋，你会觉得与18世纪活跃、友好的咖啡屋相比，如今的星巴克显得枯燥无味。考文特花园不再是套路满满的旅游陷阱，而是城市革命时阵痛的象征。中世纪严格的宵禁仍让你心有余悸，如今的伦敦夜生活则回味悠长。很遗憾，现在的泰晤士河几乎已无用武之地。要不要像玛丽·匡特那样，试着捕捉全新的潮流气息，开始一番冒险的创业之旅？说到创新，回想一下都铎王朝时期，烟草屋中拥有宗教般力量的烟草，你就会把电子烟看作是对古老传统的改良，而非某种全新创造。走过伦敦桥南边的钢筋水泥丛林时稍作停留，仿佛还能听到旧时头颅看守人在露齿而笑的骷髅旁拨弄鲁特琴的颤音。买一只鹰，开一家饮品店，把真人秀看作现代疯人院，再思考一下伦敦是如何在移民潮中繁荣发展的。要是又一场传染病气势汹汹而来，比如埃博拉病毒，这座城市又有何良策、能否安然？

无论作哪种比较，无论在何处徜徉，无论是21世纪的布卢姆茨伯里，还是17世纪的河岸区，总会有新的发现等待着你，总会有新的大门赫然洞开。皆因如此种种，漫步在伦敦街头，才如一场华丽冒险，让人心向往之。

参考阅读

总体性研究

关于伦敦历史的文学作品就像这座城市本身一样无穷无尽、让人应接不暇。要将一切内容列在这里将会显得可笑而徒劳，无法在现有的篇幅内实现。本书部分内容基于一手资料，同时我也受惠于诸多二手资料，在此列出我要致以感谢的主要作品，我希望它们也能为那些想要更细致地探讨某些主题的读者提供一个出发点。

Roy Porter 在他的 *London: A Social History* (1994) 一书中对伦敦从罗马时期到 20 世纪末或 21 世纪初的通史作了简明、紧凑的描述。Peter Ackroyd 的 *London: the Biography* 为此锦上添花，让人们对于他热爱着的这座城市有一种诗意的印象。Stephen Inwood, *A History of London* (1998)；Ben Weinreb, Christopher Hibbert, Julia Keay and John Keay eds., *The London Encyclopaedia*, 3rd edn (2008) 也同样有趣。Ed Glinert, *The London Compendium* (2003) 则是一部简洁、风趣的杰作。

我并未说是我发明了历史性的时间旅行这种写法，事实绝非如此。目前以第二人称描述旧伦敦、用现在时进行写作的作品还包括 Norman Lloyd Williams, *Tudor London Visited* (1991)；Richard Tames, *Shakespeare's London on Five Groats a Day* (2009)；Moira Butterfield, *London: A Time Traveller's Guide* (2013), 这是一本写给孩子的书；当然还有 Ian Mortimer（她还有更多书将会出版）撰写的出色作品 *Time Traveller's Guide to Medieval England* (2009) 与 *Time Traveller's Guide to Elizabethan England* (2012)。后面还会提到 Liza

Picard 描写伦敦的书，其中的部分内容也采用了以过去为背景的徒步旅行的形式。

莎士比亚时期的伦敦

John Stow 所著的 *A Survey of London , Written in the Year 1598* (1598 出版，1603 年修订）对于 17 世纪的伦敦的描述极有价值。

旅游者的日记（虽然有时可能有些夸大）清楚而极富说服力地描绘了莎士比亚时代伦敦的诸多方面，比如 P. Razell ed., *The Journals of Two Travellers in Elizabethan and Early Stuart England: Thomas Platter and Horatio Busino* (1994); Paul Hentzner, *A Journey into England* (1598); J. G. Nichols ed., *The Diary of Henry Machyn, 1550–1563*, Camden Society 42 (1848)。还有一份很有用的汇编：W. B. Rye ed., *England as seen by foreigners in the days of Elizabeth and James I* (1865)。Liza Picard, *Elizabeth's London: Everyday Life in Elizabethan London* (2003); Stephen Porter, *Shakespeare's London: Everyday Life in London, 1580–1616* (2009) 同样具有重要价值。要通过幸存下来的物品和文物来探究过去时代人的精神世界，请参见 Neil MacGregor, *Shakespeare's Restless World* (2013)。

伦敦的 *Civitas Londinium* 地图（被称为 Agas map)，最早在 1560 年前后由木板印刷而成，一直是重要的历史资料。另外，从网上可以免费获得一份可缩放的地图，地址：http://mapo ondon.uvic.ca/LOND3.htm。

关于斗牛和斗熊，大部分内容都是由近当代目击者的生动描述总结而成，但也可以在Martin Holmes, *Elizabethan London* (1969); Hannah Velten, *Beastly London: A History of Animals in the City* (2013); Giles Dawson, *London's Bull-Baiting and Bear-Baiting Arena in 1562* (1964); Joseph Quincy Adams, *Shakespearean Playhouses* (1917)，以及当代的全景照片和地图中看到。

关于獒犬，可参考 John Caius, *De Canibus Britannicis* (1570)。

关于圣保罗大教堂广场的书商，有一本非常珍贵的指南，附有详细的地 图， 即 Peter Blayney, *The Bookshops in Paul's Cross Churchyard* (1990)。

关于一般的图书贸易，可参见 H. S. Bennett, *English Books and their Readers 1603–1640* (1970)。关于温金·德·沃德的生平和事业，可参考一本小册子——James Moran, *Wynkyn de Worde, Father of Fleet Street* (1960)，以及 H. S. Bennett, *English Books & Readers, 1475–1557: being a study in the history of the book trade from Caxton to the incorporation of the Stationers' Company* (1952); Ray Boston, *The Essential Fleet Street* (1990)。

如果你想沉浸在前工业化城市的声音景观中，有一本书无疑是不二之选，即 Bruce Smith, *The Acoustic World of Early Modern England* (1999)。其中有街头小贩叫卖歌谣的乐谱，还有一章谈到了环球剧院的音响效果。

在都铎王朝和雅各布王朝时期，伦敦曾有多达 7000 家烟草屋，但却没有关于它们的全面研究。然而，它们在 Eric Burns 极具可读性的作品 *The Smoke of the Gods* (2007) 中占有重要地位，100 年前，多产作家 Walter Besant 在 *London in the Time of the Tudors* (1904) 一书中提出了一系列令人震惊的观点。另外，也可参考 Sandra Bell, *The Subject of Smoke: Tobacco and Early Modern England* (2010)。

烟草的引入带来了一系列富有争议性的小册子，或支持或反对这种"神圣的药草"。关于这一点，我借鉴了以下这些资料：King James I, *A Counterblaste to Tobacco* (1604); Barnaby Rich, *The Honestie of this Age* (1614); Anthony Chute, *Tabaco* (1595); Joshua Sylvester 撰写的标题令人称奇的 *Tobacco Battered and the Pipes Shattered* (1633)，以及"Philaretes", *Work for Chimney Sweepers, Or, a Warning for Tobacconists* (1602)。"Tobacco or Health: An Elizabethan Doctor Speaks," *Health Education Research* 20:1 (2005) 对"Philaretes"采用了现代医学分析方法，并且很好地印证了他的观点。同时，请不要错过 C. Tatman, *The Archaeology of the Clay Tobacco Pipe* (1995)。

关于布商花园，可以特别关注 Penelope Harding, *A History of the Drapers' Company* (1989); Liza Picard，*Elizabeth's London* (2003)。关于都铎王朝的历史、哲学还有雅各布花园的更宽泛的介绍，我特别喜欢 Mireille Galinou ed., *London's Pride: The Glorious History of the Capital's Garden*；C. Paul Christianson,

The Riverside Gardens of Thomas More's London (2005); Roy Strong, *The Renaissance Garden in England* (1970)，以及 Rebecca Solnit 令人惊喜的著作 *Wanderlust: A History of Walking* (2001)。一些当代的文本也很有帮助，在此仅举两个例子：Thomas Hill, *The Gardener's Labyrinth* (1577)；John Schofield, *The London Surveys of Ralph Treswell* (1987)。

关于老伦敦桥，请参考 Peter Jackson, *London Bridge: A Visual History*, 里面有许多目击者的叙述和现当代的插图。想看翔实有趣的拓展内容，请参考 Patricia Pierce, *Old London Bridge* (2001)。当代和近现代的图像作品非常宝贵，使这座老桥重现当年的生机，特别值得关注的有：Anthony van den Wyngaerde, *Panorama of London* (c.1544); Claes Janszoon Visscher 创作于 1616 年的版画；John Norden, *A View of the East Side of London Bridge* (1600); Claude de Jongh, *View of London Bridge* (c.1632); Wenceslaus Hollar 极美的作品 *Long View of London from Bankside* (1647，在 iPad app"London in 1647"中也可以看到)，以及 William Hogarth 的组画 *Marriage à la mode* 第六幅，透过画面中的窗户可以看到画面远处的老伦敦桥。

关于德特福德的"金鹿号"，可以通过 British History Online (from the *Survey of London*，1878)，以及上面提到的那些作品中频繁出现的旅行者的描述了解德特福德的历史。德雷克爵士环游世界的精彩故事来自 John Sugden, *Sir Francis Drake* (1990)；George Malcom Thomson, *Sir Francis Drake* (1972)。关于海上的生活调查，请参考 Juliet Gardine and Michael J. Allen eds., *Before the Mast: Life and Death aboard the Mary Rose* (Archaeology of the Mary Rose, vol. 4, 2005)。

关于莎士比亚的生平和环球剧院的诞生，我找到了三部引人入胜的作品：James Shapiro, *1599: A Year in the Life of William Shakespeare* (2005); Bill Bryson, *Shakespeare: The World as a Stage* (2007); Peter Ackroyd, *Shakespeare: The Biography* (2005)。关于本书中对于在莎士比亚时期的伦敦看戏的场景描写，我借鉴了这三部作品：Andrew Gurr, *Playgoing in Shakespeare's London* (1987); Alexander Leggatt, *Jacobean Public Theatre* (1992); Andrew Gurr 与

Mariko Ichikawa 的 *Staging in Shakespeare's Theatres* (2000)，在此对作者表示感谢。

中世纪的伦敦

关于中世纪的伦敦，见证人的一手记述少之又少，不过好在有 Geoffrey Chaucer, *Canterbury Tales* 可借鉴，它有许多版本。另外还有 *London Lickpenny*，它通常被认为是 John Lydgate 在 15 世纪早期编撰的作品。

在关于中世纪伦敦的作品中，A. Myers, *London in the Age of Chaucer* (1972) 内容繁杂（由于多次排版错误），读起来令人费解，但仍然是一本有价值的书。关于这座中世纪城市的样貌，Charles Pendrill 的 *Wanderings in Medieval London* (1928) 与 *London Life in the Fourteenth Century* (1925) 这两部作品，以及 Walter Besant 生动的长篇作品 *Medieval London* (2 vols, 1906) 都进行了补充。另外还有一些原始资料，推荐阅读 G. G. Coulton, *Social Life in Britain from the Conquest to Reformation* (1918); Henry Riley ed., *Memorials of London and London Life in the 13th, 14th and 15th Centuries* (1868)。

如今并没有详细的地图保存下来，但你可以从弗兰德艺术家 Anton van den Wyngaerde 创作于 1543 年的全景图中很好地了解这座中世纪城市，尽管那时作为中世纪伦敦重要特征的许多修道院土地已经遭到了掠夺。在 www.panoramaofthethames.com/ pott/wyngaerde-pan/ 上可以获得一份精彩的线上地图。

关于男女隐士，请参考 Ann Warren, *Anchorites and their Patrons in Medieval England* (1985); Charles Pendrill, *Wanderings in Medieval London* (1925); Walter Besant, *Medieval London* (1906); Hugh White (trans.), *Ancrene Wisse: Guide for Anchoresses* (1993); Mari Hughes-Edwards, *Reading Medieval Anchoritism: Ideology and Spiritual Practices* (2012); Liz Herbert McAvoy ed., *Anchorite Traditions of Medieval Europe* (2010)。其中许多都有关于男女隐士生活状态的手稿插图，他们终身生活在与世隔绝的隐士小屋中，那画面令人看了不寒而栗。

关于老的圣保罗大教堂，请参见 G. Cobb 有些枯燥但信息丰富的 *The Old*

Churches of London (1942) 和 G. H. Cook, *Old St Paul's Cathedral* (1955)。另外还有一部更早一些但是十分值得一读的作品，即 William Benham, *Old St Paul's* (1902)。所有这些都借鉴了 William Dugdale, *History of St Paul's Cathedral in London* (1658), Wenceslaus Hollar 为它配了插画。

关于伦敦被遗忘的圣人厄肯沃德，请特别关注 Eamon Duffy, *The Medieval English Cathedral: Papers in Honour of Pamela Tudor-Craig: Proceedings of the 1998 Harlaxton Symposium* (2003) 中的 "St Erkenwald: London's Cathedral Saint" 部分。作者的另一部作品 *The Stripping of the Altars* (2005) 描绘了中世纪晚期宗教领域生机勃勃的状态，对于所有倾向于将其描绘为腐败、肤浅和脱离实际的宗教改革历史，这都是一种有益的纠正。关于圣保罗大教堂中的小礼拜堂有一份全面的研究，请参考 Marie-Helene Rousseau, *Saving the Souls of Medieval London: Perpetual Chantries at St Paul's Cathedral, c. 1200–1548* (2011)。关于圣保罗作为社会交往中心的作用，请参见 L. Cowie, "Paul's Walk until the Great Fire," *History Today* 24 (1974)。

关于圣马丁大教堂和圣殿的概况，我觉得这些内容很有启发性：Jessica Freeman, *Freedom of Movement in the Middle Ages: Proceedings of the 2003 Harlaxton Symposium* (2007) 中的 "And he abjured the realm of England, never to return" 这一部分；John Bellamy, *Crime and Public Order in the Later Middle Ages* (1973); Gervase Rosser, "Sanctuary and Social Negotiation in Medieval England," in *The Cloister and the World,* John Blair and Brian Golding, eds.(1996); Karl Shoemaker, *Sanctuary and Crime in the Middle Ages* (2011); Shannon McSheffrey, "Stranger Artisans and the London Sanctuary of St Martin le Grand," *Journal of Medieval and Early Modern Studies* 43:3 (2013)，以及作者令人着迷的 "Sanctuary and the Legal Topography of Pre-Reformation London," *Law and History Review* 27:3 (2009)，她还写了一本关于伦敦地区避难所历史的书。

中世纪的骑士比武仍然可以激发人们对历史的浓厚兴趣，除了弗罗萨特和其他一手资料，我还借鉴了 Sheila Linenbaum, "The Smithfield Tournament of 1390," *Journal of Medieval and Renaissance Studies* 20 (1990); John Marshall

Carter, *Medieval Games: Sports and Recreations in Feudal Society* (1992); Juliet Barker, *The Tournament in England: 1100–1400* (1986)。David Crouch, *The Rise of the Joust* (2005) 则更加关注比赛本身。关于中世纪的运动和游戏，Teresa Mclean, *The English at Play in the Middle Ages* (1983)也是一本很有吸引力的书。

关于中世纪时尚的发展和禁奢法案的内容，我借鉴了 E. Jane Burns, *Courtly Love Undressed* (2002); Margaret Scott, *Medieval Dress and Fashion* (2007) 这两部作品。另外，也可参考 Myers, *London in the Age of Chaucer*。

关于饮食，请参考 Martha Carlin, *Food and Eating in Medieval Europe* (1996) 和作者的一篇文章 "'What say you to a piece of beef and mustard?' The Evolution of Public Dining in Medieval and Tudor London," *Huntingdon Library Quarterly* 71:1 (2008); David Brandon and Alan Brooke, *Bankside: London's Original District of Sin* (2011), 以及 Ian Mortimer, *The Time Traveller's Guide to Medieval England* (2009)。

伦敦塔不断吸引着游客和历史学家。在 Nigel Jones, *Tower: An Epic History of the Tower of London* 中可以看到一段充满活力、涉及面广泛的历史。另外也可参考 D. Diehl and M. P. Donnelly, *Tales from the Tower of London* (2004) ; G. Abbott, *The Tortures of the Tower of London* (1986)。伦敦历史学家 Stephen Porter 写的 *The Tower of London: The Biography* (2013) 同样值得一读。

伦敦的行会和行会会馆的历史也许非常枯燥且细节繁杂，你可以在下面这些书中找到关于行会的概括总结：Myers, *London in the Age of Chaucer*; Porter, *London: A Social History*; Inwood, *A History of London* ; Pendrill, *Wanderings*。要想看到更详细的研究，可以试试 William Herbert, *The History of the Twelve Great Livery Companies of London* (1968); George Unwin, *The Guilds and Companies of London* (1908)。Matthew Davies and Ann Saunders, *The History of the Merchant Taylors' Company* (2004) 则是一部信息丰富的案例研究。

要想对泰晤士河畔的宫殿和府邸有所了解，查阅上面列举的 16、17 世纪的地图可以说是一个虽不完美但值得一试的方法，不过你也可以阅读 Wilberforce Jenkinson, *The Royal & Bishops' Palaces in Old London* (1921);

Myers, *London in the Age of Chaucer*; Nigel Jones, *Tower*。另外还可以参考 British History Online (来自 *Survey of London*, 1878)。

关于中世纪的威斯敏斯特，Gervase Rosser, *Medieval Westminster* (1989) 一书进行了详细的介绍。后来，Robert Shepherd, *Westminster: A Biography from Earliest Times to the Present* (2012) 与 Dorian Gerhold, *Westminster Hall: Nine Hundred Years of History* (1999) 两部作品也活灵活现地重现了当时的情景。另外，从上面提到的其他著作中也可以获得丰富的信息。

关于位于查令十字的皇家鹰舍的历史，可参考 Robin Oggins, *The Kings and their Hawks: Falconry in Medieval England* (2004)，和作者的另一部作品 "Falconry and Medieval Social Status," *Mediaevalalia* 12 (1989)，以及 Tony Hunt, *Three Anglo-Norman Treaties on Falconry* (2009)。

大瘟疫时期的伦敦

要了解王朝复辟时期的生活，请参考 Liza Picard, *Restoration London: Everyday Life in the 1660s* (1997)，以及读起来稍显平淡但很有帮助的 Stephen Porter, *Pepys's London: Everyday Life in London 1650–1703* (2011)。

这一时期的最佳城市地图是 Richard Newcourt 绘制的伦敦和威斯敏斯特及郊区的精确轮廓图 :www.bl.uk/onlinegallery/onlineex/crace/a/zoomify 87874.html。

关于大瘟疫有很多文本记录。因此，了解伦敦的地狱之年可以从塞缪尔 · 佩皮斯的日记开始，他的日记有很多版本，包括网络版。Daniel Defoe, *A Journal of the Plague Year* 是一部历史小说，在生动性与直观性方面无出其右者 (其实这只是人们的错觉，因为它是在大瘟疫之后 60 多年才问世的)。我选用的是 2003 年 Cynthia Wall 的版本。关于二手文献资料，我借鉴了 James Leaso, *The Plague and the Fire* (1962); Stephen Porter, *The Great Plague* (1999); A. Lloyd Moote and Dorothy C. Moote, *The Great Plague: The Story of London's Most Deadly Year* (2004); Paul Slack, *The Impact of the Plague in Tudor and Stuart England* (1985); Evelyn Lord, *The Great Plague: A People's History* (2014)。

关于中世纪药店那一节列出的令人毛骨悚然、稀奇古怪的药方大多来自大英图书馆保存的“食谱书”手稿，同时我还查阅了 Henrietta Maria, *The Queen's Closet Opened* (1655); Lynette Hunter, *Women, Science and Medicine: 1500– 1700* (1997); Thomas Dawson, *The Good Housewife's Jewel* (1596–1597); Betty S. Travitsky and Anne Lake eds., *The Early Modern Englishwoman: A Facsimile Library of Essential Works*, series 3, vol. 3 (2008)。另外还有二手文献——Edith Snook, *Women, Beauty and Power in Early Modern England* (2011)。

如果对药剂师感兴趣，请参考 Louise Curth, *From Physick to Pharmacology* (2006); W. S. C. Copeman, *The Worshipful Society of Apothecaries of London: A History, 1617–1967* (1967)。

关于考文特花园的兴起，请参考 John Richardson, *Covent Garden Past* (1995); Porter, *London: A Social History*; Vic Gatrell, *The First Bohemians: Life and Art in London's Golden Age* (2013); Reginald Jacobs, *Covent Garden: Its Romance and History* (1913)。

关于香粉、香水、油彩、美人斑、染发剂等化妆品的历史是一个独立的领域，我的信息来自：Farah Karim-Cooper, *Cosmetics in Shakespearean and Renaissance Drama* (2006); R. Corson, *Fashions in Make Up: From Ancient to Modern Times* (1972); Valerie Steele, *Encyclopedia of Clothing and Fashion* (2005); Patricia Phillippy, *Painting Women: Cosmetics, Canvases and Early Modern Culture* (2006); Maggie Angeloglou, *A History of Make-Up* (1970)。

专注于布里奇斯街（或德鲁里巷）的皇家第一剧院的作品不多，但有不少关于女演员的资料，请参考 Joanne Lafler, “Theatre and the Female Presence,” in *The Cambridge History of British Theatre*, Joseph Donohue ed., vol. 2: *1660 to 1895* (2004); Sophie Tomlinson, *Women on Stage in Stuart Drama* (2005); Katharine Maus, “‘Playhouse Flesh and Blood’: Sexual Ideology and the Restoration Actress,” *English Literary History* 46 (1979); Walter Macqueen-Pope, *Ladies First: The Story of Woman's Conquest of the British Stage* (1952); Elizabeth Howe, “A State of Undress. The First English Actresses on Stage:

1660–1700," *Women in European Theatre* (1995)。关于内尔·格温的传记有很多，我比较喜欢 Charles Beauclerk, *Nell Gwyn: Mistress to a King* (2005)，以及 Roy MacGregor-Hastie, *Nell Gwyn* (1987)。

1665 年，Ozinda's、the Cocoa Tree 和 White's 这些位于圣詹姆斯的超棒巧克力屋还未诞生，但巧克力被引入伦敦的过程造就了一段令人愉快的历史，不如看看 Michael D. Coe, *The True History of Chocolate* (2013)，感受一下。

有大量文献以描写新门监狱中的恐怖和苦难为乐，这类作品描绘了新门监狱贯穿了整个 18 世纪的各种形象，变态的偷窥狂可能会和我一样乐在其中，请参考 Kelly Grovier, *The Gaol: The Story of Newgate – London's Most Notorious Prison* (2008), 它曾在英国广播公司第四电台连续播出 ; Donald Rumbelow, *The Triple Tree: Newgate, Tyburn, and the Old Bailey* (1982); Anthony Babington, *The English Bastille: A History of Newgate Gaol and Prison Conditions in Britain, 1188–1902* (1971); Stephen Halliday, *Newgate: London's Prototype of Hell* (2013)。

关于皇家学会的诞生，Jenny Uglow, *A Gambling Man: Charles II's Restoration Game* (2010) 提供了有价值的资料，不过，更全面的研究请参考 Lisa Jardine, *Ingenious Pursuits: Building the Scientific Revolution* (1999); Michael Hunter, *Establishing the New Science: The Experience of the Early Royal Society* (1989)。在牛顿、胡克、雷恩和波义耳等人的传记中也可以看到大量信息。

William Robinson, *The History and Antiquities of the Parish of Hackney* (1842) 是一部关于哈克尼精彩历史的经典作品，其中配有精美插图。另外，也可以看看哈克尼协会最近出版的作品，Margaret Willess ed., *Hackney: An Uncommon History* (2012)。从 1612 开始到 2012 年，它每隔 100 年就会重新编撰一次，重现哈克尼、斯托克·纽明顿和肖尔迪奇的面貌。在 Iain Sinclair, *Hackney, that Rose-Red Empire: A Con dential Report* (2009) 中，有一种诗意的、心理－地理上的疗愈，这部作品毫不费力地连接起了过去与现在。

在记录大瘟疫的历史作品中，都有写到捕杀狗、猫以及非常有限的捕鼠活动，但是关于对狗的屠杀，Mark Jenner, "The Great Dog Massacre," in *Fear in Early Modern Society*, W. G. Naphy and P. Roberts eds. (1997) 可算是权威研究。

伦敦大火为所有描写塞缪尔·佩皮斯时期的伦敦的作品提供了一条线索，也常常被有关大瘟疫的大部头著作用作尾声（但这或许是对大瘟疫结束的误解）。我参考了文本中提到的一些参考资料，以及上文列出的作品，而不是某一特定资料源。

维多利亚时期的伦敦

关于维多利亚时期伦敦的概况，可参考 K. Baedeker, *London and its Environs: A Handbook for Travellers* (1900); Liza Picard, *Victorian London: The Life of a City 1840–1870* (2005); Peter Cunningham, *A Handbook for London* (1849)。

Jerry White, *London in the 19th Century* (2011) 同样是必读作品。也可参考 Judith Flanders, *The Victorian City: Everyday Life in Dickens' London* (2012)。另外还有一个强大的线上资源，包含大量维多利亚时期的地图，即 Lee Jackson, *Dictionary of Victorian London*: www.victorianlondon.org/index-2012.htm。

有一篇精彩的文章总结了外国人对维多利亚时代伦敦的看法，请参考 Joseph de Sapio, "'A reign of steam': Continental Perceptions of Modernity in Victorian London, 1840–1900," *The London Journal* 37:1 (2012)。

狄更斯的作品是有关伦敦生活非常丰富的来源，虽然我在这一章中没怎么引用，但也受惠于他的 *Sketches by Boz* (1837) 与 *Bleak House* (1853) 两部作品。

关于出现在维多利亚时代的伦敦、作为道德的净化之所的城市公园，可以参考 Neil Macmaster, "The Battle for Mousehold Heath, 1857– 1884: 'Popular Politics' and the Victorian Public Park," *Past and Present* 127 (1990)。

关于霍利韦尔街和维多利亚时代的色情作品，请参考 Iain McCalman, *Radical Underworld* (1988); Lynda Nead, *Victorian Babylon* (2000); Simon Popple, "Photography, Vice and the Moral Dilemma in Victorian Britain," *Early Popular Visual Culture* 3:2 (2005)，另外还有 Deborah Lutz, *Pleasure Bound* (2011)。对于违法的性态度和性行为，Steven Marcus, *The Other Victorians* (1966) 是一部经典的研究性作品。另外，网上还有一些黄昏时分霍利韦尔街和维奇

街笼罩在暮光之下的照片。

关于白教堂的贫民窟，可参考 Jack London, *The People of the Abyss* (1903); Seth Koven, *Slumming: Sexual and Social Politics in Victorian London* (2004); Drew Gray, *London's Shadows: The Dark Side of the Victorian City* (2010); John Batt, *Dr Barnardo, The Foster Father of Nobody's Children* (1904); J. Wesley Bready, *Doctor Barnardo: Physician, Pioneer, Prophet* (1932)。

关于伦敦的码头和船坞，可参考 White, *London in the 19th Century*; Fiona Rule, *London's Docklands: A History of a Lost Quarter* (2012); Glinert, *Compendium*; Hippolyte Taine, *Notes on England* (1872)。当然，还有 Henry Mayhew, *London Labour and the London Poor* (1851)。想要来一场充满幻想的历史之旅，不妨以雅姆拉赫先生的老虎作为起点，以此为主题的书 Carol Birch, *Jamrach's Menagerie* (2011) 还曾获得布克奖提名。

关于象人的经典描写，可参考 Michael Howell and Peter Ford, *The True History of the Elephant Man* (1980, updated 1992)。另外，也可以参考 John Treves 在他的著作 *The Elephant Man and Other Reminiscences* (1923) 中的描述。关于畸形秀文化，Nadja Durbach, *Spectacle of Deformity: Freak Shows and Modern British Culture* (2009) 可以说是一个绝佳的研究出发点。另外，也可参考 L. A. Kochanek, "Reframing the Freak: From Sideshow to Science," *Victorian Periodicals Review* 30:3 (1997)。关于当时特定的展览，可参考 Nadja Durbach, "'Skinless Wonders': Body Worlds and the Victorian Freak Show," *Journal of the History of Medicine* 69 (2014)，还有 Janet Browne and Sharon Messenger, "Victorian Spectacle: Julia Pastrana, The Bearded and Hairy Female," *Endeavour* 27:4 (2003)。

关于伦敦地铁的诞生，Andrew Martin, *Underground, Overground: A Passenger's History of the Tube* (2012) 中的描写引人入胜，另外还可以参考 Christian Wolmar, *The Subterranean Railway: How the London Underground was Built and How It Changed the City Forever* (2009)。

关于音乐厅，可参考 John Major, *My Old Man: A Personal History of the*

Music Hall (2012); Richard Anthony Baker, *British Music Hall* (2005); Anon, *The Canterbury Theatre of Varieties and its Associations* (1878); Eva O'Rourke comp., *Lambeth and Music Hall: A Treasury of Music Hall Memorabilia* (1977); W. Macqueen-Pope, *The Melodies Linger On* (1950); Raymond Mander, *British Music Hall: A Story in Pictures* (1965); George Speaight, *Bawdy Songs of the Early Music Hall* (1977)，以及 Anon, *The Music Hall Songster* (1893)。关于最著名的两位音乐厅演员，可参考 Mary Tich and Richard Findlater, *Little Tich* (1979)，还有 Daniel Farson, *Marie Lloyd and Music Hall* (1972)。

20 世纪 50 年代的伦敦

关于 20 世纪 50 年代的伦敦概览，我推荐 Dominic Sandbrook, *Never Had It So Good: A History of Britain from Suez to the Beatles* (2005); Jerry White, *London in the 20th Century* (2008); Anthony Jones, *London: Photographs* (1958)，以及 Peter Lewis, *The Fifties* (1978)。它们都具有很强的可读性。

正如你预料的，关于伦敦闪电战有海量的文献资料。我想要推荐下面这些作品 : Joanna Mack and Steve Humphries, *London at War* (1985); Basil Woon, *Hell Came to London: A Reportage of the Blitz During 14 Days* (1941); Juliet Gardiner, *The Blitz: The British Under Attack* (2010); Amy Helen Bell ed., *London Was Ours: Diaries and Memoirs of the London Blitz* (2008); Gavin Mortimer, *The Longest Night: The Bombing of London on May 10 1941* (2006)。这些书中的描述生动又具有现场感。Porter, *London*; H. V. Morton, *In Search of London* (1951)，以及 Nikolaus Pevsner, *The Buildings of England, London I: The City of London* (1957)，同样提供了有价值的信息。要真正了解这场灾难，你需要仔细观看并设身处地地感受线上或印刷品中那些遭到破坏的街道的照片，例如 Gavin Mortimer, *The Blitz: An Illustrated History* (2010)，它从 *Daily Mirror* 的档案文件中挖掘出了许多令人震撼的图片。

本书中关于伦敦摩天楼的信息来自 White, *London in the 20th Century*; Herbert Wright, *London High* (2006); John Grindrod, *Concretopia: A Journey

Around the Rebuilding of Postwar Britain (2014); John Burnett, *A Social History of Housing, 1815–1985* (1986)。更为个人化的记录，可参考 Lynsey Hanley, *Estates: An Intimate History* (2007)，这是一本很棒的书。

关于 20 世纪 50 年代苏荷区兴起的意式浓缩咖啡吧，可参见 Antony Clayton, *London's Coffee Houses: A Stimulating Story* (2003)，还有 Markman Ellis, *The Coffee House: A Cultural History* (2011)。要了解 50 年代咖啡吧的繁荣期，你可以在 YouTube 上观看系列纪录片 *Look at Life* (shown in cinemas in the 1950s and 1960s) 中的相关内容，其中突出呈现了一些最有名气的咖啡吧（https://www. youtube.com/watch?v=rW5Oi_gX0dk）。

关于苏荷区，可参考 Richard Tames, *Soho Past* (1994)，还有 Judith Summers, *Soho: A History of London's Most Colourful Neighbourhood* (1989)。

关于伦敦大学的中枢议会大楼和奥威尔笔下的真理部，可参考 Negley Harte, *The University of London: An Illustrated History* (1986); Richard Simpson, "Classicism and Modernity: The University of London's Senate House," *Bulletin of the Institute of Classical Studies* 43 (1999)。当然还有 George Orwell, *Nineteen Eighty-Four* (1949)。

了解玛丽·匡特和她位于切尔西的精品店 Bazaar 的最佳方式，无疑是直接听当事人的说法，请参考 Mary Quant, *Quant by Quant* (1966) 和她在晚些时候出版的回忆录 *My Autobiography* (2012)。许多关于"反主流文化的 60 年代"的研究也可追溯到 20 世纪 50 年代末，比如 Shawn Levy, *Ready, Steady, Go: Swinging London and the Invention of Cool* (2003)。另外，也可参见 Barry Miles, *London Calling: A Counter-Cultural History of London since 1945* (2010); Ernestine Carter, *Magic Names of Fashion* (1980)，还有 Simon Rycroft，*Swinging City: A Cultural Geography of London 1950–1974* (2012)。

乔治时代早期的伦敦

Jerry White, *London in the 18th Century: A Great and Monstrous Thing* (2012) 有些厚重，可能会让你抱怨连连，但它确实非常非常值得一读。Liza Picard,

Dr Johnson's London (2000) 汇集了大量细致入微的翔实例子，告诉我们当时的人如何生活。Lucy Inglis, *Georgian London: Into the Streets* (2013) 则成功地展现了乔治王朝时期的伦敦人性化的一面。

亲历者们关于 18 世纪的伦敦的描述形形色色，关于旅行者的记录，可参考 Madame Van Muyden ed., *A Foreign View of England in the Reigns of George I and George II: The Letters of Monsieur César de Saussure* (1902)；W. H. Quarrel and Margaret Mare eds., *London in 1710: From the Travels of Zacharias von Uffenbach* (1934)。在 Kenneth Fenwick ed., *The London Spy* (1955) 中，低俗的写手、酒馆老板内德 · 沃德喜欢咒骂大都市的一切。有两本日记鲜为人知，但对我们很有帮助，它们是 R. Parkinson ed., *The Private Journal and Literary Remains of John Byrom*, 4 vols.，Chetham Society Remains (1854–1857), 32, 34, 40, 44；A. Savile ed., *Secret Comment: The Diaries of Gertrude Savile, 1721–1757*(1997)。它们与达德利 · 赖德的日记互为补充。另外，还可以参考 Edward Hatton, *A New View of London* (1708) 与 John Strype, *A Survey of the Cities of London and Westminster* (1720)。后者更新了早前出版的 John Stow, *Survey of London* 中的内容。如果没有读过 Frederick Pottle ed., *Boswell's London Journal, 1762–1763* (2004)，那么关于 18 世纪伦敦的认知就是不完整的。

我还借鉴了当时的报纸，其中很大一部分属于大英图书馆的“17 和 18 世纪伯尼典藏报纸”，现在这些文献已经数字化了。

回到 18 世纪的最佳方式之一，就是探索 John Rocque 绘制的 1746 年的地图，可以在 www.locatinglondon.org/ 免费获取。

关于伦敦咖啡屋的历史，可参考 Clayton, *Stimulating Story*; Ellis, *Coffee House*; Brian Cowan, *The Social Life of Coffee: The Emergence of the British Coffeehouse* (2005)，关于伦敦实地走访经验，可以看我的 *The Lost World of the London Coffeehouse*(2013)，这本书由 Idler Books 限量印刷出版。关于希腊咖啡馆，有一项学术性质的研究，请阅读 Jonathan Harris, “The Grecian Coffeehouse and Political Debate in London, 1688–1714,” *The London Journal* 25:1 (2000)。另外，也许你愿意加入我们的“Unreal City Audio”每月举办的

沉浸式城市咖啡屋之旅。

达德利·赖德的完整日记尚未出版，但其中约三分之二的内容曾在 1939 年发表，还附有翔实的介绍，可以参考 William Matthews ed., *The Diary of Dudley Ryder, 1715–1716* (1939)。这本日记让读者得以真正了解 18 世纪早期资产阶级的想法。

关于泰晤士河上的冰雪集市，可参考 G. Davis, *Frostiana: or A History of the Frozen Thames* (1814); Ian Currie, *Frosts, Freezes and Fairs: The Chronicles of the Frozen Thames* (2002); Nicholas Reed, *Frost Fairs on the Frozen Thames* (2002)。 这些书都附带富有魅力的插图。另外，也可以参考 Peter Ackroyd, *Thames: The Sacred River* (2008) 和 Helen Humphreys, *The Frozen Thames* (2012)。后者给我们带来了 40 个冰凉的故事——泰晤士河每结一次冰就有一个故事。我写的内容主要是基于当时报纸的报道。

关于伦敦老店的店标的传奇纪要，Bryant Lillywhite, *London Signs: A Reference Book of London Signs from Earliest Times to about the mid-Nineteenth century* (1972) 可以说是其中的权威。你也可以参考 Liza Picard, *Restoration London: Everyday Life in the 1660s* (1997); Ambrose Heal, *The Signboards of Old London Shops* (1947)。另外，有些商店招牌一直保留到了相机诞生的时代，令人赞叹，要欣赏这些照片，请参考 Gentle Author, *Spital elds Life*, 10.5.2011，可由 http://spital eldslife.com/2011/10/05/the-signs-of-old-london/ 获得。

关于乔治王朝时期的考文特花园，可参考 Gatrell, *First Bohemians*; Dan Cruickshank, *The Secret History of Georgian London: How the Wages of Sin Shaped the Capital* (2010)，当然还有 Hallie Rubenhold ed., *Harris's List of Covent Garden Ladies: Sex in the City in Georgian Britain* (2005)，这本书中含有“最有趣、最粗俗和最意想不到的词条”。

要了解作为公共交通工具的轿子，请参考 Geoffrey Wilson, *Poles Apart: The Public Sedans of Bygone London* (2002)。

关于疯人院的恐怖情景和人们对待精神疾病的态度，可参考 Catherine Arnold, *Bedlam* (2008); Jonathan Andrews and Andrew Scull, *Undertaker of the*

Mind: John Monro and Mad-Doctoring in Eighteenth-Century England (2001); Edward Geoffrey O'Donoghue, *The Story of Bethlehem Hospital* (1914); Roy Porter, *A Social History of Madness: Stories of the Insane* (1996); David Russell, *Scenes from Bedlam* (1997); Nikolai Karamzin, Andrew Kahn eds., *Letters of a Russian Traveller* (2003)。

关于舰队街，可参考 Alan Brooke, *Fleet Street, the Story of a Street* (2012); Bob Clarke, *From Grub Street to Fleet Street: An Illustrated History of English Newspapers to 1899* (2004); Ray Boston, *The Essential Fleet Street: Its History and In uence* (1990)。关于 18 世纪早期的新闻出版热潮，可参考 Hannah Barker, *Newspapers, Politics and English Society, 1695–1855* (2000)，以及早几期的 *Tatler* 与 *Spectator*，分别由 Joseph Addison 与 Richard Steele 执笔。

关于报社的回顾，我参考了 M. Handover, *Printing in London from 1476 to Modern Times* (1960); Ellic Howe, *The London Compositor: Documents Relating to the Wages, Working Conditions and Customs of the London Printing Trade, 1785–1900* (1947)；Michael Harris, *London Newspapers in the Age of Walpole* (1987)。关于 15 世纪德国出现的活版印刷的有趣历史，John Man, *The Gutenberg Revolution* (2002) 绝对是不二之选。

要了解持不同政见者的信仰和文化，可以阅读 Duncan Coomer, *English Dissent Under the Early Hanoverians* (1946)，以及关于 1710 年萨赫维尔暴动的权威著作——Geoffrey Holmes, *The Trial of Dr Sacheverell* (1973), 本书中的部分内容也得益于此。

了解刑事司法系统的残酷复杂性，我推荐 John Beattie, *Policing and Punishment in London, 1660–1720* (2001)，篇幅很长，但写得非常清晰，同时还有更早一些出版的 William Hooper, *The History of Newgate and the Old Bailey* (1935)，以及 Bernard O'Donnell, *The Old Bailey and its Trials* (1950)。Peter Linebaugh, *The London Hanged: Crime and Civil Society in the Eighteenth Century* (2003) 以探讨死刑与资本主义之间的关系为主题，更富有争议性。关于交通运输，有一部引人入胜的著作，即 A. Roger Ekirch, *Bound for America: The*

Transportation of British Convicts to the Colonies, 1718–1775 (1987)，它并未局限于我们所处的时代，而是呈现了我们想要了解的时代。

在 Perry Gauci, *Emporium of the World* (2007) ; Natasha Glaisyer, *The Culture of Commerce in England, 1660–1720* (2006)，以及前面列出的亲历者的描述中，皇家交易所的运作方式展现无疑。

绝大多数关于伦敦塔的研究（包括以上提及的），都特别描写了塔山上的行刑点。

译名表

A

阿比盖尔·瓦伊纳 Abigail Viner

阿尔贝·加缪 Albert Camus

阿拉贡的凯瑟琳 Catherine of Aragon

阿奇·麦克奈尔 Archie McNair

爱德华·拉祖切勋爵 Lord Edwards Zouche

爱德华·维克菲尔德 Edward Wakefield

爱德华·西摩尔 Edward Seymour

爱德华二世 Edward II

爱德华六世 Edward VI

爱德华七世 Edward VII

爱德华三世 Edward III

爱德华四世 Edward IV

爱德华一世（忏悔者）Edward I (Confessor)

埃德蒙·哈雷 Edmond Halley

埃德蒙·斯宾塞 Edmund Spenser

埃德温·查德威克 Edwin Chadwick

埃迪蒙托·德·亚米契斯 Edmondo de Amicis

埃里奇·维斯 Erich Weiss

埃蒙·达菲 Eamon Duffy

埃诺的菲利帕 Philippa of Hainault

埃塞克斯伯爵 Earl of Essex

埃特尔伯特，肯特国王 Aethelbert, King of Kent

艾萨克·牛顿 Isaac Newton

艾薇·霍奇 Ivy Hodge

安·马歇尔 Anne Marshall

安德烈亚·帕拉第奥 Andrea Pallardio

安东尼·丘特 Anthony Chute

安吉拉·伯德特－库茨 Angela Burdett-Coutts

安奈林·比万 Aneurin Bevan

安妮·博林 Anne Boleyn

奥尔良公爵 the Duke of Orléans

奥斯瓦尔德·莫斯利 Oswald Mosley

B

巴斯的阿德拉德 Adelard of Bath

贝特洛 · 莱伯金 Berthold Lubetkin

本 · 琼森 Ben Jonson
毕翠克丝 · 波特 Beatrix Potter
比尔 · 布莱森 Bill Bryson
碧姬 · 巴铎 Brigitte Bardot
伯特 · 伍尔豪斯 Bert Woolhouse
波西米亚的安妮 Anne of Bohemia
布鲁斯 · 史密斯 Bruce Smith

C

查尔斯—爱德华 · 让雷内—格里斯 Charles -Édouard Jeanneret-Gris
查尔斯 · 布隆丹 Charles Blondin
查尔斯 · 布斯 Charles Booth
查尔斯 · 达尔文 Charles Darwin
查尔斯 · 狄更斯 Charles Dickens
查尔斯 · 霍尔斯 Charles Holden
查尔斯 · 麦克德莫特 Charles MacDermott
查尔斯 · 莫顿 Charles Morton
查尔斯 · 雅姆拉赫 Charles Jamraeu
查理二世 Charles II
查理一世 Charles I

D

达德利 · 赖德 Dudley Ryder
大卫 · 鲍伊 David Bowie
丹尼尔 · 笛福 Daniel Defoe
德温特沃特伯爵 Earl of Derwentwater
狄克 · 惠廷顿 Dick Whittington
迪韦齐斯的理查德 Richard of Devizes
杜夫 · 库珀 Duff Cooper

F

法拉 · 卡里姆—库伯 Farah Karim-Cooper
菲莱尔忒斯 Philaretes
菲利帕王后 Queen Philippa
菲利普 · 斯托伯 Philip Stubbes
菲利普 · 亨斯洛 Philip Henslowe
费舍尔主教 Bishop Fisher
弗吉尼亚 · 伍尔夫 Virginia Woolf
弗朗西斯 · 德雷克爵士 Sir Francis Drake
弗朗西斯 · 培根 Francis Bacon
弗雷德里克 · 特里夫斯 Frederick Treves
符腾堡公爵 Duke of Wurttemberg

G

盖伦 Galenus
盖伊 · 福克斯 Guy Fawkes
冈特的约翰 John of Gaunt
格雷厄姆 · 格林 Graham Greene

H

H. U. 莫顿 H. U. Morton
哈罗德国王 King Harold
汉斯 · 斯隆爵士 Sir Hans Sloan
亨利 · 博林布鲁克 Henry Bolingbroke

亨利·康德尔 Henry Condell

亨利·梅修 Henry Mayhen

亨利·萨切费尔 Henry Sacheverell

亨利·斯宾塞·阿什比 Henry Spenar Ashbee

亨利·伍德 Henry Wood

亨利·耶维尔 Henry Yevele

亨利八世 Henry VIII

亨利二世 Henry II

亨利六世 Henry VI

亨利七世 Henry VII

亨利三世 Henry III

亨利四世 Henry IV

亨利五世 Henry V

亨莉埃塔·玛利亚皇太后 Queen Dowager Henrietta Maria

红衣主教沃尔西 Cardinal Wolsey

护国者萨默塞特 Lord Protector Somerset

霍雷肖·布西诺 Horatio Busino

霍勒斯·沃波尔 Horace Walpole

J

J. F. C. 富勒 J. F. C. Fuller

吉姆·贾维斯 Jim Jarvis

杰弗雷·乔叟 Geoffrey Chaucer

杰克·伦敦 Jack London

杰克·凯德 Jack Cade

杰克·凯奇 Jack Ketch

杰里米·边沁 Jeremy Bentham

杰罗米诺·派普尔尼 Geronimo Piperni

杰维斯·罗瑟 Gervase Rosser

贾尔斯·艾伦 Giles Allen

简·格雷 Lady Jane Grey

K

卡顿·勒·菲德尔 Caton le Fidèle

卡尔·贝德克尔 Karl Baedeker

卡瑟梅夫人 Lady Castlemaine

卡斯提尔的埃莉诺 Eleanor of Castile

凯瑟琳·海耶斯 Catherine Hayes

凯瑟琳·拉内勒夫·子爵夫人 Viscountess Katherine Ranelagh

凯瑟琳王后 Queen Catherine

凯特·史蒂文斯 Cat Stevens

克拉斯·维斯彻 Claes Visscher

克莱门特·艾德礼 Clement Atlee

克里夫·理查德 Cliff Richard

克里斯托弗·厄斯威克 Christopher Urswick

克里斯托弗·海顿爵士 Sir Christopher Hatton

克里斯托弗·雷恩爵士 Sir Christopher Wren

克里斯托弗·马洛 Christopher Marlowe

科尔教堂的主教彼得 Peter de Colechurch

L

拉尔夫·萨德利尔爵士 Sir Ralph Sadleir

莱恩·琼斯 Len Jones

劳埃德·乔治 Lloyd George

勒·柯布西耶 Le Corbusier

勒内·笛卡尔 René Descartes

丽贝卡·索尔尼 Rebecca Solnit

理查二世 Richard II

理查德·伯利 Richard Burleigh

理查德·斯梯尔 Richard Steele

理查三世 Richard III

丽莎·皮卡德 Liza Picard

琳西·汉利 Lynsey Hanley

罗伯特·波义耳 Robert Boyle

罗伯特·德弗罗 Robert Devereux

罗伯特·海尔斯爵士 Sir Robert Hales

罗伯特·莱恩汉姆 Robert Laneham

罗伯特·胡克 Robert Hooke

罗伯特·马修 Robert Matthew

罗伯特·沃波尔爵士 Sir Robert Walpole

罗杰·马贝克 Roger Marbecke

罗杰·霍姆 Roger Holme

罗切斯特伯爵 Earl of Rochester

洛瓦特勋爵 Lord Lovat

罗伊·波特 Roy Poter

M

玛格丽特·修斯 Margaret Hughes

马克·詹纳 Mark Jenner

玛丽·道吉格 Mary Doggete

玛丽·匡特 Mary Quant

玛丽·罗伊德 Marie Lloyd

玛丽·汤姆林斯 Mary Tomlins

玛丽二世 Mary II

麦西亚国王埃特尔巴尔德 King Ethelbald of Mercia

蒙茅斯公爵 Duke of Monmouth

摩尔·戴维斯 Moll Davis

N

纳蒂亚·德巴赫 Nadja Durbach

纳撒尼尔·霍奇斯 Nathaniel Hodgts

纳瓦拉的琼 Joan of Navarre

内尔·格温 Nell Gwyn

内德·沃德 Ned Ward

内莉·鲍尔 Nelly Power

内森·罗斯柴尔德 Nathan Rothschild

尼古拉斯·佩夫斯纳 Nikolaus Pevsner

尼古拉斯·波因茨爵士 Sir Nicholas Poynts

诺福克公爵 Duke of Norfolk

诺曼·戴维斯 Norman Davies

O

奥利弗·克伦威尔 Oliver Cromwell

P

帕斯夸·罗西 Pasqua Rosée

皮埃尔·勃鲁盖尔 Pieter Bruegel

皮诺·里瑟瓦托 Pino Riservato

皮萨纳斯·弗拉克西 Pisanus Frax

普德里克特的理查德 Richard of Pudlicot

Q

钱拉·德·奈瓦尔 Gerard de Nerval

乔凡尼·卡纳莱托 Giovanni Canaletto

乔纳森·斯威夫特 Jonathan Swift

乔书亚·柯顿 Joshua Kirton

乔治·奥威尔 George Orwell

乔治·博林 George Boleyn

乔治·康斯坦丁 George Constantine

乔治·利伯恩 George Leybourne

乔治·梅里 George Merry

乔治·蒙克 George Monck

乔治·皮博迪 George Peabody

乔治·维利尔斯 George Villiers

乔治·辛吉 George Gissing

乔治一世 George I

R

让-仁·罗伯特-胡丁 Jean- Eugène Robert- Houdin

S

塞缪尔·巴克利 Samuel Buckley

塞缪尔·哈特利布 Samuel Hartlib

塞缪尔·索尔比耶 Samuel Sorbière

塞缪尔·约翰逊 Samuel Johnson

塞缪尔·佩皮斯 Samuel Pepys

萨沃伊的彼得 Peter of Savoy

沙夫茨伯里勋爵 Lord Shaftesbury

山姆·沃纳梅克 Sam Wanamaker

圣伯尼菲斯 St Boniface

圣厄肯沃德 St Erkenwald

圣托马斯·贝克特 St Thomas a Becket

圣普尔伯爵 Count of St Pol

圣尤斯坦斯 St Eustace

斯蒂文·马库斯 Steven Marcus

T

T. S. 艾略特 T. S. Eliot

汤姆·诺曼 Tom Norman

托马斯·埃尔伍德 Thomas Ellwood

托马斯·巴纳多 Thomas Barnardo

托马斯·贝克特 Thomas Becket

托马斯·布拉德沃茨 Thomas Bloodworth

托马斯·德克 Thomas Dekker

托马斯·蒂林 Thomas Tilling

托马斯·格雷沙姆 Thomas Gresham

托马斯·法里诺 Thomas Farryner

托马斯·格雷沙姆 Thomas Gresham

托马斯·科拉姆 Thomas Coram

托马斯·基利格鲁 Thomas Killigrew

托马斯·加藤沃特 Thomas Drynkewater

托马斯·克伦威尔 Thomas Cromwell

托马斯·莫尔爵士 Sir Thomas More

托马斯·普拉特 Thomas Platter

托马斯·特贝维尔爵士 Sir Thomas Turbeville

托马斯·图克 Thomas Tuke

托马斯·维纳 Thomas Vyner

托马斯·文森特 Thomas Vincent

托尼·布莱尔 Tony Blair

W

瓦特·泰勒 Wat Tyler

温金·德·沃德 Wynkyn de Worde)

温斯顿·丘吉尔 Winston Churchill

维多利娜·特鲁普 Victorina Troupe

威廉·阿克顿 William Acton

威廉·贝弗里奇 William Beveridge

威廉·博格斯特 William Boghurst

威廉·达格代尔 William Dugdale

威廉·戴夫南特 William Davenant

威廉·菲茨斯蒂芬 William Fitzstephen

威廉·福斯特 William Forster

威廉·格莱斯顿 William Gladstore

威廉·哈里森 William Harrison

威廉·华莱士 William Wallace

威廉·胡佛 William Rufus

威廉·加罗 William Garrow

威廉·卡克斯顿 William Caxton

威廉·兰姆 William Lambe

威廉·佩恩 William Penn

威廉·普林 William Prynne

威廉·塔斯维尔 William Taswell

威廉一世（征服者）William I（the Conqueror）

威廉二世 William II

威廉三世（奥兰治的威廉）William III（William of Orange）

维克·盖特雷尔 Vic Gatrell

维斯塔·维多利亚 Vesta Victoria

威乐姆·谢林克 Willem Schellinks

沃尔特·布恩 Walter Boon

沃尔特·德·斯泰普尔顿 Walter de Stapleton

沃尔特·雷利爵士 Sir Walter Raleigh

X

西蒙·德·蒙德佛特 Simon de Montfort

休·赫兰德 Hugh Herland

血腥玛丽 Bloody Mary

Y

亚历桑德罗·马格诺 Alessandro Magno

亚历山大·普伦基特·格林 Alexander Plunket Greene

Z

地名及其他

A

阿尔德门 Aldagte

阿克斯帕拉蒂那要塞 Arx Palatina

阿伦德尔府 Arundel House

阿佩尔街 Upper Street

埃克赛特府 Exeter House

埃塞克斯街 Essex Street

爱情巷 Love Lane

奥尔德斯门 Aldersgate

奥德维奇 Aldwych

B

巴比肯 Barbican

巴尔金赛德 Barkingside

巴金区 Barking

巴金修道院 Barking Abbey

巴克斯罗 Buck's Row

巴黎花园台阶 Paris Garden Stairs

巴特曼街 Bateman Street

白教堂 Whitechapel

白教堂联合济贫院 Whitechapel Union Workhouse

白金汉宫 Buckingham Palace

白厅 Whitehall

白衣修士区 Whitefriars

百灵顿伯爵大屋 Chiswick House

贝德福德府 Bedford House

贝尔格莱维亚 Belgravia

贝肯汉姆 Beckenham

贝纳德堡 Baynard's Castled

贝特莱姆 Bethlem

贝特莱姆医院 Bethlem Hospital

贝斯纳绿地 Bethnal Green

波普拉区 Poplar

博克斯雷希斯 Bexleyheath

博林绿地 Bowling Green

博罗高街 Borough High Street

伯蒙德西 Bermondsey

伯维克街 Berwick Street

布莱克曼街 Blackman Street

布莱芒斯伯雷 Blemundsbury

布里克宅邸 Bryk Place

布里奇维尔宫 Bridewell Palace

布灵顿俱乐部 Bullingdon Club

布鲁克屋 Brooke House

布卢姆茨伯里 Bloomsbury

C

草莓山庄 Strawberry Hill

查令十字 Charing Cross

查特豪斯 Charterhouse

揣猎克公寓楼 Trellick Tower

窗帘路 Curtain Road

窗帘剧院 Curtain playhouses

D

达尔斯顿 Dalston

大奥蒙德街 Great Ormond Street

大法庭巷 Chancery lane

大石门 Great Stone Gate

大鱼街 Great Fish Street

丹麦圣克莱门特教堂 St Clement Danes

道盖特山 Dowgate Hill

地铁查令十字站 Charing Cross Underground

德弗罗小道 Devereux Court

布商花园 Drapers's Gardens

德鲁里巷 Drury Lane

东区 East End

斗篷巷 Cloak Lane

杜伦府 Durhan House

短裙巷 Popkirtle Lane

E

恶魔酒馆 Devil Tavern

F

法灵顿区 Farringdon

芬丘奇街 Fenchurch Street

芬庭 Fen Court

芬斯伯里 Finsbury Field

福尼尔街 Fournier Street

富勒姆宫 Fulham Palace

G

高夫广场 Gough Square

高斯维尔路 Goswell Road

哥特尔巷 Gutter Lane

格雷沙姆学院 Gresham College

格雷律师学院 Gray's Inn

格林尼治 Greenwich

公鸡巷 Cock Lane

弓街 Bow Street

国王街 King Street

国王十字 King's Cross

H

哈克尼 Hackney

哈默顿 Homerton

汉德巷 Hand Alley

汉诺威广场 Hanover Square

汉普顿 Hampton

汉普顿宫 Hampton Court Palace

汉普斯特德 Hampstead

海格特 Highgate

河岸街 Strand

河岸区 Bankside

荷兰教堂 Dutch Church

黑白大楼 Black and White House

黑衣修士区 Blackfriars

亨伯顿 Humberton

亨格福德台阶 Hungerford Bridge

亨莉埃塔街 Henrietta Street

花与迪恩街 Flower and Dean Street

滑铁卢桥 Waterloo Bridge

环球剧院 Global Theatre

皇家节日音乐厅 Royal Festival Hall

皇家交易所 Royal Exchange

皇家剧院 Theatre Royal

皇家司法院 Royal Courts of Justice

皇家学会 Royal Society

皇家鹰舍 Royal Mews

惠特菲尔德礼拜堂 Whitfield Tabernacle

霍尔本 Holborn

霍尔宅邸 Hall Place

霍克斯顿广场 Hoxton Square

霍利韦尔街 Hollywell Street

J

妓女巷 Bordhaw Lane

舰队河 River Fleet

舰队街 Fleet Street

交叉骨墓地 Cross Bones Graveyard

交易巷 Exchange Alley

结纹花园 knot garden

金鹿号 Golden Hinde

京士威道 Kingsway

救世主教堂 St Saviour's Church

绝品楼 Nonsuch House

K

卡尔顿联排 Carlton House Terrace

卡莱尔居 Carlisle Place

卡伯街 Cable Street

坎农街 Cannon Street

坎农街桥 Cannon Street Bridge

考利街 Cowley Street

考文特花园 Convent Garden

康希尔 Cornhill

克拉肯威尔 Clerkenwell

克莱普顿 Clapton

克里普门（跛子门）Cripplegate

克林克街 Clink Street

肯辛顿 Kensington

L

拉德门 Ludgate

莱斯特广场 Leicester Square

莱姆豪斯 Limehouse

兰贝斯 Lambeth

兰贝斯宫 Lambeth Palace

朗伯德街 Lombard Street

朗蒂尼亚姆 Londinium

老贝利 Old Bailey

老街 Old Street

老康普顿街 Old Compton Street

雷顿湿地 Leyton Marsh

利河 River Lea

利德贺街 Leadenhall Street

利物浦街 Livepool Street
林肯律师学院 Lincoln's Inn
刘易舍姆 Lewisham
隆登威克 Lundenwic
伦敦场地 London Fields
伦敦池 Pool of London
伦敦桥 London Bridge
伦敦墙 London Wall
伦敦塔 London Tower
罗南角地产大楼 Ronan Point Estate
罗素广场 Russell Square

M

马里波恩 Marylebone
码头区 Docklands
梅菲尔 Mayfair
玫瑰剧院 Rose Theatre
米尔德街 Meard Street
米尔福德台阶 Milford Stairs
绵羊巷 Sheep Lane
摩尔门 Moorgate
磨坊山街 Mount Mills Street
穆尔菲尔德 Moorfields
母马街 Mare Street

N

内殿律师学院 Inner Temper
牛津街 Oxford Street
牛奶街 Milk Srreet
诺布尔街 Noble Street
诺桑伯兰德街 Nothumberland Street
女王头路 Queen's Head Passage

P

皮卡迪利 Piccadilly
皮克福德斯码头 Pickfords Wharf
皮克林广场 Pickering Place
皮特菲尔德大街 Pitfield Street
普莱斯特洛会馆 Plaisterers Hall

Q

奇格韦尔街 Chigwell Streate
齐普赛 Cheapside
骑士街 Knightrider Stree
钱多斯街 Chandos Street
钱尼路 Cheyne Walk
乔治旅馆 George Inn
切尔西 Chelsea

S

萨里街 Surrey Street
萨默塞特宫 Somerset House
萨瑟克 Southwark
萨沃伊宫 Savoy Palace
沙夫茨伯里大道 Shaftesbury Avenue
沙克维尔 Shacklewell
史密斯广场 Smith's Square
史密斯菲尔德 Smithfield
市政厅 Guildhall

摄政公园 Regent's Park
斯隆广场 Sloane Square
斯皮塔佛德 Spitalfields
斯塔普旅店 Staple Inn
斯特拉福德－勒－波 Stratford-le-Bow
斯特普尼 Steprey
斯托克纽因顿 Stoke Newington
死人地 Dead Man's Place
圣阿尔菲济克里普门 St Alphage Cripplegate
圣安德鲁·安德谢夫教堂 St Andrew Undershaft
圣巴塞罗缪医院 St Bartholomew's Hospital
圣保罗大教堂 St Paul's Cathedral
圣保罗十字 St Paul's Crossing
圣贝尼特·芬克 St Benet Fink
圣博托夫 St Boltoph
圣布莱德教堂 St Bride's Church
圣殿教堂 Temple Church
圣登士丹教堂 St Dunstan
圣贾尔斯教堂 St Giles-in-the-Fields
圣劳伦斯犹太教堂 St Lawrence Jewry
圣卢克 St Luke
圣马丁大教堂 St Martin's Cathedral
圣玛丽钟楼教堂 St Mary-le-Bow
圣玛丽亚德曼伯里 St Mary Aldermanbury
圣迈克尔小巷 St Michael's Alley
圣墓教堂 St Sepulchre
圣潘克拉斯教堂 St Pancras Church
圣詹姆斯宫 St James's Palace
水晶宫 Crystal Palace
水洼码头 Puddle Wharf
苏格兰场 Scotland Yard
苏荷区 Soho

T

塔巴德旅馆 Tabard Inn
塔尔博特园 Talbot Yard
塔街 Tower Street
塔山 Tower Hill
塔维斯托克街
塔夫顿街 Tufton Street
泰伯庭院 Timber Yards
泰伯恩刑场 Tyburn
泰晤士 Thames
探逼巷 Gropecunt Lane
藤蔓小馆 Vine Tavern
特拉法尔加广场 Trafalgar Square
天恩教堂街 Gracechurch Street
图利街 Tooley Street
托特纳姆法院路 Tottenham Court Road

W

万圣教堂 All Hallows

旺兹沃思 Wandsworth

维多利亚女王 Queen Victoria

维利尔斯街 Villiers Street

维奇街 Wych Street

威尔顿音乐厅 Wilton's Music Hall

威斯敏斯特 Westminster

温彻斯特宫 Winchester Palace

沃伦街 Warren Street

沃平 Wapping

伍德街 Wood Street

伍尔维奇 Woolwich

X

西伯恩公园 Westbourne Park

西区 West End

希望竞技场 the Hope

希望剧院 Hope Theatre

西沃德街 Seward Street

肖尔迪奇 Shoreditch

新宫台阶 New Palace Stairs

新宫场 New Palace Yard

新教堂墓地（贝特莱姆墓地）New Churchyard（Bethlem Burial Ground）

新门 New Gate

信条巷 Creed Lane

星室法庭 Star Chamber

学院街 College Street

殉道者圣马格努斯教堂 St Magnus the Martyr

Y

压迫场 Press Yard

羊肩肉区 Shoulder of Mutton Field

药剂师协会大楼 Apothecaries' Hall

伊斯灵顿 Islington

纽因顿绿地 Newington Green

渔街山 Fish Street Hill

约克宫 York Palace

约克公爵广场 Duke of York Square

约克街 Yorke Street

Z

詹姆斯街 James Street

针线街 Threadneedle Street

主教门 Bishopsgate

中殿律师学院 Middle Temple

烛芯街 Candlewich Street

中央刑事法庭 Central Criminal Court

砖巷 Brick lane

自治市 Borough

图书在版编目（CIP）数据

伦敦六百年 / （英）马修·格林著；李耘，陈冰译
. —— 海口：南海出版公司，2020.7
ISBN 978-7-5442-8354-0

Ⅰ. ①伦… Ⅱ. ①马… ②李… ③陈… Ⅲ. ①伦敦－历史 Ⅳ. ①K561

中国版本图书馆 CIP 数据核字（2020）第 105648 号

著作权合同登记号 图字：30-2018-077

伦敦六百年
〔英〕马修·格林 著
李耘 陈冰 译

出　版 南海出版公司 (0898)66568511
海口市海秀中路51号星华大厦五楼 邮编 570206
发　行 新经典发行有限公司
电话(010)68423599 邮箱 editor@readinglife.com
经　销 新华书店

责任编辑 秦 薇 陈梓莹
特邀编辑 余凌燕
装帧设计 李照祥
内文制作 博远文化

印　刷 北京盛通印刷股份有限公司
开　本 880毫米×1230毫米 1/32
印　张 14
字　数 325千
版　次 2020年7月第1版
印　次 2021年7月第2次印刷
书　号 ISBN 978-7-5442-8354-0
定　价 79.00元